LIBRAIRIE SANDOZ ET FISCHBACHER

33, RUE DE SEINE, 33

PARIS

LE

MONT-BLANC

PAR

CHARLES DURIER

Du club alpin français et de la Société de géographie

OUVRAGE COURONNÉ PAR L'ACADÉMIE FRANÇAISE, DANS SA SÉANCE
PUBLIQUE ANNUELLE DU 1er AOUT 1878

Cet ouvrage est l'histoire complète de la célèbre montagne, depuis l'époque où son nom apparaît pour la première fois jusqu'à nos jours. Les lents progrès de la géographie à l'égard de cette région des Alpes, ses annales primitives, les premiers voyages à la vallée de Chamonix et sa vogue croissante, les tentatives faites au dernier siècle pour atteindre le sommet du Mont-Blanc, les ascensions scientifiques (Saussure, Martins, Pitschner, Tyndall, Lortet, Violle, etc.), celles qui ont eu pour objet de trouver de nouveaux chemins à la cime (routes de Chamonix, de Saint-Gervais et de Courmayeur), les ascensions d'art et de fantaisie, les accidents, etc., forment la matière de vingt et un chapitres accompagnés de notes nombreuses.

Indépendamment des renseignements qu'il a recueillis sur les lieux, l'auteur a tenu compte de tous les travaux antérieurs à cet ouvrage. Il cite des autorités et ne raconte que d'après des documents originaux.

Le *Mont-Blanc* forme un beau volume imprimé avec soin sur papier fort, grand in-8°, de 500 pages, *illustré hors texte de huit gravures sur bois*, de *deux portraits* (Saussure et Jacques Balmat), d'un *fac-simile de l'inscription romaine de la Forclaz (Ier siècle)*, d'un *fac-simile de l'acte de donation du prieuré de Chamonix (XIe siècle)*, d'une reproduction par la photogravure de la *première carte de la région du Mont-Blanc (XVe siècle)*, d'une *Carte du Massif du Mont-Blanc* avec les vallées environnantes, tirée en couleur, d'une *Carte des routes du Mont-Blanc* présentant le tracé des divers chemins actuellement suivis pour arriver à sa cime et la position des cabanes, — enfin de *deux planches donnant le profil de ces chemins*.

UN MAGNIFIQUE VOLUME GRAND IN-8° RAISIN, IMPRIMÉ
SUR PAPIER VÉLIN

Prix : broché, 16 francs ; en demi-reliure, tranches dorées, 20 francs

---

25 exemplaires ont été réimposés en format jésus, et tirés sur papier de Hollande; les gravures sont tirées sur papier de Chine.

PRIX : 50 FRANCS

Le Mont-Blanc. — Vue prise du Brévent. (Spécimen des gravures.)

Extrait du Rapport de M. Camille Doucet, *Secrétaire perpétuel de l'Académie française, sur les Concours de l'année* 1878.

..... Voici la muse de M. Charles Durier qui, *musa pedestris*, armée de haches, de cordes et de bâtons ferrés, toute vêtue de velours et guêtrée de chamois, comme un *Balmat de Chamonix*, s'empare de nous et, de force d'abord, de bon gré ensuite, tant il y a plaisir à le suivre dans sa lutte héroïque contre la nature, nous transporte tout haletants, mais tout éblouis, jusqu'au sommet du jeune Mont-Blanc, plus *rude à franchir que l'ancien Parnasse* et que le vieil Hélicon. Rien de plus intéressant et de plus instructif que ce terrible voyage, si commodément fait, en bonne compagnie, avec un pareil guide, solide, aimable et savant, qui nous dispenserait de partir de Paris pour aller visiter *la montagne*, s'il ne nous en donnait au contraire le goût, l'envie et le besoin.

Opinion de la presse *sur cet ouvrage.*

Sans négliger la partie scientifique, l'auteur écrit pour tout le monde; son livre, plein de faits et de choses, a tout l'intérêt du roman... Maître de son sujet, il a su le traiter avec beaucoup de verve et d'aisance. La poésie et la science, les descriptions et les renseignements, les récits plaisants et les histoires terribles y sont entremêlés avec tant d'art que le volume entier se lit d'une haleine.

Marc-Monnier. (*Journal des Débats,* 14 septembre 1877.)

Cet ouvrage peut prendre sa place à côté de celui de M. Viollet-le-Duc. Je ne sais trop comment caractériser ce livre; il y a de tout chez l'auteur, de la poésie, de la science, de l'imagination et des faits.

A. Vernier. (*Le Temps,* 31 juillet 1877.)

Le Mont-Blanc n'avait pas son histoire; il ne l'attendra plus. Le magnifique volume que M. Ch. Durier vient de publier ne laisse rien à désirer désormais, même aux plus exigeants admirateurs de ce dôme étincelant. Jules Roche. (*Siècle*, 31 juillet 1877.)

Le Mont-Blanc vient de trouver un historiographe digne de lui. — M. Ch. Durier consacre à la montagne incomparable un incomparable volume. Littéraire et scientifique à la fois, enthousiaste sans cesser d'être scrupuleusement exact, le nouvel ouvrage s'adresse à tous et sera bientôt dans toutes les mains.

Stanislas Meunier. (*La Nature,* 13 octobre 1877.)

Les livres bien faits, qui plaisent à la fois à l'esprit et aux yeux et laissent un sentiment de satisfaction entière, sont fort rares. Cette histoire du *Mont-Blanc* nous paraît à peu près parfaite. — Les gravures sont d'une rare finesse; les cartes d'une exactitude absolue.

(*Journal de Genève,* 8 juillet 1877.)

D'un bout à l'autre, ce beau livre est pénétré d'une véritable passion pour la montagne, et c'est sans doute cette inspiration qui en rend la lecture si étrangement attachante... L'œuvre de M. Durier est de celles qui n'ont pas besoin d'éloges; nous lui en ferons un cependant, un seul, bien mérité et le plus grand qu'on en puisse faire : elle est digne de son sujet. (*Gazette de Lausanne,* 18 août 1877.)

M. Ch. Durier n'est pas seulement un amoureux de la montagne, un intrépide grimpeur des Alpes, un esprit observateur et exact, c'est aussi un écrivain charmant qui a la grâce, l'entrain, l'esprit, la poésie et l'émotion quand il le faut. (*La Gironde,* 29 juin 1877.)

Ce livre sera, pour les téméraires, un cours utile de prudence; il sera pour tous une lecture du plus poignant intérêt.

E. Villiers. (*Charivari,* 5 juillet 1877.)

Paris, Imp. Ch. Unsinger, 83, r. du Bac.

LE
MONT-BLANC

PARIS. — IMPRIMERIE DE E. MARTINET, RUE MIGNON, 2.

LE MONT-BLANC

VUE PRISE DE SALLANCHES

LE
MONT-BLANC

PAR

CHARLES DURIER

DU CLUB ALPIN FRANÇAIS ET DE LA SOCIÉTÉ DE GÉOGRAPHIE

ILLUSTRÉ DE 15 GRAVURES HORS TEXTE
ET DE DEUX CARTES

PARIS
LIBRAIRIE SANDOZ et FISCHBACHER
33, RUE DE SEINE, 33

1877

A LA MÉMOIRE

DE MES NIÈCES

LUCIE D. ET JULIETTE L. R.

Nous montions la dernière rampe du col d'Anterne. Il était six heures du soir. Il avait plu la veille, et la nuit, et le matin. Il pleuvait encore à midi quand nous avions quitté l'auberge de Sixt. Les nuages couraient sur les pierres. Derrière nous, le lac d'un noir profond, environné d'éboulis et de flaques de neige; devant nous s'allongeait le sentier monotone. Nous allions, démoralisés, l'un près de l'autre, quand une exclamation du guide nous fit lever la tête. Le brouillard s'était déchiré en un seul point, formant un ovale parfait. Dans l'éclaircie, on apercevait un sommet d'un blanc rosé très-vif sur un fond de ciel bleu d'une douceur infinie. Son élévation, sa couleur si pure, le brouillard qui l'encadrait, semblaient le détacher entièrement de la terre. Paul et moi nous nous serrâmes la main sans mot dire. — Ainsi je le vis pour la première fois et jamais vision plus radieuse n'est entrée dans mes yeux.

Deux ans après, il m'apparut de la Croix de Javerne où nous étions venus par les Plans, — en pleine lumière alors et par un soleil ardent. Les enfants avec les bâtons et leurs châles firent une manière de tente que le vent renversait au milieu des éclats de rire. Je n'essayerai pas de décrire le paysage, car, maintenant, quand je pense à cette journée si heureuse, au lieu d'idées il me vient des larmes. Ce que je sais, c'est que l'alpe verdoyante, les escarpements de Morcles, la vallée du Rhône étendue à nos pieds, le lac de Genève qui miroitait dans le lointain, la Dent du Midi qui se dressait en face de nous, — tout s'effaçait devant sa splendeur.

Plus tard, c'était sur un rocher isolé au milieu

de ses glaces. Une rivière de nuages remplissait la vallée et cachait toute verdure, — et je songeais à ces temps dont d'innombrables années nous séparent, où la montagne envoyait ses glaciers d'un côté jusqu'au Jura et de l'autre jusqu'aux plaines du Piémont. Je me disais que ces nobles Alpes, après avoir stérilisé l'Europe pendant tant de siècles, la fécondaient aujourd'hui de leurs fleuves intarissables et que notre civilisation était leur œuvre.

Souvent, sur les monts voisins, j'ai attendu la fin du jour pour voir les derniers rayons du soleil se ranimer sur ses neiges. Souvent, d'en bas, à l'ombre d'un sapin, j'ai passé des heures à contempler ses névés étincelants et ses arêtes qui poudroyaient au vent.

Il a été gravi maintes fois et c'est tant mieux. Il lui manquerait quelque chose s'il n'offrait à l'esprit que la froide majesté de la nature. Mais où trouver sur terre un espace défini, immuable et par lui-même déjà d'une beauté sublime, qui ait été le théâtre d'autant d'actes de courage et d'abnégation? Sur ces champs de neige immortels, l'homme instruit et l'humble guide ont porté ensemble à la face du ciel ce qu'il y a de plus généreux en nos âmes, — le dévouement à la science et le dévouement à nos semblables.

On se moquera si l'on veut de cette passion pour une montagne : oui, elle me tient au cœur, — parce qu'elle me rappelle des souvenirs d'amitié et de bonheur, parce que j'y ai vu la nature belle et l'humanité vaillante, — et voilà pourquoi j'ai écrit ce livre.

Avril 1877.

LE
MONT-BLANC

CHAPITRE PREMIER

LA MONTAGNE SYMBOLE

Il y a des montagnes saintes, comme l'Ararat, le Sinaï. Il y a des montagnes, comme l'Ida, le Pinde, l'Olympe, le Parnasse, dont le nom seul évoque les plus brillantes fictions du génie de la Grèce. Le Mont-Blanc a été connu trop tard. L'âge de création religieuse et poétique de l'humanité était passé. La science s'en est tout d'abord emparée, l'a gravi et l'a mesuré. Elle a, sur ses flancs mêmes, soumis à son impassible analyse tous ces phénomènes de la montagne dont l'esprit superstitieux des premiers hommes avait été si fortement frappé, et rien n'a trouvé grâce devant elle de ce qui avait ému leur imagination et inspiré tant de fables charmantes. Ainsi le Mont-Blanc n'a point, comme les montagnes ses ainées, de tradition ni de légendes et son nom nous apparaît dépourvu de la consécration d'un culte et du prestige des souvenirs littéraires.

Mais c'est cela même qui le distingue et lui fait une place à part. A défaut de la vénération du fidèle et de l'imagination du poëte, il excite la curiosité du savant et l'ardeur du touriste. C'est une montagne de notre temps, — et si les croyances de l'antiquité se résument et se personnifient pour ainsi dire dans la renommée mythologique des sommets de la Grèce et de l'Asie, l'esprit moderne, au besoin, saurait trouver son symbole dans la jeune célébrité du Mont-Blanc. Elle est éclose d'hier, de la seconde moitié du dernier siècle, comme ces instincts nouveaux, endormis aussi jusque là et qui, depuis, ont changé la face du monde, — si bien que, de la découverte du Mont-Blanc, on pourrait faire dater l'ère de la science affranchie et de la libre recherche.

Ce n'est point là un hasard, une pure coïncidence; le fait géographique est inséparable du fait moral. Quand un navigateur, un missionnaire de la foi nous signalent en quelque région lointaine une île, une chaîne de sommets, un cours d'eau que nos cartes n'indiquaient point, nous ne voyons là qu'une notion à ajouter à celles que nous possédions déjà sur la configuration du globe. Mais le cas ici est fort différent. La montagne s'élève au centre des États les plus populeux et les plus policés de la terre : elle est, en vérité, l'axe autour duquel la civilisation Européenne a tourné et tourne encore. Sa hauteur est considérable ; elle domine tout ce qui l'environne et, pour mieux fixer la vue dans le ciel bleu, sa cime, sous une latitude heureuse, tempérée, est éternellement revêtue d'un manteau de neiges. Cependant, durant vingt siècles, pas un historien, pas un voyageur, pas un savant, pas un poëte ne la nomme, pas un même n'y fait allusion. Dans la course que le soleil décrit chaque jour, elle jette son ombre sur trois pays au moins de langues diverses, et elle reste profondément ignorée ; des milliers et des milliers d'hommes la voient et nul n'y prend garde.

Pourquoi l'a-t-on remarquée enfin ? que s'est-il passé ? — La montagne assurément n'a pas bougé ; c'est donc que l'esprit de l'homme s'est mis en mouvement pour aller à elle. Le génie de Colomb avait deviné l'Amérique, le génie de l'humanité s'est aperçu de l'existence du Mont-Blanc.

La découverte du Mont-Blanc marque l'époque où les sciences d'observation prirent décidément le pas sur les sciences spéculatives, parce que, parmi ces sciences, les premières en degré comme en dignité étaient celles qui se rapportent à l'histoire de notre planète, trop longtemps obscurcie par de vaines hypothèses, à l'étude de sa formation lente, à la connaissance de son régime actuel. Dès lors, le puissant massif des Alpes, si vivement manifesté par la cime géante du Mont-Blanc, attirait fatalement l'attention, car il n'était aucun point de la terre qui offrît à la géologie, à la météorologie, à la physique générale, un champ d'expériences plus fécond, un observatoire plus favorable.

A un autre point de vue, la découverte du Mont-Blanc nous apparaît encore comme le symptôme certain des aspirations modernes. A un idéal social différent correspond une façon différente de comprendre et d'apprécier les beautés pittoresques.

On sait quelle était en cette matière le goût de nos aïeux. La disposition d'esprit dans laquelle ils regardaient la nature se distingue essentiellement de la nôtre. Ainsi, l'extrémité supérieure du lac de Genève passe depuis longtemps pour un des plus beaux endroits qui soient au monde. De quelque côté qu'on tourne les yeux, le regard est satisfait; mais enfin, si le spectateur procède avec méthode, s'il suit le sentiment du *Guide*, de l'*Itinéraire*, quel qu'il soit, qu'il tient en main, il cherchera d'abord l'embouchure de la vallée du Rhône, bordée de montagnes inhospitalières, aux sommets déchirés, et fermée à l'horizon par les neiges éternelles du Grand Saint-Bernard.

Veut-il voir maintenant ce qui faisait autrefois la réputation du panorama? Sans changer de place, il lui suffira de tourner le dos à ce qu'il vient d'admirer, de regarder justement dans la direction opposée, vers la rive vaudoise, riche et populeuse, s'élevant en amphithéâtre au-dessus du lac limpide, parsemée de maisons de plaisance, de vergers, de vignobles, et « formant dans son étendue comme une ville continuelle ». Voilà le tableau, le point de vue unique du temps jadis, celui dont le célèbre voyageur Tavernier disait : « je n'ai rencontré nulle part de plus beau paysage ».

C'est qu'on ne tenait pour beaux paysages que ceux qui semblaient faits pour la demeure de l'homme, où sa main se faisait sentir, qui annonçaient son industrie et son génie : des campagnes fertiles, des coteaux couronnés de bois, des prairies, des eaux claires, de riantes vallées — mieux encore, des jardins, des parcs ornés de bassins de marbre, de bosquets, et présentant en perspective les compositions les plus variées de l'architecture.

Quant à ces sites déserts où la nature déploie sa magnificence en pleine liberté, à peine pouvait-on se les figurer. Ce sont lieux maussades, affreux, horribles. La Fontaine y mettra Psyché en pénitence. Le tête-à-tête avec la nature sauvage paraissait insoutenable, n'éveillait en l'esprit aucune réflexion, aucune pensée. On demeurait froid devant des spectacles qui excitent l'enthousiasme du voyageur moderne.

Montaigne, se rendant en Italie, passe par Schaffouse et va voir la chute du Rhin, cette fameuse chute du Rhin tant visitée, tant prônée. Rentré à l'auberge, il écrit dans son Journal — ou plutôt il dicte à son secrétaire — ce que nous appellerions aujourd'hui ses *impressions de voyage* :

« Au-dessoubs de Schaffouse, le Rhin rencontre un fond plein de gros rochiers, où il se rompt, et au-dessoubs dans ces mêmes rochiers il rencontre une pante, où il faict un grand sault, escumant et bruiant estrangement. » — A quoi il ajoute cette remarque judicieuse : « cela arreste le cours des basteaus et interrompt la navigation de ladilte rivière. » — Voilà son *impression*. Peu après, il franchira les Alpes du Tyrol sans observer autre chose, sinon « qu'il y a eu bien moins froid qu'on ne lui avait fait craindre ».

Un siècle, deux siècles s'écoulent sans apporter de changement dans les appréciations. En 1701, Addison déclare que la traversée des Apennins entre Florence et Bologne est mortellement ennuyeuse (1). Vers le temps où les premiers voyageurs anglais pénétrèrent dans la vallée de Chamonix, le président de Brosses, allant de Nice à Gênes par la Corniche, essaie de tous les moyens de transport, voyage en felouque, en chaise de poste, à mulet, à pied, peste contre la mer et contre la montagne et trouve, en définitive, le trajet aussi insupportable d'une façon que de l'autre (2). Buffon écrivait encore : « la nature brute est hideuse et mourante », et Voltaire, de sa résidence des *Délices*, ne semblait voir dans les Alpes qu'un éternel

---

(1) « After a very tedious journey over the Apennines. » (*Remarks on several parts of Italy.*)

(2) *Lettres familières. Lettre V.* — La famille de Brosses était originaire du Faucigny.

boulevard, une barrière séparant des peuples divers, à peu près comme Montaigne n'avait vu dans la chute du Rhin qu'un obstacle à la navigation.

Mais voici enfin un homme qui en porte un jugement bien différent. Où est-il né? à Genève, en vue du Mont-Blanc. Sous la plume de Rousseau, les déserts affreux, la nature brute et hideuse deviennent des beautés sublimes. « On sait, dit-il, on sait ce que j'entends par un beau pays. Il me faut des torrents, des rochers, des sapins, des bois noirs, des montagnes, des chemins raboteux à monter et à descendre, des précipices à mes côtés qui me fassent bien peur. »

Le revirement est complet. Les anciens « beaux lieux » sont traités de « colifichets artificiels ». — *The fair is foul, the foul is fair.* — Ce que Rousseau recherche dans le paysage, ce n'est pas ce qui est aimable, gracieux, charmant; c'est ce qui frappe l'âme d'étonnement et de terreur. — *Des précipices qui me fassent bien peur!* Comme on sent dans ces mots naïfs le désir de l'impression forte, la soif du vertige, le besoin d'être dominé, écrasé par la grandeur du tableau! Voilà bien le ton d'un novateur. Le cœur sensible de Diderot, en qui s'est déjà éveillé ce sentiment nouveau de la nature, ne s'y abandonne pas à ce point-là. En contemplant les ravissantes perspectives de son pays natal, il songe à son amie : « ma Sophie, ne verrez-vous jamais Vignory? » Pour Rousseau la nature est sans rivale. Après une longue absence, il va revoir Chambéry, les Charmettes, retrouver madame de Warens. Il fait la route à pied et, tant que dure la plaine, double le pas. Mais il y a enfin des montagnes à traverser, et la tentation devient trop forte. Le cœur a beau « lui battre de joie en approchant de sa chère maman », il n'en va pas plus vite. Arrivé au passage si connu des Échelles de Savoie, où le chemin est taillé dans le roc, où le torrent tourbillonne au fond d'un gouffre, il oublie tout, il s'arrête. L'escarpement, la profondeur, le fascinent : « appuyé sur le parapet, je restai là des heures entières, entrevoyant de temps en temps cette écume et cette eau bleue dont j'entendais le mugissement à travers les cris des corbeaux et des oiseaux de proie, qui volaient de roche en roche et de broussaille en broussaille, à cent toises au dessous de moi. »

Rousseau persuada, gagna sa cause. Il la gagna presque trop bien. Le succès de son apostolat eut d'abord des conséquences assez ridicules. Ce goût excessif de la nature sauvage, en se heurtant aux goûts mondains du siècle, commença par causer un véritable débordement de temples de l'amitié, d'ermitages ouverts aux doux propos, de bergeries galantes, de déserts en miniature et de ruines factices. Les rochers de grès devinrent plus précieux que les blocs de marbre, et les jardiniers cessèrent d'émonder les charmilles pour tailler des précipices.

Un homme de beaucoup d'esprit l'a dit (1) : on jouait à la nature comme les petites filles jouent à la dame. Pour que cette mode fît place à un goût sérieux, il fallait qu'on fût mis en présence de quelque objet sublime : c'est ce qui ne tarda pas à arriver. Ce monde, ainsi préparé, apprit que, à quelques lieues seulement de Genève, au sein des montagnes de la Savoie, existait une vallée étrange, merveilleuse. Rien ne pouvait donner l'idée d'un tel spectacle. On y courut. Dans cette vallée de Chamonix, au pied du Mont-Blanc, le goût du pittoresque tel qu'on l'avait entendu jadis, celui qui avait longtemps régné sans conteste, se trouvait tout-à-fait dépaysé. Il fallait même renoncer à ces puériles imitations où l'on s'était complu, s'habituer à voir la nature paraître seule en ses créations, sans aide, sans autre artisan qu'elle même, sans que l'homme y mît la main. Ici, les rochers, les abîmes, les eaux écumantes, n'étaient point un détail, un accident du paysage que l'art pût reproduire tant bien que mal, c'était le paysage tout entier, un prodigieux paysage. Qu'on ajoute l'originalité saisissante de ces masses énormes de glaces étincelant au soleil. Point de transaction possible : il fallait s'éloigner de ces lieux avec horreur, comme on eût fait autrefois, ou les admirer absolument, sans réserve, sans espoir d'en acclimater chez soi, même la plus infidèle représentation.

(1) M. Vitet.

L'effet fut immense, irrésistible. Le dernier coup était porté : la révolution s'accomplit.

Les montagnes en profitèrent d'abord; la passion pour la mer ne vint qu'ensuite. Et, entre les pays de montagnes, c'est vers la vallée de Chamonix, vers le Mont-Blanc que se portèrent les premiers convertis. Cette admiration lui est restée fidèle. D'autres régions des Alpes lui ont disputé la vogue; mais il a toujours eu plus de visiteurs. C'est qu'il n'est pas de montagne dont les proportions soient plus nobles et plus majestueuses, qui ait, comme diraient les peintres, plus de style; c'est que, dans sa renommée populaire, le Mont-Blanc est l'idéal, l'expression du plus grand effort de la nature sauvage vers le sublime.

Il y a, dans les arts, des productions en qui éclate, entre toutes, le génie de l'homme. Le Mont-Blanc est un chef-d'œuvre de la nature.

CHAPITRE II

LE MONT-BLANC ET LA GÉOGRAPHIE

On comprend que la célébrité pittoresque du Mont-Blanc ne date que de la fin du dernier siècle. On s'explique moins bien comment la science géographique a attendu jusque-là pour déterminer sa véritable position, comment une montagne qu'on aperçoit de soixante lieues sur une circonférence de plus de quatre cents lieues, a été méconnue dans l'antiquité, au moyen âge et presque jusqu'à nos jours.

Une des voies militaires des Romains pénétrait jusqu'au fond de la vallée d'Aoste. En maint endroit du trajet, le Mont-Blanc se montre dans toute sa grandeur. Aucune des routes ouvertes par les anciens dans les Alpes ne leur offrait une étendue de champs de neige comparable à celle qui se développe depuis les immenses glaciers du Ruitor jusqu'aux crêtes des Grandes-Jorasses. Ils appelèrent cette partie de la chaîne les *Alpes Grées*. S'il est vrai, comme on l'a soutenu, que *Grées* dérive d'un radical celtique qui signifie *blanc*, les Alpes Grées auraient donc été les *Alpes blanches* par excellence et, dès la plus haute antiquité, nous retrouverions le nom de notre montagne, au moins dans celui du groupe auquel elle appartenait (1); mais jamais les anciens ne l'ont spécialement désignée, ce qui serait sans doute arrivé si quelque fleuve célèbre, comme le Rhin ou le Pô, y prenait sa source. La géographie moderne n'a pas besoin de cela pour la mentionner : il suffit que le Mont-Blanc soit le géant des Alpes, mais encore fallait-il s'en apercevoir.

Il y a deux méthodes pour mesurer la hauteur des montagnes : la méthode barométrique et la méthode trigonométrique. Pascal a inventé la première; la seconde n'a reçu toute sa précision que grâce aux travaux d'Euler. Jusqu'alors il n'existait aucun procédé exact. On jugeait à peu près à vue d'œil, de sorte que les montagnes de premier plan primaient nécessairement celles que la perspective

---

(1) Dans la nomenclature actuelle, on réserve le nom d'Alpes Grées au massif situé au midi du col de la Seigne et on rattache le Mont-Blanc aux Alpes Pennines. Je ne crois pas que les anciens l'aient entendu ainsi. Le passage *per Alpes graias* était le passage à travers les Alpes Grées, et non sur leur limite. Or, si l'Itinéraire d'Antonin le trace par le Petit Saint-Bernard, il paraît prouvé, d'après les distances et les stations, que, au temps de la Table de Peutinger (siècle de Théodose), il franchissait le col de la Seigne, contre le Mont-Blanc (Fortia d'Urban, *Recueil des Itinéraires anciens*). Au XVIe et au XVIIe siècle, on prolongeait encore la région des Alpes Grées jusqu'au Grand Saint-Bernard. (Voir les cartes de Hondius et de Blaeuw.)

abaissait dans un horizon plus reculé. Dicéarque, géographe du iv⁰ siècle avant notre ère, comparant les montagnes de la Grèce, trouva que la plus élevée était le Pélion. Il lui donne 1250 pas en ligne perpendiculaire, soit 962 mètres (1). On sait aujourd'hui que l'Olympe, le Parnasse, le Taygète atteignent près de 2500 mètres. Mais ces sommets s'élèvent à l'intérieur des terres, tandis que le Pélion, qui n'est qu'un promontoire de l'Olympe, se projette immédiatement au-dessus de la mer. De même, dans l'opinion de Pline le naturaliste, le mont Viso, dont la pyramide se découvre en entier des plaines du Piémont, est la plus haute cime des Alpes (2). De même encore, sur nos anciennes cartes, la Rochemelon, placée en avant du mont Cenis, est gravée en traits forts et qualifiée expressément de « montaigne très-haulte », tandis que les grands sommets de la Savoie sont à peine indiqués (3).

On eut recours aussi aux mesures itinéraires. Polybe estime que les Alpes sont beaucoup plus hautes que les

(1) Pline, liv. II, 65. Le pas grec = 0ᵐ,77.
(2) Pline, liv. III, 20.
(3) La Rochemelon a même passé pendant très-longtemps pour la plus haute cime de la Savoie. On peut consulter à ce sujet un curieux article de M. F. F. Tuckett, dans l'*Alpine Journal*, n° 48. Un auteur anglais, cité par M. Tuckett, s'exprimait ainsi en décrivant son voyage de Lyon à Turin, en 1608, par le « mont Senys » : — « Je remarquai entre Lasnebourg et Noualaise une montagne excessivement haute, beaucoup plus haute qu'aucune que j'aie vue avant, appelée Roch Melow. On prétend que c'est la plus haute montagne de toutes les Alpes, sauf une de celles qui séparent l'Italie de l'Allemagne. On me dit qu'elle avait quatorze milles de haut ; elle est couverte d'un véritable microcosme de nuages. »

monts de la Grèce et de la Thrace, parce qu'il n'est pas un de ceux-ci qu'un bon marcheur ne puisse franchir en un jour, au lieu qu'il en faut cinq, au moins, pour gravir les Alpes (1). Pline observe, à son tour, qu'elles s'élèvent constamment sur une largeur de cinquante milles (2). Ce calcul trop primitif pouvait être utile aux voyageurs. Mais, quand il aurait été susceptible d'une certaine rigueur, il n'aurait encore donné que la hauteur du point culminant des passages et non celle des cimes. Le père Riccioli essaya pourtant d'en déduire la hauteur absolue de la chaîne. Il obtint 12 milles d'Italie, ou environ 22 000 mètres (3). Il était réservé à une autre méthode de donner des résultats encore plus extravagants. Celle-ci consistait à calculer la hauteur des montagnes d'après la longueur de leurs ombres. Le célèbre jésuite Kircher trouva de la sorte que le mont Athos devait avoir 40 000 pieds (4)! A ce compte le Mont-Blanc en aurait eu 100 000. Au reste, le procédé exigeait que la montagne fût au bord de la mer, et qu'on connût exactement la distance horizontale de la cime au rivage et la hauteur du soleil. De la façon dont on l'appliquait il n'avait pas même l'avantage d'une justesse relative. Le père Kircher qui trouvait 40 000 pieds pour le mont Athos

---

(1) Cité par Strabon, liv. IV, ch. VI.
(2) Pline, liv. II, 65.
(3) Riccioli, *Geographia et Hydrographia reformatæ*, 1661, liv. VI, ch. XVIII.
(4) Voyez W. Coxe, *lettre XXII*. Éd. de 1781.

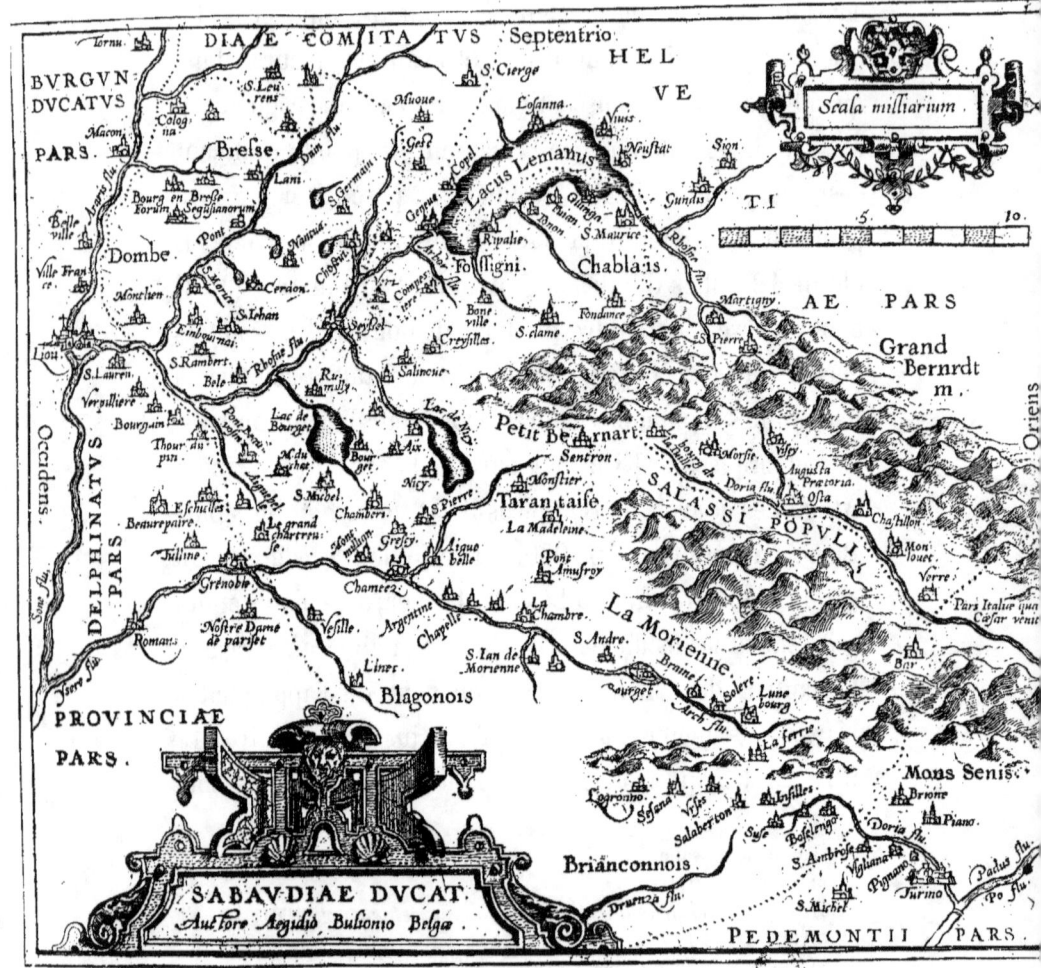

PREMIÈRE CARTE DE LA RÉGION DU MONT-BLANC.

qui a 1 940 mètres, n'en attribuait que 8 000 à l'Etna qui s'élève à 3 350 mètres, et 20 000 au pic de Ténériffe, haut de 3 808 mètres.

La plus ancienne carte gravée du duché de Savoie est due à un Belge, nommé Gilles Bouillon, et date de la première moitié du xvie siècle (1). Plus tard, elle a été insérée dans le *Théâtre du Monde* d'Abraham Œrtel (2). Œuvre d'érudition, cette carte donne l'aspect du pays tel qu'il semble résulter des documents de l'antiquité. C'est dire qu'elle nous présente, sur la région du Mont-Blanc, la moindre somme de connaissances possible. L'espace compris entre la Tarentaise, le bas Faucigny, le Chablais, le Valais et le val d'Aoste, est figuré comme un massif montagneux compacte, de forme allongée (3).

Le *Grand Atlas* de Mercator, qui parut en 1595, signale la renaissance des études géographiques. Nous y trouvons une nouvelle carte de Savoie, gravée par Josse Hondt, d'Amsterdam, qui indique un progrès considérable. Le massif de montagnes s'entr'ouvre et se découpe; le cours supérieur de l'Arve, qui dans la carte de Bouillon s'arrêtait

---

(1) *Sabaudiæ ducatus, auctore Ægidio Bulionio.* — *Ap. Hieronymum Cock, Antwerpiæ.*

(2) *Theatrum orbis terrarum, Antwerpiæ*, 1570. — L'ouvrage, dédié à Charles-Quint, ne vit le jour qu'après la mort de cet empereur.

(3) Dans une carte de Forlani, le même espace est rempli de brins d'herbe à la façon d'un marécage. (*Paolo Forlani, Veronese, Descrittione del Ducato di Savoia novamente posto in luce in Venetia, l'anno* 1562.) La carte de Forlani est la première carte de Savoie qui ait paru en Italie.

en plaine, le pénètre et est tracé d'une façon passable : le raccordement de sa haute vallée avec celles du Rhône à Martigny et de la Dranse du Grand Saint-Bernard est et restera longtemps mal compris, mais, pour la première fois, nous voyons figurer le bourg de « Chamonis » et « la Mont Maudite » par laquelle l'auteur a voulu, évidemment, désigner le Mont-Blanc.

Je ferai ici une observation dont on appréciera bientôt l'importance ; c'est que les notions plus étendues que cette carte nous révèle ne pouvaient avoir été fournies que par les gens de Genève (1). Le nom seul de « Mont Maudite, » au besoin, en ferait foi. Nous verrons que les habitants de Chamonix ont toujours appelé leur montagne « le Mont-Blanc », que les Savoisiens la connaissaient sous le nom de « Glacière ». Ceux-ci étaient trop familiarisés avec les sommets couverts de neige pour en faire des contes ridicules. Au moins, ils auraient maudit en bloc toutes leurs Alpes. Ici, comme à la Maladetta des Pyrénées, à la Blumlisalp de l'Oberland, le nom de Montagne Maudite décèle le tour d'imagination des habitants du plat pays. En regard des champs fertiles, des collines boisées, des avant-monts couverts de riches pâturages, une cime qui ne produit quoi que ce soit, semble une exception monstrueuse et est né-

---

(1) « Le petit peuple de notre ville et des environs, donne au Mont-Blanc et aux montagnes couvertes de neige qui l'entourent, le nom de *montagnes maudites*. » (Saussure, *Voyages dans les Alpes*, § 732.)

cessairement frappée de malédiction (1). Je ne rapporterai pas ces légendes qui ont pour objet d'expliquer comment des herbages, jadis animés par de nombreux troupeaux, ont été changés en une solitude où règne un hiver perpétuel. Elles se ressemblent toutes, sauf de légères variantes, soit que Dieu punisse une race impie ou qu'une fée mécontente se venge de ses dédains. Le menu peuple du Genévois les racontait encore au temps de Saussure.

Mais voici une autre preuve. La Montagne Maudite est bien figurée dans la carte de Hondt, mais non pas, tant s'en faut, à la place qu'elle devrait occuper. Elle est indiquée fort loin de Chamonix, fort près et directement à l'est de Bonneville. La carte de Hondt fut copiée, recopiée et passa d'atlas en atlas, pendant près de cent ans, sans changement essentiel. Le progrès des études géographiques semblait suspendu à l'égard de cette région. On semait plus ou moins de bourgades, on ramifiait plus ou moins les vallées, on corrigeait les distances; à travers tous ces remaniements la position du Mont-Blanc relativement à Genève restait la même, c'est-à-dire aussi défectueuse.

(1) Le rédacteur des notices de l'atlas de Blaeuw dit au sujet de la Montagne Maudite : « Sa hauteur est si grande que, quand on sort de Lyon par la porte Saint-Sébastien, bien qu'on en soit encore éloigné de 40 lieues, on aperçoit son sommet dépouillé de toute espèce de végétation, *contre l'ordinaire des montagnes de cette région. — Vertice ejusdem contra morem aliorum hujus tractus montium omnino deserto.* » (Géogr. Blauiana, vol. VII, p. 250.)

Qu'on tire de Genève une ligne passant par le sommet du Môle, la Montagne Maudite sera située en un point quelconque du prolongement de cette ligne jusqu'à sa rencontre avec la vallée du Rhône, mais, nécessairement, toujours au nord de la vallée de Chamonix, au lieu d'être au midi. Ceci finit par être considéré comme un fait acquis. Lorsque, en 1680, Borgonio donna sa carte de Piémont et de Savoie (1), mieux instruit que ses prédécesseurs de la configuration des lieux, il fit décrire aux *Glacières* un vaste demi-cercle à la tête de la vallée de Chamonix, mais il en laissa le massif principal au nord, sur la ligne Môle-Genève. Or, à quoi tint cette erreur persistante (2)? Justement à ce que l'opinion des habitants de Genève a fait loi. On aperçoit fort bien le Mont-Blanc des environs de Genève, mais, en avançant vers les Alpes, on le perd de vue, et les premières sommités couvertes de neige que l'œil retrouve au sortir de Bonneville, ce n'est pas le Mont-Blanc, ce sont les Dents de Morcles et du Midi, c'est le Buet, surtout, qui couronne l'extrémité de la vallée, le Buet qui est effective-

---

(1) *Carta generale de' Stati di Sua Altezza Reale Vittorio Amedeo II, di Borgonio*, Torino, 1680.

(2) Elle fut si difficile à déraciner que dans l'*Atlas nouveau de la Suisse* de J. H. Weiss (1786-1802 : la feuille du Mont-Blanc fut levée en 1800), bien que le Mont-Blanc et ses glaciers soient à leur place réelle, on trouve encore des « Monts Maudits » entre le Buet et la Dent du Midi. Ce même nom est porté aujourd'hui par une des cimes du Mont-Blanc qu'on a vainement essayé de débaptiser, et il mérite d'être conservé comme un témoignage des anciennes superstitions populaires et de la peine que la « Mont Maudite » a eu à enjamber la vallée de l'Arve.

ment situé au nord de Chamonix, dans la direction de Genève au Môle et qu'on a pris pour la haute montagne qu'on avait aperçue de loin. Les proportions n'étaient point les mêmes, sans doute, mais la base du géant pouvait être cachée par les avant-monts. Ne savait-on pas, d'ailleurs, combien l'aspect d'une montagne est sujet à varier selon le point de vue? Le Môle, par exemple, en approchant de Bonneville, de pyramidal qu'il était, prenait une forme allongée et, son sommet se cachant derrière ses premières pentes, il devenait méconnaissable (1).

J'explique un fait, autant que la chose est possible. Le peuple de Genève nomma le Mont-Blanc « la Montagne Maudite », le peuple prit le Buet pour cette Montagne Maudite : les géographes suivirent. Il est vrai que les gens avisés auraient pu observer que, au solstice d'hiver, le soleil se levait, par rapport à Genève, précisément derrière le sommet du Mont-Blanc. Dès lors, il suffisait d'un calcul pour trouver l'angle de la montagne avec le méridien de Genève et la mettre à sa vraie place sur les cartes. Il suffisait même d'ouvrir les yeux et de voir, car, pris de Genève, le Mont-Blanc paraît fort sur la droite du Môle. Mais *voir*, est bientôt dit. On voit mal, on voit sans comprendre ce

---

(1) « Des voyageurs qui voulurent y monter, ne lui voyant plus sa première forme, *crurent l'avoir perdu et s'en revinrent* sans avoir rempli leur but. » (Bourrit, *Nouvelle description des glacières*, etc., t. I, ch. II.)

qui n'intéresse pas, et les montagnes n'intéressaient personne, pas même les géographes.

En voici un exemple bien curieux. Il y avait, au dernier siècle, un dictionnaire de géographie qui jouissait d'une haute réputation. C'était celui de Bruzen de la Martinière. A l'article *Suisse*, l'auteur avance que l'air de ce pays est vif et pénétrant à cause « des amas de neige et de glaces qui sont éternellement *dans les cavernes des montagnes où le soleil ne peut les atteindre* ». La proposition est étrange ; sans s'engager dans les défilés des Alpes, il suffisait d'aller à Berne, et de contempler l'admirable horizon des monts de l'Oberland revêtus d'un manteau de neiges éblouissantes, pour se convaincre que les neiges n'étaient pas dans des cavernes et que le soleil les atteignait parfaitement. Eh bien! Bruzen de la Martinière n'avait pas même besoin d'aller à Berne; et la raison, c'est qu'il y a demeuré plusieurs années (1), et que c'est en vue de ce panorama qu'il a écrit cette sottise! — On serait tenté de croire, après cela, que Molière a eu grand tort de se moquer, dans les *Femmes savantes*, des gens qui, pour tout mérite, « ont eu trente ans des yeux et des oreilles », puisque encore y a-t-il manière de s'en servir. Mais non, Molière raillait à bon escient. Au lieu de regarder les Alpes au jour, Bruzen de la Martinière a employé ses veilles *à se bien barbouiller de grec et de latin* : il a lu dans ses auteurs

(1) Il nous l'apprend lui-même dans la préface de son ouvrage.

que les glaces remplissaient les *cavités*, c'est-à-dire les hautes vallées des montagnes, ce qui est exact; il a pensé traduire élégamment *cavités* (*cavitates montium*) par *cavernes*, et, par une conséquence logique, il a ajouté de son cru que le soleil n'y pénétrait pas.

On dira que les Genévois en remontant plus avant la vallée de l'Arve, quand ils n'auraient pénétré que jusqu'à Sallanches, auraient dû découvrir leur méprise. Sans doute, mais c'est ce qu'ils ne faisaient guère et l'histoire va nous expliquer pourquoi.

Si le haut Faucigny avait fait partie de la confédération helvétique, à titre seulement d'État allié, comme les Grisons, le Valais, ou sujet, comme les bailliages italiens, ses montagnes eussent été bientôt connues. En Suisse, la liberté était née au milieu des monts. Plusieurs des cantons ne communiquaient entre eux que par des cols élevés jusqu'à la limite des neiges d'été, à travers les régions les plus sauvages de la chaîne. Ne fût-ce que par intérêt politique, les Suisses auraient aimé et fréquenté leurs Alpes. Mais cet intérêt n'était pas le seul à le leur commander. Les Alpes étaient un merveilleux champ d'observation pour le naturaliste, aussi bien que le boulevard et le refuge de l'indépendance helvétique. Quand Zurich fut devenue, par la grâce de la réforme, une des villes les plus éclairées de l'Europe, ces monts majestueux qui ferment l'horizon de son lac ne pouvaient manquer d'éveiller la curiosité des savants distingués qu'elle comptait dans son sein. Aussi, de Zurich partirent les premières excursions alpestres, et tandis que les géographes patentés des cours discutaient gravement la question de savoir « si la Suisse était le pays le plus élevé de l'Europe », Simler donnait sa *Description du Valais*, Scheuchzer parcourait, le baromètre en main, les Grisons, les Alpes Glaronnaises, le Saint-Gothard, l'Oberland Bernois.

La proximité d'une cité telle que Genève semblait réserver pareille fortune à la vallée de Chamonix. Les événements en disposèrent autrement. En 1524, Genève secoua le joug des ducs de Savoie et rompit ainsi le lien politique qui l'unissait au Faucigny. Restait le lien religieux, car la vallée entière de l'Arve et ses affluents ressortissaient à l'évêché de Genève. Dès avant l'an mil, les évêques de Genève avaient établi à Sallanches le siège du septième décanat de leur diocèse et la juridiction du doyen de Sallanches s'étendit sur 58 paroisses, au nombre desquelles nous voyons figurer Chamonix, Saint-Gervais, Notre-Dame de la Gorge, avec Samoëns et Sixt (1). Mais, neuf ans après s'être proclamée république indépendante, Genève embrasse la réforme et chasse l'évêque. La double rupture était définitive. Le siége de l'évêché, qui garda cependant son titre (2), fut

(1) État du diocèse de Genève dressé en 1457.
(2) C'est ce qui a pu tromper quelques écrivains qui, des visites pastorales des *évêques de Genève* à Chamonix, ont conclu à des rapports fréquents entre les deux pays pendant les siècles suivants. De même, le comté, puis duché de Genévois, a conservé son nom, alors que Genève

transféré à Annecy. Dès lors les relations habituelles entre le haut Faucigny et la grande cité calviniste cessèrent d'exister. Les Genévois ne dépassèrent plus guère la large vallée de l'Arve. Ils s'arrêtèrent devant le défilé de Cluses, tandis que les rapports des habitants de Chamonix et de Sallanches avec les autorités civile et religieuse de qui ils dépendaient, s'établirent par la vallée de Mégève, qui vient se relier à celle de l'Arve au-dessus de Sallanches et ouvre une communication plus directe vers Chambéry, où siégeait le Sénat de Savoie, et vers Annecy, où siégeait l'évêque.

De là une bizarrerie que nous offrent les cartes à partir de cette époque. Les géographes puisaient leurs informations à deux sources. Du côté de la Savoie ils étaient renseignés sur la configuration des vallées, le cours des torrents, le nombre des bourgades : les indications se rectifient et se complètent ; à cet égard, le progrès est constant. Mais, quant à la situation de la « Montagne Maudite » le préjugé de Genève est le plus fort et fait autorité, parce que cette montagne s'apercevait de Genève et était cachée pour la Savoie. Entre Chambéry, Annecy et Genève, entre ceux qui suivaient la voie de Mégève et ceux qui s'arrêtaient à Cluses, entre ceux qui seuls pénétraient dans la vallée de Chamonix

---

n'en faisait plus partie. Je rappelerai que le Genévois, *Genevensis ager*, comprenant les seigneuries de Faucigny et de Beaufort, avait pour limites le Chablais, le pays de Carouge, la Franche-Comté, la Savoie propre, la Tarentaise et la vallée de Courmayeur.

et ceux qui seuls voyaient le Mont-Blanc sans sortir de chez eux, on faisait un compromis : on en croyait les uns pour la vallée, et les autres pour la montagne.

Voilà ce qui explique comment le Mont-Blanc a eu tant de peine à passer au sud de la vallée de Chamonix, voilà pourquoi, en 1741, le voyage de Pococke et de Windham, dont nous aurons bientôt à parler, fut une véritable révélation. Ces Anglais, partis de Genève, avaient suivi la rivière d'Arve jusqu'à Chamonix. Ils identifièrent le massif des *Glacières* et la *Montagne Maudite*, en reconnurent la vraie situation, et rapportèrent de leur voyage le nom du Mont-Blanc, qui fut bientôt « le fameux Mont-Blanc (1) ». Les géographes se remirent à l'œuvre, mais la curiosité des touristes les devança et les cartes générales ne devinrent exactes qu'au moment où on commençait à les trouver insuffisantes. On voulut des cartes détaillées, spéciales à la seule région du Mont-Blanc, indiquant la place de chaque aiguille, les contours de chaque courant de glace, qui rendissent sensibles à l'œil la rapidité des pentes, le relief et la nature du terrain. Ici, les erreurs recommencèrent. Situé à la limite de trois États, le massif du Mont-Blanc a été levé par les ingénieurs de la Sardaigne, de la Suisse et de la France. Les échelles étaient différentes, les points de mire aussi, souvent sans qu'on s'en doutât, et

---

(1) Carte d'après Duval, jointe à la *Nouvelle description des glacières* de Bourrit.

cette réunion de travaux, d'où il était si naturel d'attendre la lumière, ne fut pas sans créer quelque confusion. Comme jadis les géographes de la Savoie et ceux de Genève, les ingénieurs de chaque nation donnèrent des noms divers aux mêmes sommets, leur assignèrent des places distinctes, confondirent des glaciers séparés et signalèrent des pics qui n'existaient pas. On fut longtemps à s'apercevoir que la *Pointe des Plines* des Suisses n'était autre que l'*Aiguille d'Argentière* des Français, que l'*Aiguille de l'Allée Blanche* des Italiens ne faisait qu'un avec l'*Aiguille de Trélatête* des Savoisiens. Ce n'était pas non plus chose facile de se débrouiller au milieu de cet archipel de glaces et de rochers. Il fallait avoir la vocation, payer de sa personne, braver les fatigues, les dangers et, qui pis est, les déceptions; revenir sans se décourager plusieurs fois de suite à la charge avant de trouver à la cime d'un pic quelques heures de ciel sans nuages et de pouvoir prendre des visées.

Heureusement, une topographie exacte du Mont-Blanc intéressait la géologie, l'art militaire et l'art nouvellement né du grimpeur. Des géologues mesurèrent la superficie et la profondeur des bassins glaciaires, la direction et l'inclinaison des strates. Des touristes, trop souvent égarés, sur la foi des cartes, dans des glaciers inconnus, à la recherche de cols imaginaires, s'avisèrent qu'ils auraient plus tôt appris à lever des plans que les géographes de profession à opérer au milieu des précipices, et, de dépit, mirent la main à la besogne pour leur compte et celui de leurs confrères. A leur tour, des officiers d'état-major se montrèrent ascensionnistes déterminés : on lève sans péril le plan des champs de bataille; dans ces champs de glace, au contraire, où jamais armées ne viendront aux prises, le péril n'est que pour ceux qui les reconnaissent. Ce concours et cette émulation de bonnes volontés ont produit les cartes planes de Pictet (1), de J.-D. Forbes (2), de B. Studer et A. Escher (3), de A. Favre (4), de A. Adams-Reilly (5), du commandant Miculet (6), et les plans en relief de Sené, de Jean Carrier (7), de Drivet (8), de A. Bardin (9), — ce dernier, œuvre admirable d'un homme que rien n'avait préparé à ce travail et qui a sacrifié à son exécution avenir, fortune et santé (10). Tout récemment, enfin, un éminent

---

(1) *Carte de la partie des Alpes qui avoisine le Mont-Blanc*, publiée dans le second volume de l'ouvrage de Saussure, 1786.

(2) *Travels through the Alps of Savoy*, 1843, et *The tour of Mont-Blanc*, 1855, avec rectifications.

(3) *Carte géologique de la Suisse*, 2ᵉ édition, par Isidore Bachmann, s. d.

(4) *Carte des parties de la Savoie, du Piémont et de la Suisse, voisines du Mont-Blanc*, 1861, et la même coloriée pour l'étude de la géologie, 1862.

(5) *The chain of Mont-Blanc*, 1865.

(6) *Massif du Mont-Blanc*, extrait des minutes de la carte de France, 1865.

(7) 1866, à Londres.

(8) Paris, 1871, au 1/50000.

(9) Avec courbes de niveau.

(10) Il faut mentionner encore, pour la partie orientale du massif, la carte de Suisse du général Dufour et celles du Club alpin suisse. (Martigny, deux feuilles. — *Annuaire*, 1868-1869.)

architecte, membre du Club alpin français, a donné une nouvelle *Carte topographique du massif du Mont-Blanc* (1), résultat de huit années d'études. M. E. Viollet-le-Duc a cherché, avant tout, à marquer fidèlement la forme et la disposition des roches cristallines et des terrains, leur état de dégradation, les étapes successives des glaciers et leurs dimensions actuelles. Il a sacrifié même l'indication des courbes de niveau pour obtenir, à vue d'œil, un figuré plus exact. Sa carte est éminemment une carte routière, si l'on peut appliquer le nom de routes aux directions que le touriste suit à travers les glaciers et dans l'ascension des sommets. Il a profité des travaux de ses devanciers ; d'autres viendront sans doute après lui, mais, il faut l'avouer, s'ils visent à la perfection, ils auront peu à faire pour l'atteindre en partant du point où M. E. Viollet-le-Duc est parvenu.

La première mesure géodésique de la hauteur du Mont-Blanc avait été prise, vers 1740, par Fatio de Duillier, mathématicien vaudois (2). Il l'évaluait à 2000 toises, pour le moins, au-dessus du niveau du lac de Genève. En août 1775, Shuckburgh, employant la même méthode avec plus de rigueur, trouva que le Mont-Blanc était élevé de 15 662 pieds anglais (ou 4 772 mètres) au-dessus de la Méditerranée (3).

(1) Paris, août 1876.
(2) *Mercure suisse*, juin 1743.
(3) *Philosophical Transactions*, vol. LXVII, part. 2.

Douze ans après, en août 1787, Saussure le mesura par le moyen du baromètre et obtint 2 450 toises (soit 4 775 mètres) (1). Ces derniers calculs étaient un peu trop faibles. La moyenne de plus de cent observations qui ont été faites depuis, assigne au Mont-Blanc une altitude de 4 810 mètres. C'est exactement le chiffre trouvé en 1844 par MM. Charles Martins et Auguste Bravais, à l'aide du baromètre (2). Il domine de 3 760 mètres la vallée de Chamonix et encore de 54 mètres le plus haut piton de ses arêtes (3). Ce n'est pas, il s'en faut, la plus haute montagne du globe, ni même de l'ancien continent, comme l'avaient cru Schuckburgh et Saussure; mais il n'y en a pas, peut-être, dont l'élévation au-dessus des vallées environnantes soit plus considérable et qui, par conséquent, produise davantage l'impression d'une excessive hauteur.

Quant à sa géographie politique, elle suivit en quelque sorte les vicissitudes de sa géographie physique. Au moyen âge, certain comte de Genève affirmait négligemment ses

---

(1) *Voyages dans les Alpes*, § 2003.
(2) Delcros, *Annuaire météorologique de la France*, 1851, t. III.
(3) *Le Mont-Blanc de Courmayeur* qui atteint 4756 mètres. Le Mont-Blanc de Courmayeur est cette pointe qui, lorsqu'on regarde le Mont-Blanc de profil, du côté de l'est ou de l'ouest, figure au-dessous de la cime maîtresse une espèce de crochet ou, comme disait irrévérencieusement Saussure, de *nez retroussé*. — C'est par une erreur de gravure que le Mont-Maudit est marqué 4771 mètres dans la carte de Mieulet: il faut lire 4471 mètres. Il est singulier que la même erreur se soit reproduite sur la nouvelle carte de M. Viollet-le-Duc, et jusque dans l'ouvrage, *Le Massif du Mont-Blanc*, qui l'accompagne (p. 27, note 1).

droits sur la vallée de Chamonix (1). Quand le Mont-Blanc fut devenu célèbre, on attacha plus de prix à sa possession. En 1792, il donne son nom au premier département qui ait été réuni à la France (2). En 1860, l'honneur de le posséder inspire un acte de courtoisie internationale. Après la cession de la Savoie, les Alpes devant former désormais la séparation de l'Italie et de la France, il était naturel que la ligne frontière suivit le faîte de la chaîne. Une offre gracieuse du gouvernement italien fit exception pour le Mont-Blanc, et la frontière s'infléchit sur le versant méridional, à 150 mètres environ au-dessous de la cime, qui resta exclusivement française (3).

(1) *Sicut ad comitatum meum pertinere videtur.* (*Acte de donation d'Aymon*).
(2) Décret de la Convention du 28 novembre 1792. Par suite de la création du département du Léman et de la nouvelle division territoriale décrétée le 28 pluviôse an VIII (17 février 1800), le Mont-Blanc cessa d'appartenir au département qui portait son nom.
(3) L'article 4 du traité du 26 floréal an IV (15 mai 1796), entre le roi de Sardaigne et la république française, se bornait à indiquer les limites des deux États « au point où se réunissent les frontières du ci-devant Faucigny, du duché d'Aoste et du Valais, à l'extrémité des glaciers des *Monts Maudits* ».

CHAPITRE III

HISTOIRE PRIMITIVE

Nous devons ici faire un retour en arrière, vers ce qu'on serait tenté d'appeler les temps préhistoriques du Mont-Blanc, c'est-à-dire la période antérieure à 1741. Si la condition primitive des peuples qui habitaient à sa base n'a guère laissé de traces dans l'histoire générale, elle est attestée sur le sol même par des inscriptions, des médailles, des traditions, des documents originaux dont la connaissance intéressera le voyageur moderne.

La population qui environne le Mont-Blanc, au midi comme au nord, est d'origine celtique. Le patois du pays, les noms d'une foule de localités ne laissent aucun doute sur ce point (1). On a remarqué que le Monte-Rosa avait

---

(1) Par exemple *la lex blanche* dont on a fait l'*allée blanche*. Une *lex* est un pâturage clos; entendez par là, dans les pays montagneux, bordé de précipices. Le mot est passé dans la langue anglaise sous les formes *lea*, *lay* et *ley*. Ce nom est très-répandu dans les Alpes de l'ouest, avec

une avant-garde allemande. Avec autant de raison peut-on dire que le Mont-Blanc a une avant-garde française. Dans la haute vallée de la Doire, jusqu'à Aoste et même jusqu'à Châtillon, les fonctionnaires parlent italien, la bourgeoisie et le peuple parlent français (1).

Les auteurs anciens ont assez clairement indiqué les divisions politiques de cette région des Alpes vers le temps où Rome la soumit à son empire (2). Nous pouvons en conclure que, alors comme aujourd'hui, trois nations formaient un cercle autour de la grande montagne, et, puissantes et nombreuses, venaient pour ainsi dire s'éteindre en hameaux épars sur ses premiers gradins. Les Salasses du val d'Aoste devaient en occuper le versant méridional. Les Centrons de la Tarentaise tenaient la vallée du Chapieu, et, par le col du Bonhomme, avaient pénétré dans le val Montjoie. Les Véragres de Martigny,

son orthographe primitive généralement moins bien conservée en Savoie et en Dauphiné que dans la Suisse romande. Ainsi on rencontre un village de *Sous-la-lex* à l'est du Catogne, un *Solalex*, sous l'Argentine de l'Avençon d'Anzeindaz, un hameau de l'*Allex*, un peu au midi de Bex; au fond du val d'Anniviers se dresse le *Pigne de la Lée* (cartes Fédérale, du Club alpin suisse et de G. Studer). Mais le *col de la lex*, entre Beaufort et Bourg Saint-Maurice (Tarentaise), est écrit *col de l'allée;* le sommet de *la lex froide* au Pelvoux est devenu l'*Aléfroide* et, par une corruption plus étrange, l'*Ailefroide* de la carte de l'état-major français.

(1) « Le patois des campagnards de la vallée d'Aoste, jusqu'aux environs de Saint-Vincent, a une analogie très-marquée avec le patois des paysans bourguignons et provençaux; on y retrouve même des mots identiques. » (Ed. Aubert, *La vallée d'Aoste*, introduction.)

(2) Pline, *Hist. nat.*, liv. III, 21, 24. — Strabon, liv. IV, ch. VI, 5, 6, 7 et 11. — Tite-Live, liv. XXI, 38.

l'ancien Octodurum, s'étaient répandus dans le val Ferrex suisse. Mais par quelle tribu était habitée la vallée de Chamonix?

Cette vallée, si retirée, si à l'écart du monde, l'était jadis encore davantage. C'était un trou, un enfoncement immense des Alpes. On n'y montait point, on y descendait, on y tombait du haut de la montagne. Le touriste ordinaire y pénètre par le défilé de Servoz et la quitte à l'autre extrémité par le col de Balme. Mais peut-être, à un second voyage, entrera-t-il par la Forclaz du Prarion pour gagner ensuite la vallée du Rhône par Salvant et Finhaut. Or ces variantes, ces chemins d'amateurs qui, des deux côtés, plongent sur la vallée de Chamonix, ont précisément été les routes primitives. M. l'abbé Ducis (1) pense en avoir reconnu les vestiges depuis le mont de Vaudagne jusque vers Finhaut (*ad fines* des anciennes cartes). La plaine de Servoz était occupée par un lac qui n'a rompu que tard ses digues naturelles : de là le choix de la Forclaz, comme, à la tête de la vallée, un chemin moins pénible, des prairies et des forêts productives firent préférer la direction du val Orsine et du plateau de Salvant à l'âpre col de Balme (2).

(1) *Questions archéologiques et historiques sur les Alpes de Savoie*, 1871, p. 64-70.

(2) Quelques savants prétendent cependant que la formation du lac de Servoz n'a été qu'un accident, postérieur à l'époque romaine. Albanis Beaumont dit avoir vu d'anciennes cartes du Faucigny où ce lac était marqué et désigné sous le nom de lac de Saint-Denis ou de Saint-Michel.

Lorsqu'on monte à la Forclaz par les bains de Saint-Gervais, un peu avant d'arriver au col, on gagne un vallon à fond marécageux, resserré entre les forêts du Prarion et la Tête de Montfort. Le lieu s'appelle le Larioz. Sur la pente à gauche, fortement inclinée, se rencontre un champ entouré d'une clôture de pierres où les gens des chalets voisins cultivent encore l'avoine. En 1852, une des pierres attira leur attention. Elle était de forme plate, régulière, à moitié engagée dans le sol et portait sur l'une de ses faces des caractères fortement gravés. Ces gens, étant descendus à Saint-Gervais, y parlèrent de leur découverte. Un baigneur curieux se fit conduire sur la place et reconnut une inscription romaine. Par ses soins, la pierre fut retirée du mur et déposée à l'écart. Le 18 juillet 1853, M. J.-A. Bonnefoy, de Sallanches, l'alla visiter et en copia l'inscription. Plus tard, elle a été dressée à la lisière de la forêt et abritée sous un cadre qui, malheureusement, la protége mal contre le vent pluvieux de l'ouest.

Tel est l'historique de la découverte de l'inscription de la Forclaz, un des plus précieux monuments de l'antiquité dans la Savoie. La date de l'inscription est très-précise. Elle remonte au cinquième tribunat de Vespasien qui prit

(*Description des Alpes grecques et cottiennes,* Paris, 1802-1806, t. II, 2ᵉ partie, p. 60.) Il m'a été impossible de découvrir les cartes auxquelles il fait allusion. De Fer (*le duché de Milan et les États du duc de Savoie,* 1705), fait bien sortir l'Arve d'un lac, mais ce lac, situé au delà de Chamonix, occupe la place du glacier des Bois.

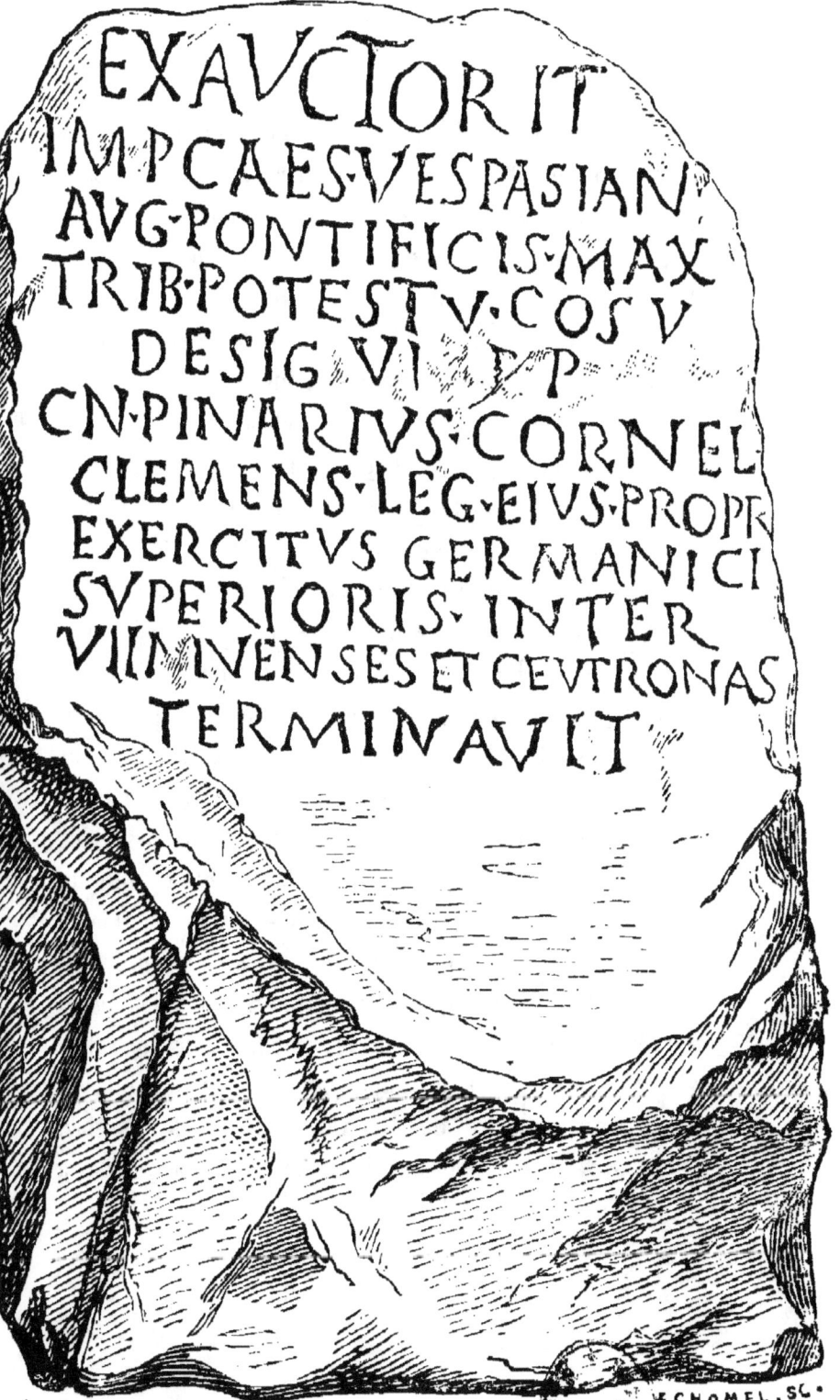

INSCRIPTION DE LA FORCLAZ

fin le 1ᵉʳ juillet 74. Elle a, par conséquent, dix-huit siècles bien comptés d'existence. Posée par un légat de l'empereur, propréteur de l'armée de la Germanie supérieure, elle fixait les confins du territoire de deux peuples. Malheureusement, si le nom de l'un de ces peuples — les Ceutrons — est très-lisible, il n'en est pas de même de l'autre. Les caractères sont en général bien conservés ; mais, gravés assez grossièrement sur une pierre schisteuse à grains de quartz qui ont dû gêner la main de l'artiste, quelques-uns (justement les premières lettres de ce nom qu'il nous intéresserait de connaître) se sont éclatés. On hésite surtout entre *Viennenses* et *Viimnenses*. Je n'entrerai pas dans le débat qu'ont soulevé ces deux versions. C'est affaire aux épigraphistes. Plusieurs n'ont voulu voir dans la pierre du Larioz qu'une délimitation quelque peu excentrique entre les riverains de l'Arve, vers Passy, et les Ceutrons du val Montjoie, sur le même versant de la Forclaz. Le simple voyageur penserait plutôt qu'il s'agit des Ceutrons et des habitants de la vallée de Chamonix. Dans cette hypothèse, que suggère si naturellement la position de la pierre sur le chemin de communication entre les deux vallées, à l'extrême limite des cultures, les *Viennenses* ou *Viimnenses* seraient donc les habitants de la vallée de Chamonix et l'inscription leur aurait attribué la possession peut-être disputée de l'alpe de la Forclaz. Si on lit *Viennenses* on admettra que les Allobroges de la province Viennoise occupaient jusqu'au cours supérieur de l'Arve. Si on lit *Viimnenses*, on supposera que ce district a été colonisé par une peuplade distincte, venue peut-être du Valais (1).

Parmi les monuments de l'époque romaine aux environs du Mont-Blanc, on peut encore citer deux *ex-voto* sur table calcaire, trouvés avec des colonnes brisées et des tombeaux aux Oultars (*altaria?*) et encastrés depuis dans la base du clocher de Passy (2). Mais il en est d'autres dont l'authenticité est fort suspecte, et, à cet égard, il convient de se méfier surtout des inductions tirées de l'étymologie, quand rien d'ailleurs ne vient les confirmer.

Ce que Strabon nous raconte des richesses métalliques du val d'Aoste et de la guerre d'extermination que les Romains firent aux Salasses pour s'en attribuer l'exploitation

(1) M. Bonnefoy pense que, par un procédé de transposition de lettres fréquent chez les Latins, *Viiminenses* a été mis pour *Viminenses* (habitants des bois taillis, bouleaux, généralement toute espèce de bois flexible, — peut-être aussi, par allusion aux buissons d'airelle myrtille qui croissent en abondance sur les pentes de la montagne), et y voit une traduction du vieux allemand *wald-dagen*, conservé dans le nom du plateau de *Vaudagne*. Cette interprétation pourrait trouver quelque appui dans le passage de Tite-Live qui fait des Véragres du Valais un peuple semi-germain (Tite-Live, XXI, 38). En outre, si les Octodurenses, de Martigny, et les Viimnenses, de Chamonix, étaient de même souche véragre, Pline a bien pu dire sans se tromper beaucoup, que les Octodurenses étaient limitrophes des Ceutrons (Pline, *Hist. nat.*, III, 20). Mais, en vérité, les anciens ne s'embarrassaient pas de si peu à l'égard de la géographie des Alpes, et il faudrait être bien naïf pour mettre ou les Ceutrons ou les Véragres dans la vallée de Chamonix, sur l'autorité de Pline, qui ne soupçonnait certainement pas l'existence de cette vallée.

(2) Il y a également un *plateau des Oultars* dans la vallée de Beaufort.

exclusive (1), donne quelque vraisemblance à l'opinion qui voit un ouvrage du peuple-roi dans les galeries qu'on montre au mont de la Saxe, à l'est de Courmayeur, sous le nom de *labyrinthe* ou de *trou des Romains*. Mais le nom seul du village d'Argentière ne suffit pas pour établir que les Romains aient exploité un minerai de plomb argentifère au fond de la vallée de Chamonix.

Passy peut venir de *passus*, et Chapieu de *caput vallis* : il est aisé et assez plaisant, je l'avoue, de multiplier ces rapprochements ; gardons, cependant, qu'ils nous entraînent trop loin. C'est par un pareil abus qu'Albanis Beaumont faisait de Sallanches une colonie des Salasses (2). Sallanches est traversée par deux ruisseaux qui portent le même nom, et s'il n'en faut pas davantage pour démontrer que les Salasses ont habité leurs rives, on devrait croire aussi qu'ils ont habité celles de cette autre Sallenche, qui se jette dans la vallée du Rhône en formant la fameuse cascade de Pissevache (3).

On ne saurait douter, d'après les médailles romaines

---

(1) Strabon, l. IV, ch. vi, 7.
(2) Albanis Beaumont, *Description des Alpes grecques et cottiennes*, t. I, p. 114 et suivantes, et II, p. 99.
(3) M. Bonnefoy me dit à ce sujet, avec une vivacité qui me frappa : *Non! non! nous avons toujours été Ceutrons!* L'orgueil du nom Ceutron subsiste encore dans cette région, et est surtout très-vivace dans la Tarentaise ; mais je l'ignorais alors, et le patriotisme du savant antiquaire me parut beaucoup plus curieux que toutes les hypothèses sur la fondation de sa ville natale. M. Bonnefoy, notaire à Sallanches, a consacré les loisirs de l'existence la mieux remplie à recueillir et à copier de sa

trouvées en différents points du trajet, que les cols de la Seigne et du Bonhomme n'aient été très-anciennement fréquentés. Mais il ne s'ensuit pas que les païens aient établi au sommet de ce dernier passage une maison hospitalière, où se serait tenu plus tard un ermite, dont le nom du col du Bonhomme consacrerait le souvenir (1). On a fait une conjecture non moins hasardée en supposant que le fameux tumulus du Plan-des-Dames, à la montée septentrionale du Bonhomme, désigne l'emplacement d'une statue de Mercure, ou du moins d'un hermès dédié à ce dieu, et au pied duquel les passants déposaient une pierre en marque de respect (2). Ce n'est pas que j'accorde beaucoup plus de confiance à la légende d'une dame italienne et de sa suivante, surprises par une tourmente de neige et sur les cadavres de qui la piété des pâtres aurait amoncelé des cailloux, à défaut de la sépulture chrétienne que le sol rocheux leur refusait (3).

main tous les documents relatifs à l'histoire de la haute vallée de l'Arve. La collection, qui formera plusieurs volumes in-folio, est actuellement sous presse à Chambéry. Je saisis l'occasion d'exprimer ici le respect que m'inspire un pareil labeur.

(1) Bourrit, *Nouvelle description des glacières*, 1787, t. I, ch. XVIII.
(2) Alb. Beaumont, *Description des Alpes grecques et cottiennes*, t. Ier, 1re partie.
(3) Il est d'usage que guides et touristes y jettent une pierre en passant. Guez de Balzac, dans une lettre au Chancelier qui avait arrêté la publication d'un livre où il était attaqué, compare les livres écrits contre sa réputation « à ces pierres que les passants jettent sur les cadavres dans les pays du levant et qui finissent par faire un monceau qui désigne l'endroit au respect des gens ». Mais cette coutume n'est pas propre à l'Orient : les montagnards écossais disent encore, par manière de compliment : « J'ajouterai une pierre au tas qui recouvrira votre tombeau (*curri mi cluch er du*

Cet accident remonterait au dernier siècle; mais ce n'est pas la première fois que nous rencontrons une tradition de ce genre. Le mont Genèvre, au moyen âge, s'appelait *la Matrone* parce que, nous dit Simler, une noble dame avait péri dans la traversée (1). Ce sont là souvent des explications données après coup pour satisfaire l'imagination populaire. Le nom de *Matrone* a pu venir, comme celui de *Bonhomme*, de la forme particulière d'un rocher bien en vue du passage, et le tumulus du Plan-des-Dames n'a peut-être eu d'autre objet, dans l'origine, que de servir de repère en ces lieux désolés, à la façon de ces colonnes de pierres sèches auxquelles les montagnards donnent le nom d'« hommes de pierre ».

Il n'est pas assuré, enfin, que l'aqueduc dont la percée du tunnel du Châtelard a mis une portion à jour et qui paraît avoir été destiné à dériver les eaux de l'ancien lac de Servoz, date de l'époque romaine. Mais il est très-certain que la digue du lac Combal, dans l'Allée Blanche, qui passe, selon les Itinéraires, pour un ouvrage des Romains, a une antiquité beaucoup moins reculée. Sa construction ne remonte, en effet, qu'à l'an 1742. A cette époque le roi de Sardaigne, Charles-Emmanuel, ayant embrassé la cause

---

cuirn) ». (Wilson, *Pre-historic annals of Scotland*, vol. I, p. 86, 2⁽ édit.) Le cairn du Plan-des-Dames a 32 mètres de circonférence sur 3 mètres environ de hauteur.

(1) *Ad Matronæ porrigitur verticem, cujus vocabulum casus feminæ nobilis dedit.* » (Simler, *Alp. comm.*, p. 231.)

de Marie-Thérèse contre la France et l'Espagne et redoutant une invasion de cette dernière puissance dans la vallée d'Aoste par le col de la Seigne et l'Allée Blanche, fit construire un barrage à l'extrémité inférieure du lac Combal (1). Le niveau du lac fut ainsi élevé de façon à recouvrir le chemin qui longeait sa rive droite et à rendre impossible l'accès du défilé entre le versant méridional de la vallée et la moraine du Miage. Mais si cet ouvrage conjura le danger d'une invasion militaire, il attira celle des eaux dont la pression fit céder une partie de l'obstacle qu'on leur opposait. A la suite de cette rupture, une avalanche liquide charriant des blocs de rochers et des masses de glace arrachées au glacier de la Brenva, se précipita à travers la vallée de Courmayeur et y occasionna d'épouvantables ravages. Le chevalier de Buttet, ingénieur sarde de grande réputation (2), chargé de parer au retour d'un semblable désastre, ne laissa subsister du barrage de 1742 que la digue de grosses pierres sans ciment, d'une épaisseur de 21 mètres environ, qui sert maintenant à régler l'écoulement des eaux du lac Combal (3).

(1) On bâtit, en même temps, sur la moraine du Miage une redoute crénelée dont les restes étaient encore très visibles il y a vingt ans. (Voyez la planche X de l'ouvrage de Dollfus-Ausset et H. Hogard, *Principaux glaciers de la Suisse, imprimés en lavis*, Strasbourg, 1854.) Il n'est pas improbable que ces fortifications aient été relevées, en 1794, contre l'invasion française.

(2) Il était né à Suse en 1758 et mourut en 1797.

(3) Grillet, *Dictionnaire historique des départements du Mont-Blanc et du Léman*, article : *Salines de Moutiers*.

ACTE DE DONATION DU PRIEURÉ DE CHAMONIX.

In nomine sanctæ et individuæ trinitatis. Ego Aimo Comes gebennensis et filius meus geroldus donamus et concedimus domino deo salvatori nostro et sancto Michaeli archangelo de clusa omne caput munitum cum apendiciis suis ex aqua quæ vocatur desa et rupe quæ vocatur alba usque ad balmas, sicut excrevi ad comitatum meum pertinens, idest: terras, silvas, alpes, venationes, omnia placita et tributa, ut omnichen vor archangelo serventes, hoc totum habeant et teneant sine contradictione alicujus hominis, nichil nobis nisi elemosinas et orationes petabimus, nisi et jumentum unum septem, ut sic Michael archangelus producat nos illos in paradisum exultationis. Si quis autem quod absit hoc donum confringere voluerit anathemate et maledictione sit sicut dathan et abiron, quousque respiscat et satisfaciat.

Ex istis qui dono sunt legitimi testes: Uterius frater comitis, Vuillelmus fulciniacensis et Amedeus et Turumbertus de nangiaco, et Albertus miles de gomoens, et Engeldramus presbiter et Silvo.

Ego Andreas comitis capellanus hanc cartam præcepto ipsius comitis scripsi et tradidi. Feria vij. Kal. exc. vij. Papa Urbano regnante.

On voit, en somme, que l'inscription-limite de la Forclaz reste à peu près seule pour attester, d'une manière positive, que la civilisation romaine avait pénétré jusque dans la vallée de Chamonix. Le moyen âge nous a légué, à son tour, un document écrit d'une haute valeur. Au xie siècle, les bénédictins de l'abbaye de Saint-Michel de Cluse fondèrent un prieuré dans la vallée de Chamonix. La pièce dont il s'agit n'est autre qu'un acte par lequel Aymon, comte suzerain de Genève, concède au nouvel établissement religieux, pour en jouir à perpétuité, « toute l'étendue de pays comprise entre le torrent de la Diosaz, le Mont-Blanc et le col de Balme, consistant en terres labourables, forêts, pâturages et chasses. » En voici, du reste, le texte en son entier :

« In nomine sanctæ et individue trinitatis. Ego Aimo Comes gebennensis et filius meus geroldus, donamus et concedimus domino deo salvatori nostro, et sancto michaëli archangelo de clusa, omnem campum munitum cum apendiciis suis, ex aqua quæ vocatur desa et rupe quæ vocatur alba usque ad balmas, sicut ex integro ad comitatum meum pertinere videtur, id est terras, silvas, Alpes, venationes, omnia placita et banna, ut monachi deo et archangelo servientes hoc totum habeant et teneant sine contradictione alicujus hominis, et nihil nobis nisi elemosinas et orationes pro animabus nostris, et parentum nostrorum retinemus, ut sanctus michaël archangelus perducat nos et illos in paradisum exultationis. Si quis autem, quod absit, hoc donum confringere voluerit, in anathemate et maledictione sit sicut dathan et abiron quousque resipiscat et satisfaciat. Ex istis ergo donis sunt legitimi testes Uterini fratres Comitis, Vittorius fulgniacus (de Faucigny), et Amedeus, et Turimbertus de nangiaco, et Albertus miles de gomœns, et Engeldrandus presbyter, et Siluo. Ego Andreas Comitis capellanus, hanc cartam præcepto ipsius Comitis scripsi et tradidi Feriâ VII Lunâ XXVII. Papa Urbano Regnante. »

Cet acte, que sa date semble rapporter au pontificat d'Urbain II, qui régna de 1088 à 1099, a été publié pour la première fois, d'après un ancien codex manuscrit, par Samuel Guichenon, l'historiographe de France, de Savoie et des Dombes (1). M. Markham Sherwill, en 1831, a eu la bonne fortune de trouver la charte originale dans les archives du prieuré de Chamonix. Elle est actuellement déposée chez M. Bonnefoy. C'est une feuille de parchemin, écrite en beaux caractères gothiques, dans un état de conservation admirable : le sceau du comte de Genève y est attaché.

Il s'en faut bien qu'on ait tiré de cette charte tout l'enseignement qu'elle renferme. Nous y voyons, par exemple,

---

(1) *Bibliotheca Sebusiana*, Lyon, 1660, première centurie, ch. XLIX. Cet ouvrage est un recueil de documents pour servir à l'*Histoire généalogique de la maison de Savoie*, du même auteur.

que le pays est concédé à la communauté de Saint-Michel-Archange de Cluse. On serait assurément fort excusable de penser que le Cluse dont il est question est Cluses-sur-Arve, entre Genève et Chamonix. Il n'en est rien pourtant. Cluses avait un couvent de franciscains, mais qui ne fut fondé qu'à la fin du XVe siècle. Le Cluse dont il s'agit est *Chiusa*, près de San Ambrogio, sur la route du mont Cenis et à mi-chemin de Suse à Turin. C'est là, sur un rocher presque inaccessible, que les bénédictins fondèrent, vers 966, un monastère célèbre placé sous l'invocation de Saint-Michel-Archange, et que les annales ecclésiastiques désignent sous les noms de *Monasterium Clusinense S.-Michaëlis*, *Monasterium S.-Michaëlis de Clusa*. Cette abbaye devint si riche qu'un diplôme d'Innocent III ne compte pas moins de cent quarante églises sous sa dépendance tant en Italie qu'en France (à Toulouse, à Narbonne, à Carcassonne, etc.), outre un nombre considérable de couvents (1).

Ainsi, le prieuré de Chamonix relevait, à l'origine, d'une

(1) *Acta sanctorum ordinis S. Benedicti*, Paris, 1685, sæculum V, p. 909. — Mabillon, *Annales ordinis S. Benedicti*, Paris, 1706, t. III, p. 579-582. On trouvera dans Brockedon (*Illustrations of the Passes of the Alps*, London, 1838, t. 1er), une vue du monastère dans son état actuel. Ainsi que le fait observer M. A. J. Du Pays (*Itin. de l'Italie*, 3e édit., route 3), « il participe pour l'architecture, de l'église et du château fort ». A cause de cela et de sa position, il est curieux de remarquer que ce monastère fut fondé vers le temps, sinon l'année même, où le même ordre religieux prenait possession des bâtiments du fameux mont Saint-Michel, dans la baie d'Avranches.

abbaye piémontaise, et cette dépendance explique, à mon sens, une des traditions les plus persistantes de notre vallée. D'après cette tradition, le col du Géant n'aurait pas toujours été encombré de glaces. Il y existait autrefois un passage vers le val d'Aoste, passage si facile et si fréquenté que Chamonix n'était, en ce temps-là, qu'une annexe de la paroisse de Courmayeur, où ses habitants se rendaient pour entendre la messe. Peu de gens, au dernier siècle, mettaient le fait en doute, et le notaire Paccard affirmait à Bourrit que d'anciens documents conservés dans ses cartons en fournissaient la preuve (1). Il est fâcheux que Bourrit n'ait point demandé à les voir. Autant en disent de nos jours les vieillards du village d'Entrèves, près de Courmayeur, mais bien fin qui parviendrait à se faire montrer ces fameux papiers. Les connaissances que nous avons acquises sur le régime des glaciers rendent l'existence de ce passage tout à fait invraisemblable (2), et l'histoire ne la dément

---

(1) Bourrit, *Nouvelle description des glacières*, 1787, t. Ier, p. 57 et 72.

(2) Bourrit, dans une lettre à Buffon, va jusqu'à avancer, sur la foi de ses correspondants de Chamonix, que « en partant de grand matin, on arrivait d'assez bonne heure le jour même à Courmayeur (*Description des cols ou passages des Alpes*, Genève, 1803, 1re partie, p. 189) ». C'est, au surplus, une question de savoir si la retraite du glacier du Géant rendrait le passage plus aisé. La traversée des glaciers présente des difficultés particulières, mais, en remplissant des cirques de montagnes aux parois escarpées, ils donnent accès à des cols qui, sans eux, seraient inabordables. Depuis que le niveau de la Mer de glace a baissé, l'escalade du Couvercle est devenue à peu près impraticable et, pour aller au Jardin, on est obligé de prendre par la rive gauche du Talèfre.

pas d'une façon moins péremptoire. M. l'abbé Gaydon, curé de Chamonix, qui a composé une Histoire du Prieuré, encore en manuscrit, m'a déclaré n'avoir trouvé aucune trace que Chamonix ait jamais dépendu de Courmayeur à quelque titre que ce soit.

Mais, si la tradition est erronée à tant d'égards, elle atteste, ce me semble, un souvenir confus de l'acte qui constituait le prieuré en annexe d'une abbaye italienne. A la longue, l'habitant de Chamonix n'en retint qu'une chose : il avait eu des attaches religieuses de l'autre côté des monts. Or, pour lui, l'autre côté des monts c'était le haut val d'Aoste ; de lien religieux, il n'en imagina pas d'autre que celui qui rattache le fidèle à sa paroisse. La cité de Courmayeur, *Curia major,* fit oublier le monastère de l'archange et la rupture des relations s'expliqua par l'envahissement des glaciers (1).

Ce qu'on remarquera avec plus d'intérêt encore dans la charte d'Aymon, c'est que, du premier coup, la vallée de Chamonix et le Mont-Blanc y sont mentionnés sous les noms qu'ils portent aujourd'hui : *rupes alba,* montagne blanche ; *campus munitus,* champ muni. Si claire que paraisse cette dernière étymologie, on a voulu pourtant la révoquer en doute. On a prétendu que l'usage étant alors, dans les actes publics, de mettre en latin les noms de

(1) Une circonstance géographique aidait à la confusion : Courmayeur est sur la Doire Baltée, l'abbaye sur une autre Doire, la Doire Ripaire.

langue vulgaire, *campus munitus* pouvait aussi bien être une traduction de Chamonix que Chamonix une corruption de *campus munitus* : le chapelain du comte aurait suivi l'exemple de ces notaires du temps qui rendaient mont Joie (*mons Jovis* ou *mont Joux*) par *mons Gaudii*.

Je ne crois pas que ces objections résistent à un examen attentif du texte. Il ne s'y agit point du tout du village : celui-ci se forma autour du *Prieuré*, dont il prit et conserva longtemps le nom. C'est la vallée entière que le rédacteur de l'acte a voulu désigner, et encore ne la nomme-t-il point : il se contente de la définir par ses limites du cours de la Diosaz, du massif du Mont-Blanc et du col de Balme (1), comme un champ clos, un espace circonscrit par des frontières naturelles, une sorte de *val chiusa*. Si ce territoire se fût appelé Chamonix, l'acte aurait traduit campus *qui vocatur* munitus, le champ *qu'on appelle* Muni, de même qu'il dit le torrent *qu'on appelle* Diosaz, la montagne *qu'on appelle* Mont-Blanc. Mais, dès cette époque, le campus munitus des moines a passé rapidement dans le patois pour signifier la vallée, *Chammonis, Chamunix, Chamonix* (1). Plus tard,

---

(1) La vallée de la Diosaz et le val Orsine étaient sans doute compris dans les dépendances, *appenditia*. Le comte s'exprime comme si les bénédictins lui eussent révélé l'existence du pays et ses droits sur le territoire dont ils sollicitaient l'investiture : *sicut ex integro ad comitatum meum pertinere videtur*. — Cela explique ce qu'il peut y avoir d'un peu vague dans la délimitation : mais les points principaux sont touchés.

(2) Toutes ces formes se rencontrent dans les chartes dès le XIIIe siècle (Ducis, *Questions archéologiques*, p. 66).

ce nom a été appliqué au chef-lieu même de la vallée ; le Prieuré de Chamonix, *Prioratus Chamonis*, est devenu Chamonix tout court, comme la célèbre abbaye florentine est devenue Vallombreuse, comme un village du Munsterthal a pris le nom de Valcava, comme enfin, tout près de Chamonix, Vallorsine a usurpé celui de sa vallée (1).

On jugera si ces conjectures, appuyées sur un titre authentique, ne méritent pas plus de créance que celles qui n'ont pour base que des hypothèses ingénieuses. C'est ainsi qu'on a voulu faire venir Chamonix de *chamo*, qui signifiait au moyen âge un terrain sec et inculte (2), et M. Bonnefoy trouve encore à la suite le mot *nix*, neige. L'acte de donation d'Aymon, qui énumère des champs cultivés, des pâturages, des forêts, prouve que, au xie siècle, la vallée de Chamonix n'était pas plus stérile et désolée que de nos jours. Les archéologues sont obligés de recourir au temps où les grands glaciers venaient d'achever leur mouvement de retrait. La supposition ne leur coûte guère, mais les géologues seront d'avis qu'elle nous ferait remonter un peu loin et que Chamonix, dans ce cas, pourrait se vanter d'une antiquité plus haute que les empires de l'Égypte et de

(1) Les gens du pays, dans leur prononciation nasale, articulent *Chammoni*. La lettre *x* qui termine le mot, ne paraît avoir d'autre valeur que celle d'une orthographe ou d'un accent local, comme dans Fernex, Gex, Bex, pour Ferney, etc., et la lettre *z* dans la Forclaz, les Praz, Servoz, le Couppoz, etc. que les montagnards, entre eux, prononcent *Forcle*, *Serve*, etc.

(2) *Chamo, Chamonagium, — id est ager exilis et incultus.* (Glossaire de Du Cange, édit. Henschel, Paris, 1842.)

l'Assyrie. Quant à *nix*, *nix* est bien tentant au pied du Mont-Blanc, même trop séduisant : Chamo-nix, désert de neige, aurait son pendant dans l'Allée Blanche. Malheureusement, il a un autre pendant qui détruit l'illusion; car, si l'on veut chercher avec soin, on trouvera encore un village du même nom, un autre Chamonix, un peu au-dessous de Magland, sur la rive gauche de l'Arve, cette fois loin des glaciers et des neiges éternelles (1).

A partir de l'acte de donation d'Aymon, la vallée de Chamonix joue un rôle dans l'histoire, mais rôle discret, rôle de ces comparses qui paraissent au fond de la scène et ne figurent pas sur l'affiche. Vers la fin du XIIIe siècle, le Prieuré passa de la dépendance des abbés de Cluse sous celle du chapitre de Sallanches. Il envoya ses députés aux états du Faucigny et fut honoré de loin en loin de la visite de ses évêques. Le plus célèbre de tous, saint François de Sales, y passa plusieurs jours en juillet et août 1606 et officia dans l'église paroissiale qui venait d'être construite (2). La vallée de Chamonix ne laissait pas non plus

---

(1) Ce second Chamonix est encore parfaitement circonscrit, *munitus*, par un coude de l'Arve, un torrent et la montagne dont, partout ailleurs dans ce défilé, l'Arve vient baigner le pied.

(2) On lit sur le portail la date de 1602. J'ai déjà dit que le siège de l'évêché de Genève avait été transféré à Annecy. François de Sales pénétra par la vallée de Megève. Dans une des rues du bourg de Megève une inscription posée en 1866 a consacré la pierre sur laquelle, dit-on, il a mis le pied pour monter mulet : cette pierre est à demi engagée dans un mur.

d'entretenir des relations commerciales avec les pays voisins. Elle exportait son miel, ses cristaux, son lin. Il se tenait au Prieuré deux foires par an, auxquelles se rendaient des marchands étrangers, et un marché tous les jeudis (1).

Mais les grands mouvements politiques et religieux qui agitent le monde viennent expirer au seuil de notre vallée, comme la tempête à l'entrée des lagunes qu'un canal étroit joint à la mer. Le Valais, d'une part, et, de l'autre, la Savoie, protégent sa foi catholique. Vers la fin du xve siècle seulement, nous entendons parler de certaine secte obscure dont les adeptes se rassemblent dans la fameuse grotte de Balme pour s'adonner à des pratiques de magie. De proche en proche, l'hérésie se répand dans la haute vallée de l'Arve, depuis Cluses jusqu'à Passy; mais là s'arrêtent ses progrès (2). Il en fut de même de la guerre. Il n'y a pas de souverains en Europe qui se soient mis plus de guerres sur les bras que les princes de la maison de Savoie; il n'y en a pas qui aient eu un coin de leurs États si constamment tranquille. Une seule fois on y prit l'alarme. C'était au temps de François 1er, qui s'était brouillé avec la Savoie pour le passage des Alpes. Par mesure de prudence, le prieur de Chamonix fit charger la plus grande partie des

---

(1) Ordonnances de 1530 et 1533, Archives du Prieuré, dans Markham, Sherwill, *A brief historical sketch of the valley of Chamouni.*
(2) Bulle du pape Paul II, du 15 juin 1471.

archives du prieuré à dos de mulet et les fit diriger, par le grand Saint-Bernard, sur le château de Bard, dans le val d'Aoste (1). Précaution malheureuse ! La nature, à elle seule, avait encore mieux fortifié la vallée de Chamonix que la nature et l'art réunis n'avaient fortifié le château de Bard. Le château a été maintes fois pris, mis à sac, et le dépôt a disparu. La vallée échappa cette fois-là et les autres. A deux reprises, Henri IV, à la tête de troupes françaises, pénétra jusque dans la vallée de Beaufort, sous le col du Bonhomme. Le prieur du temps, mieux avisé, ne semble pas s'en être ému (2).

Les premiers voyageurs qui explorèrent la vallée de Chamonix eurent sous les yeux un spectacle instructif, celui d'une population qui s'était développée sans faire parler d'elle. Ils s'attendaient à la trouver fort arriérée, misérable, parce qu'elle était obscure, ignorante, parce qu'elle était ignorée. Leur surprise fut grande. Au lieu de montagnards à demi-sauvages, vivant dans des repaires, ils virent des hommes honnêtes, industrieux et assez bien instruits de

(1) Markham Sherwill, *A brief historical sketch*.
(2) Dans un ancien registre de l'état civil qu'on a conservé à la mairie de Beaufort, on lit cette note de la main du curé : « Le jour 10ᵉ d'octobre 1600, le roi Henri de Bourbon, de France et de Navarre, a été ici en grande compagnie de princes et autres gens d'armerie. Le jour 11ᵉ, il est allé au Cormet ; il faisait mauvais temps. Le jour 12ᵉ, il est parti conduisant 8 000 personnes, *ayant fait force des siennes et grandissimes folies*. » (De Verneilh, *Statistique du département du Mont-Blanc*, 1807, p. 109). Il est curieux qu'Henri IV ait laissé une réputation de galanterie jusque dans une vallée si sauvage des Alpes.

l'état des autres contrées; des habitations, non-seulement commodes, mais régulières et dans le goût du jour; des mœurs simples sans grossièreté; une vallée plus riche, mieux cultivée que les vallées environnantes, d'où les bêtes de proie, ours, loups, renards, qui infestaient les alentours, avaient presque entièrement disparu (1). Ce lieu, le plus retiré des Alpes, en était l'un des plus civilisés. Le contraste tenait à deux causes : le monde ne s'était pas occupé des habitants de la vallée de Chamonix, mais eux n'étaient point restés étrangers au monde. A l'abri de ses violences, ils avaient tiré parti de ses besoins. Jeunes, beaucoup s'expatriaient, allaient en France, en Allemagne, en Italie, louer leurs services et gagner du bien dont ils revenaient jouir dans leur pays natal. De ceux qui demeuraient, très-peu passaient l'été dans la vallée. Les pâtres de Chamonix avaient la réputation d'exceller dans la fabrication du fromage, comme leurs abeilles dans celle du miel (2). On les appelait de la Tarentaise, du val d'Aoste, de plus loin en-

(1) Il en restait pourtant encore quelques-unes à la fin du dernier siècle. « Peu de jours après notre arrivée, dit un voyageur du temps, un ours avait attaqué un troupeau de quarante moutons en le poussant vers une gorge de la montagne avec adresse... A notre passage, des chasseurs s'étaient mis en campagne pour aller traquer la bête dans le bois à l'extrémité du glacier *du Bosson.* » (*Voyage d'un amateur des arts en Italie... Suisse, Savoie,* etc., pendant les années 1775, 1776, 1777, 1778, par M. de la R***, capitaine d'infanterie au service de France, Amsterdam.)

(2) Châteaubriant, médiocrement satisfait de la vallée de Chamonix qu'il n'avait pas inventée, ne fait exception que pour son miel qu'il préfère à celui de l'Hymète (*Itinéraire de Paris à Jérusalem*, 1re partie.)

core, et ils en rapportaient, pour quatre ou cinq mois de saison, des salaires assez considérables. Voilà ce que nous apprend Saussure (1). Mais avant son temps, vers 1730, lorsque l'évêque Roussillon de Bernex s'étonne de l'air d'aisance répandu dans la vallée, on lui en dit les mêmes raisons (2), et une visite à l'église de Chamonix donne à penser que cet usage remonte encore beaucoup plus haut. Elle est décorée d'une suite de vingt tableaux dont le premier, à droite en entrant, contient les noms de ceux qui les ont offerts à l'église « de céans ». On y remarque des noms de famille bien connus dans la vallée, un *Musnier*, un *Barmat* (ancienne orthographe du nom de Balmat). Au bas, on lit : « Fait à Langres, 1652 (3). » La vallée de Chamonix dut sa prospérité à ces émigrations temporaires, comme elle dut sa paix à son isolement.

Heureuses gens qui, des profondeurs du moyen âge, ont abordé jusqu'à nos jours sans souffrir pour leur foi ni dans leurs biens, oubliés des violents et sur qui les neiges protectrices du Mont-Blanc n'ont attiré d'autre invasion que l'invasion des touristes !

(1) *Voyages dans les Alpes*, § 734.
(2) *Mercure suisse*, juin 1713.
(3) Du plateau de Langres, à 70 lieues de distance, les donateurs pouvaient encore apercevoir la cime du Mont-Blanc marquant dans l'espace la place où vivaient leurs parents, leurs amis : il me semble que cette pensée rend l'offrande plus touchante.

CHAPITRE IV

WINDHAM ET POCOCKE. — MARTEL ET LES GENÉVOIS.

Au nombre des étrangers qui résidaient à Genève en 1741, était un gentilhomme anglais nommé Windham. Cette *montagne maudite*, ces *glacières* qui forment un de beaux points de vue de la ville excitèrent vivement sa curiosité. Il avait lu *les Délices de la Suisse*, c'est-à-dire un de ces livres dont se composait alors la bibliothèque portative des voyageurs. Il y avait *les Délices de l'Italie*, *les Délices de la Hollande*, *les Délices de la Suisse*, et aussi *les Délices de l'Espagne et du Portugal*, *les Délices de la Grande-Bretagne et de l'Irlande*, *les Délices de Leyde*, *les Délices de l'ancienne Rome*, *les Délices de la Rome moderne;* c'était un océan de délices. On a dit ensuite *les Beautés*, et, plus tard, tout simplement *Itinéraires. Les Délices de la Suisse* contenaient une description détaillée des villes, des usages et des coutumes de la Suisse, quelques généralités sur ses montagnes, mais, naturellement, ne disaient rien de la Savoie, ni par conséquent de la *glacière*. Il avait lu l'ouvrage que le savant Scheuchzer, de Zurich, avait écrit en latin, sous le titre grec passablement rébarbatif de *Ourésiphoïtès*, c'est-à-dire : *le Voyageur dans les montagnes.* Mais il n'était encore question là-dedans que des montagnes de la Suisse.

C'est alors que Windham prit la résolution de visiter ces glacières dont il ne trouvait la description nulle part. Il s'en ouvrit à plusieurs habitants de Genève. Tous se récrièrent. On lui représenta l'entreprise comme des plus hasardeuses : une contrée presque sauvage, des chemins affreux, les gens plus à craindre encore, capables de rançonner, de dévaliser les voyageurs. Le moins qui pouvait arriver était de ne trouver ni à manger ni à coucher. Il faudrait partir avec une nombreuse escorte, emporter une tente, des provisions, tout un attirail de campement.

Windham ne conclut de tant d'objections qu'à la nécessité de ne pas s'embarquer seul dans l'aventure; mais il commençait à désespérer même de trouver personne qui voulût l'accompagner, lorsqu'il reçut la visite d'un de ses compatriotes, issu d'une famille où le goût des voyages semblait héréditaire, grand voyageur lui-même, le docteur Richard Pococke (1). Il lui communiqua son projet. Po-

(1) Édouard Pococke, mort en 1691, est également connu par ses voyages dans le Levant.

cocke, qui venait de parcourir l'Orient pendant quatre ans, n'était pas homme à se laisser effrayer par les difficultés d'une course à dix-huit lieues de Genève. Ils tombèrent donc d'accord de partir ensemble. La chose ne fut pas plutôt connue, que plusieurs autres Anglais de passage à Genève demandèrent à se joindre à l'expédition, et, le 19 juin 1741, les préparatifs terminés, toute la caravane se mit en route par la vallée de l'Arve. Elle était composée de huit voyageurs, Windham, Pococke, lord Hadinton et son frère Baillie, Chetwynd, Aldworth, Price et Stillingfleet (1), et de cinq domestiques, tous montés, bien armés et menant avec eux, sur plusieurs chevaux de bât, une espèce d'hôtellerie ambulante.

On coucha le premier jour à Bonneville, dans une auberge passable, le second jour à Servoz, dans une grange, sur de la paille, et le troisième, sans autre obstacle que le passage rocailleux des Montées, où les chevaux, tirés par la bride, se déferraient à chaque pas et couraient risque de tomber dans l'Arve, on arriva en vue des glacières et bientôt à Chamonix où l'on dressa la tente.

Pendant que le dîner se prépare, on s'abouche avec les gens de l'endroit, on les questionne sur les glacières. Pour toute réponse, ils montrent là-bas le glacier des Bois et

(1) Il s'agit peut-être de Benj. Stillingfleet, naturaliste distingué qui popularisa en Angleterre le système de Linné.

là-bas le glacier des Bossons dont les extrémités descendent dans la vallée.

— Et après? firent les voyageurs.

— Après? mais c'est tout, messieurs!

Les Anglais furent d'avis qu'ils n'étaient pas venus de si loin pour se contenter de si peu et demandèrent si l'on ne pouvait, en s'élevant sur la montagne, voir quelque chose de plus intéressant. A ces mots, grand émoi parmi les natifs. — Certainement! on le peut; mais l'ascension est très-difficile, très-pénible. Personne ne s'y risque que ceux qui font métier de chercher des cristaux ou de chasser le bouquetin et le chamois. Jamais ces messieurs n'arriveront en haut, et tous les voyageurs qui ont visité les glaciers avant eux se sont contentés d'en voir ce qu'ils voient.

D'autres, à la vérité, haussaient les épaules et déclaraient que rien n'était plus aisé; mais il était évident qu'ils n'avaient pas au fond meilleure idée de l'entreprise : seulement, ils espéraient se faire engager comme guides, et, comptant que les Anglais se lasseraient bientôt, gagner honnêtement leur salaire sans se donner grand mal. Le vénérable prieur intervient à son tour pour dissuader les étrangers. Peine perdue! En ce jour mémorable les Chamoniards firent connaissance avec la ténacité anglaise comme les Anglais avec leurs glaciers et, à la suite de cette révélation réciproque, on convint de se mettre en route le lendemain.

Les gens de Chamonix étaient si convaincus que l'expédition n'aboutirait point, qu'ils emportèrent, outre les provisions de bouche, des chandelles et de quoi allumer du feu pour passer la nuit dans la montagne (1). Les Anglais, de leur côté, prirent des précautions extraordinaires. Il fut solennellement entendu qu'on irait tous à la file et que chacun garderait son rang ; qu'on avancerait lentement ; que quiconque se sentirait fatigué ou hors d'haleine n'aurait qu'à le dire pour que toute la caravane s'arrêtât aussitôt, le temps qu'il reprît ses forces ; que toutes les fois qu'on rencontrerait une source, on boirait du vin mêlé à son eau et qu'on remplirait les bouteilles vides pour servir aux haltes où on ne trouverait pas de ruisseau.

Il est amusant de voir ces craintes, cet excès de précautions, car qu'on ne croie pas qu'il fût question de gravir quelque sommité redoutable. Il s'agissait simplement du Montanvers, ce Montanvers dont l'ascension ne compte pas et où il existait déjà un sentier, le *sentier des crystalliers*, non pas aussi commode que le chemin actuel, mais certainement praticable sans danger ni grande peine. Rien ne montre mieux que ces détails du voyage de Windham quelle idée terrible on se faisait alors des montagnes. Je ne sais qu'une occasion où le Montanvers ait été abordé avec plus

---

(1) On remarque déjà une distinction entre les guides et les porteurs : « Nous prîmes avec nous plusieurs paysans, les uns pour nous servir de guides, et d'autres pour porter le vin et les provisions. »

de cérémonie. En 1810, l'impératrice Joséphine y monta avec quelques dames de sa suite. Elle prit soixante-huit guides!

Après environ quatre heures de montée pénible entrecoupée de haltes fréquentes, et grâce à leurs bâtons ferrés (1), les Anglais arrivèrent au sommet du Montanvers, et, de là, descendirent sur le glacier. « Je vous avoue, écrit Windham, que je suis extrêmement embarrassé pour vous en donner une idée juste, car je n'ai rien vu qui y ait la moindre ressemblance. La description que les voyageurs font des mers du Grœnland paraît en approcher le plus. Imaginez votre lac agité par un vent violent et gelé tout d'un coup; peut-être encore cela n'y ressemblerait-il guère. » Cette comparaison que Windham ne suggère qu'avec hésitation a cependant fait fortune et le nom *de mer de glace* en est resté à la partie à peu près plane des glaciers.

La saison n'était pas assez avancée et la journée l'était trop pour qu'il fût possible de pousser plus loin. On but sur la glace à la santé de l'amiral Vernon et au succès des armes anglaises (2), puis on se prépara au retour. La

---

(1) « Nous fîmes usage de bâtons avec des pointes de fer à leur extrémité. »

(2) Dans la guerre de la succession d'Autriche. L'amiral Vernon venait de faire une expédition heureuse contre les possessions espagnoles en Amérique. Les ducs de Savoie, auxquels appartenait la vallée de Chamonix, étant alliés à l'Angleterre contre la France et l'Espagne, les guides

moraine donna beaucoup de mal. Il fallut s'aider des mains et des genoux. On avait quitté Chamonix à midi, le soleil se couchait quand on repassa le pont de bois du village.

Une chose remarquable dans la relation des Anglais, c'est qu'il n'y est pas dit un mot du Mont-Blanc. Leur visite fut très-courte. Ils passèrent une demi-heure sur a glace, et le lendemain, « leur curiosité pleinement satisfaite », ils furent coucher à Sallanches et s'en retournèrent à Genève par Bonneville (d'où ils firent l'ascension du Môle) et Annecy. Ils s'étaient cependant pourvus, à leur départ de Genève, d'instruments de mathématiques pour mesurer les hauteurs; mais Williamson, gouverneur de lord Hadinton, seul personnage de la bande qui eût su en tirer partie, s'était excusé au dernier moment, dans la crainte de ne pouvoir supporter les fatigues du voyage. On n'avait donc emporté qu'une boussole, encore fut-elle oubliée à Chamonix; de sorte qu'on ne pût juger qu'approximativement l'orientation des glaciers. Windham les représente comme consistant en trois vallées ayant à peu près la forme d'un Y dont la queue descendrait dans le val d'Aoste et les deux branches dans la vallée de Chamonix. Description trop sommaire et peu exacte.

L'année suivante, une société de Genévois — le succès

pouvaient sans scrupule se joindre au toast des voyageurs. On se rappelle que le barrage du lac Combal, dont j'ai parlé plus haut, fut construit à l'occasion de cette même guerre.

de Windham avait dissipé leurs préventions — renouvela l'excursion. Profitant de l'expérience des Anglais qui, s'étant trouvés empêchés de remonter le glacier par l'état de la neige qui n'était pas toute fondue, avaient conseillé d'attendre jusque vers le milieu d'août pour visiter Chamonix, ils se mirent en route le lundi 21 août 1742 et arrivèrent au Prieuré le lendemain soir. Mais ils ne se montrèrent point pour cela plus hardis que leurs devanciers et se bornèrent à peu près à leur emboîter le pas. Comme eux ils ne passèrent qu'un jour plein à Chamonix, comme eux ils allèrent au Montanvers et mirent le pied sur la Mer de glace, comme eux ils firent au retour l'ascension du Môle, — si pareils, qu'on ne sait plus si le bloc de granite de la moraine du Montanvers, sur lequel sont gravés les noms de Pococke et de Windham, doit en réalité son illustration à un incident de la visite des Anglais ou de celle des Genévois. La seule différence de leur itinéraire c'est qu'ils reconnurent la source de l'Arveiron (1) qui sortait alors de deux voûtes de glace d'une hauteur de plus de 80 pieds, soutenues par quantité de colonnes, et dont l'entrée paraissait de loin, « comme le frontispice d'un ancien temple chargé de colifichets gothiques », et, de près, « semblait ces grottes de cristal que la fable a imaginées pour loger les fées. »

(1) Appelé *Arbairon* : c'est ainsi que les anciennes cartes appelaient l'Arve, *Arbe* ou *Arbor*.

Mais, cette fois, on avait emporté un peu moins d'armes et un peu plus d'outillage scientifique. Il y avait dans la compagnie un botaniste et un ingénieur-géographe, fabricant d'instruments de mathématiques et de physique, nommé Pierre Martel. Le botaniste recueillit des plantes, chacun prit des notes sur les curiosités de la vallée, les marmottes, les chamois, les cristaux de roche, et Martel essaya de déterminer la hauteur et la position des montagnes. « On en distingue, dit-il, trois principales : une vers le midi et deux tirant vers l'ouest. Celle qui est au midi, et que l'on voit d'abord devant soi, se nomme l'*aiguille du Dru*. Cette pointe ressemble assez à un obélisque, dont la cime se perd au-dessus des nues, faisant au sommet un angle fort aigu. Les deux autres pointes qui sont à l'occident, sont l'aiguille de Mont-Malet (1) et le Mont-Blanc, qui est le plus au couchant. C'est cette pointe du Mont-Blanc qui *passe* pour la plus haute des glacières et peut-être des Alpes. »

Martel n'est pas le seul à qui la proximité de l'Aiguille du Dru ait fait illusion sur sa hauteur; mais un ingénieur-géographe aurait dû s'en méfier et songer que l'autre versant de la vallée eût mieux convenu que le Montanvers pour une vue d'ensemble. On avait vu les montagnes de trop

---

(1) Nom du *Géant* dans la vallée d'Aoste (Bourrit, *Nouvelle description des glacières*, 1787, ch. vi). Ce nom a passé à un dôme de neige situé plus à l'est.

loin, maintenant on les allait regarder de trop près (1).

Tels furent les deux premiers voyages marquants à la vallée de Chamonix. Le voyage des Anglais, en raison de sa priorité, fit assez vite oublier celui des Genévois et, naturellement, il ne fut pas plutôt célèbre que la légende commença à se mêler à l'histoire. Windham et Pococke passèrent pour avoir *découvert* la vallée de Chamonix : j'entends, comme on ferait la découverte d'une île sauvage de l'océan Pacifique. Un voyageur que j'ai déjà cité les appelle « les premiers êtres raisonnables qui pénétrèrent dans cette vallée (2). » Tous les auteurs d'*Itinéraires*, à la suite du bon Ebel, firent éclater leur surprise que « une contrée si intéressante fût demeurée *entièrement inconnue* jusqu'en 1741 » et l'on vit un touriste littérateur s'écrier avec sensibilité que « Pococke et son ami avaient révélé la vallée de Chamonix aux agents du fisc autant qu'aux admirateurs de la nature (3). »

Les précautions dont les Anglais s'étaient entourés

---

(1) Les relations de Windham et de Martel, publiées à Genève sous forme de lettres, ont été analysées par M. Baulacre dans le *Mercure suisse* (t. XXXII, Neuchâtel, 1743), communiquées à la Société royale de Londres et réunies ensuite en brochure (*An account of the glaciers or ice Alps in Savoy*, London, 1744). Albert Smith a inséré la première *in extenso* et la seconde seulement par extraits dans son *Histoire du Mont-Blanc*. Pococke, dans son grand ouvrage (*Description of the East and some other countries* London, 1743-1745), se borne à indiquer l'itinéraire qu'il a suivi dans cette excursion, savoir : *Geneva*, Bonnevill (sic), Cluse, Salanche, Chamoigny, Anecy, Thonon, etc.

(2) *Voyage d'un amateur des arts*, par M. de la R***, 1775-1778.

(3) Raoul-Rochette, *Lettres sur la Suisse*, 1823.

étaient présentées avec la même exagération, et donnaient lieu à des scènes piquantes. Ils ne s'étaient aventurés, disait-on, dans ces régions inhospitalières qu'avec une escorte armée jusqu'aux dents. Refusant, de crainte de surprise, d'entrer dans les villages, ils passaient la nuit en plein air sous des tentes et montaient la garde à l'entour du camp. Leurs allures insolites, leur appareil guerrier, avaient jeté l'alarme parmi la population de Chamonix, et tandis que ces singuliers visiteurs, cantonnés sur une rive de l'Arve, se tenaient sur la défensive, les naturels du pays, ou les observaient de l'autre rive, ou couraient effarés de maison en maison, s'assemblaient et tenaient conseil sur les moyens de repousser l'invasion. Une collision paraissait inévitable, quand le prieur, homme sage, s'avisa de porter à l'ennemi des propositions de paix sous forme d'une invitation à déjeuner. Grand fut l'étonnement des Anglais à la vue du parlementaire en robe noire. Il ne tenait qu'à eux de le prendre pour un missionnaire chez des sauvages. Cependant Windham se détache à l'avant et entre en pourparlers. On s'explique, on fraternise et bientôt toute l'expédition se trouve réunie autour de la table du prieuré (1).

(1) Reichard, *Guide des voyageurs en Europe*, Weimar, 1802; Grillet, *Dictionnaire historique des départements du Mont-Blanc et du Léman*, 1807; Leschevin, *Voyage à Genève et dans la vallée de Chamouni*, 1812; Glutz-Blotzheim, *Nouveau manuel du voyageur en Suisse*; Mrs. Mariana Starke, *Travels on the continent*, 1820; Bertolotti, *Viaggio in Savoia*, 1827, etc.

Ces imaginations régnèrent communément pendant un fort long temps. Mais voici que, en 1831, MM. Markham Sherwill et Ambroise Paccard, fouillant dans une vieille caisse reléguée en un coin du prieuré, mirent la main sur l'acte de donation du comte Aymon, en propre original, et sur diverses autres chartes relatives à l'histoire primitive de la vallée. A la lecture de ces vénérables parchemins, M. Markham Sherwill ressentit la joie délirante de l'antiquaire qui exhume une médaille dont le type se rencontrerait pour la première fois. Il s'empressa de les publier (1). Sa brochure fit sensation. Dès lors, la prétendue découverte de la vallée de Chamonix en 1741 fut mise au rang des fables les plus ridicules; il fut avéré que les collecteurs de taxes, tant ecclésiastiques que civiles, n'avaient pas attendu jusque-là pour s'engraisser de la substance des malheureux Chamoniards, et, malgré les justes réserves de M. Markham Sherwill lui-même, il devint d'usage, parmi les gens qui tenaient à passer pour bien informés, de traiter Windham d'imposteur, son voyage de fait indifférent, et de se récrier sur la trouvaille, bien autrement intéressante, de M. Markham Sherwill. Ce que c'est pourtant de ne pas consulter les textes! On aurait remarqué, d'abord, que Windham dans sa relation ne dissimulait pas

(1) *A brief historical sketch of the valley of Chamouni*, Paris, 1832. M. Markham Sherwill avait fixé sa résidence à Fontainebleau, ce qui explique pourquoi sa brochure fut éditée en France.

que d'autres voyageurs l'eussent précédé (1). Nous avons vu, d'autre part, que Guichenon avait déjà donné le texte de l'acte de donation d'Aymon rapporté par M. Markham Sherwill, que Albanis Beaumont avait signalé cette pièce et d'autres encore. L'immense majorité du public l'ignorait, cela est vrai, mais le public, jusqu'au temps de Windham, ne se doutait pas davantage qu'il existât une vallée de Chamonix. Ainsi, à tout prendre, la révélation de M. Markham Sherwill et celle de Windham auraient eu précisément la même valeur, les documents étant connus avant la publication de l'un juste autant, c'est-à-dire aussi peu, que la vallée avant le voyage de l'autre.

En somme, l'opinion publique, s'attachant à l'essentiel, avait bien apprécié du premier coup la portée du voyage de Windham et il faudra toujours louer l'initiative de cet Anglais. S'il n'a pas découvert la vallée de Chamonix, il l'a certainement tirée de son obscurité; c'est par lui, comme l'ont dit avec raison Ebel et ses continuateurs, que l'Europe, l'Europe des académies et des salons, en a reçu les premières notions. Les indigènes, sans doute, n'étaient pas exempts de dîme et autres redevances, recevaient la visite de leurs évêques et vendaient les produits du pays, miel, fromage et cristaux de roche, aux marchands étrangers;

(1) C'est ce qui ressort, entre autres passages, des représentations qu'il met dans la bouche de ses guides au Montanvers : « They told us... that all the travellers, who had been to the *glacières* hitherto, had been satisfied with what we had already seen. »

mais, sans pousser trop loin la comparaison, lorsque les Bruce, les Levaillant, les Livingstone se donnaient, à bon droit, le mérite d'avoir découvert quelque peuplade de l'Afrique centrale, cette peuplade apparemment n'était pas inconnue aux peuplades voisines, elle payait tribut à ses chefs nègres, et les caravanes arabes venaient acheter chez elle l'ivoire, la poudre d'or et les plumes d'autruche. D'autres voyageurs avaient été voir la vallée de Chamonix avant Windham, cela est incontestable; mais Windham a fait une chose que les autres n'ont pas faite, — c'est d'en parler.

Quant aux incidents romanesques dont on a brodé son voyage, il est aisé de deviner qui les a mis en vogue. Les montagnards de Savoie ne sont pas si lourds d'esprit qu'on l'a pu penser jadis (1). Quiconque entrera dans leur intimité reconnaîtra, au contraire, la justesse de cette observation de Saussure : « Leur esprit est vif, pénétrant, leur caractère gai, enclin à la raillerie; ils saisissent avec une finesse singulière les ridicules des étrangers, et ils les contrefont entre eux de la manière la plus plaisante (2) ». Que Windham et Pococke aient pris leurs sûretés comme en pays ennemi — ou qu'ils aient usé seulement de cette prévoyance à tout hasard, de cette recherche du confortable

---

(1) « *Innata quædam sabaudicæ genti stupiditas est* » (texte de l'atlas de G. Blaeuw).

(2) *Voyages dans les Alpes*, § 744.

qui suit dans tous leurs déplacements les citoyens de la nation la plus attachée à son bien-être et la plus voyageuse, et qui a fait voir aux cimes émerveillées des Alpes tant d'inventions nouvelles, de cordes de Manille, de piques perfectionnées, de tentes de campement et de sacs hermétiques pour y dormir au chaud près des neiges, — on peut être sûr que ni ce luxe de prudence ni cet équipement superflu n'auront échappé à la malice des montagnards. « Les vieillards de Chamonix s'en ressouviennent, nous dit Saussure, et ils rient encore des craintes de ces voyageurs et de leurs précautions inutiles (1). »

L'histoire des sentinelles placées en faction devant le camp a, d'ailleurs, un fondement réel dans une aventure assez plaisante que raconte Baulacre. On s'était arrêté dans la plaine de Saint-Martin, vis-à-vis de Sallanches. Là, « pendant que le reste de la troupe se promenait dans le voisinage, le voyageur Pococke, qui avait dans ses hardes son habit arabe, l'endossa en secret. Ces autres messieurs entrant dans la tente eurent peine à le reconnaître. Ce travestissement fournit matière à se divertir. D'abord on le traite comme un grand seigneur venu du Levant. On place une sentinelle, l'épée à la main, à la porte de sa tente, et chacun est dans le respect devant lui. Les habitants de Salenche ayant aperçu de loin quelque chose d'extraordinaire, accoururent aussitôt. En moins de rien presque toute

---

(1) *Voyages dans les Alpes*, § 732.

la ville se rendit autour de la tente de cette altesse Levantine et vint lui faire le salamalec. L'émir Pococke soutenait à merveille sa nouvelle dignité. Il crachait de temps en temps quelques mots arabes que l'on prenait pour des ordres donnés à ses gens, et qui s'exécutaient fort ponctuellement. Quelques dames de considération vinrent aussi voir ce spectacle, mais un peu plus tard que les autres. On ne crut pas devoir les laisser longtemps dans l'erreur. Elles furent de la confidence. On leur avoua que cette scène orientale était un pur badinage, à peu près semblable à la scène turque de Molière dans son Bourgeois Gentilhomme (1). » Ainsi finit la comédie.

(1) *Mercure suisse*, mai 1743.

CHAPITRE V

BOURRIT ET SAUSSURE.

Les relations de Windham et de Martel eurent un assez grand retentissement, et il semble que, à partir de ce moment, la vallée de Chamonix va recevoir une affluence toujours croissante de curieux. Il n'en fut rien. Pendant les vingt à vingt-cinq premières années qui suivirent, elle ne fut visitée que par un petit nombre d'étrangers (1). Il n'y avait d'autre auberge qu'un méchant cabaret, à l'enseigne de la branche de pin, qui, sur le conseil de Windham, avait pris le nom pompeux d'*Hôtel de Londres* et, malgré cet invite, n'attirait que les Anglais qui ne pouvaient trouver à se loger chez le curé (2).

On s'explique parfaitement cette indifférence quand on

(1) Il faut signaler, entre autres, le célèbre Abauzit, qui y vint même avant Saussure.
(2) Alb. Smith, *Story of Mont-Blanc*, ch. IV.

lit les relations de Windham et de Martel. Elles ont dû paraître instructives, elles offrent encore pour nous l'intérêt piquant qui s'attache à un voyage de découvertes, aux premières impressions qu'a éveillées un pays dont les beautés nous sont devenues familières. Mais, ce qui y manque totalement, c'est l'admiration pour cette nature originale. On voit des gens bien aises de s'être rendu compte de ce que pouvaient être ces *Glacières*, des gens contents d'y avoir été; et on sent aussi que, leur curiosité satisfaite, ils n'y retourneront pas. Il manque chez Windham et Martel cette passion et, ce n'est pas trop dire, cet enthousiasme de précurseur, d'apôtre, indispensable pour frapper l'imagination d'un public habitué à goûter des beautés pittoresques d'un autre ordre.

Sait-on comment l'ingénieur Martel termine sa brochure? Par un avertissement où le lecteur est informé que « M. Pierre Martel, de Genève, donne des leçons de géométrie, de trigonométrie, d'arpentage, de fortification, d'artillerie, de mécanique et de plusieurs autres branches de mathématiques, d'après les meilleures méthodes; vend baromètres, thermomètres, instruments d'optique et de physique, exécute cartes, plans, etc., etc. » — Le voyage au Mont-Blanc servait de réclame.

Il fallait d'autres hommes pour donner le branle. Il s'en trouva deux, tous deux citoyens de Genève : Bourrit et Saussure.

Bourrit (1) s'était fait connaître de bonne heure par ses peintures sur émail. Sa carrière était toute tracée. Il travaillait obstinément, encouragé par le succès, déjà fort occupé et mettant à peine le pied hors de la ville. Un matin, — il avait vingt-deux ans, — des amis viennent le relancer chez lui et lui proposent une partie de campagne. On irait aux Voirons : il n'y a pas à résister; les Voirons sont si près! ce n'est qu'une journée de perdue. Bourrit se laisse entraîner. Il part, il monte, pour la première fois de sa vie, et marche d'émerveillement en émerveillement. Ce ne sont plus là-bas ces Alpes qui découpent modestement l'horizon de Genève, c'est une chaîne altière qui domine le monde, et plus il monte plus elle l'écrase de sa majesté. Devant ces cimes qui grandissent à chaque pas il sent grandir en son cœur une vocation nouvelle. Arrivé à la crête de la montagne, une émotion profonde, religieuse, s'empare de lui; il regarde, il adore, le Dieu s'est révélé. Il prend en pitié ses travaux, ses habitudes sédentaires; la montagne, désormais, sera son sujet, la montagne son atelier. Il était parti peintre de miniatures, il revient résolu de consacrer son talent à la représentation de ces sommets sublimes, que nul pinceau encore n'a osé esquisser. C'est un art à apprendre, à inventer plutôt. Et, au retour, chemin faisant, il ne songe qu'aux moyens d'exécution. Il est pauvre, comment faire? Il lui fallait un emploi qui, tout en lui pro-

(1) Marc-Théodore, né en 1735.

curant de quoi vivre, lui laissât des loisirs. Ses amitiés le servirent. La place de chantre de l'église cathédrale de Genève vint à vaquer ; il l'obtint sans concours, et put alors partager son temps entre les devoirs de cette place et ses excursions dans les Alpes.

Bourrit est, avant tout, le premier ancêtre, le type du touriste, passionné pour la montagne et l'aimant pour elle-même, — pour la sensation enivrante de la liberté et de l'air aspiré à pleins poumons, pour l'excitation des courses matinales et des marches forcées ; l'aimant pour ses tableaux infiniment variés, pour ses oppositions et ses contrastes prodigieux, — la dure lumière répandue sur les champs de neige et l'obscurité profonde des forêts, les calmes plats de l'air et les coups de vent furieux, l'atmosphère plus transparente qu'épaississent soudain les brouillards, l'eau des lacs impassible comme les cimes qu'elle reflète et la turbulence des torrents, l'horizon sans limite succédant tout d'un coup à la vue la plus bornée et le regard sortant de prison pour fuir dans l'espace. Il est peintre et vend ses tableaux, il peut aussi se donner des airs de naturaliste, faire, à l'occasion, ses petites remarques et apporter son léger tribut à la science. Prétexte et faux-semblant que tout cela ! La vérité est qu'il irait aussi bien dans la montagne sans utilité quelconque. Tout bonnement, il y va parce qu'il s'y sent vivre et parce que la mobilité du paysage répond à l'activité de son imagination. Son inconstance même l'enchante :

pluie, soleil, il prend tout, non pas seulement avec patience, mais avec contentement. Le corps proteste et se révolte contre cet amour à outrance ; car il est sensible au froid, un peu court d'haleine, et les nuits blanches l'incommodent. N'importe! il lutte jusqu'à épuisement, inventant à tout coup entre la montagne et son tempérament rétif des compromis de nul effet. On le voyait, par la bise, perché sur une pointe de rocher, manier le crayon les doigts engourdis de froid ; ou traverser un glacier en souliers fourrés et trébucher dans chaque trou ; ou s'armer de crampons pour gravir une pente herbeuse et, malgré ou à cause des crampons, glisser du haut en bas ; ou encore, contre le soleil ardent, s'abriter sous un parasol rouge qui lui attirait des affaires désagréables avec les vaches au pâturage.

Mais qu'est-ce que cela! Cet homme a dit du Mont-Blanc un mot sublime où il se peint tout entier : « Jusqu'à ce jour on ne croit pas qu'aucun être y soit jamais parvenu, l'on est étonné qu'on n'ait pas *tout tenté* pour cela ! » Saussure lui a rendu ce témoignage : « M. Bourrit mettait encore plus d'intérêt que moi à la conquête du Mont-Blanc. » Intérêt, ou plutôt ardeur désintéressée, sans vanité, sans jalousie. Peu lui importe qu'un autre pose le premier le pied sur la cime vierge, pourvu qu'elle soit conquise. Quand chacun renonce et désespère, lui seul croit au succès, encourage et relance les guides. Nous le verrons à l'œuvre. Ainsi de ses loisirs d'été : l'hiver il les consacre encore à la montagne. Il achève ses tableaux, compose et illustre lui-même ces volumes de Descriptions, fort lus, fort goûtés en leur temps et qui lui ont valu le surnom d'*historien des Alpes*. Il continua de la sorte jusqu'à un âge avancé. En 1812, à près de quatre-vingts ans, il retournait à Chamonix. Mais ce fut l'adieu. Il revint frappé de paralysie sur les deux jambes. Alors le pauvre vieillard loua une maison de campagne, non loin de Genève, sur la colline, et passa les trois dernières années de sa vie assis près d'une fenêtre d'où il avait vue sur le lac et le Mont-Blanc.

On rapporte que le prince Henri de Prusse, frère du grand Frédéric, l'ayant entendu décrire un lever de soleil dans les Alpes, s'écria : « Lekain était de glace à côté de cet homme-là ! » Je le crois. Cet adorateur obstiné de la montagne devait parler de sa maîtresse avec une chaleur communicative. Le regard, l'accent, le geste, tout le servait. Malheureusement, ces qualités de virtuose ne font pas un écrivain. « Je me suis défié, dit-il, de mon enthousiasme et de ma sensibilité, j'ai attendu pour écrire que mon âme fût plus calme et mon imagination plus tranquille. Je sens à chaque page que les expressions ne rendent pas l'impression profonde que les objets firent sur moi (1). » Elles ne la rendent que trop au contraire, et ce sont plutôt les objets qui sont faiblement rendus. Il semble que, du jour où il

---

(1) *Nouvelle description des glacières*, 1787, préface.

aperçut les Alpes du sommet des Voirons, il n'ait jamais pu reprendre possession de lui-même. A tout propos, il s'enflamme et éclate en points d'exclamation. Est-ce un site remarquable? il admire, s'attendrit et pleure; est-ce un passage difficile? il frémit, se rassure, tremble encore, se jette à genoux et remercie Dieu d'avoir échappé au péril, sans donner, en fin de compte, une idée fort nette des paysages qu'il a admirés ni des dangers qu'il a courus. Mais ce défaut, assez choquant pour nous, ne l'était pas pour ses contemporains et ne nuisit guère au succès de ses livres. J'imagine que lorsqu'il décrivait, par exemple, les horreurs d'un glacier, la plupart de ses lecteurs ne distinguaient pas très-bien ce que ce pouvait être et que les autres s'en faisaient une image extravagante; mais on voyait l'auteur ému, transporté, et le désir de jouir d'un spectacle capable de causer une impression si forte attirait plus de monde vers la vallée de Chamonix que si on l'eût connue par des descriptions plus exactes et plus mesurées.

Il y a beaucoup de rapports entre l'*historien des Alpes* et l'auteur des *Voyages en zig-zag* : un fonds commun de bonhomie, le même goût décidé pour les courses alpestres, une sensibilité que l'air vif des montagnes aiguise comme il aiguise l'appétit. Peut-on voir « l'agréable surprise » de Bourrit à la rencontre « d'une jeune beauté » dans un vallon sauvage, ses soins, ses attentions, sans se rappeler ce charmant passage de Töpffer : « En voyage le cœur

prend des allures romanesques et aventureuses, il s'épanouit plus promptement, il est décidément plus tendre... »
C'est certainement une aventure de Bourrit sur le chemin de la Tête noire qui a suggéré à Töpfer le sujet d'une de ses plus jolies nouvelles, *Le col d'Anterne*. Mais on trouve chez Töpffer de l'humour, une gaieté malicieuse, un don très-fin d'observation ; il est écrivain, il est artiste. Bourrit n'a qu'une chose pour lui : il aime éperdûment la montagne ; — il la fit aimer.

Saussure a bien moins contribué que Bourrit à mettre Chamonix en réputation ; mais, avec le temps, l'éclatante supériorité de son talent a tout à fait rejeté Bourrit dans l'ombre. Il a laissé un ouvrage en quatre volumes in-4°, intitulé : *Voyages dans les Alpes*. Depuis lors, la littérature des Alpes s'est fort enrichie. On leur a consacré des volumes entiers, des lettres familières, des poésies détachées. Des voyageurs, des savants, des historiens, des artistes et des poëtes ont décrit les paysages des Alpes, les ont célébrés. Il n'est rien, cependant, qui égale le sentiment profond, la grandeur simple et la majesté avec lesquels Saussure en a parlé. — C'est l'Homère des Alpes. — Lui seul, sans artifices de style, sans amplification, rend exactement l'impression qui pénètre l'âme en présence de leurs sommets glacés. Qu'il se propose de peindre un coucher de soleil, un effet de brouillard ou un clair de lune sur les monts ; ou bien la vie dure et sérieuse des montagnards, leurs mœurs et leurs occupations, le trait, toujours sobre, est toujours extraordinairement juste et saisissant. Et ce qu'il y a de curieux, c'est que tous ces endroits, où il a si bien exprimé le caractère pittoresque de la montagne, sont des hors-d'œuvre dans son ouvrage! Ses excursions avaient un autre objet. C'était un naturaliste. Il parcourait les Alpes pour y étudier la physique, la géologie, la botanique. Mais peut-être n'en a-t-il si bien compris les beautés que parce qu'il y apportait un but, une occupation sérieuse, parce qu'il ne les parcourait pas en désœuvré distrait ou en quête d'impressions. J'ai dit que la célébrité du Mont-Blanc annonçait une révolution du goût pittoresque et une ère nouvelle pour la science. Eh bien! le Mont-Blanc a trouvé du même coup dans Saussure son grand savant et son grand peintre.

Il était né en 1740, vers le temps où Windham méditait son expédition aux Glacières, et à Genève, dans cette ville qui « par sa situation semble faite pour inspirer le goût de l'histoire naturelle (1). » Ce goût se manifesta chez lui de bonne heure et dans une occasion touchante. Sa mère, que la maladie retenait sur un fauteuil, aimait beaucoup les fleurs et, tous les jours, l'enfant s'en allait parcourir les environs de la ville, cherchant dans les haies, au bord des ruisseaux, sous les bois, quelques plantes de la saison pour les lui apporter.

(1) C'est la première phrase de son ouvrage.

Le domaine de l'histoire naturelle est vaste, sa vocation y fit un choix, prit bientôt un objet mieux défini. Un jour il monte au Salève. Il lui arriva là ce qui était arrivé à Bourrit aux Voirons. Pour la première fois ses mains touchent le rocher, l'ossature saillante et les muscles du globe dont les autres terrains ne semblent être que l'épiderme. Il éprouve un saisissement indescriptible. C'avait été pour Bourrit le coup de foudre de la passion, ce fut pour lui la révélation du génie. Jamais cette impression ne s'effaça de sa mémoire. Depuis ce jour la montagne l'attire, s'empare de lui, tête et cœur, par l'intelligence et par le sentiment.

En un sens, il fut le premier à s'en occuper, car, si d'autres avant lui avaient porté leur attention sur les plantes, les animaux et les minéraux de la région montagneuse, — sa parure, ses hôtes et ses curiosités, — personne n'avait encore abordé l'étude de la montagne elle-même. La géologie avait commencé à écrire l'histoire de la Terre. Elle avait interrogé les coupes de terrain au penchant des coteaux, les falaises ruinées par l'Océan, surtout les puits profonds creusés pour l'exploitation des minerais. Mais, tandis qu'elle distinguait déjà, dans l'écorce solide du globe, des couches de formations successives, elle ne s'expliquait pas l'origine et la structure de ces masses énormes de granite qui en forment les plus puissants reliefs, et il semblait que les lois constantes, l'ordre et la régularité qu'elle découvrait dans les entrailles du sol lui échappassent sur ces cimes élevées en pleine lumière. Elle en était restée enfin à l'opinion de ces vieux savants qui ne voyaient dans les Alpes que « un monstrueux assemblage de rochers, une confusion pareille à celle des nuages dans l'air » et comme un reste du chaos primordial que Dieu aurait laissé subsister (1). Saussure débrouilla ce chaos prétendu, dévoila la nature des roches éruptives et fit voir leurs relations avec les terrains que leur apparition avait soulevés.

Depuis l'âge de vingt ans il ne laissa pas passer une année sans visiter quelque montagne de notre continent. Il parcourut ainsi la chaîne entière des Alpes, les Apennins, le Jura, les Cévennes, la Côte d'Or, les Vosges, l'Auvergne, les montagnes de la Sicile, de l'Écosse et de l'Allemagne. Tantôt le marteau du mineur et tantôt le crayon à la main, il recueillait des échantillons de rochers, prenait des notes et les mettait au net chaque soir. Travailleur obstiné, marcheur infatigable, observateur judicieux et méthodique, il joignait à ces qualités les plus nobles dons de l'esprit et du cœur et, parmi les occupations du naturaliste, trouvait encore du temps pour ces remarques sur le caractère pittoresque de la région montagneuse et le moral de ses habitants, qui, détachées de son grand ouvrage et prises à part, resteront le modèle du genre (2).

(1) Burnet, *Théorie sacrée de la nature*, et Scheuchzer, *It. Alp.* «... *inordinata admodum, divina tamen architectura.* »
(2) *Partie pittoresque des ouvrages de H. B. de Saussure*, 1 vol., 4ᵉ édit., chez Sandoz et Fischbacher.

L'ascension du Mont-Blanc devait être le début de son œuvre : elle n'en fut que le couronnement. Il s'en promettait mainte observation intéressante sur les phénomènes physiques des hautes régions. Il se disait que nul point ne serait plus favorable pour comprendre la configuration générale des Alpes que ce merveilleux belvédère d'où la vue en embrasse les deux versants. Mais, entre la résolution et la réussite plus d'un quart de siècle s'écoula et, dans l'intervalle, le projet de gravir le Mont-Blanc opéra sur son esprit comme font les projets, même les plus sensés, longtemps entretenus. Il l'avait formé de sang-froid, avec réflexion, il finit par en être obsédé. Ce fut pour les siens un continuel sujet d'inquiétude, chez lui une idée fixe, une sorte de maladie. Le Mont-Blanc tant de fois approché, tant de fois contourné, exploré sous toutes ses faces, ne se laissait pas vaincre et irritait d'autant plus son désir. Il en vint à préparer ses expéditions à l'insu de sa famille, sous un nom supposé. Il en vint à ce point que, dans ses promenades aux environs de Genève, il ne pouvait plus rencontrer des yeux la blanche coupole qui le défiait au loin dans le ciel bleu, sans éprouver au cœur une étreinte douloureuse. Le jour enfin où il atteignit la cime rebelle, l'amer ressentiment de la lutte l'emporta sur la joie de la victoire : comme un enfant, il la foula, la frappa du pied avec colère.

CHAPITRE VI

PREMIÈRES TENTATIVES.

En 1760, dès son premier voyage à Chamonix, Saussure fit publier dans les trois paroisses de la vallée, Les Houches, le Prieuré, Argentière, qu'il donnerait une forte récompense à ceux qui trouveraient une route praticable pour parvenir à la cime du Mont-Blanc. Sur cette promesse, plusieurs essayèrent et d'abord Pierre Simond, « le bon Pierre Simon », comme l'appelait Saussure dont il avait été le premier guide et à qui sa présence d'esprit avait sauvé la vie dans un péril imminent. Il était de petite taille, nous apprend Bourrit : une tête ensevelie sous un large chapeau, un habit court, de grands souliers, le faisaient remarquer autant que son humeur joviale et ses façons de parler toutes remplies d'expressions de son cru. Il essaya par le glacier du Géant, puis par les Bossons, et malgré l'adage souvent invoqué à Chamonix

> Ce n'est pas les gros bœufs
> Qui labourent le mieux,

ne réussit pas plus d'un côté que de l'autre.

Beaucoup plus tard, lorsque, sur les traces de Balmat, Saussure eut atteint le sommet du Mont-Blanc par le glacier des Bossons, il fit remarquer que cette route était celle qui se présentait le plus naturellement à ceux qui regardent le Mont-Blanc depuis Chamonix, et celle aussi qu'avaient tenue les premiers qui tâchèrent d'y monter. Elle se présente naturellement, en effet, puisque de Chamonix on n'en aperçoit pas d'autres; mais il n'est pas vrai qu'on l'ait tentée la première. Nous venons de voir que Pierre Simond remonta le glacier du Géant : autant fit Jacques Balmat lui-même à sa première tentative. Une tradition dont j'ai déjà parlé en donne l'explication. On était dans l'idée qu'il existait un passage en Italie à la tête du glacier du Géant, et, comme ce passage ne pouvait être déjà que fort élevé contre les flancs du Mont-Blanc, on dut essayer d'abord de gravir la montagne par ce côté-là.

D'ailleurs, les guides de Chamonix, chasseurs de chamois et cristalliers, ne connaissaient guère d'autres glaciers que la Mer de glace et ses affluents, par la raison qu'ils étaient les plus accessibles et que l'amphithéâtre des Courtes, sur le Jardin, fournissait alors, comme aujourd'hui, les plus beaux cristaux de roche. Des environs du Jardin ils embrassaient le glacier du Géant dans toute sa longueur et ne voyaient la calotte du Mont-Blanc séparée de sa partie supérieure que par une arête de rochers qui ne leur semblait pas infranchissable (1). C'était, en somme une pure illusion. Les premiers explorateurs s'arrêtèrent court devant les séracs du Géant. Quant à l'arête de rochers (le Mont-Blanc du Tacul), on n'a encore réussi à en atteindre le sommet que par un détour considérable.

Pour le glacier des Bossons qui mène directement jusque sous la cime du Mont-Blanc, sans précipices, sans arête interposée, mais qui fait une si prodigieuse cascade dans la vallée, la difficulté était d'en gagner le bassin supérieur. Où était le Montanvers qui permît de l'aborder au-dessus de sa chute comme on aborde la Mer de glace? Tous les voyageurs savent qu'on y arrive maintenant par la rive droite, c'est-à-dire par *Pierre-Pointue*, mais ils n'auront pas manqué de se demander ce que pouvait être le chemin depuis cette station jusqu'à *Pierre-à-l'Échelle*, avant qu'on eût taillé le petit sentier qui court aux flancs de l'Aiguille du Midi. S'ils jettent les yeux, au contraire, vers l'autre rive du glacier, ils observeront que la montagne de la Côte qui le borde, après avoir formé une forte saillie, s'abaisse et s'aplanit au niveau du glacier. Cette apparence, saisissante surtout du fond de la vallée, décida le choix en faveur de la montagne de la Côte, bien que, à tout prendre, elle n'ait jamais offert un chemin plus aisé que celui de la rive droite,

---

(1) Voyez à ce sujet l'opinion des guides de Bourrit (*Nouvelle description des glacières*, 1787, t. I, ch. VIII), et celle de Saussure lui-même (*Voyages dans les Alpes*, § 630).

La première expédition dont nous ayons un récit circonstancié eut lieu le 14 juillet 1775. François et Michel Paccard, Victor Tissai, qui fut plus tard surnommé *le Chamois*, et Couteran allèrent passer la nuit au pied de la montagne de la Côte, repartirent le lendemain au petit jour et rentrèrent à dix heures du soir à Chamonix, après s'être élevés plus haut que personne n'avait fait avant eux. Couteran écrivit une relation de cette course que Bourrit a donnée tout au long (1).

Couteran était fils d'une dame veuve qui tenait une auberge au milieu du bourg et chez qui descendait Saussure. Son père avait été notaire; lui-même était un garçon instruit. L'un des frères Paccard, Michel, ne l'était pas moins. On ne doit donc pas s'étonner de voir un simple montagnard dire, en parlant d'un roc de forme triangulaire : « Nous crûmes un instant voir une des fameuses pyramides d'Égypte. » Somme toute, Couteran paraît digne de foi; toutes les indications qu'il donne établissent sa véracité, et on peut aisément conjecturer la direction qu'il a suivie avec ses compagnons. Après s'être avancés quelque temps sur le glacier, ils découvrent en se retournant le lac de Genève, « mais si petit qu'il ne semblait qu'une pièce de toile étendue sur un champ. » Les aiguilles du Brévent s'abaissaient derrière eux, « à l'exception d'une sommité de glace qui, bien loin de s'incliner comme les autres, sem-

(1) *Nouvelle description*, 1787, t. I, ch. XIV.

blait profiter de leur abaissement pour se montrer avec plus d'éclat et de grandeur. » Dans cette traversée, en effet, on commence à apercevoir le lac de Genève, dans la direction du col d'Anterne, et le Buet, alors ignoré des guides de Chamonix (1), se révèle avec toute sa majesté par dessus la chaîne des Aiguilles Rouges. Les séracs de la *Jonction* et la première pente de neige qu'on rencontre au delà sont reconnaissables dans le récit de Couteran. Le rocher enclavé au milieu des neiges « où ils trouvèrent des cristaux d'une qualité peu fine, des cailloux qui contenaient une mine couleur de charbon, et beaucoup d'amiante en charpie et où on voyait aussi des papillons morts collés sur la pierre, » ne peut être que le rocher des Grands-Mulets, remarquable par ses veines noires de hornblende, son graphite schisteux, son amiante cotonneux (2), et où l'on ramasse journellement des ailes de papillons qui, entraînés par les courants d'air ascendants, sont venus mourir sur la pierre. De même, la description « d'un grand creux dont le dessus était hérissé d'aiguilles de vive glace » convient parfaitement au Petit-Plateau si souvent balayé par les avalanches du Dôme.

« Un détour que nous fîmes sur la gauche, continue

(1) Voyez l'étonnement de Bourrit et de ses guides en apercevant de la Mer de glace ce « point de glace lumineux comme un soleil... que nous ne connaissions pas. » (*Nouvelle description*, 1787, t. 1, ch. VIII.)
(2) Saussure, §§ 1974 et 1979, Pitschner et ascensions d'Auldjo, de Sherwill, etc.

Couteran, nous fit découvrir un défilé par derrière ces pointes de glace, qui nous conduisit aisément sur un cône d'où nous vîmes la sommité du Mont-Blanc si rapprochée de nous que nous crûmes n'en être éloignés que d'une lieue; mais nous ne tardâmes pas à voir notre erreur; quelques pas de plus nous la montrèrent sous un autre aspect et plus éloignée du double... Dans l'instant, nous vîmes le Mont-Blanc se charger de nuages qui, en moins de dix minutes, nous atteignirent; nous pûmes cependant, par une ouverture à travers ces nuages, jouir d'une partie des plaines du Piémont qui nous paraissait comme un autre monde errant dans l'immensité des airs; mais bientôt le nuage se ferma et l'augmentation de son épaisseur fut le signal de notre retraite; nous reprîmes notre route en suivant exactement les traces de nos pas. »

Jusqu'où étaient-ils parvenus? Shuckburgh, après avoir pris la hauteur du Mont-Blanc, du sommet du Môle, a figuré dans le mémoire qu'il publia à cette occasion un diagramme du Mont-Blanc avec indication du « point où l'on dit que quatre habitants de Chamonix se sont élevés en 1775. » Ce point, marqué au-dessous du Mont Maudit, se rapporte assez bien au bord extérieur du Grand-Plateau, et Shuckburgh devait être parfaitement informé, puisqu'il fit une visite à Chamonix dans le courant du mois qui suivit l'expédition de Couteran (1). Bourrit, dans son *Itinéraire*

(1) *Philosophical transactions*, vol. LXVII, 2ᵉ partie, année 1777.

de Chamonix publié beaucoup plus tard (1), à une époque où toutes les étapes de l'ascension avaient reçu un nom, dit positivement que les guides de 1775 atteignirent le second plateau, comme on désignait alors le replat de neige qui précède le Grand-Plateau, au-dessus des Grandes-Montées. On doit donc croire qu'ils s'élevèrent jusqu'au Grand-Plateau, mais sans le traverser, et cette supposition se concilie bien avec la durée de temps qu'ils employèrent à ce voyage et l'apparition du Mont-Blanc au plus haut point de leur course. Il est vrai qu'ils ne pouvaient apercevoir de là les plaines du Piémont; ils crurent les voir, sans doute, mais la façon dont Couteran parle de cette vue merveilleuse, ce monde flottant dans une éclaircie des nuages, fait assez entendre qu'ils ont été victimes d'une illusion. Au surplus, il n'est telles gens pour voir au loin que ceux qui n'ont pas atteint la cime d'une montagne. Bourrit, qui, dans la mieux réussie de ses entreprises sur le Mont-Blanc, fut obligé de s'arrêter à une centaine de pieds au-dessous du sommet, aperçut de là *très-distinctement* la mer Méditerranée, qui avait échappé à la puissance visuelle de Saussure et qui, de fait, n'est pas visible. J'ai ouï parler d'un Marseillais qui, sans monter si haut, avait eu l'avantage de reconnaître sa bastide dans la banlieue de Marseille, et une société genévoise fut amplement dédommagée d'une

(1) En 1792 : les frères Paccard vivaient encore et pouvaient préciser l'endroit.

ascension incomplète en « distinguant, depuis le Dôme du Goûter, la Méditerranée et l'Atlantique comme deux lignes blanches à l'horizon, et, entre deux, les Pyrénées! (1). »

Huit ans s'écoulèrent. Saussure, Bourrit prodiguaient les encouragements. Des étrangers, toujours plus nombreux, venus à Chamonix pour contempler la célèbre montagne, mettaient les guides au défi de la gravir, ou, prenant intérêt à la lutte, les excitaient par l'appât des récompenses. En 1783, Jean-Marie Couttet, Joseph Carrier et Jean-Baptiste Lombard Meunier firent une nouvelle tentative : Lombard, le plus robuste montagnard du pays, à qui ses formes athlétiques avaient valu le surnom de *Grand Jorasse* emprunté à la montagne gigantesque qui ferme l'horizon de la Mer de glace; Couttet, l'un des guides ordinaires de Saussure depuis la mort de Pierre Simond, que nous retrouverons encore sur la brèche, plus acharné que personne à la conquête du Mont-Blanc et qui, après Balmat, eût le mieux mérité d'en avoir l'honneur. Ces trois hommes mirent toutes les chances de leur côté : ils choisirent un temps parfaitement sûr et, pour avoir plus de jour devant eux, au lieu de passer la nuit au pied de la montagne de la Côte comme Couteran et ses camarades, ils allèrent bivouaquer à son sommet.

Le beau temps qui leur donnait tant d'espoir fut justement ce qui fit échouer leur entreprise. Comme, après

(1) J. J. Ducommun, *Une excursion au Mont-Blanc*, 1858.

avoir traversé le glacier, ils remontaient la vallée de neige (1), les rayons du soleil de midi, réverbérés par les blancheurs qui les environnaient, leur causèrent une chaleur insupportable. Ils avançaient pourtant avec courage, quand le plus robuste d'entre eux, le Grand Jorasse, fut pris d'une envie de dormir irrésistible. Il voulait que les autres le laissassent là pour continuer leur route, mais ceux-ci persuadés, non sans raison, que s'il s'endormait sur la neige il serait tué d'un coup de soleil, renoncèrent à l'ascension et redescendirent avec lui.

Les guides étaient découragés. Bourrit craignit que, s'ils restaient sous l'impression de ce dernier échec, il ne fût pas possible de longtemps de les ramener à l'assaut. Il accourut de Genève, s'entendit avec le docteur Michel Paccard, du Prieuré, et tous deux, avant la fin de la saison, organisèrent une nouvelle expédition et se mirent à sa tête. C'était la première fois qu'on voyait d'autres gens que les guides payer de leur personne. Si les étrangers les provoquaient à gravir le Mont-Blanc, pas un n'avait encore eu l'audace de donner l'exemple.

Malheureusement, l'initiative de Bourrit eut l'issue la plus piteuse du monde. On croirait d'abord, à l'entendre, qu'il arriva jusqu'à quelques pas de la cime. Je fus obligé

---

(1) *Voyages dans les Alpes*, § 1104. Saussure entend par « le glacier » la traversée du haut de la Côte aux Grands-Mulets et par « la vallée de neige », le trajet entre les Grands-Mulets et le Dôme du Goûter jusqu'au Grand-Plateau.

de battre en retraite, commence-t-il par dire, « au moment où je croyais parvenir à mon but ». Mais l'imagination de Bourrit est toujours à deux ou trois mille mètres plus haut que son corps. Ce malheureux corps ne put pas même mettre le pied sur la glace. La caravane avait couché au sommet de la Côte, déjà les guides étaient descendus sur le glacier et Bourrit, plein d'espoir, s'apprêtait à les rejoindre, quand il vit des nuées épaisses s'assembler et fondre sur eux. Il les rappelle et tous, à la hâte, au milieu d'une pluie torrentielle, cherchent leur salut dans la fuite (1).

La double expérience parut décisive. Le Mont-Blanc était inaccessible par les Bossons, tout comme par le Tacul : c'était l'avis de Saussure, c'était l'avis de tous les gens sensés de Chamonix (2). Ni les guides de 1775, ni ceux de 1783 n'avaient trouvé sur leur route d'obstacle infranchissable, mais l'orage menaçant ou l'extrême chaleur avaient eu raison de leurs efforts, et on se voyait dans l'alternative désespérante de rebrousser chemin tantôt à cause des nuages et tantôt à cause du soleil. Tous avaient été plus ou moins éprouvés et furent longtemps à se remettre ; tous avaient couru des dangers et en faisaient une peinture terrible. Couteran aurait été englouti dans une crevasse sans l'appui de son bâton ferré et le secours de ses compagnons. Le Grand Jorasse, l'homme aux formes athlétiques, dé-

---

(1) *Nouvelle description*, 1787, t. I, ch. xiv.
(2) *Voyages dans les Alpes*, § 1104.

clarait gravement que, s'il fallait recommencer, il laisserait à la maison pain, viande, vin et eau-de-vie, et n'emporterait qu'une ombrelle et un flacon d'eau de senteur contre les évanouissements. Ce propos dans la bouche d'un tel homme était plus éloquent que toute description : on regardait ce corps taillé en Hercule, on se le figurait dans cet équipage de petite maîtresse, et jamais image plus ridicule ne donna plus sérieusement à penser.

Nous avons quelque peine à comprendre ces terreurs et, tandis que de pareilles expéditions passaient alors pour le comble de la témérité, aujourd'hui que l'art du grimpeur est parvenu à un singulier degré de perfection, nous serions tentés de nous étonner que le Mont-Blanc n'ait pas été vaincu plustôt. C'est que, indépendamment des dangers réels que présente la montagne, dangers dont on sait mieux se défendre aujourd'hui, on avait alors à lutter contre des dangers imaginaires, dangers, en un sens, bien plus redoutables, qui font avorter bien plus d'expéditions, reculer bien plus d'hommes résolus, parce qu'ils s'attaquent au siége même du courage et n'ont d'autre limite que celle de l'imagination qui les enfante. Ce n'était pas le Mont-Blanc seulement, c'était la première montagne de glace qu'on essayât de gravir. Tout était nouveau dans ce monde des hautes Alpes, et les difficultés que créait ici l'inexpérience étaient moins aisées à surmonter que celles qu'ont opposées, depuis, des cimes en réalité bien autrement redoutables.

Les guides qui s'avançaient sur la plaine glacée ne savaient pas reconnaître à une différence presque imperceptible de teinte et de niveau les points où la neige recouvrait des crevasses; ils ne savaient pas juger la direction de ces abîmes cachés; ils ne savaient pas prévoir la chute des avalanches; ils n'étaient point familiarisés avec les bruits, les craquements du glacier, craignaient la nuit, le mauvais temps. — C'est autre chose maintenant que les moindres incidents de la route du Mont-Blanc, les endroits dangereux sont connus, que les guides prennent leur temps, l'heure favorable, savent trouver leur chemin dans le brouillard, se conduire dans l'obscurité à la lueur d'une lanterne et qu'on peut passer la nuit dans une cabane à six heures du sommet. — Ils ne se rendaient pas compte des illusions de perspective qui, selon la place où l'on est, font paraître inaccessible une pente aisée, ou praticable une pente vertigineuse. Une mauvaise hygiène, le besoin, la fatigue les disposaient aux défaillances et aux hallucinations. Quand, par une échancrure entre les blocs de glace, ils apercevaient le ciel d'une couleur bleu-foncé presque noir, ils croyaient voir s'ouvrir devant leurs pas un gouffre épouvantable; quand ils éprouvaient les effets passagers du mal de montagne, les nausées, la suffocation, la somnolence, ils se jugeaient perdus. Voilà ce qu'il ne faut pas oublier pour apprécier le courage des premiers explorateurs du Mont-Blanc.

En vérité, c'est une impression que j'ai vivement éprouvée, et je ne doute pas que tout voyageur tant soit peu réfléchi ne l'ait ressentie comme moi. A la dernière halte sur le rocher, pendant que les guides préparent les cordes auxquelles on s'attachera et chargent sur leur dos la hotte aux provisions et les couvertures chaudes, au moment de quitter pour quarante heures la terre, le roc solide, — lorsqu'on voit monter, monter toujours devant soi ce perfide océan de neige dont le froid vous rebondit déjà sur le visage, on se dit : « Moi, ce n'est rien! Bien d'autres y ont été, mes guides, huit, dix, vingt fois peut-être; ils savent à quoi s'attendre et ont tout prévu. Mais ceux qui les premiers posèrent le pied sur ces glaces, ayant cette cime lointaine pour but, et qui persistèrent, qui s'y reprirent et finirent par l'atteindre, — voilà ceux qui furent vraiment hardis! »

L'inébranlable Bourrit n'en voulut pas avoir le démenti. On ne réussissait pas par le glacier des Bossons? Il fallait attaquer sur un autre point. La stagnation de l'air dans la vallée de neige asphyxiait, disait-on, les poumons les plus robustes? Soit! ne discutons pas le préjugé! Essayons par les arêtes. Et il montrait l'arête du Goûter, cette longue ligne ascendante, le plus noble trait du dessin de la montagne, qui s'élève d'un jet, s'infléchit, reprend son élan, et du sommet de l'Aiguille à la cime du Mont-Blanc se développant avec une majesté incomparable, sans précipitation, sans brisures violentes, semble tracer un chemin dans le ciel où elle se découpe avec une netteté si saisissante et inviter l'homme à le suivre. Ses pentes, dans la perspective, paraissaient douces et on ne se plaindrait pas qu'elles ne fussent pas assez aérées. Le trajet en serait aisé : la difficulté était de l'atteindre. Par le côté de Chamonix il n'y fallait pas penser, mais le revers sur le val Montjoie promettait mieux.

Dès le commencement de l'été suivant, 1784, Bourrit se met en campagne, va de village en village, questionnant, recueillant de toutes parts des informations. Il apprend que deux chasseurs de la Gruaz se vantent d'avoir escaladé l'Aiguille du Goûter. La Gruaz est un hameau, sur la hauteur, à l'entrée de la vallée de Miage. Il y court, s'abouche avec les chasseurs, qui maintiennent leur dire, ajoutant que du haut de l'Aiguille au Mont-Blanc il ne restait, à leur estimation, que quatre à cinq cents toises à gravir par des pentes peu rapides et bien aérées. C'est ce qu'avait conjecturé Bourrit. Les chasseurs s'offraient à le conduire sur-le-champ. Mais, avec l'idée de monter par les arêtes, Bourrit avait en tête une autre innovation qui était d'attendre à l'arrière-saison. Il avait éprouvé que, dans le milieu de l'été, les neiges sont trop amollies par le soleil et celles qui couvrent les crevasses souvent si peu épaisses qu'elles cèdent sous le poids du corps; plus tard, ces ponts dangereux s'écroulent, les crevasses se montrent béantes et il est facile de les éviter. Il crut donc prudent de n'exécuter son projet qu'en septembre (1).

Rendez-vous avait été pris à Bionnassay, dans la vallée de ce nom, au pied du col de Voza. Le jeudi 16 septembre au soir, ce petit village vit arriver le Grand Jorasse et Jean-Marie Couttet de Chamonix, les deux chasseurs de la Gruaz, Bourrit, son chien et un paysan nommé Maxime qu'il avait pris avec lui, on ne sait pourquoi, en passant à Sallanches. Ces deux derniers compagnons ne pouvaient être qu'un embarras. Le tort de Bourrit, quand il avait arrêté un plan, était de croire que la chose fût faite et de ne plus se méfier de rien. Le jour était déjà tombé depuis deux heures. On se concerte, on se remet en marche, on gagne d'une traite les derniers chalets et de là, à la lueur d'une torche, le long du glacier de Bionnassay, escaladant les rampes du mont de Lar, on atteint à cinq heures et demie le plateau de Pierre-Ronde, rempli de blocs éboulés parmi un maigre gazon.

Peu s'en faut que Bourrit ne se croie arrivé. A sa droite se dresse le rocher de Tête-Rousse qui forme la base de l'Aiguille du Goûter et dans lequel il voit naturellement « le dernier rempart du Mont-Blanc ». Un glacier l'en sépare. Couttet et François Cuidet, l'un des chasseurs, s'y sont déjà engagés. Tout promet le succès. La nuit a été

(1) *Nouvelle description*, 1787, t. I, ch. xxvii. *Description des cols*, t. I, ch. v, et *Voyages dans les Alpes*, §. 1105.

magnifique, les étoiles ont brillé au ciel sans scintiller, le baromètre monte encore. Seulement il s'élève un petit vent assez vif et le froid commence à se faire sentir d'une façon douloureuse. Le pauvre Maxime grelotte; Bourrit passe des vêtements plus chauds : pendant que le Grand Jorasse et le second chasseur l'assistent dans cette opération, les deux guides d'avant-garde continuent discrètement leur marche et disparaissent derrière les accidents du glacier. Ce fut bien pis quand on voulut les rejoindre. On entrait au plus fort de l'ombre de la montagne et tout était gelé à la surface du glacier. Maxime qui, de sa vie, n'avait fait œuvre de guide qu'en conduisant les étrangers de Sallanches à Chamonix, se voit bientôt obligé de faire volte-face et de regagner Pierre-Ronde sous la garde du chien qui ne s'en fait pas prier. Cependant Couttet et Cuidet allaient toujours. Ils reparaissent à l'extrémité du glacier et attaquent aussitôt le rocher. Évidemment c'est un coup monté entre eux. Ils ont craint que l'expédition manquât encore du fait de Bourrit, comme celle de l'année précédente, et ont résolu de la poursuivre pour leur compte.

Effectivement, voici que Bourrit se trouve mal à son tour. Il demande du vin pour se remettre et on s'aperçoit que le vin est resté dans le bissac des deux compères. On les hèle à grands cris, on leur fait signe; ils répondent que le froid là-haut est extrême et les rochers très-malaisés. Bourrit avait à peine besoin de cette assurance pour abandonner la partie : il est exténué, morfondu, effet de la fraîcheur du matin après une nuit blanche et une marche forcée. Il ne veut point pourtant quitter la place tant qu'on aperçoit « les deux êtres vivants dont la vue sur ces étranges plages lui donne la plus vive admiration. » A l'intérieur, il est tout feu et flamme : il fait des vœux pour eux et leur crie à tue-tête des conseils excellents, mais qu'ils n'entendent point. Enfin, il a « l'inexprimable satisfaction de les voir arriver au sommet des rochers, mettre le pied sur les neiges de ce mont sourcilleux... et continuer à y gravir *majestueusement...* Quel spectacle! quelle scène étrange et magnifique que l'ascension de ces deux hommes vers le ciel et leur entière disparition de la terre! »

Après s'être promené quelque temps dans les déserts de Pierre-Ronde entre son chien, qu'il fallut porter parce que les glaçons lui déchiraient les pattes, et Maxime qui, une fois, s'endormit si subitement sur ses jambes qu'il tomba de tout son long, Bourrit, se sentant toujours plus incommodé lui-même, redescendit aux chalets pour attendre le retour des deux aventuriers. La journée s'achève, point de nouvelles; il s'inquiète, projette de partir à leur recherche, se couche cependant et s'endort quand, sur les onze heures du soir, Couttet pousse la porte et le réveille en s'écriant : Grâce à Dieu! nous voici revenus du Mont-Blanc! » A ces mots, tous ses mécomptes sont oubliés, il se fait raconter l'expédition et ne peut contenir son enthousiasme : « Voilà donc, me disais-je, ce mont fameux rendu accessible! quelle conquête pour les physiciens! que de merveilles, que de phénomènes qui vont être soumis à leurs observations! » Il ne put patienter jusqu'à son retour à Genève pour en informer Saussure et lui écrivit des Sallanches.

La conquête n'était pas si complète qu'il la faisait. Couttet et Cuidet étaient simplement parvenus jusqu'à ces deux pointes rocheuses qu'on aperçoit de Chamonix dans la courbure de l'arête entre le Dôme et les Bosses, à une hauteur d'environ 4400 mètres (1). Soixante-quinze ans devaient s'écouler avant que le parcours de l'arête fût accompli jusqu'au bout. Ils avaient d'ailleurs éprouvé, en dépit du grand air, une soif ardente, une chaleur telle qu'il leur semblait « être dans un four »; ils chancelaient sur leurs jambes et Couttet observa que cette faiblesse « ne paraissait pas venir du manque de respiration ». Ils avaient ressenti, en un mot, les phénomènes physiologiques qui avaient valu une si mauvaise réputation à la *vallée de neige*, sans compter ce que la nouveauté du chemin ajoutait à leurs impressions. La montagne, en

---

(1) Bourrit, *Description des cols*, t. I, ch. IV et surtout LXXXVIII. — Coxe, *Voyage en Suisse, lettre XXXIX*. Coxe visita la vallée de Chamonix en août 1776 et en septembre 1785 : dans ce dernier voyage il eut précisément pour guide Jean Marie Couttet, qui dut lui désigner l'endroit où il était parvenu l'année précédente.

effet, s'y révélait sous des proportions inusitées, bien propres à frapper leur esprit. La longueur démesurée de l'arête, leur isolement au milieu de ces champs de neige dont on ne soupçonne point d'en bas la vaste étendue, les précipices qu'ils côtoyaient, l'immensité d'un panorama où rien n'appuyait le regard troublé, leur causaient une sorte de vertige. L'aspect du soleil couchant acheva de les déconcerter. Comme ils se retournaient pour calculer ce qui leur restait de jour, ils virent le disque de l'astre agrandi, énorme, descendre avec rapidité vers l'horizon (1), et, saisis d'une véritable panique, ils rebroussèrent chemin, courant, se laissant glisser sur les pentes, sans s'arrêter aux cristaux superbes qui brillaient parmi les rochers saillants au-dessus de la neige, et ne rapportant pour trophée de leur expédition que quelques éclats de pierre d'une apparence extraordinaire (2).

Quoi qu'il en soit, la tentative, cette fois, était encourageante. Du premier coup, les guides avaient gravi le Dôme du Goûter et étaient parvenus à 400 mètres seulement au-dessous de la cime du Mont-Blanc, dont ils n'étaient séparés, disaient-ils, que par une ravine de glace dans la-

---

(1) On observera que cette illusion d'optique, à laquelle nos plaines nous ont habitués, était chose imprévue et nouvelle pour des gens qui n'étaient point sortis de leur profonde vallée.

(2) Des morceaux de diorite parsemés de bulles vert-sombre d'amphibole fondue par la foudre. Les guides vont encore ramasser de semblables fragments au Dôme du Goûter et les vendent aux voyageurs.

quelle, s'ils avaient eu plus de temps et de secours, ils auraient pu tailler des pas et monter ainsi aisément jusqu'au sommet. Saussure se décida à tenter l'aventure.

Mais une ascension de Saussure n'était pas de celles qui peuvent s'improviser. Il avait des préparatifs à faire, des instruments à commander en vue des expériences qu'il projetait, la saison était avancée et il n'était pas d'avis, comme Bourrit, que l'époque où les jours deviennent courts fût la plus convenable. Il remit donc à l'année prochaine, prescrivant à ses guides ordinaires, Pierre Balmat et Jean-Marie Couttet, d'observer la montagne et de le prévenir dès que la fonte des neiges la rendrait accessible. Malheureusement, l'hiver de 1784 à 1785 fut très-rigoureux ; l'été qui suivit, froid et pluvieux, au lieu de fondre les neiges, en accumula de nouvelles, et ce ne fut qu'au commencement de septembre que le temps s'annonça mieux.

Couttet poussa aussitôt une reconnaissance. Accompagné du Grand Jorasse qui, obligé l'année d'avant de rester auprès de Bourrit, aspirait à prendre sa revanche, il alla passer la nuit à Pierre-Ronde. Le lendemain matin, à sept heures, les deux hommes étaient déjà sur l'Aiguille du Goûter et continuaient à marcher lorsqu'un orage de grêle, chassé par un vent furieux, les força à revenir sur leurs pas (1).

(1) Coxe, *Lettre XXXIX*. C'est trois jours après que Couttet le conduisit au Montanvers. Il nomme le compagnon de Couttet, *Lambat*. Comme

C'était le 5 septembre. Le 8, nouvel orage; le 12, la neige tombe en abondance, mais les dispositions étaient prises : ce même jour, Saussure descendait de cheval à la porte du chalet de Battandier, le paysan le plus aisé de Bionnassay, et tout son monde, les Bourrit père et fils et les guides, arrivait à la suite. Les caravanes de Saussure n'étaient pas petites. La science, qui se mettait en route avec lui, est une grande dame qui ne voyage guère sans excédant de bagage, bien que son fragile attirail charge moins d'épaules que de mains. Cette fois, ce n'était pas tout. Saussure, afin de gagner du temps, avait arrêté qu'on passerait la nuit au pied de l'Aiguille du Goûter, où Bourrit, de son côté, peu désireux de dormir à la belle étoile, avait donné ordre de construire une hutte de pierres. Ce travail n'était pas terminé. On vit donc le lendemain s'acheminer vers Pierre-Ronde une procession de seize à dix-sept personnes, portant baromètres, thermomètres, électromètres, hygromètres, manteaux, couvertures, une tige de sapin jugée nécessaire pour consolider le toit de la cabane, des branchages pour en boucher les trous, de la paille pour la joncher, des provisions de bouche et du bois à brûler; — tout ce qu'il fallait pour expérimenter, manger, gîter et se tenir chaudement.

Le campement de cette troupe nombreuse offrait l'as-

il n'existait pas de guide de ce nom et que Coxe estropie tous les noms, j'ai pensé qu'il s'agissait de Lombard, le Grand Jorasse.

pect le plus pittoresque. Une expérience à laquelle Saussure tenait beaucoup ne réussit pas; mais il était homme à s'en consoler par le spectacle qu'il avait sous les yeux. Sa cabane, de 8 pieds de largeur sur 7 de longueur et 4 de hauteur, bâtie de pierres plates sans ciment, était appliquée dans l'angle d'un rocher, à l'abri du nord-est et du nord-ouest, à quinze ou vingt pas au-dessus d'un petit glacier couvert de neige, d'où sortait une source d'eau claire et fraîche. Par derrière s'élevait une chaîne de rocs dont Saussure fit son observatoire. Le coucher du soleil fut d'une rare magnificence.

« La vapeur du soir qui, comme une gaze légère tempérait l'éclat du soleil et cachait à demi l'immense étendue que nous avions sous nos pieds, formait une ceinture du plus beau pourpre qui embrassait toute la partie occidentale de l'horizon; tandis qu'au levant les neiges des bases du Mont-Blanc, colorées par cette lumière, présentaient le plus grand et le plus singulier spectacle. A mesure que la vapeur descendait en se condensant, cette ceinture devenait plus étroite et plus colorée; elle parut enfin d'un rouge de sang et, dans le même instant, de petits nuages qui s'élevaient au-dessus de ce cordon lançaient une lumière d'une si grande vivacité qu'ils semblaient des astres ou des météores embrasés.

» Je retournai là, lorsque la nuit fut entièrement close; le ciel était alors parfaitement pur et sans nuages, la vapeur ne se voyait plus que dans le fond des vallées : les étoiles brillantes, mais dépouillées de toute espèce de scintillement, répandaient sur les sommités des montagnes une lueur extrêmement faible et pâle, mais qui suffisait pourtant à faire distinguer les masses et les distances. Le repos et le profond silence qui régnaient dans cette vaste étendue, agrandie encore par l'imagination, m'inspiraient une sorte de terreur; il me semblait que j'avais seul survécu à l'univers, et que je voyais son cadavre étendu sous mes pieds. Quelque tristes que soient des idées de ce genre, elles ont une sorte d'attrait auquel on a de la peine à résister. Je tournais plus fréquemment mes regards vers cette obscure solitude, que du côté du Mont-Blanc, dont les neiges brillantes et comme phosphoriques, donnaient encore l'idée du mouvement et de la vie.

» Mais la vivacité de l'air sur cette pointe isolée me força bientôt à regagner la cabane... J'y passai une excellente nuit; ou je dormais d'un sommeil léger et tranquille, ou j'avais des idées si douces et si riantes que je regrettais de m'endormir. Lorsque le parasol n'était pas devant la porte, je voyais de mon lit les neiges, les glaces et les rochers situés au-dessous de notre cabane; et le lever de la lune donna à cet aspect la plus singulière apparence. Nos guides passèrent la nuit, les uns blottis dans des trous de rochers, d'autres enveloppés de manteaux et de couvertures, d'autres enfin veillèrent auprès d'un petit feu qu'ils entretinrent avec une partie du bois que nous avions porté (1). »

Tout le monde, au lever du soleil, était allègre et dispos. Cependant, sur les représentations de Bourrit, qui n'oubliait pas le froid insupportable qu'il avait éprouvé l'année précédente dans la même saison et dans le même lieu, on ne partit qu'après six heures. Déjà on approchait du pied de l'Aiguille, quand on vit avec beaucoup de surprise un homme qui n'était point de la troupe, monter au-devant d'elle par le glacier de Bionnassay. C'était François Cuidet, le chasseur de la Gruaz, le promoteur de la nouvelle route et qui, avec Jean-Marie Couttet, l'avait déjà suivie si loin. Il n'était pas chez lui quand on l'avait demandé, ne s'était mis en marche que très-tard dans la soirée, avait gravi la montagne de nuit, et était venu, par le plus court, croiser le chemin qu'il savait qu'on devait suivre. Son arrivée redoubla la joie de la caravane qui, aussitôt, attaqua résolûment l'arête. La veille, dans l'après-midi, l'infatigable Couttet avait été, avec un de ses camarades, marquer des pas dans la neige fraîche. Cette précaution rendit d'abord de signalés services. Plus on montait cependant, plus on trouvait la neige épaisse. Sèche et pulvérulente, elle s'entassait entre les blocs incohérents de l'arête au point d'ôter toute sécurité à la marche. Après trois heures d'escalade force fut de s'arrêter. Pierre Bal-

(1) *Voyages dans les Alpes,* § 1111 et 1112.

mat prit les devants pour tâter le chemin. Il revint au bout d'une heure avec la nouvelle que la neige était si abondante qu'il serait extrêmement fatigant et même dangereux de continuer l'ascension de l'arête : cette peine serait d'ailleurs inutile parce que le haut de la montagne, au-dessus des rochers, était couvert d'une neige tendre où on enfonçait jusqu'aux genoux. Sur ce rapport, on prit le parti de ne pas aller plus avant.

Les voyageurs, pendant cette halte, avaient été, malgré leurs parasols, incommodés de l'ardeur du soleil. La descente, par les neiges ramollies, pouvait devenir périlleuse. Elle s'effectua pourtant sans accident. Bourrit et son fils rentrèrent le jour même à Bionnassay, tandis que Saussure passait une autre nuit dans la cabane.

Tel fut le sort de la première tentative d'ascension scientifique au Mont-Blanc. Elle ne fut pas infructueuse pour la science ; Saussure en rapporta une riche moisson d'observations météorologiques. A cela près, elle ne réussit pas mieux que les autres; on était toujours battu par la montagne.

En revanche, ces essais répétés aidaient bien à la prospérité de Chamonix. Ils réveillaient l'attention qu'avaient excitée les expéditions de Windham et de Martel. Les étrangers qui visitaient Genève ne se contentaient plus, comme autrefois Addison, de remarquer en passant l'effet singulier « des hautes montagnes de neige qu'on apercevait à plusieurs lieues vers le sud (1) ». C'était maintenant la première chose qu'ils se fissent montrer des quais de la ville, et beaucoup allaient les contempler de plus près. Leurs récits, les notions qu'ils répandaient dans le reste de l'Europe sur les beautés naturelles de la vallée de Chamonix, y attiraient de tous côtés de nouveaux voyageurs, et le gouvernement favorisa cette affluence en améliorant les chemins. La route de voiture n'allait que jusqu'à Sallanches : au delà un mauvais chemin de mulet. En 1775, le sénat de Chambéry fit commencer les travaux au passage des Montées et, trois ans après, des chars à bancs pouvaient circuler sans danger, sinon sans cahots, entre Sallanches et Chamonix.

En arrivant au Prieuré, le voyageur trouvait trois auberges vastes et commodes, celle de Simond, d'abord, puis celle de madame Couteran, au milieu du bourg, celle enfin de Jean-Pierre Tairraz à l'autre extrémité. En 1783, elles recevaient 1500 voyageurs, encore davantage l'année suivante. Ce concours de visiteurs laissait dans la vallée une grande quantité de numéraire. Tel qui, vingt ans auparavant, n'avait que trois ruches, en possédait maintenant quarante, et de 2000 personnes la population s'était élevée

(1) Les remarquer était déjà un progrès. Dans les anciennes estampes les vues de Genève sont prises, sans exception, vers le lac. Consultez les vues perspectives de Mathieu Mérian, où les montagnes ne figurent pas davantage dans des panoramas de villes telles que Berne, Lucerne, Zurich, etc. (*Topographia Helvetiæ confederatæ*, Francofurti, 1655.)

JACQUES BALMAT.

à 3000 dont 1200 habitaient le Prieuré. La plupart des hommes jeunes et valides abandonnaient le métier de cristallier et de chasseur pour l'état de guide ou de porteur, moins périlleux et plus lucratif.

Par un singulier retour, ce qui avait si longtemps fait de la contrée un objet d'horreur devenait une abondante source de profits. Ces inutiles pyramides de rochers, ces pentes pierreuses, ces vastes espaces stérilisés par les glaces rapportaient plus que les meilleures terres et que les plus gras pâturages. Il semblait qu'un coup de baguette magique, opérant à l'inverse des sortiléges où se complaisaient les vieilles légendes, eût changé ces lieux ingrats en un sol fécond. Une sage économie savait tirer parti de ces richesses inattendues. Dès 1786, les serfs du Prieuré étaient en mesure de profiter d'un édit récent de Victor-Amédée III et se rachetaient, argent comptant, de toutes redevances féodales (1). La vallée se gouverna en petite république, mettant ses affaires entre les mains d'un greffier, d'un syndic et de sept conseillers, jusqu'au moment où elle fut absorbée par une république plus grande (2).

---

(1) Albanis Beaumont, *Description des Alpes grecques et Cottiennes*, t. II, 2ᵉ partie. « Nous n'avions plus de seigneurs, nous avions tous acquis la qualité de *citoyen romain*, nous étions tous libres » m'écrit M. Bonnefoy.

(2) Si celle-ci ne lui apportait pas, tant qu'elle le croyait, la liberté, elle rendait du moins justice à ses mœurs, et, par l'organe d'un de ses citoyens, traçait des « naturels » de la vallée de Chamonix un tableau aussi flatteur qu'attendrissant : « en général les hommes ne sont pas grands, mais leur figure est agréable et spirituelle, leur teint vif et animé,

Ainsi l'aisance, gagnant de proche en proche, pénétrait jusque sous les toits des hameaux épars à la dernière limite de l'alpe ; ainsi la *Montagne Maudite* faisait la fortune du pays.

Mais elle restait toujours inaccessible.

leurs yeux fiers, leurs dents superbes. Les femmes ajoutent à ces avantages la fraîcheur, les grâces et une extrême propreté. Leur costume est leste, mais agreste, mais sans apprêt ; il doit tout aux grâces de la personne qui le porte. Une gaîté simple et touchante les anime, *et quand une femme sourit, on croirait voir sourire la vertu.* » (*Voyage dans les départements de la France*, par le citoyen J. La Vallée. Paris, 1793. Département du Mont-Blanc.)

CHAPITRE VII

JACQUES BALMAT

Après cinq heures d'escalade, Saussure s'était arrêté sans seulement avoir atteint la cime de l'Aiguille du Goûter ou, comme on l'appelait encore en ce temps-là, de l'Aiguille Blanche. Lors même que les neiges n'eussent point fait obstacle, le temps aurait manqué pour aller jusqu'au Mont-Blanc. Saussure en conclut qu'on ne réussirait qu'à deux conditions : partir plus tôt dans la saison et camper plus haut. Il chargea, en conséquence, Pierre Balmat de bâtir une nouvelle cabane, non plus à la base de l'Aiguille, mais au commencement de l'arête finale. Il était convaincu que, si jamais on arrivait au Mont-Blanc, ce ne serait que par ce chemin (1).

Mais ce n'était pas l'avis de la plupart des guides de Chamonix. Couttet et Cuidet, disaient-ils, ont dépassé le

(1) *Voyages dans les Alpes*, § 1120 et 1962.

Dôme du Goûter : soit! et nous voulons bien encore qu'on ait, comme tous deux le prétendent, plus de chances d'atteindre la cime en suivant toujours les arêtes depuis le Dôme. Mais, par la montagne de la Côte et la *vallée de neige* nous avons déjà gagné le Grand-Plateau et, du Grand-Plateau, il serait aisé de gagner le Dôme. La question est donc de savoir si l'on n'aurait pas aussitôt fait d'arriver au Dôme par la *vallée de neige* et le Grand-Plateau que par l'Aiguille Blanche. — Ils n'aimaient pas l'Aiguille Blanche, et pour trois raisons : d'abord, l'escalade de l'Aiguille Blanche est une escalade de rochers, et les guides de Chamonix, à l'opposé de ceux de l'Oberland, se sont toujours sentis plus assurés sur la glace que sur le rocher (1); ensuite, la montagne de la Côte était à leur porte, tandis qu'il fallait faire un immense détour pour gagner le pied de l'Aiguille Blanche; la troisième raison, enfin, c'est que le chemin de l'Aiguille Blanche avait été indiqué par des chasseurs de chamois du côté de Saint-Gervais, et les guides de Chamonix manifestaient déjà une certaine tendance à accaparer le Mont-Blanc et à le considérer comme leur propriété exclusive.

Quoi qu'il en soit, ils voulurent en avoir le cœur net. Ceux à qui l'Aiguille avait réussi tenaient pour l'Aiguille.

(1) Ce sont essentiellement des *icemen*. Il y a eu de brillantes exceptions, — Michel Croz, par exemple, aussi bon sur le roc que sur la glace, mais sa mort au Cervin n'a pas été pour faire revenir ses camarades sur leur préférence.

Un pari s'engagea et il fut convenu que, à la première occasion, une double expérience trancherait le débat.

Cette expérience eut lieu le 30 juin 1786 (1).

Pierre Balmat et Jean-Marie Couttet allèrent passer la nuit dans la cabane de Pierre-Ronde, Jean-Michel Cachat (le Géant), François Paccard et Joseph Carrier au sommet de la montagne de la Côte. Le lendemain, ceux-ci arrivèrent au Dôme longtemps avant les autres. On pouvait s'en tenir là pour cette fois : le but de l'expédition était atteint, la question résolue à l'avantage de la *vallée de neige*. Mais elle se trouvait résolue plus tôt qu'on n'avait pensé et, quand les deux détachements furent réunis, ils voulurent profiter de l'heure pour explorer le chemin qui restait à faire. On continua donc de compagnie jusque sous la première de ces protubérances de roc et de glace qu'on désigne sous le nom de *Bosses du dromadaire*.

Ici, l'escarpement devenait effroyable. L'arête se redressait en s'amincissant, pareille au comble d'un toit, dominant d'une part les abîmes du Grand-Plateau, tandis que, de l'autre côté, on apercevait à 2500 mètres de profondeur les forêts et les hameaux de l'Allée Blanche rapetissés et comme écrasés au niveau du sol sous ce prodi-

(1) Saussure (§ 1963) indique le 8 juin et tous les auteurs l'ont copié. Cette date, que sa précocité dans la saison rend invraisemblable, est positivement contredite par le témoignage de Jacques Balmat.

gieux saut du regard. Jamais encore l'œil de l'homme n'avait envisagé de tels précipices. Les guides étaient les plus braves, les plus résolus qu'il y eût à Chamonix : un Balmat, un Couttet, guides ordinaires de Saussure, un Cachat, qui l'année suivante devait effectuer le premier passage, avéré, historique, du col du Géant. Ces hommes si hardis, habitués à voir la mort de près, eurent peur et reculèrent. Non pas tous cependant : un d'entre eux, un seul, qui ne devait pas être de l'expédition, qui s'était joint aux autres au dernier moment et presque malgré eux, voulut avancer encore et mit le pied sur la terrible arête.

Il s'appelait Jacques Balmat. Il était né le 19 janvier 1762, le second de deux frères, au village des Pèlerins, au pied du glacier de ce nom qui descend de l'Aiguille du Midi. Certains hommes sont doués justement des qualités physiques qu'exige la contrée où le sort les a fait naître : on dirait que la nature a pris soin de les armer contre elle-même. Celui-ci était merveilleusement fait pour la montagne, pour défier sa froidure, ses fatigues, ses vertiges; d'une constitution robuste, d'une tempérance extraordinaire, d'une volonté énergique. Encore jeune garçon il s'était promis de gravir le Mont-Blanc, ou, comme il l'appelait, la *taupinière blanche*. Il n'en était pas à son coup d'essai. Une fois, avec Jean-Marie Couttet, il avait remonté le glacier du Tacul jusqu'au delà du col du Géant, mais le Mont-Maudit l'avait arrêté. Une autre fois, en août 1784, ayant conduit des voyageurs à Courmayeur, il avait conçu le projet, singulièrement hardi pour l'époque, de prendre le colosse à revers, en l'attaquant par le glacier de Miage et ses affluents : mais, à l'épreuve, il trouva les pentes d'une telle inclinaison et si démesurément hautes qu'il dut y renoncer.

Cette année-là, il s'était rabattu sur la *vallée de neige*. Il venait de parcourir les névés tout un jour, de passer deux nuits sur le rocher au milieu des glaces. Il redescendait affamé, transi ; ses vêtements, collés à son corps, ne dégelèrent qu'au bas de la montagne. Aux premières maisons, il rencontre Cachat le Géant, Paccard et Carrier qui se mettaient en route pour la Côte. — « Et qu'allez-vous faire là-haut ? — Nous allons chercher des *cabris*. » Balmat les regarde, hausse les épaules. « M. de Saussure a promis une récompense aux guides qui parviendraient à la cime du Mont-Blanc et ce n'est pas pour aller chercher des *cabris* que vous vous êtes équipés de la sorte ! » — Il rentre chez lui, embrasse sa femme, mange, se sèche, se repose un peu ; puis, change de bas et de guêtres, remplit sa gourde, met dans son bissac des beignets de farine d'orge frits à l'huile de lin (1), reprend le bâton ferré, et en marche ! Il ne sera pas dit que personne l'aura devancé !

(1) C'était un mets de son invention qu'il préparait lui-même pour ses grandes courses.

A onze heures du soir il est reparti, et, avant l'aube, il rejoint les camarades en haut de la montagne où ils dormaient encore, les réveille et entre avec eux sur le glacier.

L'arrivée de ce rival ne leur plut guère. Guides connus, éprouvés, ils s'associaient en bons compagnons, s'assurant mutuellement contre les dangers et prêts à partager l'honneur. Balmat manifestait la prétention de réussir seul. Ils l'accueillirent mal, le tinrent à l'écart et quand, à la fin de la journée, il s'engagea sur l'arête, ils le laissèrent et tournèrent le dos en se disant : « Balmat est leste ! il nous rattrapera ! »

L'arête devenait de plus en plus étroite, cédant sous le pied tantôt d'un côté, tantôt de l'autre, à la fin si aiguë et si tranchante qu'on ne pouvait s'y tenir debout à moins d'un prodige d'équilibre. Il se mit à cheval et continua d'avancer en se soulevant sur les mains, se calant des talons et serrant les genoux, jusqu'à ce que la roideur de la pente le clouât sur place. Alors il rétrograda, par le même procédé, mais à reculons, opération plus délicate encore, et arriva néanmoins sans accident à l'endroit où il avait quitté ses camarades. Il n'y trouva que son sac jeté sur la neige. Les camarades étaient partis, comme ils avaient dit, bel et bien, l'abandonnant à sa témérité, et déjà loin (1).

(1) L'arête des Bosses est aujourd'hui si fréquentée que, depuis 1874, presque tous les ascensionnistes l'ont suivie. Dans l'endroit que je viens

Allait-il chercher à les rejoindre et s'avouer vaincu? Il n'était encore que quatre heures, — le 1ᵉʳ juillet. Balmat avait essayé de l'arête par occasion, mais ce n'était point là son idée. Il redescendit au Grand-Plateau. Au fond du Grand-Plateau se dresse le Mont-Blanc proprement dit, le sommet qui domine encore de 800 mètres. Sur la droite, l'arête des Bosses le relie au Dôme; à gauche, il est soutenu, épaulé, pour ainsi dire, par deux lignes de rochers parallèles : on les appelle les Rochers-Rouges. Quelques jours avant, Balmat était allé sur le Brévent. De là, à l'aide d'une longue vue, il avait inspecté la place et il lui avait semblé qu'on pourrait monter à droite des Rochers-Rouges (1). C'est sur cette conjecture qu'il s'était mis en campagne l'avant-veille. Mais ces reconnaissances à distance sont nécessairement incomplètes. L'accès de la rampe des Rochers-Rouges est défendu par une crevasse si profonde et si large qu'elle serait absolument infranchissable, si les tranches de glace qui se détachent de ses bords et les arches de neige qui enjambent d'une de ces tranches à l'autre ne permettaient de la traverser en quelques points. Balmat, cependant, n'avait pu en venir à bout à cette

de décrire on avance à la corde, les pas dans les pas, sur la pente de neige tournée vers l'Allée Blanche, à deux ou trois pieds au-dessous de l'arête et toujours parallèlement à sa crête sur laquelle, pour se mieux maintenir, on appuie à plat le bâton ferré. Il ne faut pas oublier que Balmat était seul et que cette façon d'aller, très-sûre, mais fort peu engageante à première vue, n'était pas inventée.

(1) Voir la gravure : *le Mont-Blanc vu du Brévent.*

première tentative, parce que la neige était trop molle et menaçait de s'effondrer. Mais en ce jour il avait observé que, par tout le glacier, les ponts de neige se montraient assez solides. Il se risqua donc de nouveau et réussit à aborder la pente, haute de 500 mètres, qui devait le conduire au-dessus des Rochers-Rouges. La neige durcie qui l'avait aidé à passer la crevasse lui fut ici une difficulté. Ne pouvant la tasser sous ses pieds dans une marche oblique, il prit le parti de gravir tout droit, ce qu'il fit en pratiquant des trous avec le fer de son bâton.

Il se trouva alors sur l'épaule droite du Mont-Blanc et vit tout d'un coup le versant italien et Courmayeur. La partie était gagnée; mais le ciel s'était couvert, des nuages s'abaissaient sur le sommet du Mont-Blanc, et, comme ce sommet a la forme d'une calotte sphérique assez régulière, il ne savait plus au juste dans quelle direction le chercher. Il attendit une heure, après quoi, voyant que le brouillard ne se dissipait pas, il se décida à redescendre.

Quand il fut au bas de la pente, la nuit était venue, cette nuit des hautes cimes qui n'a presque point de crépuscule. Il avançait avec précaution, se sachant sur le bord de la grande crevasse, et sondait à chaque pas, lorsqu'il sentit un de ses pieds enfoncer dans le vide. — « Alors, pensa-t-il, en voilà assez pour aujourd'hui », et il s'apprêta à camper en ce lieu.

Ses préparatifs ne furent pas longs; il déposa son sac

de cuir et s'assit dessus. Il n'avait pas même de couverture pour s'envelopper, et il avait épuisé ses provisions. C'était la quatrième nuit qu'il passait dehors : les deux premières sur le rocher, la troisième à gravir la montagne de la Côte, celle-ci sur la glace. Le Grand-Plateau est le réservoir du glacier des Bossons, le bassin où les neiges du Mont-Blanc s'accumulent et d'où elles débordent dans la vallée. Dans les mois les plus chauds de l'année, le thermomètre, à minuit, y descend à dix degrés au-dessous de zéro et jusqu'à vingt degrés au contact de la neige. Balmat était plus haut que le Grand-Plateau. Il voyait les fenêtres des hôtels de Chamonix s'éclairer à trois mille mètres au-dessous de lui. L'obscurité était telle à petite distance, la blancheur du sol autour de lui si terne et si trompeuse qu'il n'osait se lever et marcher sur place pour se réchauffer, de peur de se jeter dans la crevasse. Il entendait de tous côtés gronder les avalanches, et la pente au pied de laquelle il était ne vaut guère mieux qu'un couloir d'avalanches. Vers le milieu de la nuit, le temps se gâta tout à fait; la neige se mit à tomber en le criblant de fines aiguilles qui s'insinuaient sous ses vêtements. Il tira son mouchoir en rideau sur son visage et commença à se battre les pieds, à se battre les mains. Dès qu'il s'arrêtait, épuisé de lassitude, un engourdissement mortel le gagnait, sa tête appesantie tombait sur sa poitrine, ses yeux se fermaient, et, chaque fois qu'il sentait ses yeux se fermer, il se réveillait en sursaut à la pensée que, s'il s'endormait, ce serait son dernier sommeil. Alors, pour s'encourager, il se disait : Au moins, j'ai trouvé le chemin du Mont-Blanc et, quand M. de Saussure voudra, je l'y mènerai!

Enfin l'aube parut. Il était temps. Peu s'en fallait que Balmat ne fût gelé. A force de se frictionner, de s'agiter, de se livrer à une gymnastique violente, il parvint à rétablir dans ses membres la circulation et la chaleur. L'ouragan s'était calmé. Un instant il songea à remonter : mais ses jambes fléchissaient sous lui, le sang bruissait dans ses artères, ses yeux enflammés par l'éclat des névés et l'insomnie supportaient à peine la lumière du jour. Il comprit qu'il lui fallait enfin se décider à regagner la vallée s'il ne voulait mourir sur ces champs de neige, inutilement, sans laisser même le renom de la victoire. Il descendit. Lorsqu'il arriva chez lui, il était presque aveugle. Après s'être un peu restauré, il alla s'enfermer dans la grange, s'étendit sur le foin et dormit vingt-quatre heures sans se réveiller (1).

(1) Ce qu'on vient de lire et ce qui va suivre est, en grande partie, tiré d'une lettre que Gédéon Balmat, l'un des fils de Jacques, a écrite, le 26 janvier 1839, à M. le docteur Auguste Lepileur, et que M. Lepileur a eu l'obligeance de me communiquer. J'ai consulté aussi la *Notice biographique sur Jacques Balmat*, par Michel Carrier (Genève, 1854) et les *Impressions de voyage en Suisse* d'Alex. Dumas (Paris, 1833, ch. x). Michel Carrier était fils de Joseph Carrier qui, au début, fit partie de cette même expédition. Il affirme que sa narration « est conforme, mot pour mot, à celle que lui et bien d'autres personnes ont entendue de la bouche de Balmat. » Quant à Dumas, c'est encore Balmat qui lui a raconté ses

Balmat tint sa découverte secrète. On pensait qu'il s'était simplement égaré dans les glaciers en essayant de rejoindre la caravane. Il laissait dire et méditait son expédition décisive. Assuré de réussir à lui seul, il lui répugnait d'associer d'autres guides à son triomphe. Cependant, ce n'était point tout de réussir, il fallait que le succès fût constaté; or, à écarter les concurrents, la difficulté était d'avoir des témoins. Par un ciel bleu, la chance pou-

aventures, tandis qu'il prenait des notes sur son album. Le guide Pierre Payot, père de M. Venance Payot, naturaliste bien connu à Chamonix, assistait à l'entretien. Il a maintes fois répété à son fils, de qui je le tiens, que le récit de l'illustre romancier était non-seulement exact, mais le plus exact qu'on eût fait. Il ajoutait pourtant que « Balmat était très-sobre de paroles et que M. Dumas avait *délayé*. »

Le récit de Dumas, *délayage* à part, est en effet confirmé et précisé par la lettre de Gédéon et tous les autres témoignages, fort nombreux, que j'ai recueillis des anciens de la vallée. Le récit de Michel Carrier ne s'en écarte guère qu'en une seule circonstance et c'est, je crois, à tort. Quoi qu'il en soit, tous ces récits s'accordent sur le point essentiel, à savoir la persévérance de Balmat en vue d'atteindre le sommet du Mont-Blanc. Il n'en est pas de même de celui de Saussure. Selon le savant genevois, Balmat redescendit du Dôme avec ses camarades et ne s'éloigna que *pour aller chercher des cristaux*. Quand il voulut les rejoindre, il ne retrouva pas leurs traces; un orage survint et, « n'osant pas se hasarder seul au milieu de ces déserts par l'orage et à l'entrée de la nuit, il préféra se blottir dans la neige pour y attendre patiemment la fin de l'orage et le commencement du jour; il souffrit là beaucoup de la grêle et du froid; mais vers le matin le temps s'éclaircit, et comme il avait tout le jour pour redescendre, il résolut d'en consacrer une partie à parcourir ces vastes et inconnues solitudes, en cherchant une route par laquelle on pût parvenir à la cime du Mont-Blanc. C'est ainsi qu'il découvrit celle qu'on a suivie et qui est bien certainement la seule par laquelle on puisse l'atteindre (*Voyages dans les Alpes*, § 1964). »

En admettant même que Balmat n'ait découvert la route que le second jour, ce récit qui nous montre son héroïque détermination de passer une nuit au Grand-Plateau comme l'effet forcé d'un retard involontaire, est

vait encore faire que quelque voyageur tînt le Mont-Blanc au bout de sa lunette au moment où lui, Balmat, en atteindrait la cime. Mais en cas de malencontre, si le brouillard survenait, si le Mont-Blanc, selon l'expression consacrée, *mettait sa perruque,* comme il lui arrive trop souvent malgré les promesses du temps, personne ne le verrait, personne ne le croirait, ni les guides qui avaient constamment échoué dans l'entreprise, ni les voyageurs qui la regar-

empreint d'une véritable injustice. D'ailleurs, il est de tous points invraisemblable. Il n'est pas croyable que Balmat, qui ne songeait qu'au Mont-Blanc, qui, harassé de fatigue, n'avait pas laissé de se joindre à la nouvelle expédition sitôt qu'il en avait connu le but et malgré le mauvais accueil de ses compagnons, ne se soit écarté que pour aller chercher des cristaux. De plus, la journée n'était pas si avancée qu'il ne pût parfaitement regagner au moins les Grands-Mulets. Il avait reconnu ces lieux les deux jours précédents et était plus capable de retrouver son chemin à lui seul que ses camarades tous ensemble. Il avait prouvé que les courses solitaires ne l'effrayaient pas. Enfin, tout valait mieux pour lui que de passer la nuit au Grand-Plateau, immobile, accroupi sur la neige et sans couverture, au milieu d'une tourmente. Jamais chose pareille n'avait été faite ni ne l'a été depuis. Pour tout esprit sensé, c'était un homme perdu, et ses camarades en jugeaient si bien ainsi que, de retour à Chamonix, ils n'osèrent parler de lui et furent fort étonnés de le revoir le surlendemain en bonne santé.

Il me paraît évident que Saussure a écrit sur le rapport de ses guides ordinaires, de Jean-Marie Couttet, jusque-là le héros du Mont-Blanc, de Cachat-le-Géant, dont l'animosité déclarée contre Balmat est un fait notoire et s'est transmise à ses descendants. L'abandon de Balmat par ses camarades a quelque chose d'odieux dont ils auront cherché à se disculper, en même temps que, par jalousie professionnelle, ils représentaient son succès comme un effet du hasard. Quant à Saussure, il n'avait pas, sans doute, à prendre parti dans les rivalités des guides et il s'acquitta scrupuleusement envers Balmat de la récompense promise au vainqueur du Mont-Blanc; mais il semble que l'homme qui avait mené à bonne fin une ascension à laquelle il attachait tant de prix, avait droit de sa part à quelque chose de plus et méritait dans ses écrits un éloge plus chaleureux.

daient comme impraticable. Dans cet embarras, Balmat songea au docteur Michel Paccard.

Le docteur Michel Paccard était alors âgé de vingt-neuf ans. Enfant de la vallée, il y jouissait d'une grande considération, comme quelqu'un qui fait honneur au pays. En effet, adonné à la botanique et à la géologie, le docteur était en relations avec plusieurs savants illustres de l'Europe et l'académie de Turin le comptait au nombre de ses membres correspondants. Ce n'était pas un rival, ce n'était pas un guide, c'était un personnage, un monsieur, c'était l'homme, en un mot, qu'il fallait à Balmat. D'ailleurs, amateur décidé d'excursions alpestres. Trois ans auparavant, on s'en souvient, il avait pris part à la première tentative de Bourrit, celle de 1783, qui fut arrêtée dès l'abord du glacier des Bossons. Balmat vint donc le trouver et lui proposa de monter avec lui au Mont-Blanc (1). Paccard accueillit la proposition avec empressement. Il était tout disposé, avait

(1) Balmat fut quelque peu déçu dans son calcul, car, dans la brochure que Paccard publia à la suite de son ascension, il ne se fait pas faute de s'en attribuer presque tout le mérite (*Premier voyage fait à la cime de la plus haute montagne du continent*, par M. le docteur Paccard. Lausanne, 1786). Plus tard, Bourrit vint dire à son tour que « le docteur Paccard doit partager la gloire de Balmat, si même, *comme nous avons des raisons de le croire*, il n'en a pas été la première cause (*Description des cols*, ch. vi). » Nous avons des raisons de croire le contraire ; mais il ne vaut pas la peine d'y insister. Paccard a déclaré au célèbre astronome Lalande qu'il avait « trois routes projetées pour gravir le Mont-Blanc, lorsque Balmat lui fit préférer celle qu'il a suivie (*Magasin encyclopédique*, 1796, t. IV; *Voyage au Mont-Blanc*, par Jérôme Lalande). » Ce simple aveu tranche le débat.

une entière confiance en Jacques Balmat, partirait au premier jour et ne demandait qu'une chose : la permission d'engager quatre ou cinq guides pour plus de sûreté. — Non, monsieur le docteur, répondit Jacques, c'est là justement la condition que j'y mets : vous monterez avec moi seul et n'en parlerez à âme qui vive, ou vous ne monterez pas. — C'était à prendre ou à laisser. Le docteur prit.

Après un mois d'attente, le temps parut enfin se fixer au beau et, le 7 août, dans l'après-midi, Balmat et Paccard partirent séparément afin de ne pas éveiller l'attention, chacun portant ses provisions réduites au moindre volume possible, comme s'il se fût agi d'une simple promenade. Cependant, le docteur n'avait pu se tenir de livrer le secret. En achetant du sirop à une marchande de la place, il lui avait conseillé, d'un ton mystérieux, de regarder le lendemain dans une lunette d'approche si elle n'apercevrait pas deux hommes au-dessus des Rochers-Rouges. Indiscrétion bien excusable du reste ! Gédéon Balmat appelle cette marchande « la bonne amie du docteur ».

Le lendemain, dès l'aurore, après la nuit de rigueur au sommet de la Côte, Balmat et Paccard entraient sur le glacier. Ils prirent quelques moments de repos sous les Grands-Mulets, et traversèrent au Petit-Plateau les débris d'une avalanche tombée du Dôme. Vers deux heures, la grande crevasse était franchie, ils se trouvaient au pied du passage des Rochers-Rouges. Cette fois la neige ramollie par l'ardeur du soleil rendait l'escalade plus aisée, mais, en arrivant sur la croupe de la montagne, ils furent assaillis par de furieuses rafales du nord-ouest. En un instant il leur sembla qu'ils étaient dépouillés de leurs vêtements et le chapeau du docteur, malgré les brides qui le retenaient sur sa tête, s'envola effectivement vers le val d'Aoste.

Ils étaient parvenus au point extrême atteint par Balmat dans sa course précédente. Le reste, montée plus monotone que pénible, ne paraissait rien : c'est le pire. Les dangers sont passés ; l'énergie invinciblement se relâche, le corps surmené s'abandonne, l'air raréfié brise les jambes et congestionne le cerveau. C'est la dernière résistance du Mont-Blanc ; elle est terrible. Plus d'un voyageur, dans ce court trajet, a perdu jusqu'au désir de la victoire si prochaine. Moins robuste que son compagnon, le docteur se traînait, soufflait, s'arrêtait à chaque pas. Il finit par se laisser tomber en déclarant qu'il ne se souciait pas d'aller plus loin. Quand Balmat vit qu'il n'y avait pas moyen de le faire bouger, il prit le parti de le laisser là et de gagner le sommet au plus vite. Mais aller vite, à cette hauteur, sous ce vent impétueux, même pour lui ce n'était pas possible. Cette pente est interminable, et, grâce à sa courbure, quand on croit être en haut, elle continue encore. Il arrive enfin devant une sorte de dos d'âne, une crête étroite et allongée. Est-ce tout ? cache-t-elle une autre pointe, un nouveau ressaut de la montagne? Il est dessus, et de tous côtés voit les pentes s'abaisser, plonger dans la profondeur. Il dominait tout. Son regard allait droit vers tous les points de l'horizon, frappant au bout la circonférence immense du ciel, — prodigieux changement de scène, sensation extraordinaire pour lui qui, depuis son enfance, avait toujours vu quelque chose au-dessus de soi, l'horizon borné, anguleux, le ciel coupé d'escarpements et d'aiguilles! Roi de la montagne, les Alpes entières étaient à ses pieds, — là-bas Genève, la ville savante, tache blanche au bord de son lac brillant, — là-bas l'Italie, le pays plat se perdant indéfini dans la brume, le monde de plaines qu'il ignore, dont il n'avait pas idée! — Tout cela d'un coup d'œil. Il eut un enivrement, un transport d'orgueil.

Il redescendit auprès de Paccard, le secoua, le remit sur ses jambes, et, moitié de gré, moitié de force, parvint à lui faire achever l'ascension. Il était six heures et demie du soir. La bonne amie avait gardé le secret jusqu'au dernier moment. Alors, elle courut de porte en porte et donna l'éveil. En un instant tout le village fut en émoi; étrangers, guides, aubergistes, jeunes et vieux s'assemblèrent sur la place. On se disputait les lunettes d'approche, on admirait, on se récriait. Quand on les vit tous deux au sommet, au signal de Balmat qui hissa son mouchoir au bout de son bâton, une immense acclamation retentit, la foule battit des mains, chacun agita son chapeau.

Ils quittèrent le sommet à sept heures. Le docteur se plaignait de n'y plus voir et se laissa conduire comme un aveugle en se tenant à la bretelle du sac de Balmat. A onze heures, grâce à un admirable clair de lune, ils regagnaient leur gîte sur la montagne de la Côte. Le Mont-Blanc était vaincu.

Le nom de Balmat fut alors dans toutes les bouches et se répandit bien au delà de sa vallée natale. Le roi de Sardaigne, à la sollicitation de Bourrit, lui accorda une gratification avec le surnom de *Balmat du Mont-Blanc*, un véritable titre de noblesse. Saussure lui fit tenir la récompense promise, et, jusque dans la Saxe, un autre naturaliste, le baron de Gersdorff, ouvrit une souscription en sa faveur. Bourrit publia sur lui une brochure qui fut traduite en plusieurs langues, son portrait fut gravé (1), son nom célébré en prose et en vers. Une de ces pièces, de Rebaz, poëte savoisien, comparant son ascension et celle de Saussure qui eut lieu l'année suivante, contenait cette tirade, dans le goût mythologique du temps, mais qu'on peut encore citer :

> Ah! qu'un riche lettré, noble en ses jouissances,
> Porte jusqu'au Mont-Blanc le luxe des sciences,

---

(1) Par Backler-d'Albe, artiste établi à Sallanches, qui, en 1788, fit paraître en 48 planches enluminées les principaux sites du haut Faucigny et des environs du Mont-Blanc. Plus tard, Horace Vernet peignit un portrait de J. Balmat.

> Qu'attentifs à ses pas, vingt guides éprouvés
> Le sauvent des périls qu'ils ont vingt fois bravés,
> J'applaudis; c'est Jason et sa troupe intrépide
> Qui s'arment pour dompter l'hydre de la Colchide.
> Leur audace me plaît et ne m'étonne pas.
> Mais qu'Hercule tout seul étouffe dans ses bras
> Ce monstre rugissant, l'effroi de la Némée,
> Hercule est plus qu'un homme et vaut seul une armée (1)! .

Balmat jouit longtemps de son triomphe. Il ne mourut qu'en 1834 et sa fin fut entourée de circonstances si singulières qu'elle mérite d'être rapportée.

La réputation qu'il avait acquise le désignait naturellement comme guide au choix des étrangers les plus considérables parmi ceux qui venaient visiter le massif du Mont-Blanc. Il avait ainsi accompagné dans leurs explorations quelques-uns des plus illustres géologues de l'Europe, les Saussure, les Dolomieu, les Brochant de Villiers, les Cordier. La conversation de ces savants excita sa curiosité et l'intérêt qu'il prit à leurs recherches le jeta dans une voie nouvelle. Il fut frappé du grand nombre de minéraux remarquables que renfermaient ces montagnes où il n'avait vu à recueillir que des cristaux de roche. Il se procura des ouvrages de minéralogie et les étudia avec passion. Ne

---

(1) Qu'on exalte Balmat, même aux dépens de Saussure, et qu'on compare le Mont-Blanc aux monstres de la fable, je l'admets volontiers; mais on lisait dans un autre poëme :

> De Saussure à la cime est arrivé trop tard
> Et déjà le Mont-Blanc était le Mont Paccard.

Le Mont Paccard! Ah! non, par exemple!

pouvant espérer de devenir jamais un savant, il voulut du moins se signaler, à sa manière, par quelque trouvaille merveilleuse; et, comme il est dans la nature de ces esprits à la fois incultes et ardents d'aller à tout ce qui est rare, à tout ce qui brille, il songea à découvrir des gisements d'or, et se mit à chercher dans les entrailles des Alpes le plus précieux des métaux avec la même obstination que nous lui avons vu déployer pour en atteindre le plus haut sommet. Trop ennemi de la contrainte, d'un caractère trop indépendant pour se plier à la sujétion forcée du guide envers son voyageur, il n'avait jamais eu grand goût au métier. Il le négligea pour suivre sa nouvelle vocation. Ses courses, déjà, n'avaient plus guère d'autre objet, quand une fâcheuse circonstance acheva de lui tourner la tête.

Il avait amassé, sur la fin de sa vie, une douzaine de mille francs. De temps immémorial, les bonnes gens de la vallée gardaient leurs économies en un coin de tiroir. Mais Balmat était homme de progrès, ennemi de la routine. Il avait ouï dire qu'on trouvait dans les villes de certaines maisons pour recevoir l'argent de toutes mains et en servir l'intérêt à cinq pour cent, payable par semestre. Le voilà donc qui prend son pécule et se rend à Genève. Sur la route, il est rejoint par deux individus à qui (la parole vient en marchant côte à côte) il conte le but de son voyage. Bien heureux de leur avoir fait cette confidence! car il se trouve que ces deux honnêtes personnes sont tout justement banquiers à Tanninges et se chargeaient aussi volontiers du dépôt que leurs confrères de Genève. Affaire faite. Les gens d'imagination sont parfois d'une rare candeur. Séance tenante, Balmat débourse la somme et, sans autre formalité, s'en revient à Chamonix, fort satisfait du placement, fort satisfait de s'être épargné les frais du voyage, et s'attendant à recevoir régulièrement tous les six mois les intérêts de son compte. Les mois se passent cependant, puis l'année : point de nouvelles. Les soi-disant banquiers étaient de vulgaires escrocs. Pour le peu de temps qui lui restait à vivre, Jacques se fût consolé de la mésaventure. Mais la famille était là. Plus âpre que jamais, il se retourna contre la montagne; elle devait lui rendre ce qu'il avait perdu. L'âge avait à peine diminué ses forces (1), son intrépidité était toujours sans égale (2).

(1) Jusqu'à son dernier jour il fut maintenu sur le registre de la compagnie des guides.
(2) Albert Smith (*Story of Mont-Blanc*, ch. v) rapporte l'anecdote suivante : Saussure avait remarqué que le torrent qui s'échappe de la Mer de glace, l'Arveiron, roulait quelques grains d'or. N'ayant pas le temps de rester à Chamonix pour continuer ses recherches, il avait donné ordre à Balmat d'amener à Genève un convoi de douze mulets chargés de sable. Balmat se serait si bien persuadé de l'importance de sa mission, que rien ensuite n'aurait pu lui arracher de l'esprit que Saussure avait gagné par là une énorme fortune et qu'il n'aurait plus songé qu'à chercher de l'or.
Cette anecdote est sans fondement. Le fait auquel Smith fait allusion se passa peu après le second voyage de Saussure à Chamonix, en 1761 (voir *Voyages dans les Alpes*, § 626), et Balmat ne naquit qu'en 1762. C'est même à tort que Saussure pensait avoir le premier reconnu la présence de l'or dans le lit de l'Arveiron, car elle avait été signalée dès la visite de Martel, en 1742, par un orfèvre qui faisait partie de l'expédition

En août 1832, après souper, à l'hôtel des Balances, le vieux Jacques Balmat faisait à Alexandre Dumas le récit de ses aventures. Il les racontait encore, le 18 septembre 1834, au docteur Barry, de retour d'une ascension au Mont-Blanc, parlant, nous dit Barry, « de dangers dont le souvenir remontait à un demi-siècle; d'une nuit passée dans l'isolement sur le glacier, au milieu d'une tourmente; du transport de joie qu'il avait ressenti lorsque pour la

et déjà la remarque de cet orfèvre n'apprenait rien aux Chamoniards. Ceux-ci racontaient, en effet, que la voûte de glace du torrent cachait un grand trésor, qui se faisait voir deux fois l'année, le jour de Noël et celui de la Saint-Jean, à l'heure de la messe. Cette légende (à laquelle le propre frère de Balmat, Dominique, ajoutait une foi aveugle), prouve que les gens du pays avaient connaissance de la richesse des sables de l'Arveiron; elle exprime même, d'une façon ingénieuse, un fait qui avait frappé Saussure, à savoir que la quantité du métal précieux y varie dans des proportions singulières d'une époque à l'autre.

Il est probable que les paillettes de l'Arveiron proviennent de quelque gisement de pyrite aurifère (marcassite) existant sous le glacier. Ce minerai a été rencontré en d'autres points de la région. Suivant Grillet, un habitant de Chamonix en fit pendant plusieurs années l'objet d'une exploitation avantageuse. Berthoud van Berchem l'a observé à la montagne de Pormenaz sur Servoz. Au revers du Mont-Blanc, dans l'Aiguille de Trélatête et à une hauteur surprenante au-dessus du glacier de Miage sud, on trouve une mine de plomb (galène) contenant de l'or et de l'argent. On a prétendu, sans preuves, qu'elle avait été exploitée par les Romains, mais elle paraît l'avoir été du moins au dernier siècle, et M***, ingénieur des mines, qui a pu l'approcher, assure avoir vu l'excavation et des restes d'échelons de fer fichés dans le roc pour y monter. (Voyez aussi à ce sujet, *Alpine Journal*, vol. V, pages 277 et 278). Il y a environ vingt-cinq ans, un chasseur retrouva le même filon de l'autre côté de la montagne, dans la Bérangère, au fond de la vallée d'Armancette. On l'exploita sur deux galeries, de 1854 à 1858. Il rendait 17 p. 100 d'argent et 3 grammes d'or par tonne.

En voilà plus qu'il n'en faut pour expliquer les espérances de Balmat.

9

première fois il avait atteint le sommet, but de ses efforts (1) ».

Peu de jours après il partit pour sa dernière excursion. Suivant une tradition locale, il devait exister un filon d'or dans les couches de terrain houiller qui traversent les précipices calcaires à la base des glaciers du Mont-Roan, au fond de la combe de Sixt. D'une première visite Balmat avait rapporté un échantillon qui, effectivement, donna aux essayeurs de Genève un bouton d'or, mais trop petit pour qu'on pût s'en promettre une exploitation fructueuse. Il revint à la charge, pensant trouver mieux. Un chasseur de chamois de Valorsine, nommé Pache, s'était fait fort de lui montrer le bon endroit. Souvent il arrivait à Jacques de passer une semaine ou deux hors de chez lui sans donner de ses nouvelles; mais, cette fois, son absence se prolongea tellement que ses fils prirent l'alarme. Ils courent à Valorsine et interrogent le chasseur. Ils voient un homme à l'air inquiet, embarrassé, qui prétend ne rien savoir et, pressé de questions, finit par leur dire qu'il n'a pas « bonne idée » de leur père et qu'il l'a quitté dans la montagne à l'entrée d'un sentier dangereux où il n'a pas osé le suivre. Ils l'obligèrent à les conduire sur les lieux; mais ils eurent beau appeler, battre la montagne pendant deux jours et deux nuits, en vain ils s'informèrent auprès des pâtres, en vain ils sondèrent du regard les précipices, tout

(1) Barry, *Ascent to the summit of Mont-Blanc*. Edinburgh, 1836.

fut inutile : ils ne découvrirent aucune trace de leur père, personne ne l'avait rencontré, on ne retrouva point son corps, — les anciens auraient imaginé que ce vainqueur des montagnes avait disparu dans une apothéose (1).

Mais les anciens sont les anciens. Aux yeux des gens de Chamonix cette fin poétique cachait un crime. Jacques, disait-on, n'est pas tombé dans un précipice, Jacques n'a jamais glissé. Et, en effet, chose incroyable! cet homme, qui pendant soixante ans avait parcouru les glaciers des Alpes depuis le Mont-Blanc jusqu'au Monte-Rosa et, le plus souvent, les avait parcourus seul, — il ne lui était jamais arrivé le moindre accident (2)! On rappelait que tout jeune, à l'âge de seize ans, tandis qu'il gardait les troupeaux de son père aux Pèlerins, il s'amusait à escalader en deux heures la montagne de la Côte où tant d'autres, qui mettaient trois et quatre heures, s'étaient cassé les jambes parmi les pierres roulantes, — que, plus tard, la maturité venant, et changeant du tout au tout, il était

---

(1) Lettre d'Auguste Balmat à la fin des *Impressions de voyage en Suisse* de Dumas.

(2) « Il restait huit jours, des fois quinze jours absent, sans jamais indiquer l'endroit où il se dirigeait, dit sa femme (une Simond, tante paternelle de **Michel Simond**, dit Gaspard, encore vivant). Il rentrait à la maison avec ses vêtements en lambeaux, la figure décharnée par les privations de tous genres, couchant sous une pierre, quelquefois sur la glace, sans feu et, par surcroît, ses provisions épuisées. Jugez de mes inquiétudes dans les premiers temps de mon mariage! Voyant que mes supplications étaient inutiles, je m'y suis habituée, confiante en la Providence qui me le ramenait toujours au logis sans avoir éprouvé d'accidents fâcheux. »

devenu d'une extrême circonspection, et dans les passages scabreux n'avançait qu'à pas comptés en répétant sans cesse : *bien l'temps! bien l'temps!* C'était son mot, on lui en avait fait un sobriquet. Si Jacques se tuait dans la montagne, quel guide pouvait donc espérer de mourir au milieu des siens ! Un certain Frasserand qui, quelques semaines auparavant, l'avait accompagné dans ces mêmes parages où Pache prétendait n'avoir osé le suivre, racontait que Jacques s'était fait attacher à une corde et descendre le long d'un précipice vertical où il pensait trouver son filon d'or. Il disait que Jacques n'avait sans doute pris Pache avec lui que pour en recevoir le même service et que, comme il s'était fait, quoique petit, un peu gros, un peu lourd, Pache ne se sentant pas la force de le remonter aurait lâché la corde. A tous enfin la conduite du chasseur parut suspecte. On le jeta en prison, on le soumit à un interrogatoire rigoureux. Ce fut sans résultat. Pache garda un silence obstiné. Ne savait-il rien, craignait-il en parlant de s'attirer un châtiment plus sévère? On n'aurait su le dire. Faute de preuves on le relâcha, mais, en rentrant chez lui, le malheureux trouva la chaumière déserte. Sa femme, devenue folle de désespoir à la nouvelle de son arrestation, s'était précipitée dans le torrent et s'était noyée.

Le mystère qui plana longtemps encore sur la mort de Balmat paraîtra bien plus étrange quand on en saura la cause; car, en réalité, plusieurs personnes avaient connaissance de ce qui s'était passé. Balmat était tombé dans un gouffre inaccessible; Pache, fort innocent, connaissait l'endroit; deux petits pâtres qui jouaient sur une alpe voisine avaient été témoins de la chute. Ces enfants avaient aussitôt couru l'apprendre à leur père; celui-ci s'était empressé de prévenir l'autorité, c'est-à-dire le syndic de la commune de Sixt : — et c'est justement pourquoi l'accident ne s'ébruita pas.

Il faut savoir que, jusqu'à ces dernières années, les habitants du haut Faucigny ont opposé un mauvais vouloir insigne à toutes les tentatives qui ont eu pour objet l'exploitation des richesses métalliques de leur pays. Il est infiniment probable que cette répugnance instinctive et comme héréditaire remonte à l'époque de la domination romaine dans cette partie des Alpes. On sait que, dans les procédés anciens, l'extraction des métaux exigeait, tant pour le lavage que pour le grillage des minerais, des quantités énormes d'eau et de combustible. Ce mode de traitement avait pour dernières conséquences le déboisement de la contrée environnante et la confiscation des cours d'eau, que des aqueducs allaient capter souvent à une très-grande distance pour obtenir une hauteur de chute suffisante (1). Aussi, une loi, qui datait du temps de

(1) Des restes de ces aqueducs se remarquent encore dans le val d'Aoste et dans ses vallées latérales, le val Tournanche, par exemple, où on les voit sur la rive droite suspendus au flanc des rochers, à une hauteur considérable au-dessus du thalweg.

la République, défendait-elle l'exploitation des mines en Italie. — *Interdictum id vetere consulto patrum, Italiæ parci jubentium* : cela est interdit par un ancien sénatus-consulte qui ordonne d'épargner l'Italie. — Les forêts des Apennins n'étaient déjà que trop dévastées.

Les Romains furent donc obligés de demander au territoire des peuples conquis les métaux qui leur étaient nécessaires. Ce fut leur principal motif pour envahir les vallées des Alpes, à commencer par le val d'Aoste, et ils y donnèrent bientôt la mesure de leur politique égoïste. L'habitant des Alpes vit abattre ces forêts tutélaires qui, en maint endroit, étaient l'unique protection de son foyer contre les avalanches; des émanations délétères se répandirent dans l'air qu'il respirait et décimèrent son bétail (1); les produits du lavage des minerais, troubles et chargés de particules métalliques, vinrent corrompre l'eau de ses torrents. Lui-même, dépossédé, réduit à une servitude dure et rigoureuse, dut renoncer à la chasse, à la vie pastorale, à la lumière, à l'air libre des cimes, pour s'employer aux dangereux travaux des mines et passer ses jours dans une obscurité perpétuelle. La dépopulation faisait de tels progrès dans les districts miniers qu'une loi des censeurs, relative aux mines d'or des Ictimuliens, non loin du Monte-

---

(1) Pline, *Hist. nat.*, XXXIII, 21. « L'odeur des mines d'argent est funeste à tous les animaux. » — Par l'effet du grillage de la galène argentifère.

Rosa, dut interdire aux publicains d'y employer plus de cinq mille hommes (1). Du versant méridional de la chaîne, cette peste s'était répandue sur le versant nord où l'avarice des conquérants du monde avait forcé des gorges en apparence inaccessibles. Le nom même du village d'Argentière, à la partie supérieure de la vallée de Chamonix, semble dénoncer l'existence d'une ancienne mine d'argent, *Argenti-fodina* (2). De tels souvenirs ne s'effacent pas aisément de la mémoire des peuples, et, sur toute l'étendue de la chaîne des Alpes, on put constater, longtemps après la chute de l'empire romain, l'aversion persistante des montagnards pour une industrie dont ils avaient si cruellement souffert (3).

(1) Pline, *loc. cit.* Polybe nous apprend que, de son temps, les mines d'argent de Carthagène (Espagne) occupaient 40,000 ouvriers (ap. Strabon, l. III, ch. II, 10).

(2) On a objecté qu'il n'est resté aucunes traces de cette exploitation; mais les mouvements du glacier ont pu les faire disparaître. Il y avait certainement une mine sous la montagne de la Saxe près de Courmayeur. Elle est connue dans le pays sous le nom de *trou des Romains*, et tout porte à croire que l'attribution est exacte. Ses galeries paraissent avoir un développement considérable. Il est assez dangereux, dit-on, de les visiter, et je ne sache pas que personne y ait encore pénétré jusqu'au fond ni même qu'elles aient été l'objet d'une exploration sérieuse.

(3) Un historien suisse du XVIe siècle, Josias Simler, nous dit que les cantons confédérés ne permettent pas d'ouvrir des mines sur leur territoire, à l'exception des mines de fer, à cause des inconvénients publics qui en résultent. Ces inconvénients sont ceux que j'ai énumérés. Voici, au surplus, le passage : « Ceterum in Helvetia nullæ fere præter ferri secturas sunt : gens enim militiæ dedita, at et domi ex boum armentis et pastione ingens lucrum percipiens, rem metallicam, cujus ignara est, negligit : *neque patitur peregrinos fodinas facere, quoniam judicat eas exerceri*

Jacques Balmat passait pour une personne de grande expérience, et le syndic de Sixt ne douta pas qu'il eût réellement retrouvé l'ancienne mine d'or dont parlait la tradition. Il pensa que, si l'endroit où Jacques avait péri venait à être connu, on ne tarderait pas à avoir la visite de quelque aventurier qui entreprendrait d'exploiter le filon. Effrayé des calamités qu'une pareille découverte attirerait sur son pays, il fit venir devant lui le chasseur de Valorsine, les deux bergers et leur père. Le père était son administré; les deux bergers, des enfants; Pache, un simple d'esprit. Le syndic les intimida, leur enjoignit de ne souffler mot de l'aventure, quoi qu'il pût arriver, et les menaça, en cas de désobéissance, de toutes les rigueurs de la loi (1).

Ses menaces eurent un tel succès, que le secret ne fut divulgué que dix-neuf ans plus tard; encore (ce qu'il y a de curieux) l'apprit-on de sa propre bouche. Il n'était plus

---

non posse absque publico incommodo, quod sylvæ ceduæ integræ in carbonum usum cædantur, pascua quæ in montibus optima habent, maxima parte pereant, aquæ vitientur, multaque incommoda sequantur. » (*De Alpibus commentarius.* Leyde, Elzévir, 1633, p. 320.) — L'ouvrage fut composé vers 1570.

(1) A. Wills, *The Eagle's nest*, ch. II. — On peut voir dans le même ouvrage les difficultés incroyables que l'auteur rencontra à l'acquisition d'un terrain dans la sauvage vallée des Fonds, embranchement de la vallée de Sixt. Les conseillers de la commune, ne comprenant pas qu'on pût songer à bâtir un chalet de plaisance dans un lieu si écarté, se mirent dans l'esprit que le dessein inavoué de M. Wills était d'ouvrir une mine. Il avait découvert, disait-on, le fameux filon d'or, le filon légendaire que cherchait Balmat. Il ne fallut rien moins que l'intervention active de l'intendant de la province pour lui donner gain de cause. Cela se passait en 1857.

en fonctions. Ne se sentant pas, peut-être, la conscience parfaitement tranquille sur cet acte remarquable de sa vie publique, il vint s'en confesser au magistrat qui l'avait remplacé. La famille de Balmat fut aussitôt avertie, et une expédition s'organisa à Chamonix, pour recouvrer, s'il était possible, les restes du célèbre guide. L'ancien syndic avait indiqué le lieu de l'accident : pour plus de certitude, Michel Carrier en fit un dessin, et se rendit, avec un de ses camarades, à la demeure de l'ancien chasseur Pache, qui vivait encore. Ce pauvre diable n'avait cessé d'être l'objet de mauvais soupçons. Devenu méfiant, aigri par l'âge et le malheur, et toujours sous l'empire de la défense expresse qui lui avait été faite de rien révéler, il se montra d'abord aussi secret que par le passé. Les deux guides, cependant, l'invitèrent à dîner, le firent boire, et, comme il était moins sur ses gardes, Carrier lui mit tout d'un coup sous les yeux l'esquisse qu'il avait prise, en lui demandant s'il connaissait cette image. A cette vue, il pâlit, fit un soubresaut en s'écriant : « Mon Dieu! voilà où Jacques Balmat a péri! » — « Vous saviez donc où il a péri? » repartit Carrier. Il se reprit : « Non, non! je ne sais rien... j'imagine... » Sur ces mots, il se leva brusquement et on n'en put rien tirer de plus.

C'était une étroite corniche, à la face d'un précipice sillonné par les avalanches du glacier qui le domine. Les schistes pourris du sentier se détachaient et glissaient sous les pas. Auguste Balmat, un des petits-neveux de Jacques, se fit attacher à une corde et commença à descendre en rampant le long de la paroi. Il n'alla pas loin. L'escarpement plongeait tout d'un coup en une fissure effroyable. Il se pencha au bord, ne vit qu'un gouffre sombre, dont on n'apercevait point le fond, d'où montait le bruit d'un torrent, et dans lequel tombaient incessamment des quartiers de roche et de séracs. Après avoir longtemps sondé du regard et reconnu que toute descente était impossible, il donna le signal. Ses camarades le retirèrent à eux, puis tous ces braves gens émus s'agenouillèrent en pleurant. Le tumultueux abîme, où s'engloutissaient dans une nuit éternelle les ossements fracassés de la montagne, demeura la sépulture aussi de l'homme qui, le premier, avait mis sous ses pieds le géant des Alpes (1).

Si le voyageur est curieux de visiter le hameau des Pèlerins, où naquit Jacques Balmat, cette figure originale s'y montrera à lui sous un aspect peut-être inattendu. Ce n'est plus le guide aventureux, ni l'intrépide chercheur d'or, c'est le type du fermier intelligent et novateur qui se présentera à son esprit. Sur la pelouse, à la lisière de la forêt et à main droite en se tournant vers le Mont-Blanc, dont le sommet, fuyant dans la perspective, semble à peine dépasser de hauteur la crête du glacier des Bossons, il remarquera un

---

(1) Michel Carrier, *Notice biogr.*, et A. Wills, *ouvrage cité*. Auguste Balmat était le guide ordinaire de M. Wills.

assez grand chalet maintenant inhabité (1). Dans la pièce principale on lit ces mots, gravés à la quille du plafond :

« JACQUE BALMAT A FAIT BATIR L'AN 1787.

Sit nomen Domini benedictum. »

Ainsi que la date l'indique, il fit construire cette maison à l'aide des gratifications que lui avait values son ascension au Mont-Blanc. Le corps de logis et ses dépendances, si modestes qu'en soient les proportions, annoncent, pour le temps et le pays, une exploitation rurale bien entendue. Quoique Jacques appartînt à une famille des plus aisées entre celles des cultivateurs-propriétaires de la vallée, il n'avait reçu qu'une instruction fort élémentaire. Il se forma lui-même, apprit l'économie domestique comme il avait appris l'histoire naturelle, par lecture et par observation, et

(1) Jacques Balmat eut quatre fils : Alexandre, Ferdinand, Gédéon, Édouard, et une fille nommée Henriette. Les fils sont un curieux exemple d'hérédité de l'esprit d'entreprise qui animait leur père. L'aîné, Alexandre, s'expatria de bonne heure et ne donna plus de ses nouvelles. Il avait les cheveux noirs et crépus, la figure pleine, le teint un peu bronzé. Lorsque, en 1832, longtemps après le départ de ce garçon, Alexandre Dumas de passage à Chamonix fit demander Jacques Balmat, les Chamoniards, trompés par la ressemblance et par le prénom, crurent d'abord que l'illustre romancier était le propre fils de leur camarade venu pour surprendre son père. Le second fils, Ferdinand, s'engagea comme volontaire au service de l'Espagne. Édouard quitta le pays en 1839, à la suite, dit-on, d'un chagrin d'amour, vint à Paris, puis s'embarqua pour l'Amérique, parcourut la Californie, le Brésil, la Louisiane, et après avoir partout tenté la fortune, finit par s'établir jardinier aux environs de Louisville, où il est mort en juillet 1875. Gédéon, à son tour, émigra aux États-Unis, vers 1842, avec sa famille. La fille seule, Henriette, s'est mariée et a achevé sa vie à Chamonix.

partagea son temps entre la montagne et les champs, faisant servir les gains qu'il tirait de sa profession de guide à l'augmentation de son patrimoine. Là encore, on le voit s'attacher à une idée particulière et en poursuivre obstinément la réalisation. Frappé de l'infériorité de la race de moutons indigène, il entreprit de l'améliorer. Il fit venir des béliers mérinos, réussit à force de soins à les acclimater et, ce qui n'était pas moins difficile, à les faire adopter dans la vallée où leurs produits ont donné une plus-value considérable à l'industrie pastorale (1).

Tel fut Jacques Balmat, toujours actif, toujours tourmenté de l'ambition du mieux, à quoi qu'il s'appliquât. Trois choses ont fait et feront la prospérité de sa vallée natale : le Mont-Blanc, les pâturages, les minéraux ; partout il a laissé sa trace (2).

(1) M. Henri de Saussure m'apprend que les mérinos furent importés à Genève par Pictet de Rochemont. Il y a lieu de croire que c'est à celui-ci que s'adressa Balmat pour en obtenir.

(2) Il est à peine nécessaire de dire que l'exploitation des mines répandrait aujourd'hui l'abondance dans les contrées qu'elle désolait autrefois. Il existe des mines de plomb argentifère à Servoz et à Sainte-Marie-aux-Houches. Ouvertes en 1792, leur exploitation ne languit que faute de moyens de transport. La même observation s'appliquerait avec plus de force aux carrières de jaspe de Saint-Gervais, d'où ont été tirées les colonnes des escaliers secondaires du nouvel Opéra de Paris. Le massif du Mont-Blanc offre d'ailleurs une grande variété de *marbres durs*. Les spécimens de ces pierres d'ornement, taillés et polis dans l'atelier de M. Victor Rosset, au Fayet, forment, au musée d'Annecy, une des plus belles collections qu'on puisse voir en ce genre. Ces richesses naturelles ne sauraient manquer d'être utilisées dans de plus larges proportions, quand l'établissement du chemin de fer projeté de Genève à Chamonix permettra de les exporter à moins de frais.

Cet homme possédait, en définitive, de rares qualités. Il y a une telle différence entre l'humble milieu où il a vécu, et les sphères où d'autres ont eu l'occasion de développer avec éclat les mêmes dons de nature, qu'on craindrait de dépasser la mesure de l'éloge à vouloir chercher ce dont il eût été capable à leur place. Et, pourtant, Alexandre Dumas lui a peut-être donné son vrai nom en l'appelant *le Christophe Colomb de Chamonix*. Il avait au plus haut degré le courage, la volonté, l'énergie morale. Le hasard fit naître ce génie entreprenant dans une vallée sauvage des Alpes, l'enferma dans un triple cercle de montagnes : il s'exerça sur ce qui était à sa portée, et ce n'est pas sa faute si la conquête du Mont-Blanc ne valait pas la conquête d'un monde.

Vers 1840, on projeta d'ériger au milieu du bourg un obélisque de granite, dont les faces auraient porté avec le nom de Jacques Balmat, ceux de Saussure, de Bourrit, de Pictet, de De Luc, de Jurine... c'était trop : ceux-là ont leur souvenir et leur place ailleurs; le nom de Jacques Balmat n'a de signification qu'à Chamonix. C'est *le guide*, c'est le type de cette race d'hommes probes, dévoués, méprisant le danger, et dont il en est bien peu qui ne puissent, à la fin de leur carrière, s'honorer d'avoir sauvé plusieurs vies humaines. Quoi qu'il en soit, le projet n'eut pas de suite. Je ne sais quelle opposition mesquine, quelles jalousies héréditaires le firent échouer. Les touristes, la compagnie des guides de Chamonix doivent avoir à cœur d'effacer ce souvenir. Puisque, entre tant de cimes et d'aiguilles qu'il a défiées, — cimes, aiguilles jadis ignorées, confondues, et dont chacune a reçu maintenant une désignation particulière, — on n'a pas songé à lui en consacrer une ; puisqu'il n'a pas même une tombe au cimetière, — il faut que le premier guide du Mont-Blanc obtienne une réparation des hommes et de la destinée ; il faut qu'on lui élève une colonne, un cippe, un monument, si modeste, si simple soit-il, pourvu qu'on n'y inscrive que ce seul nom :

JACQUES BALMAT.

Nota. Ces pages étaient écrites depuis cinq mois lorsque, à l'occasion d'une lecture que j'en donnai, le 9 décembre 1875, à l'Assemblée générale du club Alpin français, j'appris que la Société géologique de France, à la suite d'une excursion à Chamonix, venait d'ouvrir une souscription entre ses membres pour élever un monument à Balmat. Je formulais un vœu, j'en conserve l'expression sans y rien changer et sans disputer non plus à la Société géologique le mérite d'une initiative à laquelle j'applaudis. — Cette réunion de la Société géologique a, d'ailleurs, donné naissance à deux brochures que je tiens à signaler : *Genève et le Mont-Blanc, notes de science et de voyage*, par M. Alexis Delaire, et *Excursions de la Société géologique de France en 1875, lettres à un ami*, par M. Paul Vulpian. Le travail de M. Delaire, qui a d'abord paru dans le *Correspondant*, présente un excellent résumé de nos connaissances sur les roches soulevées du Mont-Blanc, connaissances qui ont fait de si grands progrès dans ces derniers temps, grâce aux recherches de MM. Alphonse Favre, Desor, Lory, Daubrée, Delesse, Ernest Favre, Michel Lévy, Louis Soret, Tyndall, Grad, Tresca, etc., etc. Plus littéraire et plus pittoresque, le récit de M. Paul Vulpian, écrit au courant de la plume, d'un tour vif et spirituel, rappellera aux compagnons de l'auteur les sites qu'ils ont admirés et la réception cordiale dont ils ont été l'objet.

HORACE-BÉNÉDICT DE SAUSSURE

CHAPITRE VIII

ASCENSION DE SAUSSURE ET DERNIER ÉCHEC DE BOURRIT.

Jacques Balmat et Paccard avaient été aperçus au sommet du Mont-Blanc le 8 août 1786, à six heures du soir. Ils n'étaient pas encore de retour, que l'aubergiste Jean-Pierre Tairraz s'empressait d'expédier la nouvelle à Saussure, dans l'espérance que l'illustre savant accourrait à Chamonix et descendrait chez lui, à l'honneur et au profit de sa maison. Il ne se trompa qu'en ce second point. Saussure feignait, vis-à-vis de sa famille et de ses amis, d'avoir renoncé au Mont-Blanc. Il répondit par la lettre suivante, qui le montre aussi préoccupé du secret que des préparatifs de sa nouvelle tentative (1).

(1) Cette lettre a été publiée pour la première fois par M. L. Audiffret (*La Grande Chartreuse, le Mont-Blanc et l'hospice du Saint-Bernard*, Paris, 1845). Une dizaine d'années après, l'autographe a été donné par un petit-fils de Tairraz à Albert Smith qui en a inséré une traduction anglaise dans son *Histoire du Mont-Blanc.*

« Genève, ce dimanche 13 août 1786.

« ... Je vous suis entièrement obligé, mon cher Jean-Pierre, de la peine que vous avez prise de m'envoyer un exprès et de m'écrire une lettre pour m'annoncer l'heureux succès de l'expédition de M. le docteur Paccard. J'ai été charmé d'apprendre cette nouvelle tout des premiers, et de l'apprendre d'une manière certaine; je donnai deux écus neufs à l'exprès, et il m'a dit que cela lui suffisait.

» A présent, je vais vous confier une chose que je vous prie de tenir extrêmement secrète : c'est que je souhaiterais de tenter la même route; non pas que je me flatte d'aller jusqu'au bout, je n'ai ni la jeunesse ni la légèreté de M. le docteur; mais je pourrai au moins m'élever jusqu'à une assez grande hauteur, et faire là des observations et des expériences qui me seraient très-importantes. Or, comme il paraît qu'ils ont eu beaucoup de peine à traverser le glacier qui est au haut de la montagne de la Côte, je voudrais que vous y envoyassiez tout de suite cinq ou six hommes au moins pour aplanir la route autant que cela est possible. Vous leur paierez de bonnes journées, que je laisse à votre discrétion, et je vous rembourserai le tout. L'essentiel est de choisir des hommes sûrs et de bons travailleurs. Vous pourriez mettre à leur tête ce Jacques Balmat qui a fait le voyage avec M. Paccard, et lui donner même à lui une plus forte paie. Il faudrait qu'ils commençassent par faire une cabane au haut de la montagne de la Côte, où ils se retireraient les soirs et pendant les mauvais temps. Cette cabane me servirait à moi-même pour y dormir lorsque j'y irais.

» Je souhaiterais même qu'ils fissent une autre cabane plus haut dans quelques rochers au milieu des neiges, aux deux tiers ou aux trois quarts du reste de la distance, parce que la traite serait forte pour moi, d'aller depuis le haut de la montagne de la Côte jusques au haut; et alors je pourrais coucher là, ou m'y réfugier en cas de mauvais temps.

» Mais, dans tout cela, je vous défends très-expressément de me nommer : dites que tout cela vous a été commandé par un seigneur italien qui ne veut pas être nommé. J'ai les raisons les plus fortes de souhaiter de n'être point nommé, et que personne ne sache que j'ai ce projet dans la tête.

» Je compte arriver à Chamouni jeudi ou vendredi prochain, et je souhaiterais qu'alors l'ouvrage fût fait ou bien avancé, et pour qu'il n'y ait aucune difficulté, j'ai renfermé deux doubles louis dans cette lettre pour payer les premières journées et du vin aux ouvriers.

» Je me ferais un véritable plaisir d'aller loger chez vous, si mes anciennes liaisons avec la brave dame Couteran n'étaient pas un engagement que je ne saurais rompre. Comptez que vous n'y perdrez rien, et que, si vous exécutez ma commission avec la promptitude et le secret que je désire, j'en conserverai une éternelle reconnaissance.

» Je vous prierai enfin de commander une échelle de douze à quinze pieds de longueur, et dont les bâtons soient plats. Cette échelle, étant couchée, servira à passer les fentes des glaciers, et, étant dressée, peut servir à escalader quelque rocher ou quelque pente de glace. Il faut qu'elle soit solide mais pourtant assez légère pour qu'un homme puisse la porter. Par le moyen de cette échelle, les travailleurs n'auront pas besoin de chercher des détours ni de tailler la glace partout où les fentes n'auront pas plus de largeur que cette échelle; et il faudra qu'ils en prennent une toute faite de cette longueur en partant, ils sauront bien s'en servir quoiqu'elle ait des bâtons ou des échelons ronds; et en attendant, on me fera la mienne, qui sera plus commode à monter avec des échelons plats.

» Si le temps n'est pas bien beau, les ouvriers pourraient toujours commencer à construire la cabane au plus haut de la montagne de la Côte, tout au bord des glaces s'il est possible, et au cas où il n'y aurait pas là de pierres plates, ils pourraient la faire avec des branches de sapin garnies de leurs feuilles. Quand elles sont bien redoublées, elles garantissent très bien de la pluie.

» J'aurais pu m'adresser à d'autres personnes de Chamouni pour cette commission, mais je vous connais beaucoup de zèle et d'intelligence, de sorte que j'espère que ma confiance aura été bien placée. D'ailleurs, si ma tentative est couronnée d'un heureux succès, j'en publierai la relation et je ne manquerai pas de vous faire honneur de la part que vous y aurez eue, et cela augmentera sûrement votre réputation et celle de votre auberge. »

Saussure suivit sa lettre de près, et le dimanche, 20 août, il allait coucher sur la montagne de la Côte. Le temps déjà n'était pas fort engageant; dans la nuit, survint une pluie torrentielle qui tombait en neige sur les hauteurs. Force fut de redescendre tristement à Chamonix. Pendant deux semaines, il y guetta une meilleure occasion; mais le mauvais temps montrant encore plus de persistance, il ne lui resta enfin qu'à renvoyer à l'année suivante l'exécution de son plan, avec l'ennui de l'avoir inutilement divulgué.

Il mit, du reste, ce retard à profit. Il se proposait de prendre la hauteur du Mont-Blanc par le moyen du baromètre. Ce procédé exigeait que ses observations fussent comparées à celles qui seraient faites à Genève et à Chamonix. Il résolut donc d'employer le printemps à déterminer, comme points de départ et plus exactement qu'on n'avait encore fait, l'élévation de ces deux localités au-dessus du niveau de la mer, et entreprit dans ce but un voyage aux côtes de Provence. A sa grande surprise, il y trouva encore le Mont-Blanc.

Derrière la rade de Toulon, s'élève une chaîne de montagnes calcaires aux escarpements déchirés. Rien n'égale l'âpre stérilité de ces hauteurs. A peine quelques buissons bas et épineux, quelques touffes de plantes aromatiques décorent la nudité de la pierre qui s'écaille sous les pas en se hérissant d'une infinité d'arêtes tranchantes. Des géologues avaient cru reconnaître, en plusieurs endroits, la trace d'anciens volcans éteints comme ceux de l'Auvergne. Ils avaient signalé notamment des coulées de lave basaltique dans la montagne de Caume qui domine les gorges d'Ollioules. Saussure s'y rendit pour vérifier le fait et, quand il fut au sommet, il resta d'abord ravi autant de l'étendue de la vue que du contraste de beauté et de désolation qu'elle présente. Au sud, les bords de la Méditerranée entourés d'une zone de la plus riante verdure, les côtes découpées en une infinité de golfes, de promontoires, d'îles et de presqu'îles, la ville de Toulon, dont on détaille toutes les dépendances, avec son arsenal, son chantier, son port, ses deux rades, la mer enfin fourmillant de bâtiments, formaient le spectacle le plus animé et le plus magnifique. En revanche, l'intérieur des terres ne déroulait qu'une succession de rocs pelés, ou tout à fait blancs comme de la craie, ou parsemés de quelques taches noirâtres que formaient de petits bouquets de pins et d'arbrisseaux toujours verts. Mais, par delà ces rochers nus et leurs crêtes ondulées sans grandeur ni pittoresque, il retrouva avec un plaisir très-vif les cimes neigeuses de ses Alpes courant du nord-est au nord, et, au plus loin, le Mont-Blanc, objet de son ambition et motif de son voyage, le Mont-Blanc dont la blanche coupole dépassait encore l'horizon. Certes, il ne l'attendait pas là, dans un éloignement si prodigieux, derrière tant et tant de chaînes de montagnes. Mais, illusion ou vérité, il crut le reconnaître et cette vue lui causa une émotion singulière (1).

A Chamonix, on s'occupait aussi des préliminaires de son expédition. Jacques Balmat, après avoir fait, dans le courant de juin, deux tentatives inutiles, avait atteint pour la seconde fois la cime du Mont-Blanc, le 5 juillet, avec Cachat le Géant et Alexis Tournier. Il se mit aussitôt en route pour en donner avis à Saussure et le rencontra dès Sallanches. Saussure était ensorcelé. Le ciel qui s'était montré si pur pendant son voyage en Provence, l'atmosphère qu'il avait vue d'une si incroyable transparence jusqu'à une distance de soixante-quinze lieues, se rembrunit

(1) *Voyages dans les Alpes*, § 1490. Il n'est pas sûr de son fait, mais il y revient encore § 2004 et, pour qui connaît l'aversion du savant pour les conjectures hasardées, il n'y a pas de passage de son ouvrage qui montre mieux combien le Mont-Blanc le préoccupait. Le point le plus éloigné d'où on ait aperçu le Mont-Blanc est le plateau de Langres, qui en est à 255 kilomètres en ligne droite. C'est à peu près la distance maximum de vision *virtuelle*. Or, la distance de la cime de Caume au Mont-Blanc dépasse, à vol d'oiseau, 300 kilomètres. Il est vrai que cette cime est à 800 mètres au-dessus de la mer : mais, si l'on se reporte à la carte, on observera que, dans la direction du Mont-Blanc, le regard se heurte, à 200 kilomètres de distance, aux massifs très-élevés de l'Oisans, de la Maurienne et du Queyras qui doivent infailliblement l'intercepter.

sitôt qu'il eût mis le pied dans la vallée de Chamonix. Ce fut le signal d'une longue série de mauvais jours. Vent, tempête, brouillards, pluie, grêle, toutes les intempéries y passèrent. Cela dura près de quatre semaines. Mais Saussure avait pris son parti. Il avait amené sa femme, son fils aîné, ses deux belles-sœurs, le secret n'étant plus de mise après son échec de l'année précédente, et, dût-il patienter jusqu'à la fin de la saison, il était résolu cette fois à en finir avec l'obsession qui le tourmentait depuis si longtemps aussi bien qu'avec les inquiétudes qu'elle causait à sa famille. Il mit réellement le siége devant la montagne, employant les moments d'éclaircie à mesurer la hauteur des différents points par lesquels il devait passer, en vue de constater ses progrès heure par heure, le jour où il pourrait donner l'assaut.

Il vint enfin, ce jour si désiré, et le 1er août 1787 Saussure se mit en marche sous la conduite de Jacques Balmat, accompagné de son domestique et de dix-sept autres guides qui portaient ses instruments de physique et tout l'attirail dont il avait besoin. Amplement pourvue de voiles de crêpe noir, de bâtons ferrés, de haches, de crampons et de cordes, la caravane traînait en outre avec soi une échelle et une tente (1). Au cours de ces entreprises aven-

(1) C'est la première fois qu'on voit l'outillage des ascensions figurer au complet. L'échelle, invention de Saussure, n'est plus guère d'usage. Inutile dans les courses qui sont faites fréquemment, parce que les guides connaissent tous les détours de la route, elle est trop encombrante dans

tureuses, le nombre est loin d'être un élément de succès. Dans la matinée du 2 on avait atteint les *Grands-Mulets* et, bien que la traversée du glacier eût été trouvée assez inquiétante, personne n'avait encore murmuré; mais quelques difficultés s'élevèrent entre Saussure et ses hommes quand il fallut quitter cette station. Il est vrai que Saussure s'était permis d'introduire dans le programme du voyage une modification assez considérable.

Tairraz avait exécuté de son mieux les instructions qu'il avait reçues. Elles lui prescrivaient, on se le rappelle, de faire construire une cabane au haut de la Côte, et une autre sur quelque rocher au milieu des neiges, aux deux tiers ou aux trois quarts du reste de la distance. Pour la première cabane, cela alla tout seul; pour la seconde il y eut cet embarras qu'il n'existait aucun rocher à la distance requise, les glaces s'étendant sans interruption depuis les Grands-Mulets, qui sont à peine au tiers du chemin, jusqu'au pied du cône final. Saussure dut s'apercevoir de l'inconvénient d'ordonner des travaux d'approche avant d'avoir reconnu la place. Il était neuf heures du matin quand il arriva aux Grands-Mulets, et s'il avait dû gîter dans la

---

les courses nouvelles et réellement difficiles. Les photographes seuls s'en servent encore au Mont-Blanc, à cause sans doute de son effet dramatique dans le paysage. La corde, au contraire, est devenue de rigueur pour tous. Au temps de Saussure, nous ne la voyons employée que par les deux ou trois guides qui ouvrent la marche : Marie Couttet dut la vie à cette précaution. Un instrument spécial, *le piolet*, tient lieu à la fois de bâton ferré et de hache.

cabane que Tairraz y avait fait bâtir à tout hasard, la journée finissait là, rejetant au jour suivant toute la fatigue et tout l'imprévu de l'ascension. Aussi avait-il pris la résolution vraiment hardie de camper malgré tout à la hauteur où il se l'était promis, de s'y passer de rocher puisqu'il n'y avait point de rocher, et de dresser sa tente sur la glace, au bord même du plateau où Balmat avait passé une nuit si terrible.

Mais ce nouveau plan n'était pas du goût de tout le monde. La plupart des guides, persuadés que pendant la nuit il régnait dans ces hautes régions un froid absolument insupportable, craignaient sérieusement d'y périr. L'exemple de Balmat qui en était revenu ne les rassurait guère. Saussure eut beau dire que les conditions n'étaient pas comparables : on serait plus bas, d'abord, puis on creuserait profondément dans la neige, on recouvrirait cette excavation avec la toile de la tente, on la joncherait de paille et, renfermés tous ensemble, on ne souffrirait point du froid, quelque rigoureux qu'il pût être. Cette idée de creuser la neige excita de nouvelles alarmes. La veille au soir, comme Marie Couttet était allé reconnaître le glacier au haut de la Côte, la neige avait manqué tout à coup sous ses pas au milieu d'une crevasse. Grâce à la corde qui l'attachait à deux de ses camarades, l'accident n'avait pas eu d'autre suite. Couttet le raconta fort tranquillement et même gaîment : les plus braves en plaisantèrent, mais les autres parurent trouver ces plaisanteries un peu froides, et quand on passa près de là le lendemain, ils observèrent avec terreur que la neige avait cédé en formant un vide de 6 à 7 pieds de diamètre, et découvert un abîme dont on n'apercevait ni le fond ni les bords; et cela dans un endroit où aucun signe extérieur n'indiquait la moindre apparence de danger. Rien ne garantissait que, au plateau où Saussure voulait camper, on n'irait point précisément faire un trou dans quelqu'une de ces neiges superficielles qui, chargées du poids de vingt hommes réunis dans un petit espace et ramollies par la chaleur de leurs corps, pouvaient s'affaisser subitement et les engloutir tous ensemble au milieu de la nuit. Aussi, tandis que Saussure explorait la chaîne des Grands-Mulets, les guides, sous prétexte de déjeuner et de se reposer, ne cherchaient qu'à perdre le temps. Il semblait que ces rocs isolés au milieu des glaces fussent pour eux « un lieu de délices, une île de Calypso »; ils ne pouvaient se résoudre à les quitter et voulaient absolument y passer la nuit. A bout d'arguments, Saussure leur déclara enfin qu'il était déterminé à partir sur-le-champ avec ceux d'entre eux dont il était sûr. La menace eut son effet. La honte de l'abandonner triompha de leur mauvais vouloir et on se remit en marche.

Après avoir traversé au Petit-Plateau les débris de deux énormes avalanches de séracs qui, depuis le dernier voyage de Jacques Balmat (5 juillet), l'avaient balayé dans toute sa largeur, la caravane atteignit vers quatre heures ce que Saussure appelle le *second plateau*. L'endroit, légèrement enfoncé entre deux ondulations du glacier, abrité du vent, parut convenable pour passer la nuit, et pendant que Balmat, Marie Couttet et Michel Cachat allaient reconnaître la pente des Rochers-Rouges, d'autres s'occupèrent de dresser la tente. Il a été constaté, depuis, que ce prétendu second plateau n'est autre chose qu'une brèche, une énorme solution de continuité entre les glaces du Grand-Plateau et celles qui, par les *Grandes-Montées*, se précipitent vers le Petit-Plateau, de sorte que, sans le savoir, les guides posaient justement la tente au-dessus d'une de ces crevasses cachées qu'ils redoutaient si fort. Par bonheur celle-ci n'était pas seulement cachée, elle était absolument comblée par les neiges du Grand-Plateau que le vent chasse et y entasse d'ordinaire depuis le fond jusqu'aux bords.

Le jour tirait à sa fin, on gelait de froid, et les ouvriers, oppressés par la rareté de l'air, n'avançaient que lentement en besogne. Dès que la tente fut dressée, tout le monde se jeta dedans; les guides s'assirent sur de la paille entre les jambes les uns des autres, Saussure coucha dans un angle sur un petit matelas. Cet arrangement ne justifia que trop ses prévisions : au lieu de sentir le froid, on n'eut à se plaindre que de la chaleur, et l'excès en devint même si insupportable qu'il fut obligé de sortir dans la nuit pour respirer. « La lune brillait du plus grand éclat au milieu d'un ciel d'un noir d'ébène; Jupiter sortait, tout rayonnant aussi de lumière, de derrière la plus haute cime à l'est du Mont-Blanc, et la lumière réverbérée par tout ce bassin de neiges était si éblouissante, qu'on ne pouvait distinguer que les étoiles de la première et de la seconde grandeur. »

Le thermomètre s'était abaissé au-dessous de zéro. Il fallut rentrer sous la tente. Le babil des guides avait cessé et, malgré l'incommodité de la situation, chacun commençait à s'endormir, lorsque le bruit d'une avalanche réveilla tout le monde en sursaut. Le lendemain matin, quand on fut au bout du Grand-Plateau, on eut à traverser les débris de cette avalanche qui s'était précipitée par la pente des Rochers-Rouges qu'on allait gravir. Cette découverte fit naître de nouvelles appréhensions, que Saussure chercha à dissiper en faisant observer que cet endroit était précisément le moins dangereux, puisque toutes les neiges caduques des hauteurs qui le dominent s'étaient déjà détachées.

L'observation était juste, mais elle en appelle une autre de notre part, et comme on pourrait s'étonner de voir le grand physicien se trouver si souvent dans le cas de rassurer des gens qui, par métier, ne manquaient pas de cœur, il faut bien dire, pour rendre justice à chacun, que les craintes des guides étaient en général parfaitement fondées, et que, avec l'expérience qu'on possède des dangers du Mont-Blanc, l'ascension de Saussure passerait aujourd'hui pour un acte de témérité injustifiable. L'accident arrivé à Marie Couttet au-dessus de la Côte était un avertissement significatif. Sans doute, de pareils accidents sont communs sur les névés situés entre trois et quatre mille mètres; mais que, à une si faible hauteur, dès l'entrée du glacier des Bossons, une crevasse large et profonde ne se montrât pas à découvert, c'était un fait anormal et qui ne pouvait s'expliquer que par la grande quantité de neige tombée depuis quatre semaines. Il y avait une véritable imprudence à partir au premier beau jour, après une telle continuité de mauvais temps, avant que la montagne se fût débarrassée de ces neiges nouvelles. Les dangers de cette ascension prématurée se révélèrent tout le long de la route, — au Petit-Plateau deux fois balayé par les séracs du Dôme, à la pente des Rochers-Rouges où l'avalanche était infaillible, — et l'on peut affirmer que, si ces vingt hommes se fussent aventurés sur cette pente dès le second jour, ils auraient eux-mêmes fait glisser sous leur poids l'avalanche qui, heureusement pour eux, se détacha quelques heures avant leur passage. Ils n'évitèrent ce désastre que par chance. En ces sortes d'entreprises l'événement donne tort ou raison, et il faut louer l'énergie de Saussure puisqu'il réussit et ramena toute sa troupe saine et sauve. Il n'est pas moins vrai que, à l'égard des conditions dans lesquelles elle fut effectuée, — la précipitation du départ, l'insistance du chef à pousser en avant et la répugnance des guides, — l'ascension scientifique de Saussure a eu son pendant dans l'ascension scientifique du docteur Hamel, qui aboutit à une catastrophe.

A cette heure même la pente, vers le haut, ne laissait pas d'être encore assez périlleuse. La surface gelée devenait plus mince : alors elle se cassait sous les pas et il se trouvait huit ou neuf pouces de neige en farine qui reposait sur une seconde croûte de neige dure; on enfonçait ainsi jusqu'à mi-jambes, après quoi on glissait du côté du précipice, contre lequel on n'était retenu que par la croûte supérieure qui se trouvait ainsi chargée d'une grande partie du poids du corps, et si elle s'était cassée, on aurait infailliblement glissé jusqu'au bas. « Mais, dit Saussure en achevant cette description, je ne m'occupais absolument point du danger; mon parti était pris, j'étais décidé à aller en avant tant que mes forces me le permettraient; je n'avais d'autre idée que celle d'affermir mes pas et d'avancer (1). »

Ce pas franchi, il se vit sur l'épaule droite du Mont-Blanc. Ayant mesuré de Chamonix les hauteurs des différentes parties de la montagne, il savait qu'il n'était plus

---

(1) Il ne paraît pas s'être douté du véritable danger, celui de voir la couche de neige elle-même glisser tout entière sur le fond de glace avec la caravane qu'elle portait.

qu'à 150 mètres du sommet et se flattait de l'atteindre en moins d'une heure : il en mit deux. Obligé de reprendre haleine tous les quinze à seize pas et de s'arrêter tantôt debout, tantôt en s'asseyant, le regret de perdre ainsi le temps qu'il destinait à ses expériences lui fit imaginer diverses épreuves pour abréger ces haltes. Il n'y gagnait rien : tout au plus les accès de défaillance tardaient-ils davantage à se produire lorsqu'en montant il tournait le visage vers le nord et aspirait à grands traits l'air frais qui en venait.

Enfin il toucha le but si longtemps désiré. Ce ne fut pas un coup de théâtre : depuis deux heures que durait la dernière partie de l'ascension, il avait eu sous les yeux à peu près tout ce qu'on voit de la cime. A peine éprouva-t-il un sentiment de joie : « La longueur de cette lutte, le souvenir et la sensation même encore poignante des peines que m'avait coûté cette victoire, me donnaient une espèce d'irritation. Au moment où j'eus atteint le point le plus élevé de la neige qui couronne cette cime, je la foulai aux pieds avec une sorte de colère (1). » Il n'avait pas le loisir d'ailleurs de s'abandonner à ses impressions. La science réclamait son attention, d'autant plus exclusive que l'effort physique et l'application même de l'esprit sont plus pénibles à ces hauteurs. Il avait ses instruments à

(1) ..... Pedibus submissa vicissim
    Obteritur. — (Lucrèce.)

disposer, quantité d'observations à faire; il voyait sous ses pieds, comme un plan en relief, toutes les aiguilles, toutes les arêtes qui composent le massif du Mont-Blanc; il saisissait leurs rapports, leur liaison, leur structure, et un seul regard levait des doutes que des années de travail n'avaient pu éclaircir.

Je ne parlerai pas des expériences météorologiques auxquelles Saussure se livra sur la cime du Mont-Blanc. Il ne pensait pas que personne fût jamais tenté de les reprendre en pareil lieu (1). Il se trompait : elles ont été répétées, et à des élévations bien plus grandes encore. Les résultats des ascensions aérostatiques ont laissé peu d'intérêt à ceux qu'il avait obtenus; on n'en tient plus compte, on en sait davantage. La science ressemble à ces échelles de féerie dont les échelons tombent un à un derrière l'acteur qui y monte, et c'est pourquoi, aux époques de décadence, la chute est si prompte. On peut dire, d'ailleurs, que même en son temps, même au point de vue des avantages de la science, le principal intérêt de l'ascension de Saussure n'était pas là; il était dans le courage qu'il a déployé pour l'accomplir. On s'imagine volontiers que la science exige avant tout de ses adeptes une grande application d'esprit. Elle a pourtant besoin, au même degré, plus encore peut-être, d'être servie par des hommes de cœur. Elle n'est pas

---

(1) « .... Je conservais l'espérance d'achever sur le col du Géant ce que je n'avais pas fait, et que vraisemblablement l'on ne fera jamais sur le Mont-Blanc.... (§ 2023). »

toute affaire de calcul et de réflexion, et s'il manquait de savants pour étudier à leurs risques et périls certains phénomènes de la nature, toute l'intelligence du monde ne servirait qu'à multiplier les théories et les systèmes à mesure que les faits seraient moins connus. Ce n'est pas en méditant que Franklin a découvert l'électricité des nuages, mais en tenant un fil conducteur dont la décharge pouvait le tuer, et, depuis l'astronome qui va dans une île déserte, au milieu d'une mer orageuse, observer le passage d'une planète, jusqu'au naturaliste qui perd la vue à suivre sous le microscope les métamorphoses des infiniment petits, tous ceux dont les travaux ont apporté un tribut précieux à la science ont été prêts à y joindre le sacrifice de leur santé et de leur vie. La science moderne a eu sans doute ses héros avant Saussure; mais l'exemple de l'éminent physicien genévois tira des circonstances une dignité et un lustre extraordinaires. Sa grande situation personnelle et sa persévérance, la célébrité de la montagne et les dangers d'une espèce inconnue dont elle était entourée, tout concourait à exciter l'admiration. On voyait aussi un homme, déjà au déclin de l'âge, affronter des fatigues qui auraient fait reculer de jeunes courages; le citoyen d'une république achever par ce coup d'éclat et couronner une œuvre immense sans l'appui des gouvernements ni des académies. L'Europe entière applaudit, et il importe peu que les expériences de Saussure soient maintenant tombées dans l'oubli, puisque son nom est devenu le noble symbole du dévouement à la science, et qu'il n'est pas de recherche périlleuse où son souvenir n'inspire et ne soutienne.

La cime du Mont-Blanc est une crête de neige durcie de deux cents pieds environ de longueur, dont le point culminant est à l'extrémité ouest où elle tombe brusquement en formant un avant-toit. Saussure la décrit comme une espèce de dos d'âne ou d'arête allongée, si étroite au point culminant que deux personnes ne pourraient pas y marcher de front, tandis qu'elle s'élargit et s'arrondit en descendant du côté de l'est. Auldjo, au contraire, pour en donner l'idée, suppose qu'on coupe une poire d'Angleterre par moitié dans le sens de la longueur, et qu'on pose l'une des parties à plat (1). Il est certain que la forme de cette crête varie d'une année à l'autre, qu'on l'a trouvée tantôt tranchante et tantôt assez large.

Ces différences s'expliquent aisément. Le Mont-Blanc est une pyramide quadrangulaire : si la coupe accidentée des arêtes rend cette forme peu sensible à vue de pays, elle est très-apparente sur une carte ou sur un plan en relief (2).

---

(1) J. Auldjo, *Narrative of an ascent to the summit of Mont-Blanc*. London, 1828.

Son ascension eut lieu l'année précédente. — Sept ans après, M. de Tilly compare la cime du Mont-Blanc à un *dos de carpe*.

(2) Les quatre arêtes de la pyramide sont, au nord : l'arête Aiguille du Goûter, Dôme du Goûter et Bosses, qui se bifurque au Dôme du Goûter vers l'Aiguille de Bionnassay et la brèche de Miage, et l'arête Mont-Blanc du Tacul, Mont-Maudit et Mur de la Côte qui se bifurque pareillement au

11

Géométriquement, le Mont-Blanc devrait donc se terminer en pointe, et par une pointe de roc : mais, soit que cette pointe ait été brisée par le temps, soit que les arêtes se rencontrent quelque peu irrégulièrement et sous une inclinaison adoucie, les neiges se sont accumulées au sommet de la pyramide en telle quantité qu'on ne voit sortir de rocher qu'à 80 mètres environ au-dessous de la cime. Saussure évaluait l'épaisseur de ce revêtement de glace entre 150 et 200 pieds. Il reproduit sans doute le relief des arêtes, mais le modelé, on le conçoit, est plus ou moins exact et la crête finale est, par suite, sujette à varier de forme.

Il semble même qu'elle devrait varier dans toutes ses dimensions aussi bien qu'en largeur; en d'autres termes, que le Mont-Blanc devrait être notablement plus élevé après une série d'années froides et pluvieuses, qu'après une série d'années chaudes et sèches. Au temps de Saussure quelques personnes allaient plus loin. Il tombe beaucoup de neige au sommet, disaient-elles, et la température

---

Mont-Maudit vers la Tour Ronde et le col du Géant; au midi l'arête du Mont Broglia (ou du Brouillard) et celle de Peuteret. La roche est essentiellement composée d'un granite talqueux auquel Jurine, qui l'a signalé le premier, a donné le nom de *protogine*, parce qu'il le prenait pour une roche *primitive*, comme on disait alors, et même pour la plus ancienne de toutes. Il a été reconnu, depuis, que la protogine appartient par sa formation aux granites les moins anciens et que son apparition à la surface du globe a eu lieu à une époque géologiquement récente. Le soulèvement du plus grand nombre des montagnes de l'Europe, depuis le Jura et les collines de la Côte d'Or jusqu'aux Pyrénées est de date incomparablement plus reculée que celui des Alpes Pennines. Le Mont-Blanc est une montagne très-jeune.

y est trop basse pour en déterminer la fusion ; par conséquent l'épaisseur de cette calotte de neige doit s'accroître et la hauteur du Mont-Blanc augmenter indéfiniment. Ces personnes étaient dans l'erreur. Une partie des neiges est balayée par les vents, une partie s'évapore directement dans l'air sec et raréfié de ces régions. Il est à croire, d'ailleurs, que le mouvement de progression qui entraîne les glaces vers le fond des vallées commence dès la cime du Mont-Blanc. Ainsi, comme le faisait remarquer Saussure, les causes d'accroissement trouvent des limites où les causes de destruction les atteignent.

Mais ce qu'il y a de vraiment singulier, c'est que cette compensation est beaucoup plus exacte, l'équilibre beaucoup plus parfait qu'on ne l'aurait supposé. A 130 mètres au-dessous de la cime on voit deux petits rochers sortir de la neige. Ce sont les derniers qu'on rencontre lorsqu'on monte par l'Ancien Passage : on leur a donné le nom de *Petits-Mulets*. Saussure en passant prit avec soin les dimensions du rocher inférieur. Il présentait la forme d'une table horizontale longue de six pieds et demi et large de quatre. Du côté d'en haut cette table s'enfonçait dans la neige, mais en bas, son bord la dépassait de quatre pieds huit pouces six lignes. On voit que pour peu qu'il y eût d'augmentation ou de diminution dans la masse des neiges, ce rocher, ou serait bientôt recouvert, ou formerait une saillie plus prononcée. Or on n'a jamais rien remarqué de pareil. En 1834, presque un demi-siècle après Saussure, le docteur Barry, qui observa ce rocher avec une attention particulière, évaluait encore sa hauteur entre quatre et cinq pieds. On arrive à une démonstration plus rigoureuse en comparant les mesures de la hauteur absolue du Mont-Blanc qui ont été prises à différentes époques. Ainsi, les expériences barométriques de MM. Martins et Bravais ont établi que, en 1844, le Mont-Blanc s'élevait exactement à 4810 mètres au-dessus du niveau de la mer. La moyenne de toutes les mesures géodésiques, depuis 1775 jusqu'à cette époque, donnait 4809^m,6, c'est-à-dire un écart de 4 décimètres seulement (1). Une si faible différence entre les résultats des deux méthodes est la meilleure preuve que le niveau du Mont-Blanc est constant. Depuis lors, toutes les mensurations ont abouti au même chiffre. On peut donc affirmer que si la hauteur du Mont-Blanc subit des oscillations périodiques, ces oscillations sont à peu près insensibles.

(1) Les premières mesures, qui restent toutes fort au-dessous de la hauteur qu'on admet aujourd'hui, sembleraient conduire à une conclusion différente. Ainsi, De Luc, prenant géométriquement la hauteur du Mont-Blanc au-dessus du glacier du Buet, dont il avait préalablement déterminé l'altitude avec le baromètre, avait trouvé 4660 mètres (2391 toises, mesure de France). Pictet obtint ensuite 4730 mètres (2426 toises), Shuckburgh 4772 mètres (15 662 pieds anglais), et, enfin, Saussure 4775 mètres (2450 toises). Mais ces différences et cette gradation ne sont qu'apparentes. Elles tenaient à l'imperfection des méthodes et ont disparu dès que la science, revisant les calculs des premiers opérateurs, a été en état d'y apporter les corrections nécessaires.

Saussure resta au sommet de onze heures à trois heures et demie. Pendant ce temps, quelques-uns de ses guides avaient cherché un autre passage que la pente des Rochers-Rouges où ils craignaient le retour d'une avalanche pareille à celle de la nuit précédente. Ils n'en trouvèrent pas et force fut de redescendre par le même chemin. Le Grand-Plateau traversé, on poussa jusqu'au rocher le plus avancé de la chaîne des Grands-Mulets. La tente fut dressée contre le rocher, sur une pente de neige rapide au bas de laquelle régnait une large crevasse où s'engloutissait tout ce qu'on laissait tomber. On soupa gaiement et de bon appétit, après quoi les guides, toujours mal prévenus contre le campement sur la neige, s'enveloppèrent de couvertures et s'allèrent blottir entre les pierres, tandis que Saussure, couché sur son petit matelas, repassait avant de s'endormir les incidents de la journée, se retraçait le magnifique tableau de montagnes qu'il avait eu sous les yeux et goûtait enfin le plaisir d'avoir accompli un projet formé depuis vingt-sept ans.

Le lendemain matin, 4 août, comme la caravane, après trois heures et demie de marche, quittait définitivement le glacier et mettait le pied sur la montagne de la Côte, elle rencontra Bourrit. Bourrit n'aurait pas demandé mieux que d'être de l'expédition; mais Saussure n'y avait pas voulu entendre. Depuis leur commun échec à l'Aiguille du Goûter, il s'était bien juré qu'on ne le reprendrait plus à accepter la compagnie de son ardent compatriote. Tout ce qu'il avait pu faire avait été de lui promettre qu'il laisserait sa tente et huit guides au Grand-Plateau pour lui servir à son tour. Sur cette assurance, Bourrit, transporté du succès de son ami, avait bien vite quitté Chamonix et s'en était venu allègrement jusqu'au sommet de la montagne de la Côte. Saussure, cependant, redescendait avec la tente et tout son monde, sans avoir même essayé de tenir sa promesse, tellement il était clair que les guides ne s'y seraient point prêtés. Mais Bourrit ne doutait de rien. Dans la naïveté de son cœur, il proposa à ces hommes harassés de fatigue de remonter immédiatement avec lui. La proposition, naturellement, ne trouva pas d'amateurs et il fut obligé de revenir à Chamonix, sans autre dédommagement d'une course de quinze heures que d'avoir été le premier à saluer Saussure triomphant.

Il s'occupa aussitôt d'organiser une nouvelle expédition. Le surlendemain, la montagne de la Côte vit encore arriver Bourrit — et le vit redescendre chassé par un orage. Bourrit était l'homme qui manque le coche. Deux jours après, un Anglais nommé Beaufoy, colonel, astronome et physicien, prend dix guides et, le lendemain, 9 août, six jours après Saussure, arrive au sommet du Mont-Blanc, laissant Bourrit avec ses deux tentatives avortées entre deux ascensions heureuses.

Il prit sa revanche, et une belle revanche, en franchissant cette même année le col du Géant. Le passage du col du Géant est le triomphe de Bourrit. J'ai déjà parlé, au sujet de ce col, de la tradition selon laquelle les habitants de Chamonix et ceux de Courmayeur auraient, jadis, entretenu des relations fréquentes par-dessus la chaîne du Mont-Blanc. Bourrit nous apprend, en outre, qu'un homme serait allé de Genève à Turin en trente-huit heures, en traversant les gorges des Alpes. Qui était cet homme, quel chemin avait-il pris? l'histoire ne le disait pas, mais le fait, paraît-il, se racontait couramment à Genève et à Turin, et le roi de Sardaigne, qui en avait souvent entendu parler, voulut savoir de Bourrit si la chose était possible. Il ne pouvait s'adresser mieux qu'à *l'historien des Alpes*. Bourrit émit des doutes, promit d'essayer, essaya en effet de plusieurs côtés et, comme il n'arrivait qu'à des résultats négatifs, finit par songer au passage légendaire de Chamonix à Courmayeur. Il partit du Montanvers, accompagné de son fils, remonta la Mer de glace, le glacier du Géant, atteignit le col et redescendit sur Courmayeur, non sans avoir couru de grands dangers auxquels il n'échappa que grâce au courage et à la présence d'esprit de Michel Cachat, le Géant, qui conduisait la caravane. Il eut ainsi l'honneur d'avoir le premier franchi le massif du Mont-Blanc. Seulement, la course avait duré dix-sept heures et on n'avait guère gagné que quatre lieues sur la distance de Genève à Turin. Il était inutile de pousser plus loin l'expérience.

Le 4 août de l'année suivante (1788), nous retrouvons Bourrit sur le chemin du Mont-Blanc. Il était encore accompagné de son jeune fils. Un Anglais, M. Woodley, un Hollandais, M. Camper, faisaient partie de la caravane qui comprenait vingt-deux guides, entre autres le Grand-Jorasse et Cachat-le-Géant. On emportait des cordes (1), deux tentes, une échelle de quatorze pieds. On arriva, en cet équipage et sans encombre, aux Grands-Mulets, où l'on passa la nuit. Le lendemain, vers neuf heures, le Grand-Plateau était atteint. A ce moment, « je vis se former *des crèmes dans le ciel* », dit Bourrit en son langage pittoresque. L'expédition, néanmoins, résolut de pousser en avant, et le plus promptement possible. Ici, il n'est pas aisé de se rendre compte au juste des difficultés qu'elle rencontra. Ce n'est plus le calme, l'exact Saussure qui parle. Il semble que l'ascension ait été singulièrement pénible ; un vent impétueux soulevait des flots de neige sur la cime « qui fumait comme un volcan ». Le thermomètre tomba à 13 degrés au-dessous du point de congélation. Le plus sensible effet de cette température rigoureuse fut de surexciter l'imagination de Bourrit. Dans une crevasse, il admire « la tête d'un Neptune du plus grand genre de sculpture, de la taille la plus hardie, unie à tous les détails de la plus grande beauté : ce colosse était accompagné d'urnes

---

(1) Tout le monde fut attaché, cette fois, par petits groupes, mais seulement à partir des Grands-Mulets.

ou de vases imitant l'antique. » — S'il regarde vers la Méditerranée, il aperçoit « très-distinctement quelques parties de la mer que M. de Saussure n'avait pu voir, et en trace même les bords. » — S'il se tourne vers la Bourgogne, il découvre dans les formes des nuages qui s'y accumulent « des campagnes, des lacs, des fleuves, des golphes, des îles, des caps et un couronnement de grands sommets; l'illusion était complète. » — Le récit du Hollandais Camper n'atteste pas un esprit moins frappé par le spectacle de la fureur des éléments. Camper se représente comme soulevé par la violence du vent et « ne tenant déjà plus au sol », lorsque ses guides l'arrêtèrent par le pan de sa redingote. La troupe s'était partagée en trois escouades bientôt fort éloignées les unes des autres. Camper, terrifié, rétrograda le premier, en déclarant à Bourrit qu'il croyait l'Anglais et ses guides, qui avaient pris l'avance, absolument perdus. Bourrit n'en continua pas moins. Luttant contre la tourmente, il s'éleva jusqu'aux Petits-Mulets et n'était guère éloigné du but, quand son fils, épuisé de fatigue et de froid, se trouva mal pour la seconde fois. L'amour paternel l'emporta sur la passion du touriste : il redescendit à son tour et ramena le jeune homme jusqu'aux Rochers-Rouges, où l'ouragan déchaîné sur la cime ne se faisait plus sentir. Des quatre voyageurs, Woodley seul atteignit le sommet et rejoignit ensuite Bourrit et Camper. On regagna péniblement les Grands-

Mulets et l'on y passa une seconde nuit assez triste. Woodley, qui avait les pieds gelés, ne cessait de se plaindre. Les guides n'étaient guère mieux : un d'eux presque aveugle, et Cachat-le-Géant ayant les mains dans l'état à peu près où étaient les pieds de l'Anglais (1).

Telle fut la dernière entreprise de Bourrit sur le Mont-Blanc. Il la considéra comme une victoire, car « je regarde, dit-il, qu'on est sur le Mont-Blanc dès qu'on est parvenu à dépasser le dernier grand rocher qui, depuis Chamonix, forme un demi-cercle (*les Rochers-Rouges*). » Le Bureau des Guides n'en a pas jugé de même. De si près qu'on ait approché le Mont-Blanc, il ne tient pour vainqueurs que ceux qui ont posé le pied sur la cime. Il n'y a à cela aucune subtilité. La dernière partie de l'ascension en est la plus hasardeuse, et c'est ici qu'on peut dire que rien n'est fait tant qu'il reste quelque chose à faire. Personne ne méritait mieux que Bourrit de remporter une palme à laquelle il attachait tant de prix. On dira, dans son style, que tous les mauvais génies de la montagne se sont ligués pour l'empêcher de la cueillir. On dira, plus sensément, que cette fois, comme à l'Aiguille du Goûter, comme toujours, trop confiant dans le succès, il le compromit faute de précautions : il fit bien de battre en retraite devant le danger que courait son fils, mais s'il eût imité

---

(1) Bourrit, *Description des Cols*, t. I, ch. VII.

l'exemple de Saussure qui avait refusé au sien la satisfaction de l'accompagner, la prudence paternelle et l'ambition du touriste y eussent mieux trouvé leur compte. Et voilà pourquoi, sur la Liste véridique des ascensionnistes qui ont atteint la première sommité du Mont-Blanc, on rencontre à la date du 5 août 1788 le nom de l'anglais Woodley, sans mention de celui de Camper ni de l'*historien des Alpes*.

Bourrit était encore victime d'une illusion quand il pensait *voir très-distinctement* la Méditerranée. D'après la courbure de la terre, l'œil d'un observateur placé au sommet du Mont-Blanc rencontrerait la ligne d'horizon à 247 kilomètres, et à 265 kilomètres en tenant compte de la réfraction qui augmente la hauteur apparente d'un objet d'un quatorzième environ de la distance. Il s'en faut, en réalité, que la vue porte aussi loin. « Que le lecteur, dit M. Charles Martins (1), prenne une carte d'Europe et place une pointe de compas sur le sommet du Mont-Blanc, l'autre sur la ville de Dijon, et trace une circonférence dont le Mont-Blanc soit le centre. Ce cercle, dont le diamètre est de 420 kilomètres, comprendra la portion de la surface terrestre que l'œil peut embrasser du haut du Mont-Blanc. » Le rayon aurait, par conséquent, une longueur de 210 kilomètres, la circonférence un dévelop-

(1) *Du Spitzberg au Sahara*, Paris, 1866, p. 296.

pement de 1319 kilomètres. Cette circonférence passerait par ou près de Dijon, Beaune, Charolles, Roanne, Montbrison, Saint-Étienne, Yssingeaux, Privas, Montélimar, Forcalquier, Castellane, Nice, la Corniche, Gênes, Plaisance, Bergame, le col du Splügen, Glaris, Zurich, Mulhouse, Lure et Vesoul. Mais ce n'est encore là qu'un cercle de vision idéal. A l'ouest, par exemple, les Cévennes arrêtent le regard après la vallée du Rhône, tandis que, à l'est, les pics géants du Bernina et de l'Orteler se montrent par delà la courbe que nous venons de tracer. La transparence de l'air varie du reste singulièrement l'étendue du panorama ; mais, dans les meilleures conditions, c'est-à-dire par un de ces beaux jours qui parfois succèdent brusquement à de longues pluies, alors que l'atmosphère est débarrassée de vapeurs, au delà de cent kilomètres on n'aperçoit nettement que les grandes masses, et les détails du paysage, les forêts, les champs cultivés, les villages, sont voilés par le hâle et fondus dans une teinte uniforme.

Ces données de l'expérience établies, on comprend qu'il est impossible de *voir* la Méditerranée, puisque ses rivages sont déjà à la distance de 200 kilomètres et bordés en outre par la chaîne des Apennins et des Alpes Maritimes. Que plusieurs personnes, cependant, aient cru l'apercevoir, cela n'a rien de surprenant. M. Lortet a observé, dans sa seconde ascension (26 août 1869), que les plaines du Lyonnais et de la Bourgogne paraissaient *bleues comme la mer*. On jugera par là à quelles trompeuses apparences on est exposé dans le champ panoramique du Mont-Blanc (1).

Non-seulement on ne voit pas la mer du Mont-Blanc, mais on ne voit pas davantage le Mont-Blanc de la mer; ce qui serait plus facile, comme le faisait remarquer Saussure, parce que sa cime blanche, se projetant contre le bleu du ciel, formerait un objet plus distinct qui se laisserait peut-être apercevoir par quelque gorge ou quelque partie abaissée des montagnes de la côte de Gênes. M. Markham Sherwill, se trouvant en 1825 chez le gouverneur de Gênes, marquis d'Yenne, en profita pour s'informer si, parmi les pilotes et les pêcheurs de corail, il n'en était pas quelques-uns qui eussent aperçu le Mont-Blanc pendant leurs voyages à la côte d'Afrique. M. d'Yenne fit ouvrir, à ce sujet, par le commandant du port, une enquête auprès des plus anciens patrons de barque. Le résultat fut complétement négatif. Il ne s'en trouva pas un seul qui pût dire que jamais aucun d'eux eût aperçu, de la mer, le sommet du Mont-Blanc (2).

(1) Je suis fâché de retirer, *a fortiori*, leurs illusions aux touristes qui *ont été assez heureux pour découvrir Venise et l'Adriatique.*
(2) Markham (Sherwill), *Ascension à la première sommité du Mont-Blanc*, préface.

LE MONT-BLANC

J. TAIRRAZ PHOT.

VUE PRISE DU BRÉVENT

CHAPITRE IX

L'INVASION. — LE MONTANVERS.

« O glacières éternelles qui de loin donnez un si beau cadre à la nature, que de près vous êtes horribles! Diamants monstrueux, qui de loin me sembliez une écharpe resplendissante du globe, vous ne m'offrez ici qu'horreur, effroi, désastre, bouleversement (1)! » Ainsi s'exclame un auteur au début de la période que j'ai retracée dans les précédents chapitres. Une invincible curiosité l'attire au pied des Alpes, et quand l'y voilà, il recule avec de grands gestes d'effarement. On dirait Panurge apostrophant le monstrueux Physétère : « Guare! voy le cy! ô que tu es horrible et abominable!... Ho, ho, diable Satanas, Léviathan; je ne te peux voir tant tu es hideux et détestable. » C'est un dernier reflet du temps où chacun, depuis le bûcheron stupide jusqu'au docteur de la science, peuplait

(1) *Les Soirées helvétiennes,* 22e soirée, Amsterdam, 1771.

la montagne de chimères, d'hydres et de dragons volants. Alors, dans le fragment de cristal qui brillait au fond de l'abîme, on pensait voir l'escarboucle magique, comme, dans les craquements du glacier, on se figurait entendre les hurlements des âmes en peine emprisonnées dans ses gouffres insondables. Un siècle philosophique a fait justice de ces vieilles superstitions. Mais l'imagination de l'homme ne saurait aller du même train que sa raison; il ne suffit point de lui ôter ses joujoux pour la mettre au pas. Notre auteur, donc, sait fort bien que les Alpes ne présentent à sa vue que des phénomènes d'ordre purement physique : cela ne fait pas qu'il voie ces phénomènes comme ils sont, sans trouble, de sens rassis; cela n'empêche pas que, de la meilleure foi du monde, il ne leur prête des proportions gigantesques et des effets merveilleux. Le hasard le rend témoin d'une avalanche :

— « Tout à coup *un bruit semblable à cent foudres* fait gémir les rochers et mon âme. Du plus haut de la montagne un glaçon, *égal en volume à trois palais de Rois*, s'affaisse. Il pèse avec un fracas terrible sur les glaçons qui le soutiennent. Il est *à deux lieues de hauteur* et à une demi-lieue de distance. Il se détache, il bondit, la terre tremble, *une raréfaction étouffante s'établit dans l'atmosphère;* ma poitrine est douloureusement comprimée, et je crois que les lobes de mes poumons n'ont plus d'air à respirer. A chaque bond du colosse, il se divise; un nuage monte au ciel, *un autre m'inonde; les glaçons choqués font feu, les pins tremblent sur les monts voisins;* je crois la Nature entière ébranlée; je regarde... et mes yeux ne découvrent pas même une altération sur le théâtre de cette révolution formidable. Tout cela est *la vérité nue, mais vue et sentie.* »

Que manque-t-il à cette description? Une seule chose : l'apparition des démons qui, selon la légende, faisaient rouler l'avalanche sur les malheureux pèlerins. A cela près elle est très-fidèle; — elle ne représente pas la nature, il est vrai, mais elle représente un certain état d'esprit.

Ce genre d'hallucination sévit pendant fort longtemps sur le monde des touristes. On pourrait penser que l'ascension du Mont-Blanc aurait rompu le charme, que la seule fréquentation de ses glaciers inférieurs aurait habitué les voyageurs à voir sous un angle plus juste les objets qui s'offraient à leurs yeux. Point du tout. Le Mont-Blanc avait été gravi dix à quinze fois, et les mêmes illusions persistaient. Tout est manifestement exagéré dans le récit des premières ascensions, — la hauteur et la roideur des pentes, la largeur et la profondeur des crevasses, les dangers, les difficultés — et exagéré dans des proportions énormes. A beau mentir qui vient de haut, dira-t-on : non, il n'y avait là ni duperie, ni vantardise. Rien de plus malaisé à faire que l'éducation de l'œil au milieu des glaciers. L'ouverture d'une fissure profonde paraîtra toujours plus grande que l'intervalle de deux lignes tracées à même distance sur le sable d'une allée. Toute pente de neige vue de face semble verticale ; à la descente, si peu que l'inclinaison augmente, sa courbure la dérobe bientôt aux regards comme un pur précipice ; la transparence de l'air détruit la perspective, et écrase les cimes lointaines au profit des accidents de glace du premier plan : tout, en un mot, déconcerte et égare le jugement.

Il n'est pas moins vrai que les récits publiés par les premiers ascensionnistes ont été cause, en partie, de la rareté des ascensions au commencement du siècle. Si encore ils n'avaient fait que décrire! Une description, de sa nature, ne laisse dans l'esprit du lecteur qu'une image confuse et dont il se méfie. Mais, souvent, leurs descriptions s'accompagnaient de croquis dont l'incorrection reproduisait avec une déplorable fidélité ce qu'ils s'imaginaient avoir vu. Ici les voyageurs, pareils à des mouches collées aux vitres, passaient sur la face d'un sérac suspendu dans le vide ; là, côtoyant un abîme non moins épouvantable, ils descendaient à la ramasse une pente de soixante degrés ; ailleurs, la caravane entière s'arrêtait à déjeuner sur une arche de neige qui semblait plier sous son poids (1). Des illustrations si émouvantes aidaient au succès du livre — et n'encourageaient guère à marcher sur les traces de l'auteur.

(1) Voyez entre autres l'*Album* d'Auldjo, London, 1828, in-4°.

Ces ouvrages, cependant, s'adressaient à un public de plus en plus nombreux. Souvent détourné, troublé par les guerres de la Révolution et de l'Empire, le flot des touristes reprit son cours quand l'Europe eut retrouvé la paix, et la vallée de Chamonix compta ses visiteurs, non plus par centaines, mais par milliers. Ce fut une invasion. Si les Alpes avaient jadis livré passage aux barbares et lâché sur la civilisation ses pires ennemis, la civilisation restaurée le leur rendit bien. Le Pô, le vieil Éridan, n'avait pas vu ses rives florissantes foulées par plus de nations diverses que n'en admira, du fond de sa voûte de glace, la source bouillonnante de l'Arveiron ; les hordes incultes et farouches, en se répandant parmi les cités impériales, n'avaient pas donné lieu à un plus étrange contraste que les fashionables et les merveilleuses dans ce cadre de neiges et de rochers. Et combien, dans la foule qui se pressait aux hôtels de Chamonix, étaient aussi incapables de goûter les beautés pittoresques, que les sauvages compagnons d'Alaric l'étaient de sentir les splendeurs de l'art antique ! Combien, voyageurs par mode et par entraînement, auraient pu s'écrier, comme le chef wisigoth : *Je vais où me pousse une puissance irrésistible !*

Il arrivait même que la magnificence du spectacle restât lettre close pour certaines intelligences d'élite. Parfois c'était en elles excès d'imagination. Que m'importe cela ! disait George Sand devant la Mer de glace : « Je porte la nature dans mon sein, je la vois sans cesse ; qu'ai-je à faire de venir ici pour l'admirer (1) ? » Chez d'autres, la manie raisonneuse tenait l'émotion à l'écart. Chateaubriand vient, contemple, critique, et, d'un ton doctoral : « On attribue, dit-il, aux paysages des montagnes la sublimité : celle-ci tient sans doute à la grandeur des objets. Mais *si l'on prouve* que cette grandeur, très-réelle en effet, n'est cependant pas sensible au regard, que devient la sublimité (2) ? » Et il le prouve sans peine, car il est vrai que cette grandeur n'est pas plus sensible, à première vue, que la sublimité d'une symphonie de Beethoven n'est sensible à première audition (3). De là, la déception que tant de personnes conviennent avoir éprouvée. On devient connaisseur, mais il faut s'en donner le temps. Qui donc se flatte de comprendre de prime abord les inspirations du maître ? Qu'il s'agisse d'une œuvre de la nature ou d'une œuvre d'art, l'émotion qu'elle nous procure est toujours subordonnée à l'éducation de nos sens et, par eux, à celle du goût, et il est puéril de croire que cette émotion sera aussi vive qu'elle peut être, si nous ne nous sommes pas graduellement rendus aptes à la ressentir.

(1) Ad. Pictet, *Une course à Chamonix*, ch. v. Paris, 1838.
(2) Chateaubriand, *Voyage au Mont-Blanc*, 1805.
(3) Faites une expérience très-simple, prenez une photographie : où l'alpiniste voit *directement* des glaciers immenses et des cimes colossales, celui qui ne connaît pas les montagnes ne voit que des taupinières dans un champ de neige. Et il y a autre chose à concevoir que la grandeur : l'harmonie et le sens qui s'en dégage.

Le Mont-Blanc se consolera de l'arrêt sommaire qu'a porté contre lui le chantre prolixe et complaisant du Meschacébé. Assez d'autres lui ont rendu justice. Entre tant de descriptions, j'en veux choisir deux que recommandent leur originalité, les noms de leurs auteurs, la différence des époques et des pays.

Gœthe fait son entrée dans la vallée de Chamonix le 4 novembre 1779, entre six et sept heures du soir. C'est donc un effet de nuit, et, qui plus est, de nuit sans lune.

« Les grandes masses nous étaient seules visibles. Les étoiles se montraient l'une après l'autre, et nous remarquâmes au-dessus des montagnes, à droite devant nous, une lumière que nous ne pouvions nous expliquer. Claire, sans rayonnement, comme la voie lactée, mais plus dense, à peu près comme les pléiades, seulement plus étendue. Elle occupa longtemps notre attention, jusqu'à ce qu'enfin, quand nous eûmes changé de point de vue, comme une pyramide pénétrée d'une mystérieuse lumière intérieure qui ne saurait être mieux comparée qu'à la phosphorescence d'un ver luisant, elle parut dominer les cimes de toutes les montagnes, et nous rendit certains que c'était le Mont-Blanc. La beauté de ce spectacle était tout à fait extraordinaire; en effet, comme la montagne brillait avec les étoiles qui l'entouraient, non pas, il est vrai, d'une lumière aussi vive, mais dans une masse plus vaste et plus cohérente, elle semblait, à l'œil, faire partie d'une plus haute sphère, et l'on avait de la peine à rattacher, par la pensée, ses racines à la terre. Devant elle nous voyions une suite de cimes blanches luire sur les croupes de noires montagnes revêtues de sapins, et d'énormes glaciers descendre dans la vallée entre les bois sombres (1). »

Avec Théophile Gautier nous sommes en mai 1868, et nous avons un effet de nuages et de soleil à la fois.

« Au débouché de la vallée de Magland, nous éprouvâmes un éblouissement d'admiration : le Mont-Blanc se découvrit soudain à nos regards si splendidement magnifique, si en dehors des formes et des couleurs terrestres, qu'il nous sembla qu'on ouvrait devant nous à deux battants les portes du rêve. On eût dit un énorme fragment de la lune tombé là du haut du ciel. L'éclat de la neige étincelante que frappait le soleil eût rendu noires toutes les comparaisons de la *symphonie en blanc majeur*. C'était le blanc idéal, le blanc absolu, le blanc de lumière qui illumina le Christ sur le Thabor. Des nuages superbes, du même ton que la neige, et qu'on n'en distinguait qu'à leur ombre, montaient et descendaient le long de la montagne comme les anges sur l'échelle de Jacob, à travers des ruissellements de clarté, et, dépassant le sommet sublime qu'ils prolongeaient dans le ciel, semblaient, avec l'envergure de

---

(1) Gœthe, *Voyages en Suisse*, 2me partie, traduction Porchat. — Gœthe était accompagné du duc de Weimar. Il avait déjà visité les Alpes en 1775.

leurs ailes immenses, prendre l'essor pour l'infini. Parfois le rideau de nuages se déchirait et, par la vaste ouverture, le vieux Mont-Blanc apparaissait à son balcon, et comme roi des Alpes, saluait son peuple de montagnes d'une façon affable et majestueuse. Il daignait se laisser voir quelques minutes, puis il refermait le rideau. Ce mélange de nuages et de neige, ce chaos d'argent, ces vagues de lumière se brisant en écume de blancheur, ces phosphorescences diamantées, voudraient, pour être exprimées, des mots qui manquent à la langue humaine, et que trouverait le rêveur de l'Apocalypse dans l'extase de la vision ; jamais plus radieux spectacle ne se déploya à nos yeux surpris, et nous eûmes à ce moment la sensation complète du beau, du grand, du sublime. Les montagnes, comme les poëtes, ont leurs jours d'inspiration, et, ce soir-là, le Mont-Blanc était en verve (1). »

De pareils tableaux sont un régal pour le poëte et pour l'artiste. Mais, à défaut de ces apparitions sans rivales ou d'une âme faite pour en sentir la splendeur, la seule diversité du paysage suffisait à captiver la foule. Cette diversité, à vrai dire, appartient par excellence au paysage de montagne, elle en est le caractère essentiel ; on pourrait, à la manière de Chateaubriand, le prouver par raison démonstrative. Le sentier tourne et découvre des objets nouveaux,

---

(1) Th. Gautier, Les Vacances du lundi, *Moniteur universel* du 31 août 1868.

il s'élève et les mêmes objets apparaissent sous une lumière et des formes différentes. Qu'est-ce que voyager en montagne, sinon ajouter à la faculté qu'on a par tous pays de changer de point de vue en se portant à droite ou à gauche, la faculté d'en changer encore en allant de bas en haut? Et qu'on se représente tout ce qu'expriment ces mots : monter, descendre! — Monter, c'est-à-dire dévorer l'espace, parcourir en quelques heures dix, quinze, vingt degrés de latitude, traverser tous les climats, passer d'une sensation à une autre, connaître tous les contrastes, être tour à tour brûlé par le soleil et enveloppé de brouillards, se mettre en route dans l'atmosphère calme des vallons, et trouver, en arrivant au but, le vent furieux des grèves de l'Océan. — Descendre, et, quittant les cimes désolées, voir la vie et le mouvement reprendre de toutes parts, depuis les chalets déserts à la limite de l'alpe jusqu'aux grands villages alignés le long du chemin, depuis les pauvres fleurettes de la moraine et les derniers mélèzes aux troncs tordus et rabougris, jusqu'à la vigoureuse forêt de sapins qui frange le bassin de la vallée; descendre et suivre le torrent où l'eau, rompant ses chaînes de glace, s'élance ivre de liberté, et bondit de cascade en cascade. — On se sent vivre, je le crois bien! tout n'est alentour que transformation, que perpétuel devenir, que déplacements ou réels ou de perspective; une agitation, une activité universelle, qui distrait le regard et se communiquant, malgré qu'on en ait, à l'être intime, entraîne les jambes rétives et secoue l'âme la plus indolente.

Au milieu d'une variété d'aspect qui s'offrait d'elle-même et pour deux ou trois jours que la plupart des voyageurs passaient dans la vallée de Chamonix, il n'était pas besoin d'imaginer des excursions nouvelles. Ce monde en adopta une, celle même qu'avaient faite Windham et Pococke et qui est devenue classique. Tous l'accomplissaient comme s'il se fût agi d'un pieux pèlerinage ou, plutôt, comme dans une galerie de peinture la foule se porte devant quelque tableau de maître, la perle du musée. Et le goût public frappait juste, car le site était en effet de la plus grande beauté. On allait donc au Montanvers (1), au *terrible* Montanvers, disait-on, ou encore, *à la cime* du Montanvers, et plusieurs, rentrés dans leurs foyers, racontaient avec orgueil qu'ils avaient fait l'*ascension du Mont-Blanc jusqu'au Montanvers*. Le vieux *chemin des crystalliers* qui y conduisait était encore en maint endroit, surtout vers la fin, roide, étroit et raviné. En 1802, au moyen d'une souscription, on l'améliora, de sorte qu'on pût le suivre jusqu'au bout sans mettre pied à terre (2). Pour

---

(1) Il serait plus correct d'écrire *Mont-Envers* : dans l'idiome du pays, *envers* signifie *à l'opposé* et, absolument, *à l'opposé du soleil*; par conséquent, un versant exposé au nord ou situé au nord d'un point déterminé. Mais je suis ici, comme pour l'Allée Blanche, l'orthographe établie par l'usage.

(2) Il a été définitivement mis en l'état où on le voit aujourd'hui à l'oc-

beaucoup de gens c'était encore assez de fatigue. Ils eussent été de l'avis du Hongrois que M. Leslie Stephen interrogeait sur l'ascension d'une sommité des Carpathes. Est-elle bien difficile? demandait M. Leslie Stephen. Si difficile, répondit le Hongrois, qu'on ne peut la faire qu'à cheval.

Du Montanvers on descendait sur la Mer de glace, — sur le bord seulement : Saussure qui l'avait traversée ne conseillait à personne de l'imiter (1). L'autre côté, d'ailleurs, était une impasse; le rocher du Mouret, sous l'Aiguille du Bochard, méritait son surnom de Mauvais-Pas. Ceux qui désiraient visiter la rive orientale du glacier ou qui ne se sentaient pas de force à gravir le Montanvers, montaient au Chapeau par Lavancher (2). Au retour, on se détournait un peu pour visiter la source de l'Arveiron que le rapide sentier de la Filliaz reliait également au Montanvers. Les montagnards de l'Anniviers donnent à ces bouches d'eau sous le glacier le nom de volcans. Ce sont des volcans en effet, vomissant de l'eau en guise de lave, des pierres

---

casion de la visite de l'empereur Napoléon III, lors de l'annexion de la Savoie à la France.

(1) J. D. Forbes, en 1842, estime encore que la traversée de la Mer de glace en face du Montanvers n'est pas sans difficultés. Voyez aussi dans E. Desor (*Excursions et séjours dans les glaciers*. Neuchâtel-Paris, 1844, ch. II) la plaisante peinture que fait l'auteur des précautions prises par les touristes pour effectuer cette traversée.

(2) Cette excursion même fut rarement faite pendant la première moitié du siècle.

comme les autres, de la boue et des quartiers de glace au lieu de cendres et de lapilli. Les dimensions de la voûte par où le torrent s'échappe sont sujettes à changement aussi bien que celles d'un cratère : tantôt c'est un superbe portique, profond, haut de trente mètres et large à proportion, tantôt une médiocre arcade à la base de l'escarpement de glace.

Beaucoup plus tard, on réunit ces trois excursions en une. Un sentier fut tracé sur la moraine droite, des marches taillées dans le rocher du Mouret; plus tard encore, une rampe de fer ne laissa plus à ce dernier passage que l'apparence du danger. On quittait les mulets au Montanvers, on les retrouvait à l'Arveiron. Le second jour était alors consacré à s'élever sur la chaîne du Brévent (1), à Plan-praz ou à la Flégère, pour jouir de la vue du Mont-Blanc dans toute sa magnificence (2). Après cela,

(1) Mais on fut fort longtemps avant de s'en aviser. Il est amusant de lire dans le *Voyage au Mont-Blanc* de l'astronome Lalande que, pour voir le sommet du Mont-Blanc, il faut passer en Italie et monter au Cramont! (*Mag. encycl.*, 1796, t. IV.)

(2) On ne l'aperçoit pas du Montanvers et, du Chapeau, la vue est coupée un peu au-dessus des Bosses. Le chemin actuel de Chamonix à Sixt par Plan-praz, le col du Brévent et l'Anterne, admirablement tracé au point de vue de la commodité et du pittoresque, date de l'annexion. Depuis quelques années un sentier de hauteurs fait communiquer Plan-Praz et la Flégère. Il serait à désirer qu'on en fît un pareil sur l'autre versant de la vallée, entre le Montanvers et Pierre-Pointue par la Tapiaz. Les difficultés seraient beaucoup plus grandes, mais je ne sais pas de course plus intéressante. Pour la faire avec fruit, il y faut employer une journée entière : coucher au Montanvers et à Pierre-Pointue.

règle générale, du col de Balme ou de la plaine de Sallanches on jetait un dernier regard sur le géant des Alpes; ceux-ci regagnaient leurs pénates, ceux-là continuaient leur voyage par la Suisse, et la même procession recommençait avec de nouveaux arrivants :

> Plus la foule est nombreuse, et plus elle est active;
> L'un vient et l'autre part, l'un part et l'autre arrive,

comme disait Delille (1).

Les premiers qui furent au Montanvers s'accommodèrent comme ils purent, prenant un léger repas assis sur l'herbe au soleil, ou adossés contre le vent à la *Pierre des Anglais*. En cas de pluie, une hutte de pâtre, tant bien que mal, offrait un abri. On l'appelait ironiquement le *Château du Montanvers*. Quelque téméraire annonçait-il, par aventure, l'intention d'y passer la nuit pour parcourir au lendemain les glaciers (2), les guides emportaient du bois; si la bande était trop nombreuse, la soirée trop fraîche, ils n'emportaient qu'une cognée, mais avec cette cognée ils abattaient un sapin, deux sapins, débitaient les branches, et, tout d'un tas, les faisaient flamber. L'énorme brasier chassait le brouillard, mariait ses pétillements aux grondements sourds du glacier et projetait ses lueurs rutilantes sur les

---

(1) *Les trois Règnes*, chant III.
(2) A la date de 1795, une vingtaine de personnes au plus avaient remonté la Mer de glace jusqu'au Tacul. Saussure fut le premier.

forêts et les rochers d'alentour. Il faut aller ailleurs qu'aux Alpes pour se livrer aujourd'hui à ces débauches de pittoresque. Le temps où elles y étaient permises ne pouvait guère durer. En 1779 (1), un Anglais qui habitait Genève, M. Blair, donna quatre guinées pour construire un hospice. On en eut juste pour quatre guinées, car personne autre ne contribua; une chétive masure, couverte en planches, et décorée du nom de Pavillon, avec ces mots : *Utile dulci* au-dessus de l'entrée. Blair n'en a pas moins l'honneur d'avoir fait bâtir le premier de ces refuges à touristes dont la dépense figure au budget de tous les clubs alpins. Sa cabane fut de grande ressource aux voyageurs, ressource pourtant insuffisante (2). C'est ce qu'éprouva M. de Sémonville, ambassadeur de la République française près la Porte Ottomane, qui se rendant à son poste par le chemin des écoliers, comme il arrive quelquefois aux ambassadeurs, fut surpris par le mauvais temps au Montanvers, en compagnie de la marquise sa femme, d'un autre diplomate, Maret, le futur duc de Bassano, et de Bourrit, notre historien des Alpes, cicerone toujours empressé des étrangers

---

(1) Cette date ressort de ce double fait que, en juillet 1778, Saussure, Trembley et Pictet, ne trouvèrent à coucher que dans la hutte du berger (*Voyages dans les Alpes*, § 627) et que, l'année suivante, en novembre, Gœthe se reposa dans la cabane de Blair (*Voyages en Suisse*, lettre du 5 novembre 1779).

(2) Elle était située un peu en avant du bâtiment actuel et subsista jusqu'en 1812. On a souvent donné, par méprise, le nom de Pavillon Blair au temple de Desportes.

de distinction qui réclamaient ses bons offices pour visiter la vallée de Chamonix. Généralement, un touriste de passage, quand il a été trempé jusqu'aux os, prend de l'humeur contre le pays et ne ferait pas le plus léger sacrifice pour épargner sa mésaventure à d'autres. Mais Sémonville était un homme rare, ou, plutôt, il était d'une époque où le zèle pour le bien public, jusque dans les petites choses, était fort commun. A quelques jours de là, Bourrit reçut une lettre datée de Coire, canton des Grisons, 10 juillet 1793.

« Vous savez, monsieur, écrivait Sémonville, combien la cabane que le lord Blair a fait construire est insuffisante pour garantir des plus légères intempéries du climat : une autre maison pourrait être élevée aux environs de la sienne; ne la détruisons pas, laissons subsister ces moindres monuments de bienfaisance, mais ayons le mérite d'exécuter ce que le lord Blair a eu celui de concevoir. Que notre nouvelle habitation offre aux savants, aux naturalistes, aux peintres, aux voyageurs de toutes les classes, de toutes les nations, un asile assuré. Qu'elle renferme dans une armoire, dont les deux aubergistes de Chamouni auront la clef, quelques ustensiles de cuisine, ceux nécessaires pour se procurer et se conserver du feu, une lampe, des hamacs, une hache, des bâtons ferrés, un thermomètre, un baromètre, de la charpie, quelques bandages, enfin les premiers objets indispensables pour se soustraire à la rigueur des saisons, ou pour prévenir les suites fâcheuses d'un accident (1). »

Bourrit saisit l'idée avec ardeur. Malheureusement M. de Sémonville, en se rendant à Constantinople, fut, comme on sait, arrêté par ordre du gouvernement autrichien et les fonds que promettait sa lettre ne vinrent point. Mais Bourrit ne se laissa pas abattre par ce contre-temps. Il réussit à intéresser au projet le zèle généreux de M. Félix Desportes, résident de France à Genève, qui lui donna deux mille francs. Nanti de cette somme il se mit aussitôt à l'œuvre. On commença par rendre le chemin des crystalliers accessible aux mulets qui devaient transporter le plâtre et la chaux (2), après quoi on jeta résolûment les fondements de la bâtisse. On voulait qu'elle fût achevée pour l'ouverture de la campagne de 1795 : la saison était encore rigoureuse; les ouvriers étaient accablés de fatigue, leurs

(1) Sémonville ne se doutait pas qu'un rhéteur, après s'être reposé dans l'asile qu'il méditait, viendrait parler « de la vanité qui l'a fait construire ». Voyez les *Lettres sur la Suisse*, de Raoul-Rochette (2ᵉ édit., t. II, p. 384), ouvrage qui a eu un grand succès et dont le ton déclamatoire rend aujourd'hui la lecture insupportable. Les travaux d'archéologie de Raoul-Rochette lui ont heureusement créé de meilleurs titres au souvenir de la postérité.

(2) La nouvelle route, passable pour le transport des matériaux, se dégrada promptement et, jusqu'en 1802, comme je l'ai dit plus haut, les voyageurs furent obligés de descendre de leurs montures à mi-chemin c'est-à-dire à la fontaine de Caillet. Il est à propos d'observer qu'il existe une carrière de gypse ou pierre à plâtre aux Houches, hameau du Mont, dans les calcaires du lias. D'autres dépôts de gypse se font remarquer à l'entour du massif du Mont-Blanc dans le val Véni et les deux vallées de Ferrex.

yeux s'enflammaient, leurs lèvres devenaient livides, leurs mains, malgré des gants de peau de chamois, se gerçaient au vif; à plusieurs reprises il leur fallut pour se rétablir descendre dans la vallée. Mais Bourrit lui-même ne s'épargnait pas. Installé à Chamonix depuis le milieu d'avril, il montait au Montanvers par six pieds de neige, payait d'exemple et présidait aux travaux. Les premiers visiteurs le surprirent encore occupé à décorer l'intérieur de la maison, tandis que sa jeune fille, une pelle à la main, égalisait le terre-plein de la terrasse.

L'édifice, formant une pièce unique, s'élevait sur un plan octogonal. Au-dessus de la porte, on lisait dans un fronton les mots A LA NATURE qui lui valurent le nom de *Temple de la Nature* (1). L'intérieur fut garni de chaises, d'une table, de quatre lits de sangle renfermés dans des armoires. Une glace était disposée sur la cheminée de façon à réfléchir la gracieuse cascade du Nant-Blanc. Huit médaillons, placés au haut de chacune des faces de la chambre, reçurent les noms des savants de l'époque qui s'étaient le plus distingués par leurs travaux dans les Alpes.

« Ce petit temple était très-joli au sortir des mains des ouvriers », nous dit Bourrit avec une complaisance paternelle. Mais sa gentillesse ne dura guère. L'aubergiste Tairraz

---

(1) Sémonville avait proposé de dégrossir un des blocs de granite voisins, en manière d'autel, et de graver sur une des faces : *A la Nature par un ami de la Liberté*.

prêtait la clef; des voyageurs oublièrent de la prendre et pénétrèrent par effraction. Cela ne serait point arrivé si on eût fait les fenêtres étroites comme celles des escaliers d'une tour; on y avait songé d'abord, c'eût été moins joli, mais plus sûr. Les mêmes gens qui enfonçaient les fenêtres pour entrer, démolirent la porte et brisèrent les meubles pour faire du feu. Le temple fut profané, mis au pillage (1). Le sénateur Le Doulcet de Pontécoulant le fit réparer à ses frais; les murailles en furent reblanchies, on y plaça une grande table et six bancs qui, en se réunissant, pouvaient former des lits. La rotonde de Desportes dura en cet état jusque vers 1840, époque à laquelle on construisit l'hôtellerie actuelle (2).

(1) Un voyageur anglais, en 1800, prétend que ces dégâts furent commis par des patriotes genevois en haine du résident français Desportes (*Alp. Journal*, n° 52, p. 433). Que le patriotisme ait joué ou non un rôle en cette affaire, on peut relever, à la charge de certains touristes, des abus encore plus condamnables. L'impératrice Joséphine avait écrit un quatrain sur l'album du Montanvers. Un voyageur en offrit à Marie Tournier, dit l'Oiseau, une somme assez forte (8 louis) que ce brave homme refusa. Le lendemain un compère monta au Montanvers et enleva la page. Comme j'ai vu entre les mains de mes amis de Chamonix des copies fort incorrectes de ces vers dont ils paraissaient regretter la perte, ils me sauront gré d'en donner ici la bonne leçon. C'est une imitation assez heureuse d'un passage célèbre de l'*Homme des Champs* de Delille, et sa date (1810) lui prête un touchant intérêt. Napoléon venait d'épouser Marie-Louise.

> Oui, je sens qu'au milieu de ces grands phénomènes,
> De ces tableaux touchants, de ces terribles scènes,
> Tout réveille l'esprit, tout occupe les yeux,
> Le cœur seul un instant repose dans ces lieux.

(2) W. Coxe, *Voyage en Suisse*, 1790 : Lettres XXXVII et XXXVIII;

Elle sert maintenant d'auberge pour les guides. Quelquefois, le voyageur, attendant au dehors son homme qui tarde à venir, lève les yeux et, sur la plaque de marbre noir que le temps a pâlie, découvre l'inscription : *A la Nature.* Il sourit ; — et pourquoi? Le culte est démodé, mais la divinité n'est pas morte. Qu'il demeure et laisse descendre la foule dans la vallée, le soleil à l'horizon. Le Dru et les Charmoz, gigantesques monolithes, se dressent face à face ; un voile de pourpre, glissant d'une cime à l'autre, tend ce noble vestibule de la montagne. Le glacier s'assombrit, mais, au fond, les neiges des Jorasses, tout à l'heure ternes et plombées, se rallument pareilles au feu qui brûlerait sur l'autel. Une brise tiède et embaumée comme l'encens remonte vers les hauteurs et fait frissonner les arbres de la forêt. Alors les voix de la solitude s'élèvent et le voyageur ému retrouve en son âme l'enthousiasme et l'adoration des premiers pèlerins du Montanvers.

Bourrit, *Description des Cols*, 1803, ch. III et XXV ; Ebel, *Manuel*, 1810 ; Leschevin, *Voyage à Genève et dans la vallée de Chamouni*, 1812, ch. XXIV ; Mariana Starke, *Travels on the continent*, 1820, ch. II ; Manget, *Chamonix et le Mont-Blanc*, 1844, etc., etc.

CHAPITRE X

LES ASCENSIONS D'ART ET DE FANTAISIE

ποιῆν τι δεῖ ἇς γόνυ χλωρόν (1).

Rendez-vous des familles, *nec plus ultrà* des cavaliers et des piétons qui se défient de leurs jambes, de leurs poumons ou de leur tête, le Montanvers n'est que le point de départ de ceux que dévore la fureur de grimper. Qui veut aller au Jardin ou traverser le col du Géant, y passe ordinairement la nuit. L'auberge du Montanvers a joué un rôle plus noble encore et a rendu ici les mêmes services que les pavillons de Bellevue et du Mont-Fréty, les chalets de Lognan, du Nant-Borant, des Mottets, de Praz-sec pour d'autres régions de la chaîne. De là se sont élancés plus d'une fois ces touristes de haut vol qui, jaloux d'ajouter chaque cime encore vierge à la liste de leurs con-

---

(1) Mot à mot : *Il faut faire quelque chose tandis que le genou est vert.* M. A. Milman a proposé cette jolie citation de Théocrite pour devise de l'*Alpine Club* (*Alp. Journal*, n° 11).

quêtes, n'ont guère laissé à gravir après eux que le Dru (1), le Géant, Peuteret et la face sud du Mont-Blanc.

Il est telle de ces expéditions où guides et voyageurs ont donné des preuves surprenantes de sang-froid et d'adresse. Il faut cependant renoncer à les raconter. Les seules ascensions au Mont-Blanc présentent une masse de faits assez variés pour qu'on puisse espérer, dans un ouvrage du genre de celui que j'essaie d'écrire, intéresser le lecteur sans le fatiguer par la répétition d'incidents du même genre. Encore me garderai-je de les mentionner toutes (2).

Les grimpeurs émérites sont comparables aux collectionneurs, aux amateurs de raretés, à ces bibliophiles, par

---

(1) Tenté deux fois sans succès par M. C.-T. Dent en 1874 et, l'année d'avant, par MM. W.-M. et R. Pendlebury, C. Taylor, Kennedy et Marshall (*Alp. Journal*, n° 46).

(2) Beaucoup ont été publiées par leurs auteurs : celle, par exemple, de M. Gaston Desmousseaux de Givré (19 août 1869) dans la *Revue Britannique*, livraison de janvier 1870 ; celle de M. Paul Verne (21 août 1871) à la suite d'un volume des œuvres de son frère, l'heureux auteur du *Tour du Monde en 80 jours*, etc., etc. La liste générale des ascensionnistes tenue au bureau des guides de Chamonix a été plusieurs fois reproduite (Ch. Besançon, *le Mont-Blanc et Chamonix*, Genève, jusqu'en 1873 ; Stéphen d'Arve, *les Fastes du Mont-Blanc*, Genève, jusqu'en 1875) ; mais cette liste ne donne, sauf exception, que les ascensions exécutées *par des voyageurs*, du côté de Chamonix et avec des guides de la localité. En outre, certaines lacunes, l'orthographe qui défigure un très-grand nombre de noms et d'assez fréquentes erreurs de date lui retirent quelque peu d'intérêt. Pour ne citer que le catalogue de l'année 1859, l'ascension du docteur Pitschner est indiquée au 31 août au lieu de l'être au 1er, et il faut reconnaître celle de M. Tyndall, 22 août, dans cette mention : *Tyrrohilt, John, Anglais, 3 septembre*.

exemple, qui recherchent curieusement toutes les éditions d'un ouvrage, depuis la meilleure jusqu'à la plus fautive. Pour eux, il n'y a pas deux ascensions semblables. L'une a pris trois jours, l'autre seulement vingt heures; celle-là a été contrariée par le mauvais temps, celle-ci favorisée par un ciel sans nuages; l'état des neiges, celui de l'atmosphère, le tempérament et les aptitudes des voyageurs, mille circonstances introduisent une diversité infinie dans l'ascension d'une même montagne et distinguent, aux yeux des connaisseurs, les éditions successives de la première édition.

Mais, depuis le temps de Balmat, l'ascension du Mont-Blanc a eu vraiment trop d'éditions. Il faut choisir et, le choix fait, les grouper, non d'après leur ordre chronologique, mais selon le genre d'intérêt qu'elles peuvent offrir. Je classerai donc à part :

1° Les ascensions scientifiques;

2° Les ascensions de découverte, — j'entends par là les ascensions qui ont eu pour objet de faire connaître un nouveau chemin à la cime de la montagne, qui en ont, pour ainsi dire, renouvelé la conquête;

3° Les ascensions qui ont été signalées par quelque catastrophe.

Toutes ces ascensions forment une partie essentielle de l'histoire du Mont-Blanc. Les raconter ce n'est pas seulement rendre hommage au zèle des savants, à la hardiesse des explorateurs, ou présenter une suite d'événements dramatiques, — c'est aussi, c'est surtout montrer à l'œuvre et mettre en scène les phénomènes dont la montagne est le théâtre, — dire ce qui a trait à sa physique spéciale, à ses *allures* propres, comme ce qui a été fait pour en rendre l'ascension plus sûre et plus commode.

Elles veulent donc être traitées avec quelque développement. Quant au grand nombre des ascensions qui ne rentrent dans aucune des trois catégories précédentes, il en est qui se recommandent par leur originalité, par le sexe ou l'âge des touristes, par leur but artistique, par le caprice ou l'émulation qui les a dictées. Celles-là, encore, doivent être mises hors de pair. Aussi vais-je en parler, à la première place, mais en peu de mots et je commencerai par les ascensions faites par des dames, car la palme de la fantaisie leur revient sans conteste.

Qu'on en juge. Le 2 octobre 1865, miss M.-C. Brevoort et madame Denise Sylvain-Couttet atteignaient le sommet avec une dixaine de guides. Suivant le rite consacré, on vida une bouteille de champagne à la santé du Mont-Blanc, puis on organisa un quadrille. Le Mont-Blanc, qui n'avait jamais vu pareille fête, se comporta en parfait maître de maison. La salle de bal (un peu fraîche) était tendue d'un ciel bleu foncé et merveilleusement éclairée. Après la danse toutes les voix, hommes et femmes, entonnèrent la

Marseillaise. C'était bien alors le seul coin de terre française où l'on pût chanter en plein air l'hymne de la République, et ce coin de terre est couvert de neiges éternelles. Mais la liberté aime les cimes ; souvent elle en est descendue, comme l'eau des glaciers, pour fertiliser le monde (1).

Maria Paradis de Chamonix, *la Paradisa*, est la première femme qui soit montée au Mont-Blanc (14 juillet 1809). Elle a raconté son ascension d'une façon trop pittoresque pour que j'y veuille rien changer.

« J'étais une pauvre servante. Les guides me dirent un jour : nous allons là-haut, viens avec nous, les étrangers voudront te voir et te donneront. Cela me décida et je partis avec eux. Au Grand-Plateau, je ne pouvais plus aller, j'étais bien malade, et me couchai sur la neige. Je soufflais comme les *poulailles* qui ont trop chaud. On me donna le bras des deux côtés, on me tira; mais aux Rochers-Rouges plus moyen d'avancer, et je leur dis : *Ficha moa dans une cravasse et alla où vo vodra*. Il faut que tu ailles au bout, me répondirent les guides. Ils me prennent, me tirent, me poussent, me portent et enfin nous sommes arrivés. Une fois sur la cime, je n'y voyais plus clair, je ne

---

(1) J'ai déjà rappelé que la ligne de démarcation entre la France et l'Italie passe sur le versant italien, un peu au-dessous de la cime du Mont-Blanc.

pouvais plus ni souffler ni parler : ils m'ont dit que ça faisait pitié de me voir (1). »

Maria avait trente ans. Elle conçut une légitime fierté de son succès, sans en perdre de vue le côté profitable. Depuis lors, les voyageurs qui revenaient du Mont-Blanc observaient avec surprise, en traversant la forêt des Pèlerins, les préparatifs d'un repas champêtre dressé à leur intention. A l'ombre d'un sapin immense, une nappe bien blanche, étendue sur l'herbe, tirée aux quatre coins, exposait à leurs regards d'excellent pain bis, de la crème, des œufs, des fruits de la montagne. Une paysanne proprette venait à leur rencontre. — C'est *Maria du Mont-Blanc!* s'écriaient les guides. Les voyageurs la priaient de raconter son histoire, faisaient honneur à son festin et, pour une jatte de lait, Maria rapportait une sébile de pièces de monnaie (2).

Le Mont-Blanc avait déjà été gravi une vingtaine de fois quand un Français, le comte Henri de Tilly, en fit l'ascen-

(1) *Album* de mademoiselle d'Angeville.
(2) Alex. Dumas (*Imp. de voyage en Suisse*, ch. XI) donne sur l'ascension de *la Paradisa* des détails assez grivois, tandis que M. Audiffret (*La Grande Chartreuse*, etc., Paris, 1845) fait de la jeune servante l'héroïne d'une histoire des plus romanesques. Cette histoire est de pure invention : Dumas, au contraire, s'est inspiré de la tradition locale. Quelque défiance que donne l'imagination de l'illustre romancier, toute personne qui prendra la peine de remonter aux sources reconnaîtra que ses informations sont en général fort exactes. Il faisait causer ses guides et, grâce à sa prodigieuse mémoire, transcrivait fidèlement leurs récits.

sion (6 octobre 1834) (1). La première étrangère, en revanche, qui y monta, fut une Française. A ce titre, l'ascension de mademoiselle Henriette d'Angeville (4 septembre 1838) mérite une mention particulière.

Mademoiselle d'Angeville appartenait à une très-ancienne famille noble de la Bresse. Elle était alors dans sa quarante-quatrième année — l'âge à peu près qu'avait Saussure à sa première tentative — et si je cite son nom à côté de celui du célèbre naturaliste de Genève, c'est qu'il y a encore, entre le premier étranger et la première étrangère qui aient atteint la cime du colosse, cette curieuse analogie que tous deux ne faisaient qu'accomplir un projet depuis longtemps caressé. Même empire de l'idée fixe et tenace, mêmes empêchements de la part des parents et des amis, même volonté opiniâtre. A la fin mademoiselle d'Angeville n'y tient plus; un voyage, le demi-tour du Mont-Blanc, achève de la décider, elle se dérobe aux siens et part.

A Sallanches le maître d'hôtel refuse d'atteler : il est tard, les chemins sont détestables. Mauvaises raisons; elle a hâte d'arriver, elle proteste et comme ses protestations restent sans effet, pour déjouer la cupidité de l'aubergiste, elle passe la nuit dans sa voiture. A Chamonix, nouveau

---

(1) *Ascensions aux cimes de l'Etna et du Mont-Blanc par le comte Henri de Tilly*, Genève, 1834. M. Stéphen d'Arve a donné un long extrait de cette brochure devenue fort rare (*les Fastes du Mont-Blanc*, Genève, 1876). M. de Tilly, ancien officier de dragons, était alors proscrit pour avoir trempé dans la tentative insurrectionnelle de la duchesse de Berri.

sujet d'impatience. Elle a retenu d'avance Joseph-Marie Couttet qui neuf fois déjà a gravi le Mont-Blanc. Elle le fait venir et lui annonce son intention de se mettre en route dès le lendemain. Mais le lendemain est un dimanche, et les guides refusent de partir le dimanche. Ce sera donc pour lundi. Dans l'intervalle, son projet s'ébruite et est l'objet de toutes les conversations. L'un la traite de folle, l'autre offre de gager mille francs contre cinq que l'ascension échouera, un troisième parie pour une catastrophe. Plusieurs des guides engagés se retirent. Eh bien! on les remplacera. Au moment du départ, deux caravanes organisées pour la même course offrent obligeamment de se joindre à la sienne. Elle remercie, chacun pour soi. Après la première demi-heure de glacier elle se fait détacher de la corde et refuse même le bâton de ses guides. Ce n'est imprudence ni bravade : elle cherche à donner confiance en ses forces. Pour elle, elle sait bien que quand celles-ci lui manqueraient, son énergie ne la trahirait pas. Dans la nuitée aux Grands-Mulets, le froid la saisit et elle ne peut fermer l'œil. Au Grand-Plateau, il lui est impossible de manger. Au Corridor, la fièvre, une soif ardente la dévorent, elle tombe d'inanition et de sommeil. Elle est obligée de s'asseoir, puis de dormir quelques minutes. Au Mur de la Côte, c'est pis encore : des battements de cœur effroyables, un engourdissement léthargique. On l'attache, elle marche; les palpitations deviennent plus suffocantes, le pouls est incomptable, elle ne peut faire plus de dix pas sans arrêt, sa pensée lui échappe, il ne subsiste en elle qu'une seule faculté : le *vouloir*. Au milieu de ces repos incessants, les paupières fermées, elle entend distinctement les propos des guides : *Cela se gâte!... la voilà qui dort!... si on la portait!...* et Couttet qui s'écrie : *Si jamais il m'arrive encore de mener des dames au Mont-Blanc!* Alors elle secoue sa torpeur et se relève. L'idée fixe prend une intensité extraordinaire : *Si je meurs*, dit-elle, *avant d'avoir atteint la cime, promettez-moi d'y porter mon corps et de l'ensevelir là-haut*. Et les hommes stupéfaits, dominés par cette incroyable volonté, répondent gravement : *Soyez tranquille, mademoiselle, vous irez morte ou vivante!*

Vers le haut elle se sentit mieux, avança sans être soutenue ni tirée et, quand enfin elle fut au sommet, quand elle vit son désir satisfait, tout malaise cessa comme par enchantement.

L'obsession lâchait prise. « J'éprouvai tout d'un coup, dit-elle, une résurrection complète : plus de sommeil, plus de fièvre, plus de palpitations ». Le soleil était radieux, la vue superbe. En bonne royaliste mademoiselle d'Angeville commença par boire à la naissance du comte de Paris, qui ne s'est peut-être jamais douté que sa santé ait été portée à la cime du Mont-Blanc.

» Et maintenant, mademoiselle, dit Couttet, il faut que vous alliez encore plus haut que le Mont-Blanc! » — et, réunissant ses mains à celles de Desplans, ils l'élevèrent à eux deux au-dessus de leurs têtes (1).

Au bout d'une heure, elle quitta la cime à regret — et à temps, car une tourmente de neige enveloppa presque aussitôt la Calotte. Aux Grands-Mulets la violence du vent empêcha de dresser la tente et il lui fallut derechef passer une nuit blanche. A peine rentrait-elle à Chamonix que la pluie se mit à tomber; mais cette pluie n'amortit guère l'enthousiasme qui accueillit son retour. Un vieillard de quatre-vingt-huit ans fut des premiers à la saluer : *Madame du Mont-Blanc, n'oubliez pas le pauvre de M. de Saussure!* Le *pauvre de M. de Saussure*, pas plus que la Paradisa, ne négligeait ses petits intérêts. Le lendemain, un dîner d'apparat réunissait autour de mademoiselle d'Angeville ses guides, ses porteurs et le syndic du village. La place de la Paradisa était naturellement marquée à table vis-à-vis de mademoiselle d'Angeville. Malgré cet honneur, Maria, dépossédée du privilége d'être la seule personne de son sexe qui eût gravi le Mont-Blanc, ne laissa pas de

(1) Suivant d'autres témoignages, c'est à mademoiselle d'Angeville elle-même que vint cette idée. — Quando pervenne all' ultima sommità, ebbene, essa disse, preso già coraggio : io voglio salire ancora più in alto della cima del Monte Bianco. Che! rispondemmo io e le altre guide, ciò è impossibile, almeno in Europa. Non importa, essa riprese : io ve lo farò vedere all' instante. Fece allora mettere per terra una guida ed essa vi salì di sopra. (F. Parlatore, *Viaggio alla catena del Monte Bianco*, Firenze, 1850, *Lettera sesta*). Le voyage de M. Parlatore eut lieu en août 1849. Celui qui parle est un de ses guides qui avait fait partie de la caravane de mademoiselle d'Angeville.

montrer quelque jalousie. « *A-t-elle ben lagna* (soufflé), *ne l'avez vo ren porta?* demandait-elle à ses voisins quand le vin eut délié sa langue; et à mademoiselle d'Angeville : « *Ma mie, où avez vo donc crû pour être si robuste* (1)!

Je ne sais si cela tient à l'exemple donné par mademoiselle d'Angeville, mais le nombre des Françaises qui sont montées au Mont-Blanc est plus grand, en proportion, que celui des Français, car sur trente dames environ qui, jusqu'ici, ont fait cette ascension, près d'un quart étaient des Françaises, tandis que les Français n'entrent dans le chiffre total que pour un sixième (2). Je ne compte,

(1) Mademoiselle d'Angeville a transcrit le récit de son voyage sur un album orné de 52 grands dessins, crayon, aquarelle, sépia, plume, gouache, etc., exécutés d'après ses croquis par les meilleurs artistes de Genève. M. Augerd, vice-président du tribunal de Bourg-en-Bresse, a bien voulu me communiquer les notes qu'il avait prises sur cet album. — Mademoiselle d'Angeville est restée, presque jusqu'à la fin de sa vie, ascensionniste dans l'âme. En 1864, à soixante-dix ans accomplis, elle faisait l'ascension de l'Oldenhorn. Elle est morte à Lausanne, au commencement de 1871.

(2) Le lecteur serait loin de compte, s'il en tirait cette conclusion que mes compatriotes sont moins entreprenants ou — selon sa manière de voir — moins *casse-cou* que leurs rivaux d'outre-Manche. La vérité est que nos alpinistes sont entrés assez tard dans la carrière : le massif du Mont-Blanc était *défloré*, et, pour se signaler par des expéditions nouvelles, leur ambition a dû prendre sa visée vers d'autres points de la chaîne des Alpes. Voilà pourquoi j'ai le regret de n'avoir pas à citer dans ce livre spécial les Georges Devin, les Lequeutre, les Pierre Puiseux, les Rochat, les Henri Duhamel, les H. Ferrand, les Henry Cordier et tant d'autres. Encore M. Cordier, en compagnie de MM. Thomas Middlemore et J. Oakley Maund, vient-il d'escalader, pour la première fois par le glacier d'Argentière (31 juillet 1876), l'Aiguille-Verte dont M. Mathews, pour-

d'ailleurs, que les ascensions des touristes. Lorsque la saison, tirant à sa fin, laisse quelque relâche au personnel nombreux des hôtels, il n'est pas rare de voir des artisans, des domestiques des deux sexes, aller de compagnie aux Grands-Mulets, voire même au sommet du Mont-Blanc. Ces parties fines ont parfois de tristes lendemains et, le 22 septembre 1865, quatre jeunes filles et leurs fiancés, surpris par la nuit au passage de la Jonction, durent attendre le lever du jour au fond d'une crevasse aux trois quarts comblée par la neige (1).

Madame Albert Millot a deux fois escaladé le Mont-Blanc, et par deux côtés différents (19 août 1872 et 4 août 1873); miss Emmeline Lewis Lloyd deux fois aussi (18 juillet 1865 et 8 août 1871); dans la dernière excursion miss Lloyd était accompagnée de miss Mary-Isabella Straton qui, depuis, est remontée avec le seul guide Jean Charlet. Tel jour ce sont des sœurs qui font l'ascension ensemble : misses Éléonore, Alice et Augusta Murray (6 septembre 1872), les trois misses Kinahan, de Belfast, en Irlande (14 août 1873). L'âge même le plus tendre a eu avec les femmes sa part de gloire. M. Armand de Verneuil (17 août 1869) a été quelque temps le plus jeune voyageur qui soit monté au Mont-Blanc; il avait 15 ans. Mais, le 17 juillet 1873,

suivi par un mauvais sort que sa rare persévérance ne méritait pas, n'a jamais pu atteindre le sommet d'aucun côté.
(1) *L'Abeille de Chamonix.*

M. Horace de Saussure (noblesse oblige) y monta à l'âge de 14 ans et, le 30 septembre de la même année, mademoiselle Aline Loppé, à 16 ans. Deux ans après (18 août 1875), mademoiselle Aline Loppé retournait à la montagne, ayant toujours son père pour guide. Cette fois, la caravane de la jeune fille était rejointe au sommet par une autre caravane avançant d'un pas plus pesant et plus mesuré : c'était celle de M. le marquis de Turenne, âgé de 72 ans (1).

J'aurais cru pouvoir arrêter ici les exemples de l'audace féminine. Mais voici qu'à l'heure où j'écrivais ces lignes, entre la campagne de 1875 qui était close et la campagne de 1876 qui n'était pas encore ouverte, le sexe timide s'illustrait par un exploit sans pareil. Les ascensions du Mont-Blanc ont lieu, en général, depuis le milieu de juin jusqu'à la fin de septembre. Cependant, M. de Tilly y était monté le 6 octobre (1834), M. J. Walford le 1ᵉʳ juin (1858), M. T.-S. Kennedy le 18 mai (1875). Toutes ces hardiesses ont été dépassées pendant l'hiver 1875-1876. La beauté du temps (on avait rarement vu si peu de neige dans la vallée en même saison) excita une précoce émulation dans le petit clan des touristes qui ne peuvent se

---

(1) Il m'est impossible de laisser passer le nom de M. le marquis de Turenne, l'un des touristes les plus instruits comme les plus intrépides qui soient en France, sans mentionner la collection de pierres précieuses taillées dont il a fait don au Muséum, — collection essentiellement scientifique, où sont représentées les diverses variétés de couleur de chaque espèce de gemme.

résigner à prendre leurs quartiers d'hiver. Le 30 décembre, miss Straton, déjà nommée, donna le signal et alla jusqu'aux Grands-Mulets. Le 1ᵉʳ janvier et jours suivants, miss Brevoort, déjà nommée aussi, et son neveu, M. Coolidge, firent trois tentatives dont la troisième les mena au Grand-Plateau. Le 20 janvier, M. James Eccles et M. G. Loppé atteignaient encore le Grand-Plateau. Une semaine après, miss Straton se mettait de nouveau sur les rangs. C'est bien le cas de dire : *Ce que femme veut*.....

Les brouillards, l'heure avancée, un accident survenu à l'un de ses porteurs, empêchèrent miss Straton de dépasser les Bosses. Vous pensez qu'elle redescendit à Chamonix? Nullement. Elle s'arrêta aux Grands-Mulets et y prit un jour de repos, prête à recommencer. Le lendemain, le ciel s'était rasséréné, mais la température, naturellement, avait encore baissé. On partit plus tôt (trois heures quarante minutes de nuit). Au Grand-Plateau, quel chemin prendre, le Corridor, les Bosses? Dans le défilé, l'entassement de la neige sèche pouvait rendre la marche impossible; sur l'arête, un vent violent du nord soulevait cette neige en nuages épais. On se décida pour l'arête. Au sommet de la première Bosse, miss Straton s'aperçut qu'elle avait deux doigts gelés. Pendant trois quarts d'heure qu'on passa là à les lui frotter de neige et d'eau-de-vie, les hommes, à leur tour, sentaient le froid les prendre par les pieds. On se remit en route et, enfin, le vent eut beau faire rage, à trois heures de l'après-midi (31 janvier), miss Straton, son guide habituel Jean Charlet, Sylvain Couttet et le porteur Michel Balmat se tenaient sur la cime du colosse. Le thermomètre centigrade marquait — 24° (1).

« La vue était belle au delà de toute expression, dit mademoiselle Straton. J'avais fait l'ascension trois fois pendant l'été; mais jusqu'ici je n'avais jamais parfaitement contemplé ce spectacle. L'immense quantité de neige accumulée sur le versant italien ajoutait beaucoup à la grandeur de la scène. » La caravane resta une demi-heure au sommet, ou, plutôt, un peu au-dessous, vers le sud, afin de s'abriter contre le vent. Le 1ᵉʳ février elle rentrait à Chamonix, après avoir passé, au cœur de l'hiver, quatre jours pleins et quatre nuits sur les glaciers.

Les femmes sont capables de tout et, d'un extrême à l'autre, nulle part on ne s'en aperçoit mieux qu'à Chamonix. Telle ne saurait faire un pas, se mettre même à la fenêtre, sans doubler sur son visage les plis de son voile bleu, vert ou marron; telle autre promènera avec orgueil un nez gelé jusqu'aux joues dans les bivouacs glaciaires.

---

(1) V. Lettres de Sylvain Couttet dans le journal *le* XIXᵉ *Siècle* (7 février 1876) et de Mademoiselle Straton dans le *Times*.

Venons aux courses exceptionnelles du sexe qui n'a pour la conservation de son teint ni ces craintes exagérées, ni cette indifférence stoïque.

Certains sont montés à jour fixe : ainsi MM. Richard Morse et Colgate de New-York, le 4 juillet (1872), anniversaire de la Déclaration d'indépendance des États-Unis (1).

Plusieurs ont voulu se passer de guides : les frères Young, le 23 août 1866, — mais l'un d'eux se tua à la descente; les révérends Girdlestone, Bell, Worsley, Verschoyle et M. Du Boulay, lieutenant dans l'armée anglaise, le 23 juillet 1872, — mais l'un des révérends tomba dans une crevasse et resta suspendu à la corde par le milieu du corps, tandis que ses compagnons, tirant de chaque côté, l'étouffaient correctement sans pouvoir le sortir. Heureusement, un guide passa par là qui remit le révérend sur ses jambes. M. James Mather se montra plus présomptueux encore; il n'eut ni guides ni compagnons (22 août 1873). *What fool!* De pareils exploits ne font même pas à l'alpiniste, en tant seulement qu'alpiniste, l'honneur qu'on pourrait croire, et les maîtres de l'art seront les premiers à les réprouver. Les chemins du Mont-Blanc sont si fréquentés aujourd'hui que le touriste isolé peut presque constamment s'aider des vestiges et des entailles laissés

---

(1) *Livre des Grands-Mulets.*

par les caravanes qui l'ont précédé; à cet égard, il n'a donc pas grand mérite à atteindre le but. Quant au danger des crevasses, s'il y échappe, si aucun pont de neige ne cède sous ses pas, c'est affaire de chance. M. Mather, surpris par un orage au point culminant, perdit la trace, fit une glissade de 200 mètres, au même endroit que le jeune Young, et revint assez éclopé.

M. F. Morshead, l'*enragé* M. Morshead, pour lui donner l'épithète qu'il partage à Chamonix avec M. G. Mathews, M. F. Morshead a fait bien plus. Il a laissé cette note sur le Livre des Grands-Mulets, à la date du 21 juillet 1864 :

« Parti de Chamonix ce matin à minuit et demi. Atteint le sommet du Mont-Blanc à 10 heures 10 minutes. Revenu ici (les Grands-Mulets) à 1 heure 12 minutes après midi. Ni guide ni porteur. »

A quatre heures et demie du même jour il était de retour à Chamonix, ayant fait l'ascension tout entière, seul et dans l'espace incroyablement court de seize heures, haltes comprises (1). MM. T.-S. Kennedy, Douglas, M'Cormick, C. Hudson et Hadow ne déployèrent guère moins d'agilité le 7 juillet de l'année suivante (1865) : ils montèrent des Grands-Mulets à la cime en quatre heures et demie et, après une heure d'arrêt, effectuèrent la descente

---

(1) M. Morshead connaissait très-bien le chemin : il l'avait fait deux fois l'année précédente (22-28 juillet).

entière en cinq heures (1). Cela prouve des jarrets solides, des *genoux assez verts,* et l'avantage n'est pas à dédaigner. Si l'on trouvait pourtant que le Mont-Blanc mérite d'être visité plus à loisir, que c'est trop imiter les géants du conte de Voltaire qui enjambaient les Alpes sans les voir, je ferais remarquer qu'une ascension n'est pas pour ces jeunes gens une promenade d'artiste, mais un exercice de gymnastique, un *sport* particulier qui captive et passionne autant qu'un autre : le chasseur n'abat pas le gibier pour le plaisir de le manger, ni l'équipage d'un canot de course ne suspend le mouvement des avirons pour contempler les bords enchanteurs de la rivière (2).

Il reste assez de gens, d'ailleurs, pour qui le Mont-Blanc est autre chose qu'un mât de cocagne. M. Robert Seaman

---

(1) *Alp. Journal*, vol. III, p. 75 et 76; et *Livre des Grands-Mulets* où une main étrangère a fait suivre les noms de MM. Douglas, Hadow et Hudson de la triste légende : *Killed on the Matterhorn* (tués au Cervin) *July* 14, 1865. Faire l'ascension totale en vingt-cinq heures, de minuit à 1 heure et demie de la nuit suivante, et par un temps brumeux, comme l'a fait M. H. Duhamel, le 16 août 1876, est déjà une prouesse assez remarquable (*Bulletin du Club alpin français*, 3e trimestre 1876). Le 26 juillet 1862, M. Horace Walker et *sa fille miss Lucy Walker*, descendaient de la cime à Chamonix en huit heures et demie, *actual walking*, c'est-à-dire sans compter deux heures de repos aux Grands-Mulets. (*Abeille de Chamonix*, 7 août 1862).

(2) Par contre, MM. R. C. Nichols et W. H. Winterbothann se vantent plaisamment d'avoir fait l'ascension du Mont-Blanc plus lentement que personne : 10 heures et demie des Grands-Mulets à la cime (31 août 1867). Mais mademoiselle d'Angeville avait mis une heure de plus. En moyenne, la montée depuis les Grands-Mulets, prend 7 à 8 heures, et le retour au même point de 4 à 5.

(23 août 1861) y est allé avant le jour pour voir lever le soleil; MM. G. Loppé, J. Eccles et L. Stephen (6 août 1873) y sont restés jusqu'à la nuit pour assister à son coucher. C'est le lieu de mentionner les ascensions :

Des peintres : — E. T. Coleman (31 août 1856), l'auteur des remarquables *Scenes from the snow-fields*, et surtout M. Gabriel Loppé, l'homme du monde, avec M. A. Adams-Reilly, qui a le plus souvent fait l'ascension (chacun huit ou dix fois). M. Loppé, dont on connaît les nombreuses illustrations des régions glaciaires, s'est surpassé, comme touriste et comme artiste, en dessinant d'après nature le panorama du Mont-Blanc qu'il a admirablement reproduit dans une série de tableaux (1).

Des photographes : — MM. Auguste Bisson qui, le premier (26 juillet 1861), a obtenu des épreuves photographiques au sommet de la montagne (2), Civiale, Joseph Tairraz, Soulier, Durheim, Braun, etc.

(1) Il faut citer parmi les paysagistes qui ont exercé leur crayon ou leur pinceau à l'entour du Mont-Blanc, Bourrit (dont l'œuvre a été gravée, entre autres par Adam Töpffer, père du célèbre écrivain, et par mademoiselle Angel. Moitte, fille du sculpteur à qui l'on doit le mausolée de Desaix au Grand Saint-Bernard), Backler d'Albe, J. Vernet, d'Osterwald, Lory, Coignet Bartlett, Birmann, A. Töpffer, Claude Hugard, A. Calame, Paul Cabaud, etc. On remarquait, à l'exposition du Congrès des Sciences géographiques à Paris en 1875, une très-grande aquarelle de M. Calmelet représentant la vue de la chaîne du Mont-Blanc prise de la Flégère. Cette œuvre, d'une exactitude mathématique et d'un rendu parfait, est restée la propriété de l'auteur. Le Dépôt de la Guerre à Paris possède une vue du Mont-Blanc prise au-dessus de Servoz par M. Gobaut, aquarelle fort réussie.

(2) M. J. Tairraz en a obtenu depuis, et, je crois, aussi M. Braun en

Signalons aussi la mémorable campagne de 1863, dont les résultats ont été si précieux pour la connaissance de cette partie de la chaîne des Alpes et ont redressé tant d'erreurs géographiques. L'ascension de M. Mieulet (14 juillet), celle de M. Adams-Reilly (7 août), n'ont été que le complément de leurs courses nombreuses. Pendant cette saison on les vit, préparant les cartes qu'ils devaient publier deux ans plus tard, poursuivre leurs opérations trigonométriques à travers le massif entier, déterminer les points les plus favorables au levé des plans et les atteindre sans se laisser arrêter par la fatigue ni les obstacles, tandis que M. Auguste Bisson, appliquant les ressources de son art à la topographie, passait plusieurs nuits de suite au Jardin sous l'abri de quelques rochers (1).

Viennent enfin les ascensions improvisées. — On m'excusera si, dans le chapitre suivant, je donne la mienne — non comme exemple, on pourrait se tromper au mot — mais comme spécimen.

1875. Avant eux tous, M. Ferrier avait pris des vues intéressantes au Grand-Plateau (5 août 1856), mais il ne s'était pas élevé plus haut (*Dolffus-Ausset, Matériaux pour l'étude des glaciers*, t. I, 1re partie).

(1) L'année précédente, M. Bisson avait fait dans le même but une station de cinq jours aux Grands-Mulets (10-15 août 1862). Des deux frères Louis et Auguste Bisson, Auguste est le seul qui soit jamais allé à Chamonix. C'est à lui qu'on doit les vues stéréoscopiques prises du sommet du Mont-Blanc qu'on remarquait à l'exposition de la maison Lévy au palais des Champs-Elysées. Elles ont été obtenues dans sa troisième ascension (1er août 1868).

LE MONT-BLANC

VUE PRISE DE LA CROIX DE FER (Col de Balme)

J. TAIRRAZ PHOT.

CHAPITRE XI

UNE ASCENSION INVOLONTAIRE. — LE MAL DE MONTAGNE.

C'était le 16 août 1869. Je me trouvais à Chamonix avec mon ami M. Léon Lemuet et mon neveu M. Armand de Verneuil. Nous nous étions fixé ce jour-là pour monter au Brévent. Piétons endurcis mais prudents, le Mont-Blanc gardait encore pour nous son prestige d'épouvante, et nous pensions bien être à l'abri de toute tentation dangereuse. Au réveil, nous courons à la fenêtre : le jour est gris ; sur nos têtes un plafond de nuages, parfaitement ajusté aux échancrures et aux saillies de la montagne, d'une seule venue, d'une teinte uniforme, bien posé d'aplomb ; un de ces temps où la vallée de Chamonix a l'air d'une immense chaudière munie de son couvercle. Que faire ? Attendre : le soleil, parfois, en montant crève ce plafond et le disloque ; — attendre, écrire des lettres et déjeuner ; à la rigueur, une après-midi suffit pour l'ascension du Brévent ; — puis sortir, regarder les boutiques, épier les visages des

allants et venants, leur air déconfit — comme le nôtre
— et les incidents de la rue. Des touristes maussades s'accoudent au perron des hôtels et portent le nez au vent;
les guides, obséquieux, empressés, jurent que le temps se
lèvera et se prennent à témoin, tandis que les mulets commandés d'avance tiennent leurs longues oreilles rabattues
dans une immobilité de fâcheux augure. Méchantes montures que ces mulets! C'est par les mauvais côtés qu'ils ressemblent à leurs parents. Ombrageux comme le cheval,
ils mettent dans leur effarement l'obstination de l'âne et,
sans avoir le pied aussi sûr que ce dernier, ils en ont retenu la funeste manie de marcher au bord des précipices.
Les tire-t-on par la bride? ils reculent; par la queue? ils
avancent; par le mors? ils ne bougent plus. Les Chamoniards leur trouvent pourtant un grand mérite et n'ont pas
tort, car pour apprendre l'art d'élever des mulets et de
s'en faire trois mille livres de rente, il n'est que d'aller à
Chamonix. Six mulets mettent leur homme à l'aise.

Midi sonne, le couvercle persiste. Il ne nous reste
d'autre parti à prendre que de nous promener au fond de
la chaudière et, sans repasser à l'hôtel, fort légèrement
vêtus, nous nous dirigeons par la rive gauche de l'Arve
vers le plateau inférieur du glacier des Bossons. Nous le
croyons du moins. Dans la forêt, le chemin se bifurque;
un sentier va tout droit, l'autre monte : par habitude nous
montons; vingt jours de courses alpestres ont mis nos

jambes en appétit d'exercice. Elles sont servies à souhait : le sentier est raide, sablonneux, inégal, contradictoire — traversé de grosses racines qui font échelon et de petites racines qui accrochent le pied et vous jettent par terre. Cependant, plus nous montons, moins il y a d'apparence que ce sentier nous mènera au bas du glacier. A peine cette pensée s'est-elle fait jour dans notre esprit que l'un de nous se souvient confusément d'avoir lu à la bifurcation un écriteau d'où il résulterait que nous allons au Pavillon de la Pierre-Pointue. Bah! le chemin qui est fait est fait! Va pour la Pierre-Pointue!

Nous y sommes bientôt. Le site est admirable. De la terrasse gardée par un appui de bois le regard embrasse d'ensemble la gigantesque coulée du glacier des Bossons. Le bord du plan supérieur, qui ne semble pas nous dominer de beaucoup, se détache sur les nuages aussi net que la ligne d'eau qui déborde un barrage, tandis que, à une grande profondeur, deux drapeaux fichés dans les moraines nous signalent l'endroit où on traverse habituellement le glacier. Cette vue nous donne des regrets. Ayant manqué le glacier par en bas, nous avons envie de profiter de l'occasion pour l'approcher par le haut. En avons-nous le temps? Certainement, dit Sylvain Couttet, aubergiste de céans.

— Le chemin n'est pas difficile?

— Rien à craindre.

— Voulez-vous nous conduire ?

— A la minute !

Dans deux petites heures nous serons donc à la Pierre-à-l'Échelle. A la Pierre-à-l'Échelle finit le rocher et on entre sur le glacier ; nous savons cela. Le glacier, cette chose étrange et mystérieuse ! Devant nous, c'est une cascade, car cette masse rigide avance, lentement à la vérité, mais constamment, du mouvement saccadé d'une petite aiguille de pendule qui fait deux pieds en vingt quatre heures. Là-haut, ce seront des champs de neige dont la surface mollement ondulée invite à une marche facile et insouciante. Qu'on ne s'y fie pas ! on se croit en plaine, on est sur un plancher ; des fissures énormes se dérobent sous le blanc linceul. L'eau est toujours l'eau. Glace, elle coule encore ; neige, elle est encore perfide. *As false as water !* a dit Shakespeare. On ne refait pas son caractère. Mais peu nous importe à nous qui n'avons d'autre intention que de prendre pied sur le glacier et de nous en revenir après.

Cependant Sylvain se fait attendre. On l'appelle.

— Eh bien, quand partons-nous ?

— Dans un petit instant, répond cet homme serviable mais astucieux. Et puis je vais vous dire : ce qu'il y a de plus mauvais ce sont les premiers pas sur le glacier...

— A cause ?...

— A cause du couloir de l'Aiguille du Midi.

— Diable! ça se trouve bien!

— ... De sorte qu'à tant faire que descendre dessus, il vous vaudrait mieux aller jusqu'aux Grands-Mulets.

— Aux Grands-Mulets! Mais ce serait pour y coucher!

— Il y a des lits.

— Mais nous n'avons pas de plaids, pas de couvertures, pas de paletots, rien!

— Je vous prêterai ce qu'il faut.

— Pas de provisions!

— J'en emporterai.

— Mais notre excellente hôtesse, la veuve Payot, qui nous croit sortis pour une promenade!

— Voilà des hommes qui s'en retournent; écrivez un mot.

— Mais... mais combien prendrez-vous?

— Quarante francs pour moi, comme vous passerez la nuit, et deux porteurs à dix francs.

— Ma foi, c'est dit!

A notre arrivée aux Grands-Mulets, nous trouvons la cabane déjà envahie. Ce sont des voyageurs à destination du Mont-Blanc qui bientôt nous faussent compagnie pour le dortoir. Il y aura un peu d'embarras à caser tout le monde et nous sommes assez mal vus des premiers occupants. Je ne m'en plains pas; pour être bon coucheur, encore faut-il être sûr de pouvoir coucher. Tout s'arrange à la fin. Nous qui sommes, pensons-nous, au bout de notre course, nous soupons, nous causons gaiement, nous gagnons nos quartiers sur le tard, et quand, le lendemain matin, la fraîcheur de l'aube nous fait tressaillir et nous réveille sous nos couvertures, nous sommes seuls maîtres de la place : les *Mont-Blancs*, comme les appelle Sylvain Couttet, sont partis. En deux temps la toilette est faite et nous nous élançons au dehors.

L'atmosphère est pure et calme. Le ciel bleu, les neiges éblouissantes — que sera-ce quand le soleil viendra les frapper? — se partagent l'espace. A quelques milliers de pieds plus bas, dans la coupure de la vallée, une couche de nuages nous cache les forêts, les prairies et les hameaux. Il est probable, en somme, que le temps est exactement ce qu'il était la veille au matin. Mais, la veille, nous étions au-dessous des nuages, nous sommes au-dessus aujourd'hui, et, loin de les maudire, nous admirons leur blancheur et leurs formes moutonnées. La position fait tout et ce n'est pas à celui qui a les haillons sur le dos qu'il arrive de trouver les haillons pittoresques. Quel dommage de n'avoir plus qu'à redescendre! Mais quel besoin aussi, et que ferions-nous du reste de la journée? Non, ce n'est pas possible! Il faut au moins profiter de la hauteur où nous sommes pour visiter en détail les accidents du glacier que nous n'avons vus en venant qu'à la dérobée.

Tandis qu'on nous prépare à déjeuner, nous gagnons la crête du rocher. L'air est d'une telle transparence que c'est à se demander s'il existe et si un fluide quelconque, si subtil qu'il soit, s'interpose entre l'œil et les objets. L'Aiguille du Midi nous apparaît toute striée de fines hachures de neige, avec des précipices plissés à bords tranchants, et bariolée de tons gris et noirs d'une incroyable crudité. C'est la contre-partie du paysage vaporeux des plaines. En réalité, l'Aiguille n'est pas si proche qu'il semble, les arêtes sont déchiquetées, rugueuses, les hachures sont de larges couloirs : mais il n'y a pas moyen de se le persuader ; tout cela fait l'effet d'une gravure qu'on aurait sous les yeux, tout cela vient d'un trait si net et si accusé qu'on ne se rend aucun compte de la distance et qu'on croit voir les choses sous leurs dimensions véritables. L'impression est étrange et il s'y mêle un peu de déception. Ce n'était pas la peine de monter si haut pour se trouver plus que jamais le regard à l'étroit. De l'autre côté, il s'étend davantage. A l'extrême gauche, dans la perspective fuyante des névés, on aperçoit un mamelon qui n'a de remarquable que d'être apparemment le point culminant du massif. C'est le Mont-Blanc, en effet. Il inspire peu de désir : d'ici, le vrai roi de la montagne c'est le Dôme du Goûter. Nous le regardions avec envie.

— C'est de là-haut qu'on aurait une belle vue !

A cette exclamation, Sylvain répondit par un geste d'une inexprimable éloquence. Nous étions assis sur une pierre plate cernée de neige, grelottants, ramassés sur nous-mêmes et le froid nous tirait les larmes des yeux. Lui, debout, bien plus grand que le Dôme du Goûter, les bras étendus, les doigts écartés d'admiration, commença par décrire dans l'espace un cercle prestigieux; un sourire de pitié plissait ses lèvres et faisait entendre qu'aucun spectacle n'était comparable à celui-là; puis, tournant ses mains vers le ciel, il semblait perdu dans une contemplation sublime. Nous fûmes positivement électrisés, nous ne sentîmes plus l'onglée, nos pleurs cessèrent de couler et nous bondîmes sur nos jambes.

— Et ce n'est pas trop difficile, Sylvain?

— Pas plus que ce que vous avez fait hier. Plus pénible, plus long, oui.

— C'est-à-dire qu'il faudra encore coucher ici?

— Oh! vous serez à temps pour rentrer ce soir à Chamonix.

— Et combien demandez-vous, Sylvain, combien?

— Vous me devez quarante francs : vingt francs de plus pour moi, c'est le tarif, et dix francs encore par porteur.

— Est-ce dit? dégringolons et partons.

Nous déjeunons à la hâte : sardines, beurre, œufs à la coque et thé. En même temps, on nous attache au chapeau un voile, on nous fourre dans les poches des lunettes de couleur et des raisins secs, on nous ajuste des guêtres de laine serrées au genou et au cou-de-pied avec de la ficelle. Ainsi pourvus, nous nous attachons à la corde, et en route!

Nous traversons le glacier en côtoyant plusieurs crevasses, l'une énorme, remplie d'une teinte bleue enchanteresse. La vivacité de l'air faisait que le regard pouvait descendre très-bas le long de ses murs de glace, en compter même les veines et les bandes. Mais, par une illusion bizarre, au milieu du gouffre la profondeur obscure, rapprochée aussi, semblait remonter à la surface comme si le vide allait déborder. Jamais je n'ai vu d'abîme plus capable de donner le vertige.

Nous avions toujours suivi les traces des *Mont-Blancs* quand, parvenus à la base du Dôme, Sylvain s'arrête et nous déclare que *si nous voulons aller là-haut* il faut les quitter et grimper tout de suite sur notre droite. Soit! mais ce *là-haut* est dit d'un ton si singulier qu'il appelle une explication et nous apprenons alors qu'il y a deux Dômes du Goûter : l'un, plus petit, qu'on voit de Chamonix et que je montrais innocemment des Grands-Mulets; l'autre, plus reculé, le vrai, le seul Dôme du Goûter. A cette révélation inattendue, ce n'est qu'un cri parmi nous : Ah! pour n'aller qu'au Dôme du Goûter, allons du moins au vrai Dôme du Goûter!

Et nous continuons tout droit. Nous gravissons en zigzag les Petites-Montées. Après les Petites-Montées vient le Petit-Plateau, comme une sorte de palier d'un étage à l'autre du glacier. Sur la droite, contenu entre deux sombres arêtes de granite, un escarpement de glace lisse et presque vertical s'élève à une prodigieuse hauteur et forme à son sommet un cintre surbaissé assez régulier. Toute cette crête est frangée de séracs. Rien de plus beau que ces masses transparentes, pareilles à des créneaux de diamant et de saphir qui effacent en éclat la blancheur des neiges. Malheureusement ces gemmes étincelantes, ces joyaux monstrueux, entraînés par le mouvement du glacier supérieur, perdent parfois l'équilibre dans le chemin dangereux qu'ils suivent au bord du précipice, et, roulant avec fracas sur la pente, se brisent, rejaillissent et répandent les débris de leur redoutable beauté sur le Petit-Plateau : d'où la nécessité de traverser vivement.

Au delà, les Grandes-Montées et, enfin, le Grand-Plateau. C'est la halte consacrée aux déjeuners, déjeuners sur la neige plus exquis que les déjeuners sur l'herbe, n'était certaine fraîcheur dont les progrès inquiétants ramènent trop tôt l'esprit à de vulgaires préoccupations. Les délicats couchent leurs bâtons, étendent par-dessus quelques couvertures tirées des hottes et s'asseoient. Ainsi de nous et nous mangeons de bon appétit quand quelqu'un, en levant les yeux, aperçoit... Quoi? presque rien. Une douzaine de points noirs contre la pente du mamelon que nous avons remarqué depuis les Grands-Mulets et qui de l'endroit où nous sommes, il faut en convenir, fait beaucoup meilleure figure. Ce sont nos *Mont-Blancs* : on eût dit des fourmis grimpant au dôme de Saint-Pierre couvert de neige.

— Sylvain?

— Monsieur!

— La pente là-haut n'a pas l'air d'être plus raide que les Grandes-Montées.

— A peu près.

— L'ascension du Mont-Blanc est cependant plus difficile que celle du Dôme?

— Elle demande plus de temps surtout.

— Et plus d'argent?

— Nous sommes à soixante francs, se serait cent francs pour moi et quatre-vingts francs pour Olivier Gay et Antonio Dossi ensemble.

— Oh! nous n'y pensons pas!

Nous y pensions beaucoup, au contraire. La vue des points noirs nous faisait sentir au cœur les morsures de l'envie, mais la bourse commune avait perdu courage pour les grandes courses et se permettait de maussades observations.

— Quel dommage, reprîmes-nous, que le Mont-Blanc soit si près du Dôme! — il lui bouche la vue.

— Guère, dit Sylvain.

— Allons donc! Il est évident que le panorama du Mont-Blanc est bien plus complet.

— Il n'y a pas grande différence.

— Pourquoi y monte-t-on, alors?

— Dam! vous savez....

— Eh bien, après?

— Il n'y a pas grande différence, seulement, *vous direz que vous êtes montés au Dôme du Goûter, personne ne connaît ça!.... tandis que le Mont-Blanc!....*

Cela nous fit rire et voilà comment nous sommes montés au Mont-Blanc sans le vouloir (1).

Ce n'est pas un exemple à suivre, je le répète : le temps s'est gâté et nous avons eu une mauvaise descente. Cependant il est arrivé une chose singulière : cette ascension déraisonnable, sans but sérieux, a donné des résultats assez intéressants, précisément parce qu'elle était improvisée.

Il est un mal, mal qui répand la terreur parmi les touristes novices : *le mal de montagne*. On respire difficilement, le pouls est précipité, on a des nausées, on ressent de la pesanteur dans la tête, une soif inextinguible, du dégoût pour tous les aliments, on s'arrête à chaque pas. Le symptôme le plus caractéristique est une insurmontable envie de dormir. Ce mal étrange est connu depuis longtemps, on dirait presque connu avant les montagnes elles-mêmes, car il est clairement signalé dans une ancienne

---

(1) Il y a d'autres raisons pour le choix du Mont-Blanc que la plaisante raison donnée par Sylvain, mais il est vrai qu'on trouve plus de gens à qui parler du Mont-Blanc que du Dôme, et un philosophe l'a dit depuis longtemps : *Si quis in cœlum ascendisset, naturamque mundi et pulchritudinem siderum perspexisset, insuavem illam admirationem ei fore, quæ jucundissima fuisset, si aliquem cui narraret habuisset.* (Cicéron, *De amicitiâ*, XXIII.)

légende à une époque où ni savants ni voyageurs ne s'occupaient des montagnes.

Le mont Ararat, en Arménie, est plus élevé que le Mont-Blanc et couvert, comme lui, de neiges éternelles. Les Arméniens sont convaincus que, après le déluge, l'arche de Noé s'est arrêtée à son sommet et qu'elle y subsiste encore. C'était pour les fidèles une puissante raison de faire l'ascension de l'Ararat. Aussi, afin d'empêcher que la précieuse relique ne disparût morceau par morceau, Dieu, selon les Arméniens, a rendu la montagne inaccessible. Ils racontent qu'au IVe siècle, un moine, contemporain et parent de saint Grégoire de Nazianze, essaya d'en atteindre la cime. Arrivé sur les neiges à une certaine hauteur, il sentit ses paupières se fermer sous une pression irrésistible et s'endormit. A son réveil, il se remet en marche; mais bientôt ses forces l'abandonnent, il s'endort de nouveau. Revenu à lui, il veut remonter encore; toujours, au bout de quelques pas, le même sommeil de plomb l'oppresse et l'accable. Enfin, un ange lui apparaît : « Dieu a décrété que nul n'atteindrait le sommet de l'Ararat. Voici cependant, pour récompenser ton zèle pieux, un fragment de l'arche sainte. » — Ce fragment, rapporté par le moine, est aujourd'hui encore précieusement conservé au monastère d'Etchmiadzine, siége du patriarche arménien.

Je dois ajouter que, il y a une quinzaine d'années, la cime de l'Ararat a été gravie pour la première fois par des voyageurs européens. Ils n'y ont plus trouvé l'arche, — de sorte qu'il ne reste de ce monument vénérable que le fragment déposé au monastère d'Etchmiadzine et qui n'en a que plus de valeur.

Il en est du mal de montagne comme du mal de mer. L'habitude y peut beaucoup : les guides ne sont guère plus sujets à l'un que les marins à l'autre. L'existence du mal de montagne, cependant, ne fait pas question. On a cité une foule d'exemples; je n'en sais pas de plus concluant que celui qui m'a été signalé par M. Martial Pescheloche, lieutenant de vaisseau dans la marine française. Le Pérou, à l'aide des millions du guano, construit un chemin de fer destiné à relier les ports du Pacifique à l'Amazone à travers les hauts plateaux des Andes. La voie est achevée, les rails posés jusqu'à la hauteur maxima qui atteint 4 700 mètres. M. Pescheloche a pris place avec plusieurs personnes dans un train d'essai. Du Callao, au niveau de la mer, on s'est élevé par des rampes de 130 kilomètres de développement à une altitude de 3 450 mètres. Or, M. Pescheloche m'écrit qu'un certain nombre de voyageurs ont éprouvé une oppression extrême; leurs paupières s'injectaient, quelques-uns même ont craché le sang et n'ont pu accomplir le trajet jusqu'au bout (1). Il est donc incontestable que la seule

(1) Un autre officier de marine, M. Lucien Berryer, neveu du célèbre avocat, a fait depuis le même trajet et confirme le récit de M. Pescheloche. Tous les voyageurs, cette fois, ont été incommodés; mais M. Berryer avoue que tous, sans exception, étaient émus de la vitesse avec laquelle

raréfaction de l'air, même à des hauteurs relativement modérées et abstraction faite de tout effort musculaire, peut produire des désordres graves dans l'économie. On connaît, d'ailleurs, les courageuses expériences de M. Paul Bert qui, en se plaçant lui-même sous le récipient d'une machine pneumatique où l'on faisait progressivement le vide, a noté par ses sensations toutes les phases de ce malaise spécial.

Mais ce livre n'est pas un ouvrage de science, je ne retiens que ce qui a trait à l'ascension du Mont-Blanc, et je prétends que le mal de montagne y est beaucoup moins à craindre qu'on ne pense, que, en un mot, le véritable mal de montagne est aussi rare que le véritable vertige. En général, les physiologistes qui vont en étudier les symptômes au Mont-Blanc s'arrachent aux travaux de leur laboratoire pour accourir à Chamonix. Au premier jour favorable ils tentent l'ascension. Je crois qu'ils font leur expérience dans des conditions peu scientifiques. L'ascension du Mont-Blanc est, après tout, fort pénible. Elle exige un exercice, un entraînement préalable. Ces savants s'exposent donc à confondre les effets, fort analogues, d'une fatigue exceptionnelle, avec ceux d'une atmosphère raréfiée. Préoccupés des préparatifs de leur aventureuse expédition, ils commencent par passer une

la locomotive les remorquait au bord des précipices, de la rapidité des courbes, etc. Cette inquiétude évidemment prédispose au mal de montagne.

assez mauvaise nuit à l'hôtel. Le lendemain matin on se met en route, on gravit une alpe escarpée. Dans l'après-midi on aborde le glacier, et, entre quatre et six heures du soir, on atteint la cabane des Grands-Mulets. On se couche tôt, mais à l'étroit, sur des lits de camp, sans compter que la cabane reçoit souvent des visiteurs qui, venus là seulement pour prendre un aperçu du monde des glaciers, s'en donnent jusqu'à une heure assez avancée de la nuit. Ils se passionnent pour les effets de lune, se communiquent leurs impressions — à voix basse, mais les cloisons sont minces; — bref, on dort mal encore. Cependant, à une heure après minuit, il faut être sur pied. C'est l'heure réglementaire. On a plus de chance, en arrivant de bon matin au sommet, d'avoir une vue dégagée; puis on se ménage une descente plus facile et plus sûre : si le temps se gâte dans l'après-midi on a l'avance sur l'orage; s'il se maintient au beau, on revient avant que le soleil ait trop ramolli les neiges. On part donc à la lueur d'une lanterne : mais la route paraît bien plus monotone, on avance machinalement, grâce à une surexcitation nerveuse, et le froid se fait sentir d'une façon cruelle. On traverse de vastes plateaux de neige, on s'élève péniblement sur les pentes glacées, s'arrêtant de temps à autre, tandis que le guide-chef foule le sentier ou taille des degrés. Entre neuf et onze heures on atteint la cime.

Est-il bien étonnant que, dans de pareilles conditions, le

corps à la fin demande grâce, que les mêmes muscles toujours exercés dans cette montée perpétuelle s'engourdissent et soient pris de crampes, que la fièvre ôte l'appétit, que les yeux, fatigués par l'insomnie, lassés de l'attention qu'ils prêtent à chaque pas, se ferment malgré eux? C'est en suivant pareil ordre de marche que MM. les docteurs Marcet, de Genève, et Lortet, professeur à la faculté des sciences de Lyon, ont effectué leur ascension. Cette ascension, une des dernières et non la moins importante qui ait été faite au Mont-Blanc dans un but d'études physiologiques, a eu dans le monde savant et même dans le grand public un juste retentissement. MM. Lortet et Marcet ont rendu compte de leurs observations à l'Académie des sciences de Paris (1), à la Société de physique et d'histoire naturelle de Genève; ils en ont fait l'objet de conférences publiques, reproduites par les recueils spéciaux (2).

Or j'ai dit que, dans notre ascension improvisée, nous avions devant nous des voyageurs à destination du Mont-Blanc. Ils formaient deux caravanes : l'une était composée de jeunes Anglais; l'autre, comme nous l'avons su depuis, était précisément celle de MM. Lortet et Marcet qui nous précédaient à peu d'intervalle (ils sont arrivés au sommet à midi, nous à deux heures). MM. Lortet et Marcet ont ressenti les effets du mal de montagne; dans la seconde ca-

(1) *Comptes rendus de l'Ac. des Sciences*, t. LXIX, page 707 et seq., 1869.
(2) *Revue des cours scientifiques*, 7ᵉ année, n° 8.

ravane un des Anglais, n'y pouvant tenir, est redescendu avant d'avoir atteint la cime. Quant à nous (tous trois de tempéraments différents, deux hommes faits, un jeune garçon de quinze ans), nous n'avons pas éprouvé le plus léger malaise, pas même d'essoufflement, et on me permettra d'en citer une preuve un peu vulgaire, mais décisive : nous sommes montés par l'arête des Bosses et, au bas de la dernière rampe de glace, courte mais fort escarpée, j'ai allumé une pipe et c'est en fumant que je suis arrivé au sommet de la montagne — au scandale, du reste, de notre guide, qui me disait : « Mais, monsieur, on n'est jamais arrivé au sommet du Mont-Blanc en fumant ! » — Il paraît que cela est trop sans gêne. Mon excuse justement est que je voulais voir si je n'en serais pas incommodé (1). Nous avons suivi, je le répète, à la montée comme à la descente, identiquement le même chemin que MM. Lortet et Marcet, mettant nos pas dans leurs pas. A quoi donc tenait la différence d'impression ?

A ceci, sans doute : nous étions à la quatrième semaine d'un voyage, voyage à pied, pendant lequel, sans nous reposer un jour, nous avions franchi quelques-uns des cols les plus élevés des Alpes. L'avant-veille, seize heures

---

(1) « A peine arrivé au sommet, un des porteurs entonna une tyrolienne dont l'intensité sonore, surprenante à cette hauteur, prouvait que le chanteur n'avait pas la respiration gênée » (*Ascension de M. Jules Violle*). On rapprochera de ce fait la matinée dansante organisée par miss Brevoort et madame S. Couttet, dont j'ai parlé plus haut.

de marche, sac au dos, de Sixt à Chamonix par-dessus le Buet, ne nous avaient laissé aucune lassitude. Notre ascension, n'étant point méditée d'avance, a été sans préoccupations, sans inquiétudes. Habitués à coucher sur la dure, nous avons dormi à poings fermés aux Grands-Mulets. Nous en sommes partis au jour, l'esprit et le corps dispos.

Je ne puis m'empêcher de considérer cette expérience comme très-instructive. Nous n'avons observé chez nous que l'accélération du pouls et de la respiration, celle-ci très-faible. C'est précisément ce qu'a éprouvé Gay-Lussac lorsqu'il s'est élevé en ballon à une hauteur de 7 000 mètres (1). Sans nier que la rareté et la sécheresse de l'air puissent être pour quelque chose dans la production des autres phénomènes, je suis persuadé qu'ils tiennent surtout à une fatigue extrême, à laquelle le corps n'est point préparé : une preuve, d'ailleurs, c'est que M. Lortet, ayant recommencé l'ascension neuf jours après, se trouva beaucoup moins incommodé. En ce qui me concerne, je n'ai ressenti qu'une seule fois le malaise, la prostration absolue, l'épuisement subit et complet, la soif inextinguible, le besoin et en même temps le dégoût de toute nourriture,

(1) Dans les ascensions aérostatiques, c'est seulement vers la hauteur de 5 000 mètres que commencent à se manifester les effets du mal de montagne. « Il m'est arrivé, écrit M. Albert Tissandier, dont on ne récusera pas la compétence, d'atteindre en ballon des hauteurs à peu près égales à celle du Mont-Blanc sans être incommodé; mais l'ascension en montagne, lente et pénible, ne ressemble en rien à celle que l'on exécute si vite et sans fatigue dans la nacelle aérienne. » (*La Nature*, 10 octobre 1874.)

les effets prétendus enfin du mal de montagne, et, je rougis de le dire, mais, par je ne sais quelle ironie du sort, c'était sur des falaises, en allant du Havre au cap Antifer, presque au niveau de la mer (1).

Et, puisque j'en suis sur ce sujet, je dirai qu'il est au Mont-Blanc un inconvénient beaucoup plus à craindre que le mal de montagne : c'est celui auquel l'esprit pense, sans malice, quand on regarde ses pentes glacées. On se dit : « Il doit faire bien froid là-haut! » En effet, le froid est souvent terrible. Il n'est pas rare que des guides, des

(1) Je tiens pour parfaitement avérés, dans leur ensemble, les résultats scientifiques auxquels MM. Lortet et Marcet sont parvenus. C'est la *cause* des phénomènes physiologiques qu'ils ont observés que je discute — et au Mont-Blanc seulement. Tout le monde voit bien que ces phénomènes tiennent à la fois à l'altitude, au violent exercice du corps et au tempérament des individus. Mais dans quelle proportion ces divers éléments concourent-ils à les produire? Voilà le problème. Or il me paraît que MM. Lortet et Marcet sont loin de faire la part assez grande à la fatigue. Je ne puis donner ici autre chose que des indications; mais, pour que ces expériences fussent concluantes, il faudrait, par exemple, s'observer soi-même pendant une marche forcée, après une mauvaise nuit, un déjeuner peu substantiel, sur un terrain accidenté, montant et descendant toujours : encore ne serait-ce point ici, comme dans une ascension, les mêmes muscles qui s'emploieraient sans relâche. Pourquoi ne pas tenir compte aussi de l'effet de stupeur produit à la longue par la monotonie de la route, par la concentration de la pensée, par la fixité du regard attaché à chaque pas? J'ai éprouvé très-sensiblement cet effet de congestion somnolente dans les salines de Bex, en marchant pendant une demi-heure, lanterne en main, sur les rails de la grande galerie. M. Paul Bert m'apprend que les paysans du Berri ont un mot de patois pour exprimer cet état : ils l'appellent l'*envornement*.

Nota. Je reproduis presque intégralement ce que j'écrivais, il y a trois ans, au sujet du mal de montagne (*Histoire du Mont-Blanc*, in-12, Paris, Sandoz et Fischbacher, 1873). J'ai eu, depuis, connaissance d'une étude de M. le docteur Piachaud, de Genève, écrite à la suite de son as-

voyageurs, soient revenus avec les pieds gelés. Comment se prémunir? J'en reviens toujours là : il faut s'être endurci d'abord, avoir bien dormi et avoir bien mangé. Il y a des gens qui se chargent de vêtements chauds et mettent tous leurs effets par couple. C'est un tort. La fatigue augmente, les membres n'ayant plus assez de liberté s'engourdissent, la circulation s'opère mal aux pieds et aux mains, et c'est justement les pieds et les mains qui risquent le plus : les mains, parce qu'elles sont nues, la nécessité de tenir solidement le bâton ferré vous obligeant souvent à retirer vos épais gants de laine (1); les pieds, parce que c'est le froid du sol qui est épouvantable (de 15 à 20 degrés au-dessous de zéro). D'ailleurs, si le froid est très-vif, l'ardeur du soleil est parfois suffocante, et, même sans soleil, on s'échauffe à monter; nous sommes arrivés au sommet en transpiration par une température de — 10°. Qu'y a-t-il donc à faire? Emporter un paletot, un plaid vaudrait encore mieux, qu'on placera dans la hotte du porteur et qu'on ne revêtira que si besoin est; être en mouvement le

cension du 28 juillet 1864 et dont les conclusions ne s'éloignent guère des miennes (*Bibliothèque universelle et Revue suisse*, LXXe année, nouvelle période, t. XXIII). Au surplus, M. Paul Bert annonce un important ouvrage sur cette question si complexe et si controversée. Nul n'est plus capable de l'élucider que l'éminent physiologiste dont les travaux ont fait ressortir le rôle prépondérant que joue la diminution de l'oxygène dans les effets de la raréfaction de l'air.

(1) Lors même que ces gants seraient sans doigts, sauf le pouce, comme ceux dont on se sert souvent. Pour protéger les oreilles, le *passe-montagne* est excellent; bonnes aussi les manchettes aux poignets : contre ces deux *implements, I have no objection*.

plus possible, battre la semelle pendant les haltes; pour les mains, les glisser alternativement dans ses poches, souffler dessus, et — les mauvaises habitudes même peuvent servir, — si l'on est fumeur, on a un petit fourneau pour se réchauffer les doigts.

Enfin, on ne revient guère d'une ascension au Mont-Blanc sans avoir les lèvres gercées, la face plus ou moins gonflée, les yeux malades et la peau du visage, des oreilles et du cou brûlée comme par un coup de soleil. C'est l'effet de l'éclat de la neige et de la sécheresse de l'air, effet qui se produit avec moins d'intensité, mais qui se produit encore, quand le temps est couvert. Les lèvres se guérissent, l'épiderme tombe : il n'en est que cela. Pour les yeux, les conséquences peuvent être plus graves ; afin de les garantir, on porte des voiles, des masques de toile percés de deux trous, des lunettes à verres de couleur. Il paraît que les montagnards du Caucase se noircissent les paupières avec de la poudre; les Chamoniards conseillent la mèche d'une chandelle : ce n'est ni beau ni propre, mais.... je ne sais pas si cela sert à quelque chose. Quant aux voiles, masques et lunettes, il en est de ces préservatifs comme des gants aux mains. S'il se présente des passages scabreux, on les retire pour mieux voir, — et le lendemain, au réveil, on ne voit plus du tout.

CHAPITRE XII

LA SCIENCE AU MONT-BLANC.

SÉJOURS DE SAUSSURE AU COL DU GÉANT, DE MM. MARTINS, BRAVAIS
ET LE PILEUR AU GRAND-PLATEAU.

Le sommet du Mont-Blanc est une excellente station météorologique. Elle n'a qu'un défaut : la difficulté d'y stationner. Le temps y manque doublement, car on n'y saurait rester que quelques heures, et, pendant ces quelques heures, on ne fait pas la moitié de la besogne qu'on ferait à un niveau inférieur. C'est un lieu sans pareil au monde pour passer le temps dans un désœuvrement absolu. Le touriste arrive et dit : Enfin! Pour l'observateur, c'est le commencement. S'être donné tant de mal et avoir encore tout à faire est plus que l'homme ne peut supporter. Alors le moindre travail mental, jusqu'au faible effort d'attention qu'exige la lecture des instruments, fatigue le cerveau (1).

(1) M. Paul Bert, guidé par les belles recherches du docteur D. Jourdanet (*Influence de la pression de l'air sur la vie de l'homme*, Paris, 1875),

Saussure l'éprouva le premier. Il dut quitter la cime sans avoir terminé les expériences qu'il avait en vue. Résolu de les poursuivre, il se mit en quête d'un lieu plus favorable, sauf à se contenter d'une moindre hauteur. Le col du Géant venait d'être découvert. On le lui dépeignit. L'emplacement, disait-on, était à souhait ; toutes les conditions réunies : élévation suffisante, dépassant 1 800 toises (3 500 mètres), installation commode, poste accessible à tous les vents, à tous les météores. On lui en promettait monts et merveilles. Sur ces assurances, Saussure s'y transporta l'année suivante (1788) avec son fils aîné, Théodore, alors âgé de dix-huit ans.

Ce n'étaient, effectivement, les monts ni les merveilles qui manquaient. Le Mont-Blanc, d'une part, le Géant, de l'autre, pour ainsi dire à portée de la main, tandis que du côté de l'Italie s'ouvrait un superbe horizon de chaînes redoublées, de montagnes entrecoupées de vallons fertiles et riants. Mais, vérification faite, la hauteur du col ne se trouva pas si grande qu'on l'avait prétendu (1) ; la cahute,

---

a proposé, contre cet engourdissement des facultés, les aspirations d'air sur-oxygéné obtenues au moyen d'un appareil portatif (*Annuaire du Club alpin français*, 1874). Cet appareil, déjà employé à bord des aérostats, vaut la peine d'être expérimenté dans les ascensions scientifiques. Mais il est bien entendu que son emploi *ne serait pas de jeu* dans les ascensions pures. Un alpiniste doit accommoder ses poumons à l'air des Alpes et non l'air des Alpes à ses poumons. Celui qui est sujet au mal de montagne ou ne peut le vaincre, n'a qu'à s'en tenir aux hauteurs pour lesquelles il est fait.

(1) 3 362 mètres seulement. C'était encore 253 mètres de plus que le

construite exprès, était trop étroite, si basse qu'on ne pouvait s'y tenir debout, si mal jointe que la neige l'avait à moitié remplie, juchée sur une arête de rochers en masses incohérentes où, à marcher sans précaution, on risquait d'être précipité dans les glaciers qui la bordent (1). L'exposition aux vents, aux météores, en revanche, était au delà de ce qu'on eût désiré, et Saussure s'en aperçut bientôt.

Il renvoya les porteurs, ne garda, outre son domestique, que quatre des meilleurs guides pour l'aider dans ses opérations et aller chercher, à tour de rôle, des vivres et du charbon à Courmayeur. La cabane fut exhaussée, déblayée des glaces qui l'obstruaient; deux petites tentes, tendues dans le voisinage, servirent d'abri pour les guides et les provisions. Les instruments furent mis en place et montés sur leurs supports. On avait atteint le col le 3 juillet. Toutes ces dispositions furent achevées dès le lendemain soir et ne pouvaient l'être plus à propos, car, dans la nuit, éclata, dit Saussure, « le plus terrible orage dont j'aie jamais été témoin.

« Il s'éleva à une heure après minuit un vent du sud-ouest, d'une telle violence que je croyais à chaque instant qu'il allait emporter la cabane de pierre dans laquelle mon

---

Buet, qui venait d'être illustré par les travaux de De Luc, et 30 mètres environ au-dessus du col Saint-Théodule, au Monte Rosa, où Dollfus-Ausset a, depuis, établi sa célèbre station glaciaire.

(1) Les glaciers de Toule et de Fréty.

fils et moi nous étions couchés. Ce vent avait ceci de singulier qu'il était périodiquement interrompu par des intervalles du calme le plus parfait. Dans ces intervalles, nous entendions le vent souffler au-dessous de nous dans le fond de l'Allée Blanche, tandis que la tranquillité la plus absolue régnait autour de notre cabane. Mais ces calmes étaient suivis de rafales d'une violence inexprimable; c'étaient des coups redoublés qui ressemblaient à des décharges d'artillerie : nous sentions la montagne même s'ébranler sous nos matelas; le vent se faisait jour par les joints des pierres de la cabane; il souleva même une fois mes draps et mes couvertures et me glaça de la tête aux pieds; il se calma un peu à l'aube du jour, mais il se releva bientôt et revint accompagné de neige qui entrait de toutes parts dans notre cabane. Nous nous réfugiâmes alors dans une des tentes où l'on était mieux à l'abri. Nous y trouvâmes les guides obligés de soutenir continuellement les mâts, de peur que la violence du vent ne les renversât et ne les balayât avec la tente.

» Vers les sept heures du matin, il se joignit à l'orage de la grêle (1) et des tonnerres qui se succédaient sans interruption; l'un d'eux tomba si près de nous que nous

(1) Le docteur Paccard avait trouvé des grêlons dans la neige qui recouvre la cime même du Mont-Blanc. « Dans le péril, a dit Bossuet, Condé était semblable à ces hautes montagnes dont la cime, au-dessus des nues et des tempêtes, trouve la sérénité dans sa hauteur. » L'Aigle de Meaux n'avait point plané sur le Mont-Blanc.

entendîmes distinctement une étincelle, qui en faisait partie, glisser en pétillant sur la toile mouillée de la tente, précisément derrière la place qu'occupait mon fils. L'air était tellement rempli d'électricité que, dès que je laissais sortir hors de la tente seulement la pointe de mon électromètre, les boules divergeaient, autant que les fils pouvaient le permettre, à chaque explosion du tonnerre.

» Pour qu'on se fasse une idée de l'intensité du vent, je dirai que deux fois nos guides, voulant aller chercher des vivres qui étaient dans l'autre tente, choisirent pour cela un des intervalles où le vent paraissait se calmer; qu'à moitié chemin, quoiqu'il n'y eût que 16 à 17 pas de distance d'une tente à l'autre, ils furent assaillis par un coup de vent tel, que pour n'être pas emportés dans le précipice, ils furent obligés de se cramponner à un rocher qui se trouvait heureusement à moitié chemin, et qu'ils restèrent là deux ou trois minutes avec leurs habits que le vent retroussait par dessus leurs têtes, et le corps criblé des coups de la grêle, avant que d'oser se remettre en marche. »

Vers midi le ciel s'éclaircit. Les tentes avaient tenu bon, les instruments étaient intacts, les hommes saufs. Après une telle épreuve, on était assuré de pouvoir défier la fureur des éléments. Le reste était affaire d'endurance ordinaire. Point de source aux environs, naturellement; l'eau potable manquait. Les guides y remédièrent.

Par leur industrie un gros bloc de granite fut transformé en fontaine. Quand le soleil échauffait cette pierre, ils y mettaient fondre des pelotes de neige dont l'écoulement était reçu dans des seaux. Ce n'était pas là le miracle de Moïse faisant jaillir l'eau du rocher, mais, bien que l'installation de Saussure n'eût rien de magique, elle ne laissa pas d'inquiéter les bonnes gens de Courmayeur qui, de leurs campagnes, apercevaient là-haut dans les neiges l'étrange repaire du savant. Qui donc qu'un méchant esprit pouvait bâtir sa demeure en pareil lieu? Les éclairs, la foudre avaient salué son arrivée au col et cependant une sécheresse insolite désolait les pâturages d'en bas. Plus de doute! un sorcier, posté aux approches du ciel, retenait ses eaux prêtes à ranimer la verdure. Il fut question de l'aller déloger. L'avantage de la position arrêta les agresseurs. Un homme au col du Géant tiendrait tête à une armée, que faire quand cet homme est un sorcier (1)?

Le sorcier, lui, était au comble de ses vœux. Il ne ressentait rien de cette léthargie des facultés, de cette pénible lenteur des mouvements dont il s'était dépité au Mont-Blanc. Loin de là, « il nous semblait à mon fils et à moi que, dans nos travaux et nos observations relatives à la physique, nous avions l'esprit sensiblement plus libre, plus actif et moins facile à fatiguer, je dirai même plus

(1) J. D. Forbes, *the Tour of Mont-Blanc and of Monte Rosa*. Edinburgh, 1855. Ch. IV.

inventif que dans la plaine. » Ces observations se rapportaient surtout aux variations barométriques, à l'intensité de la chaleur solaire, de l'évaporation, de l'action magnétique, à la composition de l'air, à son degré d'humidité, d'électricité, au mode de formation des nuages et des orages, à la nature et à la disposition des roches voisines. Pendant quatorze jours elles formèrent une suite régulière et non interrompue.

« Lorsque le temps n'était pas trop mauvais, mon fils se levait à quatre heures du matin... Je ne me levais qu'à sept heures ; mais en revanche je veillais jusqu'à minuit, tandis que mon fils se couchait vers les dix heures. Dans le jour, nous avions chacun nos occupations marquées.

« Cette vie active faisait passer notre temps avec une extrême rapidité ; mais nous souffrions beaucoup du froid dans les mauvais temps et dans la plupart des soirées, même des beaux jours. Presque tous les soirs, vers les cinq heures, il commençait à souffler un vent qui venait des pentes couvertes de neige qui nous dominaient au nord et à l'ouest : ce vent, souvent accompagné de neige ou de grêle, était d'un froid et d'une incommodité extrêmes. Les habits les plus chauds, les fourrures même ne pouvaient nous en garantir : nous ne pouvions point allumer du feu dans nos petites tentes de toile, et notre misérable cabane, criblée à jour, ne se réchauffait point par celui de nos petits réchauds. Le charbon ne brûlait même dans cet air rare que d'une manière languissante et à force d'être animé par le soufflet, et si nous parvenions enfin à réchauffer nos pieds et le bas de nos jambes, nos corps demeuraient toujours glacés par le vent qui traversait la cabane (1).

» Vers les dix heures du soir, le vent se calmait; c'était l'heure où je laissais mon fils se coucher dans la cabane. J'allais alors dans la tente de la boussole me blottir dans ma fourrure avec une pierre chaude sous mes pieds, prendre des notes de ce que j'avais fait dans la journée. Je sortais par intervalles pour observer mes instruments et le ciel qui, presque toujours, était alors de la plus grande pureté. Ces deux heures de retraite et de contemplation me paraissaient extrêmement douces; j'allais ensuite me coucher dans la cabane sur mon petit matelas étendu à terre à côté de celui de mon fils, et j'y trouvais un meilleur sommeil que dans mon lit de la plaine. »

Le 18 juillet toutes les expériences étaient achevées. Ce

---

(1) Cette impossibilité d'entretenir un feu convenable rend la rigueur de la température relativement plus insupportable sur les croupes glacées des montagnes que dans les régions polaires. Le grand vent qui règne habituellement à ces hauteurs exagère encore l'effet du froid. Pendant le séjour de Saussure au col du Géant, le thermomètre Réaumur ne descendit jamais au-dessous de — 2°,2 (§ 2051). Mais on sait que la sensation de froid n'a pas tant pour mesure les degrés du thermomètre que l'activité de l'évaporation déterminée par la force du courant d'air. Ainsi, à bord d'un navire, par une bonne brise, un gabier peut être transi de froid dans les hunes, pendant que les matelots sur le pont trouvent la température trop forte. En outre, l'air des cimes, renfermant moins d'oxygène sous un même volume, fournit moins de chaleur au corps dans l'acte de la respiration.

fut presque avec chagrin que Saussure vit approcher le terme de son séjour et le moment de regagner la vallée. Malgré les peines et les privations qui l'assiégent, ces stations glaciaires qui laissent aux touristes des souvenirs si profonds, ont pour le vrai savant un attrait plus pénétrant encore. Il s'y voit, comme en son laboratoire, environné des objets de son étude, rien ne l'en distrait, tout tient son attention en éveil : mais le laboratoire est immense; c'est celui de la nature, où ses forces vives se manifestent librement au lieu d'agir, par artifice, en des espaces étroits faits à notre proportion. De là, lors même que notre intelligence se rend maîtresse de ses opérations, elle nous apparaît plus majestueuse. L'âme s'élève, les vues de l'esprit s'agrandissent; l'analyse des phénomènes, la recherche des causes soutiennent les élans de l'imagination, et le culte de la science se confond avec la plus belle et la plus noble poésie.

On eût dit que ces hautes sommités ne voulaient pas que Saussure les quittât sans regret. La seizième et dernière soirée fut d'une beauté ravissante. Le vent ne souffla point. Les cimes qui dominent le col et les glaciers qui les séparent se colorèrent des plus vives nuances de rose et de carmin; l'horizon d'Italie se borda d'une large ceinture pourpre, et la pleine lune vint s'élever au-dessus de cette ceinture, lentement, avec la majesté d'une reine. Reine en effet de la nuit plus belle qui succéda à cette belle soirée.

Effaçant les derniers rayonnements du crépuscule et la clarté naissante des étoiles, elle versait à flots sa lumière argentée sur la vaste enceinte des montagnes. Vus à cette clarté qui n'aveuglait point, les champs de neige gagnaient en profondeur et en charme, tandis que le Géant, le Mont-Maudit, les Aiguilles de Courmayeur, tous les rocs de granite découpant avec hardiesse leur masse rembrunie sur l'azur blanchissant du ciel ou sur ces neiges brillantes, leur opposaient le plus magnifique contraste.

Il fallait se résigner à partir cependant, et, en descendant sur Courmayeur, Saussure paya cher son hésitation et ses regrets. Ses guides, peu sensibles aux charmes d'une prolongation de séjour, en avaient prévenu la possibilité en faisant disparaître ce qui restait de vivres. Grâce à cette prévoyance trop ingénieuse, la caravane n'eut rien à manger pendant la descente qui prit la journée entière. On souffrit de la faim, on souffrit de la chaleur qui, au sortir du climat froid auquel on était habitué depuis deux semaines, parut insoutenable, et Saussure arriva à Entrèves dans l'état d'inanition d'un naufragé qui aborderait à la nage (1).

---

(1) *Voyages dans les Alpes*, §§ 2025 à 2112. A la fin de l'ouvrage, deux planches dessinées par Th. de Saussure représentent le campement du col du Géant. La cabane était à l'extrémité méridionale de l'arête, à l'endroit où elle plonge brusquement vers la vallée. Il en restait encore quelques pierres en 1855 (V. Hudson et Kennedy, *Where there's a will there's a way*, p. 10). En 1832, J.-D. Forbes rencontra sur la Mer de glace, vis-à-vis des *moulins*, les débris de l'échelle (à ce que prétendirent

L'inconstance du temps, la violence des orages sont le principal obstacle que puisse rencontrer une installation scientifique à ces grandes hauteurs. A tout prendre, Saussure fut favorisé : il avait dans sa cabane de pierre un abri solide sinon commode, une retraite assurée sur Courmayeur ; la tempête ne le surprit point au milieu de ses préparatifs d'établissement. Les savants français, MM. Martins, Bravais et Le Pileur qui, à cinquante six ans d'intervalle, allèrent se poster au Grand-Plateau pour répéter ses expériences avec des instruments perfectionnés et des méthodes nouvelles, eurent moins de bonheur.

La caravane, composée de quarante-trois personnes, dont trois guides, Michel Couttet (1), Jean Mugnier et Théodore Balmat, quitta Chamonix le 31 juillet 1844 et passa la première nuit aux Grands-Mulets, abritée entre les rochers. Le lendemain, comme on arrivait au Grand-Plateau, à peine eut-on le temps d'entrevoir la configuration des lieux : déjà les nuages enveloppaient les voyageurs, et la neige tourbillonnait autour de leurs têtes.

---

les guides) dont Saussure s'était servi pour traverser les séracs du Tacul et qui aurait été abandonnée au pied de l'Aiguille Noire (Forbes, *ouvr. cité*, ch. VI). Forbes, en soutenant la vraisemblance de cette origine, semble croire que l'expédition descendit du col sur Chamonix, ce qui est une erreur. Saussure et ses hommes revinrent à Chamonix par le val Ferrex et Martigny.

(1) Michel Couttet, qui fut en son temps un des premiers guides de Chamonix, tient maintenant le pavillon de Plan-praz et on peut obtenir de lui des renseignements intéressants sur cette ascension (1874).

« Il n'y avait pas à hésiter, écrit M. Charles Martins, il fallait, ou redescendre immédiatement, ou dresser notre tente. Deux porteurs, Auguste Simond et Jean Cachat, s'offrirent pour rester avec les trois guides et nous. Les autres jetèrent leurs fardeaux sur la neige, et se précipitèrent en hâte vers le Petit-Plateau ; ils s'évanouissaient, comme des ombres, dans la brume qui s'épaississait de plus en plus. Demeurés seuls, nous commençâmes à enlever la neige à la profondeur de 30 centimètres, dans un espace rectangulaire de 4 mètres de long sur 2 de large ; puis, guidés par un rectangle de corde préparé d'avance, dont chaque nœud correspondait à l'un des piquets de la tente, nous plantâmes dans la neige de longues et fortes chevilles de bois dont la tête était munie d'un crochet. Cela fait, la tente fut élevée sur la traverse et les deux supports qui devaient la soutenir ; les boucles des cordes furent passées autour de la tête des chevilles. La tente dressée, nous nous hâtâmes d'y mettre à l'abri nos instruments d'abord, puis les vivres. Bien nous en prit de nous dépêcher, car plusieurs bouteilles de vin laissées dehors ne purent être retrouvées : au bout d'une heure la neige qui tombait et celle que le vent apportait les avait recouvertes à l'envi. Sous la tente, nous avions improvisé un parquet avec de légères planches de sapin posées sur la neige. Nos guides étaient à une extrémité et nous à l'autre. L'espace était étroit ; on ne pouvait se tenir debout, il fallait rester assis ou couché. La cuisine se trouvait au milieu. Notre premier soin fut de faire fondre de la neige dans un vase échauffé par la flamme d'une lampe à l'esprit-de-vin, car à ces hauteurs le charbon brûle fort mal. Bravais eut l'heureuse idée de verser cette eau sur les piquets de la tente; l'eau gela, et, au lieu d'être enfoncés dans une neige meuble, ces piquets étaient pris dans des masses de glace compacte. En outre, une corde fixée au boulon qui joignait la traverse horizontale à l'un des supports verticaux, et attachée, en guise de hauban, du côté d'où venait le vent, fut amarrée fortement à deux bâtons enfoncés dans la neige.

» Ces précautions prises, nous n'avions plus qu'à attendre. Toute observation était impossible, sauf celles du baromètre dans la tente et d'un thermomètre au dehors : celui-ci marquait $2°,7$ au-dessous de zéro à notre arrivée ; à deux heures, il était descendu à $-4°,0$; à cinq heures, à $-5°,8$. Cependant la nuit était venue; nous avions allumé une lanterne, qui, suspendue au-dessus de nos têtes, éclairait notre petit intérieur. Les guides, entassés les uns sur les autres, causaient à voix basse ou dormaient aussi tranquillement que dans leur lit. Le vent redoublait de violence; il soufflait par rafales interrompues par ces moments de calme profond qui avaient tant étonné de Saussure lorsqu'il se trouvait au col du Géant dans des circonstances entièrement semblables. La tempête tourbillonnait dans le vaste amphithéâtre de neige au bord duquel notre petite tente était placée (1). Véritable avalanche d'air, le vent paraissait tomber sur nous du haut du Mont-Blanc. Alors la toile de la tente se gonflait comme une voile enflée par la brise, les supports fléchissaient et vibraient comme des cordes de violon, la traverse horizontale se courbait. Instinctivement nous soutenions la toile avec le dos pendant tout le temps que durait la rafale, car notre salut dépendait de la solidité de cet abri protecteur : en faisant quelques pas au dehors, nous pouvions nous former une idée de ce que nous deviendrions, s'il nous était enlevé. Jamais auparavant je n'avais compris comment des voyageurs pleins de vigueur et de santé avaient péri à quelques pas de l'endroit où la tourmente était venue les surprendre; je le compris ce jour-là (2).

» Sous la tente, le froid était supportable. Le thermomètre oscillait entre 2 et 3 degrés au-dessus de zéro. Nos vêtements de peau de chèvre et nos sacs de peau de mouton nous protégeaient suffisamment, quoique le poil de la pelisse restât collé par la glace à la toile de la tente. Pendant la nuit, le vent diminua de violence; malheureusement

(1) Elle était posée justement sur le bord supérieur de la crevasse que Saussure, qui l'avait trouvée bourrée de neige, appelle le *second plateau* et où il avait passé la seconde nuit de son ascension. Lors du passage de M. Martins, cette crevasse se montrait à découvert. Comme le fond en est plat et les parois peu inclinées, il avait été possible d'y descendre et de remonter de l'autre côté.

(2) La catastrophe du 6 septembre 1870 en fournira plus loin un remarquable et terrible exemple.

la neige continuait à tomber, la température baissait toujours, et à cinq heures et demie du matin le thermomètre marquait — 12°,1. La neige nouvelle avait 50 centimètres d'épaisseur; mais la toile de la tente n'en était pas couverte, le vent l'avait balayée à mesure qu'elle tombait, et il continuait à chasser horizontalement le grésil et la neige du Grand-Plateau. Le baromètre se tenait aussi bas que la veille. Dans une éclaircie, nous vîmes les sommets du Mont-Blanc, des Monts-Maudits et du Dromadaire, tous terminés par une aigrette blanche dirigée vers le nord-est : c'était la neige que le vent du sud-ouest poussait à travers les airs. »

Monter à la cime était impossible; rester plus longtemps au Grand-Plateau, inutile et dangereux. La façon dont la tente s'était comportée pendant la bourrasque permettait de compter assez sur sa solidité pour qu'on pût y laisser le matériel scientifique. On rangea donc les instruments dans la tente, on en boucha l'entrée avec de la neige. Ces précautions prises, on redescendit en hâte. Les fentes nombreuses, les crevasses larges et béantes qu'on avait enjambées ou contournées la veille en montant depuis les Grands-Mulets avaient disparu. Les cinquante centimètres de neige tombés pendant la nuit avaient suffi pour jeter sur toutes un plancher si solide qu'il ne céda nulle part sous les pas des voyageurs dont le retour à Chamonix rassura tout le monde; car, comme on ignorait qu'ils eussent emporté une tente, le bruit s'était répandu qu'ils avaient péri.

Le temps demeura mauvais pendant près d'une semaine. Il parut enfin se rasséréner et, bien que le vent soufflât toujours du sud-ouest, on résolut de remonter pour ne pas manquer peut-être une série de quelques beaux jours. Le 7 août, à 6 heures et demie du soir, en une seule étape et après une ascension que la neige fraîche rendit beaucoup plus pénible que la première, on atteignait de nouveau le Grand-Plateau.

« La tente était debout, les instruments intacts; mais à peine les avions nous passés en revue, que la neige se remit à tomber comme la première fois, le vent de sud-ouest fraîchit, le tonnerre gronda, et un violent orage éclata sur le Grand-Plateau. Nous construisîmes à la hâte un paratonnerre au moyen d'un bâton ferré, auquel nous fixâmes une chaîne métallique. Le bâton fut enfoncé, la pointe en haut, près de la tente, et l'extrémité de la chaîne enfouie dans la neige. La précaution n'était pas inutile; les coups de tonnerre éclataient presque en même temps que l'éclair. Par l'intervalle très-court qui les séparait, nous jugeâmes que la foudre devait frapper les sommités voisines à un kilomètre de distance environ. A notre grand étonnement, le tonnerre ne roulait pas, c'était un coup sec comme la détonation d'une arme à feu. Cette nuit se passa comme la première; les rafales étaient peut-être un peu moins violentes, mais nous courions la chance d'être foudroyés. La tente, raidie par la gelée, fermait mal, et une neige fine, semblable à du grésil, pénétrait à l'intérieur. Le thermomètre descendit à — 6°,3. Le jour parut, mais le mauvais temps n'avait pas cessé ; la neige devint plus abondante : il en tomba 33 centimètres en une heure. Confinés dans la tente, nous observions le baromètre, le thermomètre, et fîmes l'expérience de l'ébullition de l'eau. Vainement nous attendions que le temps se remît : nos hommes paraissaient inquiets, et vers trois heures de l'après-midi le guide-chef Mugnier nous déclara que la neige s'accumulait (il en était tombé 66 centimètres depuis la veille), que déjà les traces de trois de nos porteurs qui étaient redescendus le matin ne se voyaient plus, et que le lendemain la descente serait peut-être impossible. Il fallut se résigner une seconde fois. Les trois premiers guides s'attachèrent à une corde et plongèrent dans le brouillard pour frayer la route à ceux qui les suivaient. La brume était si épaisse qu'on ne pouvait rien distinguer à vingt pas devant soi ; le vent nous chassait dans le visage une neige fine et glacée, piquante comme des pointes d'aiguilles. Il semblait impossible de trouver son chemin dans ce brouillard ; mais Mugnier n'hésitait pas. Nous descendions toujours, lorsque tout à coup nous vîmes se dresser devant nous des rochers que nous ne connaissions pas : vus à travers le brouillard, ils paraissaient d'une hauteur prodigieuse. Nous nous arrêtons, croyant être égarés ; presque aussitôt la brume se dissipe, et les rochers reviennent à leurs dimensions naturelles. C'étaient les Grands-Mulets; le mur de pierres sèches était devant nous. Nous y prîmes quelques instants de repos, et à neuf heures du soir nous étions de retour à Chamonix. »

Auguste Bravais, jeune officier de marine du plus grand mérite, s'était déjà distingué dans plusieurs expéditions arctiques. En 1838 et 1839, il avait fait deux voyages scientifiques au Spitzberg, à bord de la corvette *la Recherche*, en compagnie de M. Charles Martins. Il avait hiverné seul en Laponie. Avec M. Martins il avait séjourné sur le Faulhorn, en 1841, pendant dix-huit jours, et y était retourné, l'année suivante, pour une période de temps encore plus longue. C'est à la suite de ces explorations que MM. Bravais et Martins avaient obtenu, de concert avec M. Auguste Le Pileur, docteur en médecine, la mission où nous les voyons engagés. Ils retrouvaient au Mont-Blanc les frimas des régions boréales, comme ils retrouvaient sur ses rochers, à mesure qu'ils s'élevaient davantage, les plantes et les espèces animales des hautes latitudes. Ils avaient l'habitude des campements improvisés dans les pires conditions, ils étaient admirablement préparés aux fatigues comme aux études spéciales de l'ascension. Mais encore fallait-il que le Mont-Blanc s'y prêtât avec quelque complaisance. Convaincus, après l'échec de leur seconde tentative, de l'impossibilité de le prendre par surprise, ils se décidèrent à attendre que le temps se fût mis au beau fixe.

Une tournée à Courmayeur et au Grand Saint-Bernard occupa utilement leurs loisirs. Le 27 août, cette fois par un ciel d'une pureté admirable, ils se remettaient en route. Partis de Chamonix à minuit et demi, à onze heures ils arrivaient au Grand-Plateau. La tente était debout, quoique ployant sous le poids de la neige amoncelée contre la toile. On la déblaya, elle reprit sa forme primitive ; rien n'était brisé ni déchiré, les instruments n'avaient pas souffert.

« Nous passâmes une bonne nuit sous notre tente. Le tonnerre des avalanches qui tombaient autour de nous sur le Grand ou le Petit-Plateau, et l'obligation de continuer nos observations météorologiques de deux en deux heures, interrompaient seuls notre sommeil. A minuit, le thermomètre à l'air libre marquait — 9°,6, et celui qui était couché à la surface de la neige — 19°,9. Cependant nous n'avions pas froid sous la tente, grâce à nos vêtements de peau de chèvre, à nos sacs de peau de mouton et aux planches minces qui nous séparaient de la glace. Le lendemain matin, nous voulions partir de bonne heure pour la cime du Mont-Blanc. Les guides s'y opposèrent : ils craignaient des accidents de congélation des pieds, et voulaient attendre que la neige fût un peu réchauffée. »

Il était déjà dix heures quand ils partirent, sous la conduite de Jean Mugnier, Michel Couttet, Auguste Simond, Jean Cachat, Frasserand et Ambroise Couttet. Pour regagner du temps on prit au plus court, soit l'ancien passage des

Rochers Rouges. L'ascension se faisait exactement dans les mêmes conditions que celle de Saussure, c'est-à-dire après une longue période de mauvais jours, et prenant le même chemin on y rencontra le même avertissement sinistre, les débris d'une avalanche tombée la veille. Plus heureuse que prudente, la caravane arriva cependant au haut de l'escarpement sans accident sinon sans peine.

« Nous enfoncions jusqu'aux mollets dans la neige, dont la température était toujours de — 11° à un décimètre de profondeur. La raréfaction de l'air et l'épaisseur de la neige, d'où nous étions obligés de retirer nos jambes à chaque instant, nous forçaient à marcher lentement; tous les vingt pas, nous nous arrêtions essoufflés (1), et nous sentions nos pieds douloureusement froids et près de se congeler. Pendant nos courtes haltes, nous les frappions avec nos bâtons pour les réchauffer. Cette partie de l'ascension fut très-fatigante. Cependant un beau soleil et un air calme favorisaient nos efforts. »

Enfin, à une heure trois quarts, la colonne, pareille à un convoi de malades, atteignit le sommet. La pureté de l'horizon réalisait toutes les espérances qu'on avait pu concevoir, à l'exception du massif du Monte Rosa qui resta enveloppé de nuages. Le premier moment donné à la contemplation du panorama, chacun se mit à l'œuvre. Tandis

---

(1) Ceci est vrai, sans doute, de M. Ch. Martins. M. Le Pileur m'assure qu'il fut beaucoup moins affecté par la rareté de l'air.

que Le Pileur étudiait sur lui-même et sur ses compagnons les effets physiologiques de la hauteur, Bravais et Martins installaient le théodolite et relevaient les angles que formaient entre elles et avec le Mont-Blanc les montagnes les plus remarquables. Ces mesures d'angles conduisent à des résultats de deux sortes et dont il est aisé d'apprécier l'importance. Si l'on considère l'angle que font entre eux deux sommets aperçus d'une cime culminante telle que celle du Mont-Blanc, on en déduira leur direction, et, plus tard, leur position exacte à la surface du globe. En multipliant ces mensurations, on construit ce qu'on appelle un réseau trigonométrique, base de toute bonne carte de géographie. D'autre part, l'angle de dépression de ces mêmes sommets au-dessous de la ligne horizontale tangente à la cime donne leur hauteur relative, à la condition toutefois de faire entrer dans le calcul leur distance et la courbure de la terre.

L'expérience de l'ébullition de l'eau présentait un intérêt particulier. M. Regnault avait étudié la force élastique des vapeurs aux différents degrés de pression et avait publié les résultats de ses recherches dans un mémoire demeuré célèbre. Les conclusions auxquelles il était arrivé seraient-elles démenties ou confirmées par l'expérience directe? « Le physicien, dit très-bien M. Martins, étudiant dans son cabinet les lois qui régissent les forces de la nature, réalise avec des appareils compliqués les conditions nécessaires

pour mettre ces lois en relief; mais on ne peut les regarder comme définitivement acquises à la science que du jour où leur exactitude a été vérifiée expérimentalement en dehors des conditions nécessairement artificielles du laboratoire. »
Comme Saussure, on eut peine d'abord à faire bouillir l'eau résultant de la neige fondue : la basse température de l'air, la brise qui refroidissait le vase de fer-blanc, empêchaient le liquide d'arriver à la température de l'ébullition. Bravais prit un parti héroïque : versant l'alcool sur la lampe allumée, il produisit une flamme passagère, mais assez forte pour amener l'eau à bouillir. La colonne barométrique, mesure de la pression atmosphérique, avait, au même instant, une longueur de $423^{mm},74$. Le thermomètre marqua $84°,40$ et cette température ne différait que d'un vingtième de degré de celle constatée par M. Regnault avec les appareils du Collége de France. L'expérience, répétée au Grand-Plateau, ne donna qu'un écart d'un centième, à Chamonix, d'un vingt-cinquième pour les pressions correspondantes. Des différences aussi minimes équivalent à un accord complet, et prouvèrent que les tables des tensions de la vapeur dressées par M. Regnault étaient l'expression exacte des relations qui lient les températures aux pressions.

Pendant les cinq heures que les savants français passèrent sur le sommet du Mont-Blanc, ils observèrent quatre fois la hauteur du baromètre. Nous avons déjà vu que le chiffre déduit de ces quatre observations donna pour le sommet du Mont-Blanc une élévation de 4 810 mètres au-dessus de la Méditerranée, nombre qui ne différait que de 4 décimètres du résultat moyen de la géodésie.

« Nos opérations étaient à peine achevées que le soleil s'approchait des lignes du Jura dans la direction de Genève : il était six heures un quart, le thermomètre marquait pour la température de l'air — 11°,8, pour celle de la neige à la surface — 17°,6, et — 14°,0 à 2 décimètres de profondeur. Le contact de cette neige, même à travers nos épaisses chaussures, était une véritable souffrance. Cependant nous voulions rester encore pour faire des signaux de feu visibles à la fois de Genève, de Lyon et de Dijon, où se trouvaient des astronomes prévenus de nos intentions. Ces signaux, vus simultanément de ces trois villes, eussent permis de déterminer rigoureusement leurs différences de longitude ; mais le froid était déjà si vif, que nous sentîmes qu'il eût été impossible de nous attarder plus longtemps sans compromettre notre vie et celle de nos guides (1). Auguste Simond voulait demeurer seul pour faire les signaux convenus ; nous refusâmes, et nous fîmes bien. Depuis, la télégraphie électrique a permis d'obtenir sans déplacement et

---

(1) M. Le Pileur avait fait préparer à Chamonix une petite tente capable d'abriter deux hommes pour s'en servir au sommet. Mais les piquets cassèrent quand on voulut les arracher de la neige, de sorte qu'il fallut la laisser au Grand-Plateau.

sans peine un résultat qui eût été acheté peut-être par la vie ou la santé d'un père de famille. Le départ fut résolu, et nous commencions à descendre, lorsque nous nous arrêtâmes tout à coup devant le plus étonnant spectacle qu'il soit donné à l'homme de contempler.

» L'ombre du Mont-Blanc, formant un cône immense, s'étendait sur les blanches montagnes du Piémont : elle s'avançait lentement vers l'horizon, et nous la vîmes s'élever dans l'air au-dessus du Becco di Nonna (1); mais alors les ombres des autres montagnes vinrent successivement se joindre à elle à mesure que le soleil se couchait pour leur cime, et former ainsi un cortége à l'ombre du dominateur des Alpes. Toutes, par un effet de perspective, convergeaient vers lui. Ces ombres, d'un bleu verdâtre vers leur base, étaient entourées d'une teinte pourpre très-vive qui se fondait dans le rose du ciel. C'était un spectacle splendide. Un poëte eût dit que des anges aux ailes enflammées s'inclinaient autour du trône qui portait un Jéhovah invisible. Les ombres avaient disparu dans le ciel, et nous étions cloués à la même place, immobiles, mais non muets

---

(1) Ou mieux la *Becca di Nona*, *Pic de Onze-Heures*, au sud-est et à 7 kilomètres environ d'Aoste. Il se pourrait que M. Martins eût voulu désigner le Mont Emilius, cime voisine de la Becca di Nona, mais plus élevée qu'elle et qui en portait alors le nom dans les cartes. Je signale cette confusion, ici sans importance, parce que Bravais a fait entrer la Becca di Nona dans son panorama géodésique du Mont-Blanc. (V. *Les Alpes Pennines dans un jour*, par le chanoine G. Carrel, Aoste, 1855.)

d'étonnement, car notre admiration se traduisait par les exclamations les plus variées. Seules, les aurores boréales du nord de l'Europe peuvent donner un spectacle d'une magnificence comparable à celle du phénomène inattendu que personne avant nous n'avait contemplé de la cime du Mont-Blanc (1). »

Il n'y avait plus de temps à perdre; il était près de sept heures du soir. Guides et voyageurs, attachés à une même corde, se précipitèrent sur la pente, descendant à la course et tout droit, comme une avalanche. La neige épaisse, où l'on enfonçait à chaque saut, modérait suffisamment l'élan de ce chapelet mouvant. En cinquante-cinq minutes on redescendit ce qu'on avait mis près de quatre heures à gravir. La nuit était venue quand on rentra chez soi : c'est sous la

---

(1) Le soleil levant peut produire la même apparence. Alors, naturellement, le spectre du Mont-Blanc se projette vers les montagnes de la Tarentaise. Depuis que l'usage s'est introduit de faire l'ascension par les Bosses, le voyageur, à la condition de partir assez tôt des Grands-Mulets, a chance d'être témoin de ce phénomène dès qu'il atteint l'arête. C'est ce qui est arrivé, le 26 août 1869 (6 heures 1/4 du matin), à M. Lortet et le 16 août 1875 (5 heures 1/2) à M. Violle. « L'ombre, dit M. Lortet, d'un violet foncé, présentait des bords frangés de rose et de bleu ; ses contours nets et parfaitement dessinés, auraient très-bien pu être reproduits par la photographie (*Revue des cours scientifiques*, 22 janvier 1870). » De même M. Violle : « les contours étaient bien accusés, au point que l'on distinguait facilement les principales courbures de la montagne (*Revue des Deux-Mondes*, 1er novembre 1875). » Dans les deux cas, le cône était surmonté d'un panache de rayons violets où M. Lortet voit « l'ombre d'un petit nuage accroché probablement à la montagne » et qui ressemblait à s'y méprendre, ajoute-t-il, à une fumée légère s'échappant d'un volcan. L'apparition persista plus d'une heure (M. Violle).

tente du Grand-Plateau que je veux dire ; en pareil lieu, le moins confortable asile semble le foyer domestique (1).

(1) Charles Martins, *Du Spitzberg au Sahara*, Paris, 1866. On trouvera dans le numéro du journal *l'Illustration* du 5 octobre 1844, un récit de cette ascension, sous forme de lettre anonyme à M. Adolphe Joanne, et accompagné de gravures représentant, entre autres, l'extérieur et l'intérieur de la tente au Grand-Plateau. L'auteur de cette lettre est M. le docteur Le Pileur.

VUE PRISE DU JARDIN (Glacier du Talèfre)

CHAPITRE XIII

LA SCIENCE AU MONT-BLANC (SUITE)

MM. TYNDALL, PITSCHNER, VIOLLE

MM. Martins et Bravais restèrent encore trois jours au Grand-Plateau (1). Ils eussent désiré même y demeurer davantage, mais nous en fûmes empêchés, dit en terminant M. Martins, *par des circonstances indépendantes de notre volonté.*

C'est un euphémisme. Parmi les obstacles que rencontre un séjour prolongé sur les glaciers, il faut compter, en première ligne et presque à l'égal du mauvais temps, le mauvais vouloir des guides. Saussure en avait fait l'expérience au col du Géant, les savants français l'éprouvèrent encore plus au Grand-Plateau. Cela devait être : la station du Grand-Plateau dépasse de 570 mètres la hauteur du col du Géant ; sans ressources contre le froid plus rigoureux,

---

(1) M. Le Pileur était redescendu le lendemain de l'ascension à la cime.

puisqu'on n'y saurait même faire usage de ces petits réchauds de charbon que Saussure parvenait à entretenir, sans rochers où l'on puisse se dégourdir les membres et s'étendre au soleil, elle n'offre que des champs de neige, dont l'éclat enflamme les yeux, dont la surface ne s'échauffe jamais. Souffrances à part, comment s'étonner que les guides y soient pris d'un ennui insupportable? Entre eux et l'homme de science qu'ils accompagnent la situation n'est pas égale : occupé de ses recherches, jouissant de ses découvertes d'autant plus qu'elles lui donnent plus de peine, celui-ci fait son métier de savant. Le guide fait à peine son métier de guide; il n'est là que pour attendre, patienter. En de telles conditions, la patience est peut-être la vertu la plus difficile à pratiquer. Mais qu'on demande à ces hommes un service actif, la science trouvera en eux des auxiliaires dévoués. C'est ainsi que nous avons vu Aug. Simond offrir à M. Martins de rester au sommet du Mont-Blanc pour faire des signaux de feu. L'intensité du froid qui, ce même soir, au Grand-Plateau, descendit jusqu'à 18 degrés au-dessous de zéro à la surface de la neige, montre assez quel danger il consentait à courir si M. Martins n'avait eu la sagesse de repousser cette proposition. Les expéditions de M. Tyndall vont nous fournir un autre exemple du zèle dont ces hommes sont capables.

Le 12 août 1857, M. Tyndall faisait une première ascension au Mont-Blanc, après avoir employé les semaines précédentes à poursuivre une série d'observations sur la vitesse de mouvement de la Mer de glace et de ses affluents (1). Il était accompagné d'Auguste Balmat, petit-neveu de Jacques, dont j'ai déjà parlé. C'est lui qui s'était fait descendre, à la combe de Sixt, dans le gouffre où l'on présumait que le célèbre guide avait trouvé la mort. Il vit entre les mains de M. Tyndall un de ces thermomètres qui, au moyen d'index mobiles, enregistrent eux-mêmes la température la plus haute et la plus basse à laquelle ils ont été soumis et qu'on appelle pour cette raison thermomètres à maxima et à minima. Frappé de l'ingénieuse disposition de ces instruments, il suggéra à M. Tyndall l'idée d'en placer un semblable au sommet du Mont-Blanc. On l'enfouirait dans la glace en prenant les précautions nécessaires pour qu'il ne fût pas brisé. Une tige de fer marquerait l'endroit, on le relèverait à la saison suivante et l'on saurait ainsi à quel degré la température s'était abaissée pendant l'hiver à la cime de la montagne.

Ce n'était pas affaire de vaine curiosité. Les causes du mouvement des glaciers, dont M. Tyndall faisait une étude particulière, sont intimement liées à la question des températures qui règnent dans l'air ambiant et à l'intérieur

---

(1) V. au sujet des ascensions de M. Tyndall, ses ouvrages : *Les glaciers et les transformations de l'eau; Hours of exercise in the Alps;* et A. Wills, *The eagle's nest.*

des courants de glace. Un glacier n'est pas une masse inerte et compacte qui, par le seul effet de la pesanteur, descendrait sur un plan incliné : il n'est pas entraîné, il marche, il porte en lui la raison et le principe de son mouvement. Les glaciers, — il est bon de le dire pour ceux qui s'étonneraient de la part énorme que la science, en ces dernières années leur a faite dans ses travaux et de la lenteur avec laquelle elle a acquis à leur sujet des connaissances encore fort incomplètes, — les glaciers sont, dans la nature, un objet à part, placé en quelque sorte aux confins du règne inorganique et du règne organique. Si la force vitale en est manifestement absente, ils subissent néanmoins une évolution déterminée par des lois complexes, ils accomplissent des fonctions qu'il est difficile d'exprimer sans employer les termes en usage pour les phénomènes physiologiques. Soumis à un renouvellement constant, la matière dont ils se composent n'y fait que passer, tour à tour alimentée par la condensation des vapeurs de l'atmosphère, éliminée par la fonte et l'évaporation. Traversés d'un nombre infini de veines, de canaux capillaires où l'eau circule librement, c'est par des alternatives de fusion et de regel que leur progression s'opère, et la vie de ces organismes glacés, comme celle de l'organisme animal, paraît s'entretenir par une transformation incessante du liquide en solide et du solide en liquide (1).

(1) On en revient aujourd'hui, pour expliquer la progression des gla-

Mais comment se produit cette transformation? La fusion de la glace a-t-elle lieu dans les profondeurs du glacier aussi bien qu'à sa surface? est-elle due au calorique, à la pression ou à l'action simultanée de ces deux agents (1)? M. Tyndall comprit le secours que l'expérience imaginée par Aug. Balmat pouvait prêter à la théorie glaciaire. Il combina une série d'observations de ce genre, en soumit le plan à la Société royale de Londres et obtint un subside pour le mettre à exécution.

Au commencement de septembre 1858, il était de retour à Chamonix. Le temps, qui ne prend pas les ordres des savants, lui infligea les contrariétés ordinaires : si parfaitement mauvais d'abord, que, désespérant du Mont-Blanc, M. Tyndall se rabattit sur le Jardin, où il alla planter un thermomètre dans la glace, un autre au sommet des rochers. Mais durant cette course, contre toute attente, le ciel s'éclaircit et le temps se fit si admirablement beau

ciers, à la théorie du glissement. Cette théorie ne me paraît pas rendre compte de tous les phénomènes. En tout cas, la progression par glissement, à l'inverse de la progression par viscosité, suppose un changement d'état de la substance en mouvement, à savoir la liquéfaction de la surface inférieure du glacier, et cette liquéfaction semble être déterminée par la pression plus que par la chaleur naturelle du sol. Rien qu'une masse de glace glissant sur un plan incliné ne représenterait pas un glacier. Comme un volcan, un glacier est un mécanisme naturel. Les extrêmes se touchent.

(1) En comprimant l'eau on peut l'amener à une température bien inférieure à zéro sans qu'elle se solidifie; si c'est un morceau de glace qu'on comprime, il éprouvera une fusion partielle.

que M. Tyndall songea de nouveau au Mont-Blanc. Le 11 septembre, il se mettait en route avec M. A. Wills, Auguste Balmat et trois porteurs. La nuit, aux Grands-Mulets, fut superbe, la célèbre comète de 1858 brillait au-dessus du col de Balme. Vers une heure du matin, la caravane repartait pleine d'espoir; mais, comme elle arrivait au haut du Corridor, le tableau changea soudain : on laissait les névés rayonnants de soleil, l'atmosphère tranquille et sèche du versant nord, pour un vent froid et chargé d'humidité, pour un océan de nuages, que dépassaient à peine les récifs solitaires du Monte-Rosa, du Cervin et du Grand Combin. Quand la caravane eut gravi le Mur de la Côte, elle ne vit plus rien; elle continua, enveloppée de brouillards, et ne connut enfin qu'elle était au sommet du Mont-Blanc qu'à la cessation de la pente (1).

N'importe! on y était, on se mit à l'œuvre. Pendant que les porteurs s'occupaient de creuser la glace, M. Tyndall essaya de faire quelques expériences, et M. Wills, profitant d'une faible éclaircie, poussa avec Auguste Balmat une

---

(1) Ce même jour, je me trouvais, avec deux amis, au Rigi où nous jouissions d'un temps magnifique. Rien n'est plus commun, ni plus saisissant, que ces différences dans l'état de l'atmosphère sur les deux versants de la chaîne des Alpes. Il est tels cols, d'accès assez facile, où l'on a toutes chances de jouir de ce spectacle étrange : le Monte-Moro, par exemple, contre le Monte-Rosa. Pendant trois heures consécutives, j'y ai été, tout à la fois, je puis le dire, mouillé par les nuages qui roulaient sur eux-mêmes, tournoyant dans la vallée de Macugnaga comme dans un chaudron diabolique, et brûlé par le soleil qui inondait le haut val de Saas.

reconnaissance vers l'arête des Bosses. Ils revinrent; la besogne n'avançait pas. Creuser un trou au sommet du Mont-Blanc est, par le beau temps, un effort malaisé; par cet ouragan, la tâche était terrible. De la dernière pointe aux précipices de l'Allée Blanche, sur une largeur de 3 à 400 mètres, s'étend un champ de neige mollement ondulé. Le vent du sud, en rasant ce névé, chassait contre la cime des flots de poussière glacée. Le thermomètre, à l'abri, marquait 12 degrés au-dessous de zéro : la violence du vent, les millions de fines aiguilles de neige qu'il fouettait au visage des travailleurs, rendaient ce froid plus perçant encore. Ces pauvres gens étaient de jeunes hommes, de vingt à vingt-trois ans, qui pour la première fois faisaient l'ascension. Il fallait en finir. Balmat, plus robuste, mit la main à l'ouvrage. *La main*, — le terme n'est que trop juste. A coups de pic et de barre de fer, on parvenait à concasser la glace et approfondir le trou; mais, pour le déblayer, il eût fallu une bêche : on l'avait oubliée aux Grands-Mulets. Balmat déblaya à mesure avec ses mains, sans rien dire, sans que M. Tyndall ni M. Wills s'en aperçussent. Il eût craint d'en être empêché et, à tout prix, voulait que l'expérience réussît.

Presque une heure s'était écoulée. Le thermomètre se trouvait maintenant enfoui à quatre pieds environ de profondeur et la tige de fer, qui devait désigner la place, pénétrant trois pieds plus bas dépassait encore de trois pieds la surface de la neige. Il était temps. Les hommes avaient l'air de cadavres ambulants. La teinte livide de leurs faces s'assombrissait de plus en plus et devenait noirâtre. Ils frissonnaient et tremblaient constamment. M. Wills, en proie à une violente migraine, s'était couché, roulé dans son manteau, à demi-engourdi, les cils mêmes frangés d'une bordure de glace. Il ouvre les yeux cependant, et l'aspect de la caravane l'épouvante. Il voit M. Tyndall, indifférent à tout, hors à ses expériences, et couvert de givre des pieds à la tête, sans couleur de vêtements, de barbe ni de cheveux; Balmat qui, la figure décomposée, foulait aux pieds la neige à l'entour de la tige de fer. Il parle aux porteurs, et ceux-ci, sans pouvoir ouvrir la bouche, ne répondent que par gestes. Il se lève et pousse un cri : « Partons! partons de suite, ou nous aurons quelque grave accident! » — « Je crains beaucoup d'avoir les mains gelées, » dit tranquillement Balmat en se tournant vers lui.

On refait les sacs à la hâte, et, d'un pas accéléré, on s'élance sur la pente. En deux minutes, on a perdu de vue le sommet. Le chemin est le même qu'à la montée; mais toute trace a déjà disparu, on ne voit pas à vingt-cinq mètres devant soi; la sagacité de Balmat peut seule trouver la direction au milieu de ce brouillard épais. Bientôt cependant, il s'arrête court : « Je sens un je ne sais quoi; il faut que je voie mes mains! » — Il retire ses gros gants de laine. Ses doigts étaient tout à fait noirs. Il jette là son sac, les frotté vivement avec de la neige, les frotte encore, et commence à s'inquiéter. M. Tyndall et M. Wills, les mains nues, se mettent à lui frapper les mains avec tant d'énergie que M. Wills en tombe épuisé. Un porteur le remplace. « Frappez, frappez fortement, n'ayez pas peur, criait Balmat, fortement, fortement! » Tout cela se passait dans le nuage, sous un vent furieux, à dix minutes à peine du sommet.

Enfin, la sensibilité revint peu à peu, mais en provoquant d'atroces tortures. C'était la sensation de l'onglée, mais cent fois plus poignante, qui se glissait dans les bras, dans le corps et se répercutait au cœur. Le malheureux garçon ne cessait de se frotter les doigts que pour les mordre, trépignant, courant çà et là comme un possédé. Tantôt incapable de dire une parole, ses lèvres qui tressaillaient, ses sourcils froncés, ses narines enflées, seuls visibles sous son masque de toile, exprimaient l'excès de ses angoisses, tantôt il s'écriait de douleur, puis, se tournant vers ses compagnons, les adjurait de l'abandonner, qu'il y allait de leur vie et leur indiquait la route à suivre.

Mais nul ne songeait à son propre salut. Guides et voyageurs, émus, les yeux pleins de larmes, ne s'inquiétaient que pour lui, ne s'occupaient que de le secourir. Trois quarts d'heure se passèrent dans cette situation épouvantable. Quand Balmat vit que personne ne voulait partir sans lui, le danger commun lui rendit toute son énergie. Laissant son bagage aux porteurs, son bâton à M. Wills, et se frottant toujours les mains avec rage, il reprit la conduite de la caravane. Au milieu de ses souffrances, son tact de montagnard ne l'abandonna pas un instant : on toucha juste au sommet du Mur de la Côte; au Corridor on retrouva les empreintes de la matinée, au Grand-Plateau on retrouva le soleil qui n'avait cessé d'y briller. Mais jusqu'au retour à Chamonix, signalé par de nouvelles rafales, les mains du pauvre Balmat ne lui laissèrent point de repos. Elles étaient affreusement déformées, gonflées sous les coups et les morsures. Du moins, cette médication énergique les lui conserva. Il en fut quitte pour perdre quelques ongles et rester estropié pendant des semaines, — ce qui ne l'empêcha pas, huit jours après cette expédition au Mont-Blanc, de gravir le Monte-Rosa en compagnie de M. Wills.

Et quand M. Tyndall parla de le payer, il refusa net. Le payer! Pourquoi? Pour avoir planté un thermomètre là-haut? C'était son expérience, c'est lui qui en avait eu l'idée. Il l'aurait faite tout seul, à ses frais. Il était assez récompensé que la Société royale en eût reconnu la valeur et qu'un savant comme M. Tyndall l'eût patronée. « Je me serais consolé, disait-il, de perdre les deux mains au service de la science. Il n'en est rien, les voilà! Quant à souffrir, c'était bien le moins, et c'est peu de chose. » M. Tyndall trouva un plus noble moyen de s'acquitter. A quelque temps de là, l'Association britannique tenait son assemblée annuelle à Leeds. Il y prit la parole et, devant les premiers savants de l'Europe, dont la plupart connaissaient personnellement Auguste Balmat, il sut raconter en termes si émus le danger que le brave guide avait couru, son courage et son désintéressement, que l'amphithéâtre entier éclata en applaudissements (1).

Ce courage, malheureusement, fut dépensé en pure perte. Au commencement de la saison suivante Auguste Balmat alla visiter la station du Jardin. Le thermomètre placé entre les rochers, à 3 000 mètres d'altitude, était en bon état. L'index, arrêté au point le plus bas de sa course, fixait à — 21° le minimum de température au Jardin pendant l'hiver 1858-1859. Quant au thermomètre laissé sur le glacier, il ne donna qu'une indication qu'on ne lui demandait pas. Il fut relevé à trois cents pieds plus bas que l'endroit où on l'avait posé, ayant parcouru cette distance dans l'espace de neuf à dix mois. Mais l'instrument était brisé; la tige de fer avait été tordue au ras de la glace et couchée à plat par la force des avalanches, malgré le peu de prise qu'elle devait leur offrir. Même insuccès au Mont-Blanc. Auguste Balmat n'y retrouva ni le thermomètre ni la tige de fer, quand il en fit l'ascension le 1ᵉʳ août 1859, avec le docteur Pitschner.

(1) A. Wills, *The eagle's nest*, ch. VIII. M. A. Briquet a donné en trois articles intéressants un résumé des excursions alpestres de M. Tyndall à cette époque. (Les ascensions d'un professeur, *Bibliothèque universelle et Revue suisse*, t. XXI, 1864.)

M. Tyndall n'en parut pas fort étonné. Il se promit de s'y prendre mieux. Il fit fabriquer à Chamonix un certain nombre de poteaux de trois pouces en carré, munis à l'une de leurs extrémités d'une pointe de fer et vers l'autre d'une courte traverse de bois. A cette traverse on fixait solidement un thermomètre destiné à donner la température de l'air, tandis qu'un second thermomètre devait être enfoui à la base du poteau dans la glace et la neige.

Ces préparatifs terminés, M. Tyndall se mit en route le 21 août (1859), accompagné de son compatriote le docteur Frankland, de vingt-six porteurs, dont six seulement devaient pousser jusqu'à la cime, et de trois guides ayant à leur tête Auguste Balmat. On planta cinq poteaux aux niveaux inférieurs, savoir : deux sur le glacier des Bossons, un près des Grands-Mulets, un au Grand-Plateau, un dans le Corridor, — le sixième réservé pour le sommet. On y arriva, le 22 août, trop tard pour commencer le travail ; mais l'ascension avait encore un autre but.

Tous les touristes ont remarqué l'ardeur du soleil dans les hautes régions (1). Le simple raisonnement indique que le soleil doit être plus chaud sur les hauteurs que dans la

---

(1) Ainsi, le 24 *janvier* 1874, une caravane atteignait le sommet du Mœnch (Oberland bernois), *en manches de chemise* (*l'Écho des Alpes*, 1874, n° 1). Consulter, dans le même recueil, l'excellent article de M. C.-M. Briquet, *De la température à de grandes altitudes*.

plaine, puisque ses rayons laissent nécessairement de leur chaleur aux couches d'air qu'ils traversent, couches de plus en plus denses et humides. Quelle est cependant la loi de cette progression décroissante? M. Charles Martins avait trouvé que le soleil était plus chaud au Grand-Plateau qu'à Chamonix de 1 à 3 dixièmes de degré, bien que le fond de l'air y fût de 20 degrés plus froid. Etait-ce bien démonstratif? Le sommet du Mont-Blanc, plus élevé et dont l'isolement éliminait, plus sûrement que toutes les précautions, l'effet de la réverbération sur les neiges, se prêtait mieux à l'expérience. Mais M. Charles Martins n'y avait point apporté les instruments convenables et put seulement constater qu'un thermomètre recouvert d'une mince épaisseur de sable marquait au soleil 5 degrés au-dessus de zéro, tandis que la température de l'air était de 8 degrés au-dessous. M. Tyndall avait projeté de soumettre le phénomène à une analyse plus rigoureuse. Il s'était entendu à cet effet avec M. l'abbé Veuillet, de Chamonix (1). Il devait opérer à la cime : l'abbé ferait, dans la vallée, une série d'observations correspondantes avec des appareils de construction iden-

(1) La science a souvent trouvé un utile concours chez les membres du clergé de la vallée, et plus d'un ecclésiastique a fait l'ascension de la grande montagne : ainsi M. l'abbé Caux, le 31 août 1843, avec M. le docteur Ordinaire; M. l'abbé Henry (Vincent), le 16 septembre 1865; M. l'abbé Lombard, vicaire de Chamonix, une première fois le 22 juillet 1863, avec M. l'abbé Orsat, vicaire des Houches, et une seconde fois le 26 septembre 1869, en compagnie de MM. les abbés Veyrat et Renaud, également de Chamonix.

tique. Je dis une série, car là était la singulière hardiesse du plan de M. Tyndall. La quantité de calorique que les rayons solaires perdaient dans leur trajet à travers l'atmosphère devait sans doute varier avec leur obliquité. Il fallait donc constater cette déperdition à différentes heures et, pour que les expériences fussent concluantes, les commencer dès la pointe du jour et les poursuivre jusqu'au moment où le soleil atteint le zénith. Or, pour se trouver dès l'aurore au sommet du Mont-Blanc et déjà en mesure de procéder à des expériences, il n'y a qu'un moyen : c'est d'y passer la nuit, — et c'est ce que fit M. Tyndall (1).

En fait de matériel de campement, il avait emporté une tente : une tente, et voilà tout. Il n'avait point, comme Saussure au Grand-Plateau, un matelas pour lui, de la paille pour ses hommes; ni, comme MM. Martins, Bravais et Le Pileur, un plancher en bois de sapin. Pareille installation eût exigé trop de bras. Un thermomètre à plat sur la neige marquait 15 degrés au-dessous de zéro. Les deux voyageurs, les trois guides, les six porteurs couchèrent sur cette neige, enveloppés de couvertures, serrés, pressés les uns contre les autres. La tente n'avait

---

(1) Je sais parfaitement, le lecteur voudra bien le croire, que le soleil n'atteint pas le fond de la vallée dès qu'il se lève pour le Mont-Blanc. Les premières observations de M. Tyndall n'auraient eu d'importance que comme terme de comparaison avec ses propres observations subséquentes, et non point avec celles de M. l'abbé Veuillet, qui ne pouvaient commencer que plus tard.

que dix pieds de diamètre : le vent soufflant du nord, on la plaça un peu au-dessous du sommet, vers le sud. Grâce à cette précaution et l'entassement humain conservant la chaleur, nul ne souffrit du froid. Mais tous, plus ou moins, furent incommodés par la gêne de la situation et la rareté de l'air, surtout M. Tyndall, déjà malade à son départ de Chamonix.

L'histoire de la science au Mont-Blanc n'est trop souvent que l'histoire des déceptions des savants. M. Tyndall avait pris des fusées pour voir si leur force ascendante ou leur éclat seraient affectés par la raréfaction de l'atmosphère. Mais, dans la soirée, une brume épaisse enveloppa le sommet. On fit partir une fusée : la traînée lumineuse échappa presque aussitôt aux regards et on renonça à tirer le reste du feu d'artifice. La fusée, cependant, perça le dais de brouillard et fut aperçue de Chamonix (1). Vers la fin de la nuit le brouillard se dissipa, le soleil se leva dans un ciel limpide; mais un autre contre-temps survint. Le vent souffla plus fort, soulevant des nuages de neige poudreuse, et il fallut renoncer également aux expériences sur le rayonnement solaire.

(1) Une expérience du même genre donna des résultats singuliers. Le docteur Frankland fit brûler six bougies choisies et pesées avec soin, pendant une heure au sommet et pendant une heure à Chamonix. Tout le monde put constater que les bougies donnaient dans la première épreuve une lumière beaucoup plus faible. Il se trouva, néanmoins, qu'il en avait été brûlé une quantité égale en poids.

Restait le principal objet de l'expédition. Le poteau, de douze pieds de long, fut enfoncé jusqu'à moitié dans la glace. Un thermomètre à minimum, un thermomètre à maximum et un thermomètre différentiel furent fixés à la traverse de bois et sur la partie libre de la tige. Enfin deux thermomètres à minimum furent déposés dans la neige, l'un à six, l'autre à quatre pieds de profondeur. De tant de soins et de peines, M. Tyndall ne recueillit guère que des désagréments de la part de ses guides, qui, pour la plupart, trouvèrent plus qu'étrange la fantaisie de passer une nuit au sommet du Mont-Blanc. L'entreprise était sans précédent; elle n'a pas été renouvelée. Les expériences thermométriques n'aboutirent pas mieux que les autres. Pendant l'été extraordinairement pluvieux de 1860 (1), M. Tyndall essaya de gravir encore le Mont-Blanc et fut obligé de redescendre après avoir attendu vingt heures aux Grands-Mulets. Le mauvais temps avait déjà détruit les stations intermédiaires. L'année suivante, le poteau existait encore au sommet, mais les tubes des thermomètres étaient brisés (2).

(1) Le catalogue des guides n'indique pour cette année-là qu'une seule ascension heureuse : M. Stanley-Smith, Américain, le 18 juillet.

(2) Tyndall, *Hours of exercise in the Alps*, ch. IV. — Ce ne serait pas la seule occasion où l'on ait essayé de planter un signal au sommet du Mont-Blanc. « Napoléon ordonna, je ne sais en quelle année, écrit M. Markham Sherwill, qu'une croix fut élevée sur chacune des cimes du Mont-Blanc, du Monte-Rosa et du Buet. Le vieux Couttet » (Jean-Marie, l'ancien guide de Saussure, que nous avons vu figurer si souvent dans les

D'autres physiciens ont été plus heureux, sinon plus hardis que M. Tyndall. Les expériences actinométriques (on appelle ainsi les expériences qui ont pour but de mesurer la radiation solaire), ont été reprises à la cime du Mont-Blanc, le 14 juillet 1866 par M. Hodgkinson, le 21 juillet 1867 par M. le professeur Soret, de Genève, et tout récemment, le 16 août 1875, avec un succès complet, par M. Jules Violle, professeur à la faculté des sciences de Grenoble. En une heure et demie d'observations, M. Violle a trouvé que la température des rayons solaires au sommet était de trois à quatre degrés plus élevée qu'au pied du glacier des Bossons, où M. Margottet effectuait des mesures analogues (1). Il reconnut, en même temps, que la

premiers assauts donnés au Mont-Blanc) « fut chargé de diriger les travaux relatifs à la première; et il rapporte que, bien qu'elle eût été construite et fixée avec toute la solidité possible, elle était à peine posée depuis quatre heures, que déjà elle n'était plus d'aplomb; et, peu de jours après, elle avait été renversée par les vents. (Markham Sherwill, *Ascension à la première sommité du Mont-Blanc*, 1827.) » — Je crois que la foudre et les mouvements de la glace doivent jouer ici un rôle aussi bien que le vent, et que, si l'on venait à recommencer les expériences de M. Tyndall, il faudrait munir les poteaux d'un paratonnerre. Quant au Monte-Rosa, les ordres de l'empereur n'ont certainement pas été exécutés. Le *Moniteur* du 22 septembre 1813 rapporte bien, d'après le *Journal de Genève*, que, le 13 août précédent, un M. H. Maynard fit avec Couttet l'ascension du Monte-Rosa par le col Saint-Théodule. Mais, au lieu d'une croix, les voyageurs n'y laissèrent que « diverses monnaies de France et du royaume d'Italie au millésime de l'année. » Il résulte d'ailleurs clairement de l'itinéraire et de la durée de l'expédition qu'ils se sont seulement élevés sur le Breithorn ou sur le Petit Mont-Cervin. La vraie cime du Monte-Rosa n'a pas été gravie avant 1855.

(1) En prenant comme unité la chaleur nécessaire pour élever d'un

déperdition du calorique, d'une station à l'autre, était due pour la plus grande partie, non pas à son absorption par l'air lui-même, mais à son absorption par la vapeur d'eau répandue dans l'air, en sorte que cette déperdition, au lieu de former une quantité constante, varie selon l'état hygrométrique de l'atmosphère. Ainsi, la vapeur d'eau joue le rôle d'un agent qui soutire la chaleur des rayons solaires au profit de l'air ambiant, et c'est là une des raisons qui expliquent pourquoi, malgré l'ardeur plus grande du soleil, l'air sec des cimes est plus froid que l'air humide des régions inférieures (1).

Quant à la température moyenne de l'air et des glaciers au Mont-Blanc pendant la saison d'hiver, elle reste encore à connaître. Je dois rapporter cependant, bien qu'elles n'aient peut-être pas toute la rigueur scientifique désirable, les données obtenues dans les ascensions sans précédent de l'hiver 1875-1876 (2).

degré centigrade la température d'un gramme d'eau, la quantité de chaleur reçue en une minute par un centimètre carré de surface à 10 heures 22' du matin était au sommet du Mont-Blanc (4810 mètres) 2,392, et au glacier des Bossons (1200 mètres) 2,022. On conclut que, à la limite de l'atmosphère, la chaleur reçue par un centimètre carré est 2,540. Le 16 août, à 10 heures 22' du matin, Paris recevait 1,745, c'est-à-dire les deux tiers seulement de la chaleur envoyée par le soleil.

(1) Jules Violle, *Revue des Deux Mondes*, 1er novembre 1875; *Comptes rendus de l'Académie des sciences*, 1876, 1er semestre; et *Journal de Physique de M. d'Almeida*, juin 1876. C'est M. Tyndall, d'ailleurs, qui a signalé le premier l'énergie de l'absorption exercée par la vapeur d'eau.

(2) Voir chapitre x, pages 207-209.

Voici les chiffres relevés par M. Gabriel Loppé :

	Altitude.	Heure d'observation.	Température de l'air en degrés centigrades.
19 janvier 1876. Jonction des glaciers.	2,600m	4ʰ 30' soir	— 5°,5
— Grands-Mulets.	3,050	8ʰ 30' —	— 7° »
20 — id.	id.	2ʰ » matin	— 7° »
— Petit-Plateau.	3,635	8ʰ 30' —	— 12°,5
— Grand-Plateau.	3,932	9ʰ 30' —	— 13° »
— Grands-Mulets.	3,050	1ʰ » soir	— 8° 5

TEMPÉRATURE A CHAMONIX (1050m).

20 janvier.	—	7ʰ » matin	— 11°
—	—	8ʰ » —	— 10°
—	—	9ʰ » —	— 10°
—	—	10ʰ » —	— 9°
—	—	11ʰ » —	— 8°

Le soleil paraît à 11ʰ 30' (1).

Ces curieuses observations confirment d'une manière frappante un fait déjà reconnu en d'autres parties des Alpes : à savoir que la différence de température entre la montagne et la vallée est moins grande l'hiver que l'été. Ici, même, dans la matinée du 20, la température était

(1) On a reproché à M. Loppé de n'avoir pas signalé la direction des vents. Il fait remarquer que les courants d'air, arrêtés par les hautes montagnes, n'ont pas de direction déterminée. Le 19 et le 20 janvier, il faisait très-beau temps autour du massif. Il y avait un très-faible courant du nord. Le Léman était couvert de brouillards immobiles. Le vent qui s'est élevé sur le Mont-Blanc vers 7 h. 1/2 du matin venait de l'est-nord-est. C'est sous son influence que la température descendit à — 13° au Grand-Plateau et à — 12°,5 au Petit. Ce vent était plus froid que la couche d'air qui enveloppait la vallée de Chamonix. C'est pour cela qu'on a observé — 8°,5 aux Grands-Mulets à la descente à 1 heure. Sans ce vent on eût retrouvé — 7°, comme pendant la nuit et comme la veille. (*Note* de M. G. Loppé.)

plus chaude à la station des Grands-Mulets qu'à Chamonix situé 2 000 mètres plus bas. Mais cela n'est vrai qu'à la condition que l'air soit calme, comme il résulte du tableau suivant des températures relevées par mademoiselle Straton. Le temps était beau, mais le vent soufflait du nord avec une extrême violence.

29 janvier 1876.	Grands-Mulets.	5ʰ » matin	— 11° »
—	Grand-Bosse.	2ʰ 30′ soir	— 18° »
31	Grands-Mulets.	4ʰ » matin	— 13° »
—	Grande-Plateau.	8ʰ » —	— 19°,5
—	Cime du Mont-Blanc.	3ʰ » soir	— 23°,3

TEMPÉRATURE A CHAMONIX.

31 janvier.	—	5ʰ » matin	— 8°
—	—	9ʰ » —	— 6°
—	—	midi (au soleil)	+ 10°

Lors de sa tentative du mois de décembre, mademoiselle Straton avait trouvé :

29 décembre 1875.	Chamonix.	10ʰ » matin	— 10°,5
—	Pierre-Pointue.	4ʰ » soir	— 4° »
30	Id.	8ʰ » matin	— 6°,5
—	Aiguille de la Tour.	....	— 9° »
—	Pierre-à-l'Échelle.	....	— 11° »
—	Grands-Mulets.	5ʰ 30′ soir	— 13° »
31	Id.	7ʰ » matin	— 14°,5
—	Pierre-Pointue.	3ʰ 10′ soir	— 4°,5 (1).

(1) Il n'est pas sans intérêt de rappeler ici les prévisions de Saussure. « Si l'on adopte le principe que j'ai posé dans l'article précédent, que la différence entre la température des plaines et celle des hautes montagnes n'est en hiver que les deux tiers de ce qu'elle est en été; on verra que, puisque la température moyenne du col du Géant n'est en été que de 15 degrés plus froide que celle de Genève, elle ne le sera que de 10

Je reviens à M. Tyndall.

Il eut de quoi se consoler de ses échecs répétés par les beaux résultats que lui donnèrent ses observations sur le mouvement de la Mer de glace, poursuivies même au cœur de l'hiver (1). Celles-ci ont laissé plus de traces dans la science et même dans les annales alpestres, car le séjour de nuit de M. Tyndall au Mont-Blanc, cette ascension si remarquable, ne fût-ce que comme exploit de touriste, a été omise (ou, du moins, est méconnaissable) dans la liste du Bureau des guides.

Elle n'est pas la seule dans ce cas. Ce ne fut point, au contraire, le retentissement qui manqua à l'ascension que M. le docteur Pitschner, de Berlin, fit quelques jours auparavant (1ᵉʳ août 1859). Une vive canonnade annonça au menu peuple des touristes l'apparition de M. Pitschner au sommet du colosse. Lorsque le docteur redescendit dans la vallée, un nombreux cortége se porta au-devant de lui, le drapeau

---

en hiver. Ainsi, comme nos plus grands froids n'excèdent guère 15 degrés au-dessous de zéro, ceux du col n'excèderaient guère 25, et ceux de la cime du Mont-Blanc 30 ou 31 ; ce qui est un peu moins que les grands froids de Pétersbourg. (*Voyages dans les Alpes*, § 2054). » Saussure emploie le thermomètre de Réaumur.

(1) Le 27 décembre 1859 (voyez Tyndall, *Les glaciers et les transformations de l'eau*). L'hiver était rigoureux, la neige si profonde que les barrières qui bordent la route près de Chamonix avaient disparu. Pour n'y pas enfoncer en allant au Montanvers, les guides attachèrent de larges planchettes sous leurs chaussures. On peut voir, au musée ethnologique de Saint-Germain, de ces sortes de planchettes usitées par les Esquimaux. Simler mentionne des patins du même genre à l'usage de ceux « qui profundas nives perambulare volunt. » (*De Alp. comm.*, page 287.)

prussien en tête, et l'accueillit aux sons de l'hymne national de sa patrie. Il fit son entrée à Chamonix au milieu des fanfares, des acclamations les plus enthousiastes, accompagnées de nouvelles salves de coups de canon; le soir, illuminations et feux d'artifice. Le caractère personnel de M. Pitschner fut sans doute pour beaucoup dans cette ovation. En son temps déjà, l'ascension du Mont-Blanc par la route commune n'était plus une rareté, un exploit capable de provoquer une sensation si extraordinaire, et le docteur ne s'en tira pas non plus d'une façon particulièrement brillante. A partir du Grand-Plateau, il se représente luimême comme exténué et n'avançant qu'avec des peines inouïes; se couchant, de quart d'heure en quart d'heure, sur les bâtons de ses guides jetés côte à côte, s'endormant profondément, secoué, tiré de ce sommeil léthargique le front baigné de sueur, obligé de se faire frotter les tempes et les oreilles avec de la neige avant de pouvoir se remettre en marche, et, de repos en frictions, atteignant enfin la cime de la montagne sur ses genoux.

On devine que M. Pitschner n'était pas un alpiniste. Sa relation a beau dater de l'époque où se signalaient les Kennedy, les Tuckett, les Hudson, les Tyndall, les Loppé, de l'époque où parut le premier volume de *Peaks, Passes and Glaciers,* elle est écrite de ce ton emphatique qui caractérisait, à peu d'exceptions près, les récits d'ascensions au Mont-Blanc vingt-cinq ou trente ans auparavant, et les coloriages dont elle est enrichie répètent, sans l'excuse du temps, les illustrations naïves et par trop émouvantes d'Auldjo (1).

Cette relation, qui a dû faire frémir les compatriotes de l'auteur, pourrait bien aujourd'hui n'arracher qu'un sourire à ceux d'entre eux qui ont l'habitude de la montagne. Il y aurait pourtant à cela quelque injustice. Les embarras où s'est trouvé le docteur Pitschner tenaient sans doute pour une bonne part à son inexpérience; mais il est positif aussi que les glaciers du Mont-Blanc ont présenté des difficultés exceptionnelles pendant la période de 1858 à 1860. Ainsi, dans la première de ces années, MM. Tyndall et Wills eurent beaucoup de peine à gagner les Grands-Mulets, à cause de l'énorme largeur des crevasses au-dessous de leur base. Un prodigieux abîme s'étendait sans interruption depuis le pied des rochers jusqu'à la montagne de la Côte, et ce ne fut qu'après des tentatives réitérées qu'on parvint à trouver un passage praticable, sinon aisé. En y revenant l'année suivante, trois semaines après M. Pitschner, M. Tyndall ne trouva pas le glacier des Bossons moins disloqué et dut se servir d'échelle en plusieurs endroits. Le froid fut aussi tout à fait anormal et le docteur Pitschner, qui voulut passer la nuit sur le toit de la cabane des Grands-Mulets

(1) *Der Mont-Blanc, Darstellung der Besteigung desselben am* 31 *Juli und* 2 *August* 1859, von Dr W. Pitschner, *zweite Auflage, Genf,* 1864, avec un atlas de six planches in-folio.

pour jouir de l'aspect du ciel étoilé, se mit dans le cas d'en ressentir les effets plus sévèrement que personne (1).

J'ai dit que, dans cette ascension, Auguste Balmat, qui conduisait la caravane, ne retrouva pas le thermométrographe qu'il avait déposé sur la cime, l'année précédente, avec M. Tyndall. Le docteur, plus heureux, trouva ce qu'il cherchait et ce dont la rencontre, au premier abord, semblait beaucoup moins vraisemblable. On avait certainement déposé un thermomètre, et un thermomètre ne craint pas le froid ; mais qui se fût jamais attendu que la nature eût mis là des êtres organisés, des animaux pour y vivre à demeure, y trouver leur nourriture et s'y reproduire ! Les rochers des Petits-Mulets se dressent à quelques centaines de mètres de la cime, — se dressent ou plutôt affleurent, élevant à peine au-dessus des neiges leur surface de quelques pieds carrés. Et cependant la vie n'est pas éteinte, à pareille

---

(1) M. Pitschner annonce que, à quatre heures du matin, sur le Petit-Plateau, le mercure descendit à 20°,5 centigrades au-dessous de zéro. Le vent soufflait du nord-est, mais une pareille température en août n'est pas moins fort extraordinaire. Il rapporte plus haut (page 69), d'après la *Gazette de Carlsruhe*, que, dans la nuit du 21 au 22 août, MM. Tyndall et Frankland relevèrent, à proximité des Grands-Mulets, — 14° Farenheit hors de la tente et — 5° à l'intérieur, c'est-à-dire, selon lui, — 20°,4 et — 16°,8 Réaumur : j'ai à peine besoin de faire observer que cette assimilation est tout à fait erronée, et que les chiffres donnés par M. Tyndall (qui compte les degrés Farenheit à partir du point de congélation) correspondent en réalité à — 6°,2 R. ou — 7°,7 C., et à — 2°,2 R. ou — 2°,7 C. M. Pitschner faillit être gelé et craignit longtemps pour son bras gauche ; grâce à des soins prolongés, il ne perdit que « la moitié de la première phalange du pouce. »

hauteur, sur ces îlots cernés de glaces éternelles. M. Pitschner remarqua dans les fissures du roc plusieurs plantes cryptogames. Il recueillit le gravier que contenaient ces fissures et le microscope lui fit découvrir dans cette espèce de terreau une infinité d'infusoires et de rotifères (1).

Deux ans après (1861), M. Pitschner revenait à Chamonix. Sa première expédition lui avait valu une mission spéciale du roi de Prusse et il partit, magnifiquement approvisionné d'instruments de physique et de météorologie, pour poser sa tente sur le glacier, au pied du rocher de la chaîne des Grands-Mulets qui porte aujourd'hui son nom (2). Il y passa seize jours (du 31 août au 16 septembre).

(1) On sait, depuis les belles recherches de M. le professeur Ehrenberg, de Berlin, que ces êtres microscopiques ne sont nullement, comme on l'avait cru d'abord, un simple agrégat de cellules, une sorte de gelée animale se nourrissant par imbibition. Sous un fort grossissement, leur organisation, bien loin d'être rudimentaire, se montre d'une complication qui étonne. On distingue chez les rotifères polygastriques une bouche armée de mâchoires, plusieurs estomacs, des yeux, un système musculaire très-développé et un système nerveux. Ils possèdent la singulière faculté de revenir à la vie après avoir été desséchés et morts en apparence pendant des mois entiers. M. Pitschner recueillit des centaines de ces animalcules sur la neige aux environs des Grands-Mulets.

(2) Sur ce rocher, le plus élevé de la chaîne et dont l'ascension est assez scabreuse, le guide Sylvain Couttet a récemment édifié deux *hommes de pierre*. Je crois que c'est le même rocher que Saussure appelle *Rocher de l'heureux retour* parce qu'il y passa la nuit en descendant du Mont-Blanc. Le nom d'*Aiguille Pitschner* lui a été donné en vertu d'une délibération du conseil de la compagnie des guides (17 septembre 1861), à la requête de M. E. de Catelin, commissaire spécial de police à Chamonix. C'est le seul cas, à ma connaissance, où la compagnie des guides soit intervenue aussi solennellement pour baptiser un des pics du Mont-

MM. Gabriel Loppé et Joseph Tairraz ont représenté cette installation pittoresque dans une suite de tableaux et de vues pour le stéréoscope. « Un matin, raconte le docteur, je me suis réveillé suffoqué par la chaleur. Je veux me donner de l'air; j'essaie de soulever le panneau de toile cirée qui fermait l'ouverture de la tente... impossible! J'éveille Zacharie Cachat, qui dormait à mes côtés; à son

Blanc. Je ferai à ce sujet une observation. En 1844, MM. Martins, Bravais et Le Pileur proposèrent de donner le nom de Saussure à l'une des cimes qui environnent le Grand-Plateau. Dans la pensée de ces messieurs, ce nom devait s'appliquer à la sommité des Monts-Maudits la plus rapprochée de la calotte du Mont-Blanc (n° 55 du panorama du Mont-Blanc pris du Brévent, dans l'*Itinéraire descriptif de la Suisse* de M. Ad. Joanne, 1re édition). Mais un autre usage a prévalu : la sommité en question a retenu en propre le nom de Mont-Maudit, tandis que la sommité plus septentrionale ne se désigne dans la vallée que sous celui du Mont-Blanc du Tacul, dont elle n'est effectivement que le prolongement vers l'ouest. Si cela était bien entendu, accepté par tous, il n'y aurait pas grand mal; mais il s'en faut. M. Mieulet, dans son *Massif du Mont-Blanc*, a fait passer le nom d'*Aiguille de Saussure* au prolongement du Mont-Blanc du Tacul; beaucoup de personnes, notamment des photographes, s'obstinent à représenter ce même prolongement sous le nom de Mont-Maudit; les guides ne savent ce que c'est que l'Aiguille de Saussure, ou l'identifient, selon l'intention de ses parrains, avec le véritable Mont-Maudit; enfin, M. Viollet-le-Duc transpose le nom d'Aiguille de Saussure à l'Aiguille des Glaciers, au-dessus des Mottets, et, par là même occasion, déposséde le docteur prussien de son Aiguille pour l'assigner à Bravais! Encore un peu et on aboutira à une confusion complète. La liberté, surtout, que prend M. Viollet-le-Duc me paraît excessive. L'escarpement du Mont-Blanc du Tacul sur le glacier des Bossons, réellement distinct de son escarpement oriental, peut sans inconvénient garder le nom d'Aiguille de Saussure, conformément à la carte de M. Mieulet; mais le rocher Pitschner doit rester rocher Pitschner, et l'Aiguille des Glaciers, Aiguille des Glaciers, à moins qu'on ne veuille aussi débaptiser le hameau des Glaciers qu'elle domine.

tour il tâche de relever le panneau et, tout haletant comme moi, respirant avec peine, ne peut y parvenir. L'obscurité était complète; ma montre sonne six heures; il devait faire jour, nous allumons et nous finissons par nous apercevoir que nous sommes littéralement ensevelis sous une épaisse couche de neige tombée pendant la nuit. Il fallut pratiquer une trouée avec nos têtes dans cette neige heureusement assez fraîche pour nous ouvrir un passage, et travailler quatre heures à débarrasser la tente et les appareils entièrement engloutis. »

Une autre nuit, un épouvantable roulement se fait entendre et chacun croit toucher à sa dernière heure. Le bruit cesse, le docteur sort, et, à quatre mètres de distance, aperçoit gisant sur la glace, éclatée alentour en mille morceaux, un énorme bloc de granite qui vient de rouler du sommet de l'aiguille au pied de laquelle il a posé sa tente. — « C'est une carte de visite que votre voisine dépose à votre porte, cher docteur, dit M. de Catelin. Cette voisine n'a pas de nom, permettez-moi de répondre à ses avances en lui offrant le vôtre. » Voilà à quelle occasion la plus haute aiguille des Grands-Mulets a reçu le nom d'Aiguille Pitschner (1).

(1) E. de Catelin, *Relation sommaire de la deuxième ascension scientifique* de M. le docteur W. Pitschner, Annecy, 1861.

CHAPITRE XIV

LA VIE ANIMALE

Indépendamment des grandes expéditions que nous venons de voir et des recherches qu'elles m'ont donné l'occasion de mentionner, nombre de savants, Rumford, J.-D. Forbes, Agassiz, Élie de Beaumont, Lory, de Mortillet, Gastaldi, Chauveau, Viollet-le-Duc, Alph. Favre, ont porté leurs investigations sur le massif du Mont-Blanc. De simples touristes, servis par le hasard, ont été témoins de phénomènes rares et inattendus, que plusieurs ont su décrire avec exactitude et dont la science a fait son profit. Ainsi s'est formé un ensemble considérable de connaissances sur l'état de l'atmosphère dans ces hautes régions, sur les actions électriques, la formation des nuages, la constitution des glaciers, la nature des roches cristallines, — enfin, sur la vie végétale et animale. Car, sans parler des êtres microscopiques, il y a des animaux au Mont-Blanc, hôtes habituels, hôtes de passage et, quelquefois aussi, hôtes malgré eux, à leur corps défendant. Le docteur Pitschner avait emporté à sa station des Grands-Mulets des pigeons, un chat, un chien. Le chat ne voulut jamais quitter la cabane, mangea peu et passa tout le temps du séjour dans un état d'engourdissement complet. On avait pensé que les pigeons pourraient servir de messagers rapides entre la station et Chamonix. Le premier qu'on lâcha mit deux jours à rentrer au colombier. Encore, si péniblement que ce fût, celui-là avait-il pu voler. Une dame eut l'idée d'emporter un pigeon dans une ascension au Mont-Blanc, pour se tenir les mains chaudes. Parvenue au sommet, elle le lâcha; mais le malheureux volatile, sans même chercher à battre de l'aile, tomba lourdement sur la neige où il fallut le reprendre.

On sait que les chevaux des Alpes sont dressés à traverser des cols occupés par des glaciers de facile accès : le Gries, par exemple, et même le Saint-Théodule. Mais les glaciers du Mont-Blanc sont trop crevassés pour les cavalcades. A plus forte raison le gros bétail y serait-il empêché. Cependant, avant qu'on eût pratiqué des degrés dans le rocher du Mouret, au Mauvais-Pas, on conduisait les vaches aux pâturages de la rive droite de la Mer de glace, en les faisant passer par le glacier même, au pied du rocher. Les personnes qui ont franchi le Mauvais-Pas trouveront déjà extraordinaire que des vaches soient capables de gravir et de descendre un pareil escalier, et voudront savoir comment on s'y prenait pour les mener par le glacier dont le désarroi, en cet endroit, est aussi complet que possible. Le voici : au commencement et à la fin de la saison d'alpage, les pâtres se rendaient au glacier armés de hachettes et chargés de planches. Ils taillaient une manière de sentier, jetaient des passerelles où besoin était et, le lendemain, chacun tirant sa vache par une corde la guidait à travers l'effroyable débâcle.

Dans la même espèce, d'ailleurs, tel individu se comportera bravement sur le glacier, tel autre sera très-timide. J'ai rencontré deux moutons sur la Mer de glace. Comme ils étaient gras et lourds, leurs conducteurs, qui les portaient à dos dans les passages trop difficiles, essayaient, de temps à autre, de les faire cheminer sur leurs pattes. L'un trottait très-bien, sautait même par-dessus les crevasses et glissait sans s'émouvoir. L'autre restait comme il avait pris pied, les jambes écartées, dans une immobilité complète. On eût dit un de ces moutons de carton qu'on donne en jouet aux enfants. Quand son conducteur le reprenait, il cachait sa tête dans la veste de l'homme pour fuir le vertige. Si on faisait mine de le déposer encore, il se débattait. — On les menait tous deux à la boucherie du Montanvers. Il se faisait tard, le glacier était dans l'ombre, et, je ne sais pourquoi, cette petite scène m'a laissé un souvenir mélancolique. J'avais envie de dire à l'un : Tu es trop gai pour la circonstance ; et à l'autre : Mon pauvre ami, pour arriver malgré tout où tu sais, mieux vaut y arriver sur tes pattes, en brave mouton.

Les chèvres sont sur le glacier ce qu'elles sont sur le rocher, s'y conduisant avec une telle liberté d'allures que des guides même, de loin, ont pu les prendre pour des chamois. Seulement, bêtes de peu de cervelle, elles s'engagent parfois dans des impasses. L'issue est coupée, plus périlleuse au retour qu'à l'aller, ou bien elles ne la retrouvent point. Alors elles se désespèrent et bêlent jusqu'à ce qu'on vienne les chercher. Il est, du reste, impossible de donner une idée exagérée de leur agilité. J'en ai vu un exemple merveilleux. Un peu au-delà du Montanvers, en allant au Jardin, on vient à un endroit qu'on appelle *les Ponts*. La roche est aussi inclinée que le toit le plus aigu d'une cathédrale gothique, mais elle présente à différents niveaux des saillies transversales pareilles à la tranche d'une tuile un peu épaisse, et pour l'homme, qui a des pieds pour s'appuyer largement sur ces rebords, des mains pour les saisir et se replier dessus, le passage n'offre aucune difficulté. J'étais précisément dans cette attitude, cramponné et le corps en avant, quand je sentis sur ma main un contact tiède et humide. Je me retourne ; c'était une chèvre qui me léchait. Jamais je n'ai éprouvé pareille surprise. Quand nous fûmes au-delà des Ponts, la chèvre passa à son tour, en bondissant, et après elle un troupeau de dix à douze têtes. Les Ponts offrent, d'ailleurs, quelques replats et quelques rainures gazonnées Mais il y a deux ou trois couloirs comme celui que je viens de décrire et je suis encore à me demander quelle prodigieuse justesse de coup d'œil et quel sens de l'équilibre il faut à ces animaux pour courir et sauter sur de si minces arêtes avec leurs pieds durs et étroits.

Les chèvres ont besoin d'un sol solide. Si le glacier est recouvert de neige, elles ne s'y risquent plus. De tous les animaux domestiques, il n'est que le chien qui s'accommode d'une excursion sur les névés. Où va l'homme, il suit de confiance. Bourrit voyageait d'ordinaire avec son chien. Autant en ont fait d'autres touristes, parfois dans des courses fort difficiles. Un terre-neuve est monté aux Grands-Mulets le 14 mai 1868. Le chien de M. Kennedy a escaladé la redoutable Aiguille Verte. Sylvain Couttet possédait une chienne qui était bien l'ascensionniste la plus déterminée que j'aie jamais vue. Finette allait vingt fois, trente fois par an de Chamonix aux Grands-Mulets. Pour l'empêcher de partir avec les caravanes, il fallait fermer portes et fenêtres. Malgré ces belles dispositions, elle n'a jamais été au Mont-Blanc, comme certain chien de sa connaissance qui, même, y est monté deux fois; mais son maître, pour la dédommager, l'a menée au Dôme du Goûter. On lui a enveloppé les pattes avec des bandelettes de laine, afin qu'elles ne fussent pas gelées, et je m'étonne qu'il n'ait pas fallu aussi lui emmailloter le museau, car Finette était toute petite et donnait souvent du nez contre la neige. En cet état elle a suivi la caravane à la grâce de l'instinct. Un jour, cependant, son instinct l'a trompée et il lui en a cuit — *cuit* n'est pas tout à fait le mot juste : elle est tombée dans une crevasse, heureusement peu profonde. Elle en a été quitte pour la peur et pour attendre, en grelottant, qu'on eût jeté assez de neige pour faire une pente par où elle pût remonter. Depuis ce temps-là, elle était devenue circonspecte : elle se méfiait des ponts de neige.

Finette n'est pas la seule bête de son espèce à qui les crevasses aient joué de ces tours. En 1873, des voyageurs anglais, en montant aux Grands-Mulets, trouvèrent un chien *abandonné* dans une crevasse de vingt à trente pieds de profondeur. Le guide Joseph Payot se fit attacher à une corde et remonta l'animal qui, après quelques gambades, parut ne plus penser à l'accident. Quatre ans auparavant, un certain Giuseppe Ruscetta, Piémontais, domestique de la Pierre-Pointue, opéra un pareil sauvetage dans des conditions bien plus surprenantes encore. Un voyageur avait voulu lancer son chien par-dessus une crevasse; le chien eut peur, chercha à se retenir à l'habit de son maître et, par suite de cet effort malavisé, manqua l'autre bord et tomba dans l'eau qui remplissait la crevasse à une profondeur de soixante pieds. Ruscetta, en se glissant par une fissure étroite aux parois lisses et perpendiculaires, trouva moyen d'arriver à portée du chien, de le harponner par le collier avec son piolet et de le ramener à la surface. Cet exploit, du reste, ne surprendra pas ceux qui ont été témoins de l'agilité de Ruscetta sur les glaciers.

De ces hôtes passagers des champs de neige les plus à plaindre sont les abeilles et les papillons. Une fois engagés sur le glacier, au hasard du vol ou de la brise, ils montent, montent toujours, guidés par un instinct dont ce n'est pas le cas d'admirer la prévoyance. La plupart de ces égarés viennent s'échouer au rocher des Grands-Mulets où ils meurent bientôt de froid et d'épuisement. Les plus vigoureux poussent jusqu'au Grand-Plateau et n'y gagnent que de tomber sur la neige au lieu de tomber sur le rocher.

Semblable aventure arrive parfois aux bandes d'oiseaux voyageurs. M. Leslie Stephen rencontra un jour, au fond du glacier de Leschaux une vingtaine d'hirondelles mortes sur le névé. Les pauvres petites bêtes étaient groupées dans un ordre symétrique, comme si elles eussent été frappées toutes à la fois pendant leur vol. Quand on songe que, en quelques minutes, leur ailes rapides les auraient transportées de l'autre côté de la montagne sous le chaud climat d'Italie, on conçoit une terrible idée de la violence des tourmentes de neige à cette altitude. C'est à raison de cette circonstance que M. Leslie Stephen a proposé de donner le nom de *col des Hirondelles* à la brèche qui s'ouvre au fond du glacier de Leschaux, entre les Grandes et les Petites Jorasses (1).

La niverolle, ou pinson des neiges, ne court pas les mêmes dangers. Ce charmant petit oiseau est un habitué des hautes Alpes, où il fait son nid, bien au-dessus de la limite des forêts, sur les crêtes des rochers nuds et escarpés. Souvent on le voit se percher sur la balustrade de la cabane des Grands-Mulets et picorer les miettes de pain sous le nez des touristes avec la sauvage effronterie de son espèce. Les choucas, ou corneilles à bec jaune, montent encore plus haut. Elles s'élèvent presque à la hauteur du Mont-Blanc, traversant le Corridor à tire-d'aile. Au Grand-Plateau, elles viennent s'abattre par troupes sur la neige pour ronger les os de poulet et autres débris de repas laissés par les caravanes. Niverolles et choucas feraient maigre chère s'il leur fallait se contenter de ces festins d'aventure. Même les insectes, les araignées noires, que Saussure a remarquées entre les pierres jusque sur le col du Géant, ne leur seraient encore qu'un médiocre ordinaire. Heureusement, la Providence y a pourvu :

> Aux petits des oiseaux il donne la pâture,

et c'est ici qu'on s'explique l'instinct mystérieux qui pousse les abeilles et les papillons à remonter le glacier. Grâce à ce déjeuner qui vient au-devant d'eux, les braves oiseaux

(1) *Alpine Journal*, février 1874.

ont de quoi s'entretenir et les mouches leur tombent toutes gelées dans le bec.

On ne saurait trop admirer l'ingénieux mécanisme qui met ainsi les bêtes faites pour butiner parmi les prés fleuris, à la portée des bêtes affamées que leur tempérament retient dans les régions glacées. Mais la nature aime à rapprocher les extrêmes. On sait que toutes les espèces de corbeaux ont la passion singulière de dérober tout ce qui brille. Le choucas, notre corneille des neiges, porte ce goût jusqu'à voler du feu. Ce fait, si étrange, a été constaté par les témoins les plus dignes de foi, et on prétend que des incendies ont été occasionnés par ces animaux qui pénétraient dans les chalets sans surveillance, prenaient au foyer des morceaux de bois allumés et allaient les cacher dans les coins. Une de ces corneilles, étant apprivoisée, avait un tel penchant pour le feu, qu'elle tirait des lampes les mèches allumées et les avalait. Elle en faisait de même des petits tisons qu'elle volait dans la cheminée. Quand elle apercevait un réchaud, elle allait chercher du papier, des chiffons, des copeaux, les jetait sur les charbons et, immobile devant l'ustensile, semblait prendre un plaisir extrême à voir la fumée et les langues de flamme qui s'en dégageaient (1).

Après tout, la corneille des neiges recherche dans le feu

(1) F. de Tschudi, *Le monde des Alpes*, 8ᵉ édit., trad. de O. Bourrit, 1870.

l'éclat, non la chaleur : c'est le goût du sauvage pour la verroterie ; l'antithèse n'est que dans les mots. Mais il est un animal dont la présence au Mont-Blanc et la complexion forment un contraste très-réel. Il n'est pas rare, quand on passe la nuit aux Grands-Mulets, d'entendre un grignotement sous le plancher. Qu'est-ce à dire? la montagne serait-elle accouchée d'une souris, suivant un mot plaisant d'Arago ? Car, avec un peu de bonheur, on peut surprendre le rongeur à l'œuvre, et il ressemble à s'y méprendre à la souris domestique. Sinon, à quelle époque est-elle venue là ? Pendant qu'on construisait la cabane, sans doute, cachée au fond de quelque hotte qui aura joué pour elle le rôle de ces vaisseaux dont la cargaison a infesté l'Amérique de rats européens? — Nullement. Ce petit rongeur existait aux Grands-Mulets avant qu'il y eût de cabane; il naît, se propage et meurt sur ce récif environné de glaces. D'ailleurs, ce n'est pas une souris, mais une sorte de campagnol particulière à la région des neiges. M. Charles Martins, qui en a déterminé l'espèce et lui a donné son nom scientifique, *arvicola nivalis*, l'avait observé en 1841 au sommet du Faulhorn avant de le rencontrer aux Grands-Mulets. On l'a trouvé, à pareille hauteur, à travers toute la chaîne des Alpes, dans les huttes abandonnées des pâtres, dans ses terriers qui boursouflent le sol à la façon des taupinières. On a pensé qu'il passait l'hiver endormi, réduit comme les marmottes à un minimum d'existence. Point du tout encore ; il est vif et dégourdi en toute saison, et son pelage, qui ne change pas, n'est pas plus fourré que celui des autres campagnols. Qui ne croirait après cela que le campagnol des neiges est doué d'une extraordinaire endurance au froid? Eh bien, l'expérience est venue prouver le contraire ! Le campagnol des neiges est si loin de craindre la chaleur et de s'accommoder du froid, que plusieurs individus ont parfaitement vécu au Muséum d'histoire naturelle, à Paris, dans la même atmosphère que les singes d'Amérique, tandis que d'autres, exposés à l'air pendant une nuit où la température n'est pas même descendue jusqu'à zéro, ont été trouvés morts le lendemain matin.

M. Ch. Martins a résolu ce problème physiologique de la façon la plus originale. Si le campagnol des neiges habite les endroits élevés, c'est justement parce qu'il est plus frileux que ses congénères de la plaine. Le paradoxe, ici, est une pure vérité. En été le sol s'échauffe relativement beaucoup plus dans la montagne que dans la plaine et se refroidit beaucoup moins en hiver. La neige qui le recouvre dès les premiers jours d'octobre le protége contre le rayonnement; elle ensevelit les plantes avant qu'un air glacé les ait flétries et ne disparaît que lorsque les retours du gel ne sont plus à craindre. Il en résulte que, pendant la saison rigoureuse, les hautes Alpes offrent au campagnol un terrier plus chaud et lui gardent sous la neige une provision d'herbes encore vertes et vivantes (1).

Le campagnol des Grands-Mulets est, sans contredit, le mammifère qui habite la station la plus élevée en Europe. Le chamois, même en ses excursions, ne s'aventure guère aussi haut. On ne s'attendra pas à faire la rencontre d'un troupeau de chamois pendant une ascension au Mont-Blanc : les routes trop frayées par les touristes ne sont point les leurs. Mais il n'en faut pas conclure que les chamois soient rares au Mont-Blanc. Bien que le nombre en ait fort diminué, il en existe encore en assez grande quantité dans le massif et sur les montagnes environnantes, notamment du côté de Savoie dans la chaîne des Fiz. A l'arrière-saison, ceux de ces animaux qui hantent les glaciers du Mont-Blanc descendent vers le col de Tricod où MM. de Nicolaï possèdent un chalet de chasse, et, à l'approche de l'hiver, plus bas encore, sur les croupes du Prarion où ils vont brouter les myrtiles et gîter dans les rhododendrons en compagnie des coqs de bruyère. Mais c'est surtout sur le versant italien que les chamois sont abondants ; là, garantis de la poursuite des chasseurs vulgaires, ils n'ont à redouter que les visites du roi d'Italie,

---

(1) Ch. Martins, *Annales des sciences naturelles*, 1843 et 1847. Il y a plus d'une vingtaine de plantes phanérogames croissant entre les rochers aux Grands-Mulets : des silènes, des potentilles, des gentianes, des saxifrages, etc. Presque toutes conviennent à la nourriture du campagnol (voyez 2me *Notice sur la végétation de la région des neiges ou Flore des Grands-Mulets,* par Venance Payot). Les voyageurs qui ont visité la Suisse

comme en témoignent les deux écriteaux, que le voyageur rencontre sous les cols de la Seigne et de Ferrex, par ces mots sacramentels : *Diviéto di cacciare*.

au printemps savent avec quelle rapidité merveilleuse une alpe couverte de neige se montre, du jour au lendemain, parée de verdure. La neige, minée par la chaleur du sol et de la végétation, forme un dôme, une sorte de serre où la plante se développe dans une atmosphère relativement tempérée.

LE MONT-BLANC

VUE PRISE DU VAL FERREX

CHAPITRE XV

LES ROUTES DU MONT-BLANC ET LES CABANES

ROUTES DE CHAMONIX

Sur des glaciers reconnus avant eux, les savants ont été à la recherche de nouveaux sujets d'étude. Mais la montagne a eu aussi ses hardis pionniers qui l'ont assaillie sans autre ambition que de s'ouvrir jusqu'à sa cime un chemin non encore frayé. L'histoire de leurs ascensions se confond avec celle des routes du Mont-Blanc, — routes de glace comparables aux routes de la mer dont il ne reste rien qu'un sillage bientôt effacé et que pourtant le navigateur suit sans hésitation.

Il y a aujourd'hui au moins trois routes praticables. Le Mont-Blanc figure à peu près une pyramide quadrangulaire dont une face est tournée vers Chamonix. En partant de ce village, on l'aborde de front, — c'est la route de Chamonix, qui est encore la plus fréquentée. Mais cette face de la pyramide a deux arêtes : si on part des Bains de Saint-

Gervais, on suit l'arête occidentale, c'est-à-dire l'Aiguille du Goûter, le Dôme du Goûter et les Bosses du Dromadaire. En venant de Courmayeur, on gagne par un grand détour l'arête de l'est, qui se prolonge jusqu'au sommet par le Mont-Blanc du Tacul, le Mont-Maudit et le Mur de la Côte. — La route de Chamonix offre du reste trois variantes : parvenu au Grand-Plateau, au pied du cône final, on peut, ou monter directement par l'*ancien passage*, ou gagner l'arête de l'est par le Corridor et gravir ensuite le Mur de la Côte, ou se diriger vers l'arête de l'ouest et atteindre le sommet par les Bosses.

Restent les trois autres faces de la pyramide, visibles seulement du côté italien. Elles sont prodigieusement escarpées et ont été longtemps considérées comme inaccessibles. Cependant celles de l'est et de l'ouest ont été escaladées, la dernière même dans deux directions dont la plus rapprochée de l'Allée Blanche est en passe de devenir la route ordinaire depuis Courmayeur. Quant à la face du midi, où le Mont-Blanc tombe presque à pic sur une hauteur de neuf cents mètres, le triste dénoûment de la première tentative sérieuse dont elle ait été l'objet arrêtera peut-être quelque temps l'audace des alpinistes.

Le tableau suivant donne les noms des voyageurs qui ont les premiers atteint la cime du Mont-Blanc par ces différentes routes :

LE MONT-BLANC. 307

Routes de Chamonix. — (*Ancien passage*). — Jacques Balmat et le docteur Paccard, de *Chamonix*. — 8 août 1786.
— (*Corridor* et *Mur de la Côte*). — C. Fellowes et Hawes, *Anglais*. — 25 juillet 1827.
— (*Les Bosses*). — Ch. Hudson, *Anglais*. — 1859.
Routes de Saint-Gervais. — (*Aiguille* et *Dôme du Goûter*, *Grand-Plateau* et *Corridor*). — Ch. Hudson, Grenville et Chr. Smyth, Ch. Ainslie, E. S. Kennedy, *Anglais*. — 14 août 1855.
— (*Aiguille* et *Dôme du Goûter*, *les Bosses*). — Leslie Stephen, F. Tuckett, *Anglais*. — 18 juillet 1861.
Routes de Courmayeur. — (*Mont-Blanc du Tacul* et *Mont-Maudit*). — Louis Maquelin et Moïse Briquet, de *Genève*. — 18 juillet 1863.
— (*Glacier de la Brenva*). — A.-W. Moore, G. Mathews, F. et H. Walker, *Anglais*. — 15 juillet 1865.
— (*Glacier du Dôme*). — Frédérick A.-G. Brown, *Anglais*. — 25 juillet 1868.
— (*Glacier du Mont-Blanc*). — T.-S. Kennedy, *Anglais*. — 2 juillet 1872.

§ 1ᵉʳ. Ancien passage ou Côte des Rochers-Rouges.

Le premier, le plus court et le plus dangereux des chemins de Chamonix. C'est celui que découvrit Balmat, contre les Rochers-Rouges (1), « bien certainement le seul, disait Saussure, par lequel on puisse atteindre la cime du Mont-Blanc. » Il resta le seul, du moins, pendant quarante ans. En ce temps-là, on trouvait que c'était bien assez de monter au Mont-Blanc sans encore y cher-

(1) Voir la gravure *le Mont-Blanc vu du Brévent*. Le passage est à droite du Rocher-Rouge de l'ouest. Quelquefois, mais rarement, on a pris entre les deux rochers.

cher malice. La nécessité seule fit apporter quelques changements à l'itinéraire consacré. Balmat avait couché au sommet de la Côte (1) et d'une traite, aller et retour, fait le reste de la course : c'était trop long, trop fatigant. Saussure avait passé la seconde nuit au Grand-Plateau : il fallait une tente, un personnel nombreux : c'était trop d'embarras et de dépense; dans les deux cas, trop de risques. Ceux qui suivirent firent halte sur la Côte et aux Grands-Mulets; petites journées et campement de roc.

Puis, on se dégoûta bientôt de la montagne de la Côte. Elle impliquait un détour considérable, parce qu'on ne pouvait l'aborder aisément que par son revers sur le glacier de Taconnay. Deux des guides de Saussure avaient bien essayé de couper par le deuxième plateau du glacier des Bossons; mais, au lieu de gagner de l'avance, ils en avaient perdu (2). En outre, l'escalade était trop souvent contrariée par des blocs de rocher qui, tandis qu'on montait, prenaient le même temps pour descendre. En 1792, une caravane anglaise révéla le danger à ses dépens : un guide eut la jambe cassée, un autre le crâne enfoncé, les voyageurs eux-mêmes furent fort maltraités (3). Mais lon-

---

(1) Ce nom de *Côte* revient souvent. De peur de méprise, je rappelle qu'il y a trois Côtes : *la montagne de la Côte*, entre les glaciers des Bossons et de Taconnay, dont je parle ici; *la Côte des Rochers-Rouges*, qui est l'Ancien passage et le *Mur de la Côte* à l'extrémité du Corridor.
(2) *Voyages dans les Alpes*, § 1970.
(3) Bourrit, *Description des cols*, I, ch. VII.

gueur de route et chutes de pierres n'étaient que les moindres inconvénients de la Côte.

Lorsque, du haut du Brévent, on considère les rochers des Grands-Mulets, disposés à la file comme un convoi de bêtes de somme, on remarque qu'ils se trouvent dans le prolongement de la montagne de la Côte, et il est probable qu'ils lui sont reliés, en effet, par une chaîne de récifs sous-glaciaires. Par-dessus cette crête cachée, deux énormes courants de glace, divisés à l'origine, occupant des niveaux différents, animés de vitesses inégales, se côtoient, se joignent (d'où le nom de *Jonction* donné à cette région) et en se joignant se heurtent avec violence. Parfois une large fissure indique la ligne médiane : de côté et d'autre la masse est toute disloquée et, plus bas, l'éperon de la montagne, qui de nouveau partage les glaces, en redouble le désordre.

Il est clair que, depuis la Côte, on enfile ce passage dans toute sa longueur. Au départ, de grand matin, la voie est libre encore; mais au retour, vers le soir, la neige s'est pourrie, les ponts cèdent sous le pied, les crevasses deviennent infranchissables. Dès la quatrième ascension, — celle que réussit Woodley et que manqua Bourrit, la caravane ne put regagner la montagne de la Côte et fut obligée de se détourner sur la droite pour toucher terre à la base de l'Aiguille du Midi. Même aventure arriva en 1802 au baron Dorthesen, de Courlande, et à M. Forneret, de Lausanne (1). Cette fois, l'expérience fut jugée suffisante. On renonça décidément à la montagne de la Côte pour prendre par la rive droite du glacier des Bossons, et l'itinéraire de Chamonix aux Grands-Mulets fut réglé tel qu'on le pratique aujourd'hui, à la différence près des étapes (2). On s'arrêtait vers la limite de la forêt, au chalet de la Para. En ces temps primitifs, le chalet de la Para était le point de départ du grand voyage et, pour qui revenait du Mont-Blanc, le lieu consacré aux effusions, aux félicitations mutuelles. Souvent, un parent, un ami y venait au-devant de l'ascensionniste heureux et on vidait le chaudron de lait bouillant, seule ressource de la place, à son triomphe, à la santé de l'hôtesse invariablement jeune et aimable. Plus haut, on s'arrêtait encore à la limite du rocher; là, sur un promontoire battu par l'océan glacé, moitié terre ferme et moitié moraine, on vaquait aux derniers préparatifs de la traversée. Un gigantesque bloc de granite, formant cave à la déclivité du sol, marquait l'endroit et lui donnait son nom. La *Pierre Fontanet* ou *Pierre-à-l'Échelle*, servait de remise, de salle à manger et d'abri.

(1) Bourrit, *Description des cols*, ch. VII et VIII.
(2) Le goût de la nouveauté et les oscillations des glaciers tendent sans cesse à amener des changements dans les itinéraires, et on peut déjà prévoir le temps où la montagne de la Côte reprendra faveur. En 1876, M. A. Adams-Reilly est sorti du glacier par la Côte et a trouvé l'abordage assez aisé. Le propriétaire du pavillon des Bossons (rive gauche) a commencé à tailler un sentier par la montagne de la Côte qui présente, d'ailleurs, des points de vue admirables.

On déjeunait, les hommes se répartissaient le bagage et disposaient les cordes.

Ce chemin est plus court; la Jonction se présente en biais, dans sa partie la moins scabreuse et, par delà, une rampe de neige, *la Montée des Grands-Mulets*, amène bientôt à la marge du rocher (1). Mais on n'est pas quitte, tant s'en faut, des chutes de pierres. A peine a-t-on laissé derrière soi la Pierre-à-l'Échelle que la scélérate Aiguille du Midi ouvre au-dessus de votre tête un couloir de glace, formidable tromblon à la gueule évasée de deux cents mètres. Le gel de la nuit, qui écaille et fendille le rocher, charge l'arme; le soleil là-haut y met le feu, c'est-à-dire dessoude les pierres qui glissent et bondissent le long de l'affreuse machine avec une rapidité vertigineuse. Le pauvre Edouard Simond, en 1868, fut atteint à la tête, tué net et lancé à cinquante pieds.

(1) On n'aborde jamais les Grands-Mulets que par la face de l'ouest. L'autre face, tournée vers l'Aiguille du Midi, est beaucoup plus escarpée et la branche du glacier des Bossons qui la borde très-difficile. M. Alfred Wills et le guide Sylvain Couttet l'ont escaladée pour la première fois en 1873. Il paraît cependant que, dès 1867, M. C.-M. Briquet avait accompli le même tour de force, mais en sens inverse, c'est-à-dire en descendant; l'année suivante il voulut le renouveler, mais le glacier se trouva impraticable (*Annuaire du Club Alpin suisse*, 1868-1869, et l'*Écho des Alpes*, 1868, n° 3). A en juger, du reste, par les récits du temps, l'accès de la face de l'ouest elle-même aurait été fort malaisé dans la première moitié du siècle. L'officier prussien, comte de Lusi (septembre 1816), raconte qu'il ne put du tout aborder les rochers et fut obligé de passer la nuit sur le glacier. Je crois que, en général, on prenait les rochers trop bas.

« Quelle différence y a-t-il, je vous prie, entre un ruisseau et un couloir d'avalanche? » demandait philosophiquement un touriste. « Pas d'autre que celle-ci: dans le ruisseau l'eau coule sur les cailloux, dans le couloir ce sont les cailloux qui roulent sur l'eau glacée. »

§ 2. Route du Corridor et du Mur de la Côte. — Pavillons des *Grands-Mulets* et de *Pierre-Pointue*.

Ce n'est point du tout l'esprit d'aventures qui fit découvrir cette route. En 1820 un épouvantable accident avait signalé le danger de l'Ancien passage. On n'en savait point d'autre, il fallait donc bien le prendre encore et, bon gré, mal gré, Clissold en 1822, Jackson en 1823, le docteur Clarke et le capitaine Markham Sherwill en 1825, le suivirent. Mais les guides ne franchissaient pas sans terreur la crevasse qui avait englouti leurs malheureux camarades et la pente de neige qui avait glissé sous leurs pas. Joseph-Marie Couttet, échappé par miracle, et deux ou trois autres cherchèrent un nouveau chemin. A droite, c'était l'arête des Bosses, déjà tentée par Balmat et gardant toujours sa terrible réputation d'inaccessibilité. A gauche, une vallée profondément encaissée montait en se contournant derrière les Rochers-Rouges. Où menait-elle? Dans les trois précédentes expéditions, fin d'août et septembre, le temps avait manqué pour l'explorer. En 1827, avec MM. Fellowes et Hawes, on eut les longs jours (25 juillet). De plus, l'Ancien passage se trouva inabordable. Couttet détacha une reconnaissance par la vallée de neige. On attendit une heure, deux heures; alors on vit les quatre hommes reparaître au-dessus des Rochers-Rouges, agitant leurs chapeaux. On suivit leurs traces et le Mont-Blanc éprouva sa seconde défaite.

Les deux chemins se rejoignent au-dessus des Rochers-Rouges; la différence est d'un mouvement tournant à une attaque de front, l'avantage d'éviter la pente croulante des Rochers-Rouges. Quinze jours après Fellowes et Hawes, Auldjo suivit le nouveau tracé. On gravissait le Mur de la Côte quand l'attention de la caravane fut excitée par un sifflement sonore et prolongé. Un bruit sourd succéda, puis tout rentra dans le silence. Une avalanche sur le versant italien, dirent les guides. Erreur! Au retour on trouva l'extrémité du Grand-Plateau recouverte de blocs de glace et de monceaux de neige. Leur chute avait labouré la ligne de l'Ancien passage. A cette vue, les pauvres gens pâlirent, joignirent les mains, restèrent muets d'épouvante. Il s'en était fallu de si peu qu'ils prissent cette route! Seulement le Mont-Blanc s'était trompé : il envoyait ses volées d'artillerie où l'ennemi ne l'assaillait plus. — Voilà l'avantage du Corridor (1).

Du Corridor, — ou du Porche, comme on l'appelle aussi parce qu'il s'ouvre entre les parois verticales des Rochers-

---

(1) J. Auldjo, *Narrative of an ascent to the summit of Mont-Blanc*, 1828.

Rouges et du Mont-Maudit (1). Moins périlleux que l'autre, ce chemin a l'aspect plus rébarbatif. Malgré le grand détour, il ne gagne pas l'épaule du Mont-Blanc d'une pente constante. Au bout du Corridor, où la neige s'entasse, montant jusqu'aux genoux, on vient sur la droite à un escarpement de glace qu'il s'agit de gravir. C'est le *Mur de la Côte*. Le nom exprime l'effet plus que la chose : ce qui, de loin, paraît un mur, est une pente de 60 à 70 mètres de haut, de 50 à 60 degrés d'inclinaison en moyenne. L'inclinaison est la plus forte au milieu où la chute d'un seul voyageur entraînerait toute la cordée. Je l'y ai trouvée si forte que, à hauteur de ceinture, je n'avais que deux fois la largeur de mon poing entre ma taille et la paroi de glace. Mais tout est sujet à changement dans ces régions. Certains ont vu le Mur cerné par le bas d'une large crevasse, circonstance aggravante. D'autres ont à peine eu à y tailler des pas et l'ont redescendu à la course. Evidemment on ne l'a pas toujours pris exactement à la même place inclinant à droite ou à gauche, selon la facilité. Après cela, le Mur de la Côte est ce que le font l'expérience, l'imagination des voyageurs, la saison, le temps, et surtout l'industrie des guides. Celui qui grimpe lestement les degrés,

---

(1) Voir la gravure : *le Mont-Blanc vu du Brévent.* — Dans les premières descriptions de ce passage, les Rochers-Rouges sont quelquefois nommés *Rochers des Petits-Mulets*, et le Corridor *vallée des Petits-Mulets*, désignations erronées : les véritables Petits-Mulets sont les *Derniers Rochers* de Saussure.

larges comme des pelles à charbon, taillés et rafraîchis par les caravanes précédentes, a beau jeu de se moquer des transes de l'ancien touriste qui, porté sur le bout des pieds et cramponné des mains, demeurait collé pendant une heure à la face du précipice où son guide pratiquait un à un deux cent cinquante échelons.

Tel est le Mur de la Côte, regardé comme l'endroit le plus hasardeux de l'ascension, dont on a fait des descriptions à donner le frisson, et où il n'est jamais arrivé d'accident. Le chemin présente un sérieux danger pourtant; non pas à l'aller, mais au retour, non pas le danger d'être précipité au Mur de la Côte, mais celui de le manquer et de ne pas retrouver la vraie ligne à suivre. A gauche, les Rochers-Rouges tombent à pic, à droite sont les abîmes de la Brenva. L'orage, la nuit pressent; trop de délais et l'on est perdu. Des guides étrangers, par le plus beau temps du monde, des guides de Chamonix, par le brouillard, et des meilleurs et des plus intelligents, ont vainement cherché la descente, trois et quatre heures durant. Onze hommes, en 1870, l'ont cherchée non plus des heures, mais des jours. Le Mont-Blanc les tenait; il les a gardés.

La découverte de la route du Corridor ouvre ce que j'appellerai la période moyenne des ascensions. Elles devinrent plus fréquentes : peu à peu et lentement d'abord, mais on en compta cinq dans la seule année 1843, ce qui ne s'était pas encore vu. Malgré l'épouvantail du Mur de la Côte, la nouvelle route rassurait. D'ailleurs les chances d'accident ne sont que des chances ; on se flatte d'y échapper, on y échappe, et alors que reste-t-il ? Un moment d'émoi qu'on aime à se rappeler. La perspective de passer deux nuits aux Grands-Mulets décourageait peut-être plus d'amateurs que ne faisaient les périls à courir. Ces deux nuits étaient la chose inévitable, infaillible, et propre à laisser dans les membres rhumatisants de fâcheux souvenirs.

La petite cabane que Saussure avait fait élever en 1786 aux Grands-Mulets et qu'il trouvait si mal placée, n'avait guère résisté aux tempêtes de la montagne qui eurent bientôt fait d'en enlever la toiture (1). De longtemps on n'y édifia point d'autre abri. Les guides s'étaient contentés de déblayer une plate-forme de 20 pieds en longueur sur 5 de largeur, à laquelle un simple rebord de pierres tenait lieu de parapet. Une des dentelures du rocher, dominant de peu la plate-forme, figurait avec elle un L majuscule. On appuyait des perches à cette paroi, on étendait dessus des draps cousus ensemble, on jonchait le sol de paille et chacun, enveloppé dans sa couverture, passait la nuit à attendre le jour. Dans l'emplacement qui restait libre on entretenait un petit feu de branches de sapins ou de bois de genévrier. Était-on trop de monde ? les

---

(1) Bourrit, *Description des cols*, I, ch. VIII. — En 1834 (ascension du comte de Tilly), on en voyait pourtant encore les quatre murs.

hommes s'abritaient dans des creux, au petit bonheur, ceux-ci passablement, ceux-là très-mal. Tel guide plus malin, habitué du lieu, avait découvert une cachette dont il se gardait bien de faire part et où, la nuit venue, il allait se blottir en tapinois (1).

Le ciel était-il pur? il faisait un froid de loup. Avec le mauvais temps, l'eau perçait la toile et éteignait le feu. Du reste, de cette esplanade élevée, les voyageurs pouvaient défier les avalanches qui auraient tout abîmé plutôt que leur belvéder. Le soleil couché, on les entendait rouler, en face, à droite, à gauche, et rien à craindre; c'était une sensation exquise. En revanche, les nuages orageux avaient une préférence marquée pour ce même belvéder et, tant qu'il leur restait un atome de fluide électrique, c'était entre eux et les objets à portée un échange incessant de communications inquiétantes. Les bâtons ferrés faisaient entendre un sifflement de bouillotte, les voiles s'élevaient en l'air, les cheveux se dressaient sur la tête, un léger picotement chatouillait le bout du nez, les coudes et les genoux. « Une nuit, raconte Michel Couttet, j'avais un habit de gros drap du pays, plein de cheveux (poils) : de tous les cheveux jaillissaient de petites étincelles. Les éclairs se succédaient sans interruption : nous étions dans une mer de feu. Une autre fois, un camarade vient m'appeler dans

(1) Au pied même du rocher se trouvait une caverne naturelle pouvant contenir trois personnes.

mon trou. Toutes les pointes de rocher étaient éclairées de bougies : c'était une illumination ; mais on prenait les flammes au bout du doigt sans qu'elles brûlassent (1). »
En effet, le touriste pouvait être témoin de ce phénomène sans en courir plus de risques que des avalanches : jamais personne ne fut foudroyé aux Grands-Mulets. Par cela même que ces pointes aiguës soustraient continuellement l'électricité, elles en préviennent les décharges violentes, et le rocher des Grands-Mulets est comme un édifice dont la hauteur attire la foudre, mais que protégent des milliers de paratonnerres.

Cependant, malgré l'incommodité de ce campement à la belle étoile, le nombre des ascensions allait toujours croissant. A partir de 1850, précisément à la moitié du siècle, elles commencèrent à se suivre régulièrement d'année en année. Les guides résolurent alors de se mettre en frais d'une cabane (2). C'était de l'argent placé. On la construisit sur l'ancienne plate-forme, adossée au dernier piton du rocher. Elle était en bois de sapin ; pour la rendre plus solide, on la doubla d'un mur extérieur en pierres

---

(1) Les mêmes aigrettes lumineuses s'allument quelquefois dans la montagne du Brévent, au-dessous de l'Aiguille Verte, etc. On les aperçoit fort bien de Plan-Praz. Antérieurement à 1860, on essaya de construire un pavillon à la pointe du Brévent ; mais la foudre le frappa à plusieurs reprises et on dut y renoncer.

(2) Dès 1834, Barry avait suggéré de creuser une grotte aux Grands-Mulets. L'idée n'était pas mûre encore. (Barry, *Ascent to the summit of Mont-Blanc*, page 73.)

sèches ; quelques éclats de roc posés sur les bardeaux affermirent la toiture. Une porte, deux fenêtres à coulisse vitrées, un poêle dont le tuyau passait par une des fenêtres, donnaient entrée, jour et chaleur. Onques ne s'était vu logis plus confortable (1).

Le 24 septembre 1853, on pendit la crémaillère. Tout était prêt, les meubles emménagés, savoir : un banc et une table. A quatre heures les premiers invités arrivaient ; entre sept et huit, ils étaient au complet. Le jour tombait, l'air fraîchissait, c'était le moment de se mettre à couvert. Grave problème! on mesura la cabane, on compta la société : la cabane avait quatre mètres vingt-cinq centimètres de long sur la moitié en largeur ; la société se composait de cinquante personnes, tant guides qu'étrangers. On fit d'abord sortir le banc et la table, puis les personnes de plus de distinction allèrent s'asseoir à terre, tout au fond, le dos au mur ; une seconde file prit place entre leurs jambes, et ainsi de suite jusqu'à la porte. Les derniers donnèrent de la peine, et il fallut forcer un peu pour faire tenir tout le monde. La porte alors fut fermée, fermées les fenêtres ; quelqu'un réussit à mettre du bois vert dans le poêle, cinquante pipes s'allumèrent à la fois et la soirée commençait au milieu de la plus franche gaieté, quand survinrent une

---

(1) A. Smith, *Story of Mont-Blanc;* Anderson, *Chamouni and Mont-Blanc*, London, 1856. Des photographies anciennes de Soulier, de Bisson, etc. représentent cette première cabane au sommet du rocher.

suffocation générale et un larmoiement universel. Au lieu d'opérer un tirage quelconque le poêle envoyait sa fumée rejoindre dans la pièce la fumée des pipes. Les guides seuls se délectaient dans cette atmosphère : ils avaient chaud. Sur la menace de briser les vitres, ils se résignèrent enfin à donner de l'air et la fête reprit son entrain.

Vers deux heures du matin on servit le thé, après quoi la séparation eut lieu. Deux Anglais, MM. Mac-Gregor et Shuldham, deux bourgeois de Chamonix, MM. Kehrli jeune et Benoît, partaient pour le Mont-Blanc; lord Killeen et M. Fanshawe leur faisaient la conduite jusqu'au Grand-Plateau; Albert Smith et les autres restaient pour achever la nuit aux Grands-Mulets. Tout à l'heure la situation prêtait du comique aux moindres propos, maintenant la grandeur de la scène tournait l'esprit au recueillement. L'air était calme, aucun bruit ne se faisait entendre, la lune brillait au ciel et les glaciers semblaient endormis sous sa lumière infiniment douce. On se pressa les mains et la caravane se mit en route. Quand elle fut au bas du rocher, ceux qui restaient la saluèrent trois fois de la voix et demeurèrent à regarder la longue file qui se déployait sur la neige jusqu'à ce qu'elle disparût dans les ombres du Dôme du Goûter (1).

Grâce à cette manière d'auberge, le nombre des ascen-

---

(1) Alb. Smith, *Mont-Blanc*, Appendix.

sions décupla. Les cloisons se couvrirent rapidement d'inscriptions et le touriste ne trouva bientôt plus de place pour graver son nom et la date de sa visite. Il n'en trouva pas toujours pour se loger lui-même. L'encombrement de la soirée d'inauguration était bon une fois. Cependant la situation de la cabane au sommet du rocher ne permettait pas de l'agrandir. On en construisit donc une nouvelle plus loin et plus bas, sur une terrasse consolidée à la pente des éboulis : mais, de moitié plus longue que l'ancienne (1), comme elle elle ne tarda pas à être trop étroite et surtout trop incommode. Les Grands-Mulets étaient devenus un but d'excursion. Beaucoup y montaient rien que pour passer la nuit au milieu des glaciers et redescendre le lendemain après avoir assisté au coucher et au lever du soleil. Les touristes des deux sexes qui bornaient leur ambition à cette demi-ascension du Mont-Blanc étaient gens plus délicats et qui tenaient plus à leurs aises que les intrépides qui voulaient pousser jusqu'à la cime. En 1866 et 1867, on ajouta trois compartiments. La cabane fut réservée aux guides; des trois nouveaux compartiments deux furent destinés aux voyageurs; le dernier, muni d'un poêle de fonte, servit de séchoir, de cuisine, d'office et de salle commune. L'ensemble eut alors une longueur de 52 pieds sur 9 de largeur. Cette construction prit beaucoup de temps. Charpente, planches,

(1) 1859. Pitschner, *Darstellung*, etc.

ferrements préparés, agencés et numérotés d'avance à Chamonix, devaient être transportés à dos de mulet jusqu'aux Pierres-Pointues; de là, par la moraine et le glacier, à dos d'homme et assemblés sur place. Ainsi Robinson se faisait une maison à force de voyages au vaisseau échoué : seulement, ici, c'est la maison qui avait l'air d'être échouée, jetée sur un écueil. Dès le mois d'août 1865, tout était prêt pour monter l'édifice. Le premier convoi de charpentiers se mit en route et parvint jusqu'à la Jonction. La neige tombant à gros flocons, ils furent obligés de redescendre. Le mauvais temps continua plusieurs jours; il y avait deux pieds de neige fraîche aux Grands-Mulets. On dut remettre les travaux à l'année suivante. Cette année-là, bien qu'on eût encore attendu au mois d'août pour se mettre à la besogne, il fallut douze journées pour déblayer la neige qui avait acquis sur la terrasse la dureté de la glace. Le transport de la charpente nécessita plus de 400 voyages.

Ainsi aménagée et agrandie, la chétive cabane d'autrefois a pris le nom pompeux d'Hôtel et le justifie mieux que nombre d'auberges du bas-pays. Les chambres sont parquetées, les cloisons parfaitement jointes, le toit imperméable. Il y a provision de bois et de vaisselle, pro-

(1) La cabane a été construite aux frais de la compagnie des guides et louée jusqu'en 1880 à Sylvain Couttet, à la charge de faire transporter la charpente.

vision de vêtements de rechange, assortiment de tous les objets nécessaires pour gravir le Mont-Blanc. L'hôtel possède même une cave excellemment pourvue, à laquelle on ne peut reprocher que d'avoir laissé geler trois cents bouteilles de Saint-Jean qu'on lui avait confiées pendant l'hiver de 1868-1869 en manière d'expérience. Une cuisinière y est attachée à demeure durant la saison, malheureuse victime chargée d'entretenir le feu sacré au milieu des glaces. Je manquerais à la plus vulgaire reconnaissance si je ne déclarais ici que cette vestale du Mont-Blanc a un don pour faire frire les pommes de terre (1). Un lit de camp, garni d'un matelas et d'un traversin, remplace la simple jonchée de foin, sur laquelle le voyageur couchait côte à côte avec les guides, et le havre-sac, dont on avait toujours une boucle sous l'oreille dans quelque sens qu'on le tournât. Après souper, chacun se rend à sa cabine, retire habit et chaussures, vide ses poches, se coiffe d'un foulard, s'étend sur le matelas et ne bouge plus. Alors se passe une scène saisissante. Au bout de quelques secondes, un grand gaillard, la figure en croissant de lune, les yeux bleus, la peau tannée, le poil hérissé, entre comme un spectre, portant sur les épaules un amas de couvertures qui pendent jusqu'à terre. Sylvain Couttet, car c'est lui,

(1) Lasse de rester éternellement à mi-chemin de la cime, mademoiselle Marie Lonfat s'est décidée un jour à y accompagner une caravane (Ascension de M. et Mme G. Gamard et de M. Étienne Rivière, 16 août 1873).

étale sur votre corps immobile une couverture, puis deux, puis trois, vous les ramène sur le nez, prend la chandelle et s'en va. C'est lugubre. Mais on ferme l'œil, le sommeil vient, et pourvu qu'on n'en soit pas aux premières journées de voyage, on dort chaudement, sainement, jusqu'au matin.

Cette installation quasi-confortable est-elle un mal, est-elle un bien? — Un mal, diront quelques fanatiques. C'est bien la peine d'aller coucher au milieu des glaciers pour y retrouver les trivialités de la vie! Mieux valait, certes, l'ancien bivouac, le campement improvisé sur le roc. Nuit dure et pénible; mais aussi combien les sens surpris, dépaysés, devaient être frappés de l'horreur sublime de ces lieux! Je la vois, votre cabane; j'y suis : le jour tombe, je passe sur la terrasse et je m'attends à être saisi par le spectacle de ces déserts glacés, étonné de m'y voir, perdu dans leur immensité, plongeant avec eux dans l'obscurité de la nuit. Mais quoi! mille choses m'importunent et me rassurent mal à propos. J'ai les mains sur une balustrade, une traînée de lumière s'échappe par la fenêtre et vient me traverser le tableau; j'entends les voyageurs qui ordonnent, les guides qui disputent, le choc des vaisselles, même le crépitement ridicule du souper qui s'apprête et cette ruche humaine qui bourdonne derrière moi me couvre la voix des solitudes immenses. Voilà ce que c'est que de relancer avec tant de fracas la nature sauvage en ses dernières retraites! Ces pavillons, ces hôtels, postes avancés de la montagne où une curiosité banale va se mettre, le plus commodément qu'elle peut, à l'affût de ses grandes scènes, manquent leur objet. Sachez-le! pour deux pas que le confortable fait vers le pittoresque, le pittoresque recule d'autant. Ainsi le chamois reste en vue du simple piéton et se cache tout le jour de l'homme équipé, portant havre-sac et carabine.

Hélas! que répondre? Que le chamois se cache du chasseur, mais que le chasseur, en définitive, et non le simple piéton, le surprend et l'atteint. Et, à parler sans figures, est-il, pour goûter les beautés pittoresques, d'autres conditions que pour goûter les œuvres d'art? Personne ne prétendra qu'il soit avantageux, en une galerie de peinture, d'être transi de froid, accablé de sommeil ou d'avoir sujet de craindre que le cadre mal accroché du tableau qu'on admire vous tombe sur la tête. Les Grands-Mulets, après tout, ne sont pas un hôtel de première classe, et, pour y aller, il faut encore ne pas être trop timide, ni, pour y coucher, trop délicat; on ne s'y amollit point, mais on en sort l'esprit éveillé, le corps dispos et ce n'est que l'essentiel. Quant à l'impression mélangée de terreur que font éprouver certains aspects de la nature, c'est un autre côté de la question. Cette sensation, je l'avoue, a une certaine saveur, et le besoin, la fatigue, l'isolement, la vue du péril y aident et la rehaussent infiniment. Mais il reste encore assez d'excursions au Mont-Blanc où les gourmets se la peuvent procurer; en tout cas, elle n'a rien d'esthétique et, loin de rendre l'esprit plus sensible aux beautés pittoresques, elle les lui cacherait plutôt. Cela n'est-il pas de toute évidence quand on lit les anciens récits d'ascension? Ce ne sont qu'entassements de glaces menaçants, abîmes prêts à engloutir les gens, précipices vertigineux. Le ton est d'un homme qui voit les objets relativement à lui et mesure son admiration à sa frayeur plutôt qu'à leur beauté véritable. Il est certain que, aujourd'hui, on les considère davantage sous leur aspect pittoresque. Et la raison de ce changement est qu'on part reposé des Grands-Mulets, qu'on gravit le Mont-Blanc avec plus de sécurité et qu'un artiste peut parcourir ses glaciers sans fièvre et sans excès de fatigue.

Depuis 1861, le pavillon des Grands-Mulets possède un *Livre des étrangers,* destiné à recevoir les impressions des voyageurs. Gros volume, écrit le plus souvent au crayon, quelquefois à la plume, ou même avec une simple allumette charbonnée, — quelques pièces de vers, quelques dessins : la plupart des mentions sont en anglais, beaucoup en français, un petit nombre en allemand, italien, espagnol, etc. Ces sortes de memento ont une fâcheuse réputation. On espère cependant qu'un site aussi extraordinaire fera éclore des pensées au-dessus du commun. On tourne les feuillets au hasard, — et point du tout! Ici, comme ailleurs, il semble que la parole n'ait été donnée qu'aux farceurs et aux enthousiastes. Mais les plaisanteries paraissent plus insipides en pareil lieu. Quant à l'enthousiasme, on comprend sa raison d'être; seulement la façon dont il s'exprime est souvent le diable à comprendre. Je ne citerai rien, je ne veux chagriner personne. Et puis, en conscience, il convient d'être indulgent pour ces productions dont la faiblesse est plus involontaire qu'on ne pense. Il n'y a pas de moment plus mal choisi pour donner l'essor à son génie que celui où on plane dans les nuages. L'air raréfié agit sur les facultés comme sur le mercure du baromètre et, quand l'homme monte, l'esprit baisse. Rien n'empêche que, sur ce principe, chacun n'imagine à son usage un nouveau moyen de mesurer les hauteurs et l'on sera étonné de voir que les instruments — je veux dire les hommes, les plus sensibles, ceux chez qui, en proportion, l'esprit baisse davantage, sont parfois les plus intelligents à une altitude raisonnable (1).

Mais ces improvisations en vers et en prose auxquelles, par malice, on s'arrête d'abord (il y en a d'ailleurs de passables), ne sont qu'un hors-d'œuvre. Si le mauvais temps vous retient aux Grands-Mulets, si vous vous intéressez

---

(1) M. Paul Bert se plaça sous le récipient d'une machine pneumatique où, en quelques minutes, les pistons amenèrent l'air au même degré de dilatation qu'à la cime du Mont-Blanc. Il constata que son esprit était comme frappé d'idiotisme, incapable de concevoir les plus simples abstractions. Il avait à côté de lui une petite table et du papier; il essaya de multiplier 13 par 7, n'en put venir à bout et écrivit au-dessous : *c'est trop difficile.*

aux choses de la montagne, vous ferez bien de parcourir ces pages. Vous y trouverez quantité de remarques utiles. Quand on revient d'une course sur les glaciers, une chose qui coûte peu à l'imagination et n'expose pas au ridicule est de consigner brièvement sur le *Livre* les principales circonstances du voyage. Beaucoup l'ont fait. En gens de sens, ils se sont bornés à noter la température, l'état des neiges, la position des crevasses, la direction et la force des vents, les variations atmosphériques, les bonnes et les mauvaises chances, la durée du temps employé dans la traversée. Qui prendra la peine de comparer ces indications n'aura plus rien à apprendre sur le régime du Mont-Blanc pendant la belle saison. Elles embrassent déjà une période de quinze ans et, comme ferait un bulletin météorologique, donnent au Livre des Grands-Mulets une véritable valeur scientifique. Les alpinistes y trouveront encore bien d'autres détails curieux, accidents, sauvetages, analyses d'expéditions nouvelles dans cette partie de la chaîne, écrites de la main de ceux qui les ont faites. Le tout est de savoir chercher. Passez les articles verbeux. Lisez ceux qui sont courts : ordinairement ce sont les seuls qui offrent de l'intérêt (1).

(1) Je ferai beaucoup d'emprunts au *Livre des Grands-Mulets.* Les feuillets ne sont pas numérotés, ce qui favorise des abus regrettables. M. A. Wills avait fait six dessins très-réussis du panorama de la cabane. Des touristes, qui tenaient apparemment à donner meilleure idée de leur goût que de leur honnêteté, en ont détaché cinq.

La cabane des Grands-Mulets a ses clients qui viennent y faire trois et quatre jours de villégiature. Des photographes, comme MM. A. Bisson, J. Tairraz ; des peintres, comme M. Gabriel Loppé, s'y installent une semaine et plus. Parfois elle héberge des familles entières (1) ; on y a vu monter jusqu'à un bambin de neuf ans (2). *Well done, young sir!* C'était en 1861 ; la nouvelle cabane venait d'être construite ; l'année suivante on s'occupa d'en rendre les communications avec Chamonix plus faciles pour les grandes et les petites jambes. Quand on a fait l'ascension du Mont-Blanc, redescendre des Grands-Mulets à Chamonix ne paraît qu'un jeu, et ce n'est qu'un jeu, en effet, pour ceux qui passent une seconde nuit aux Grands-Mulets. Mais la plupart veulent regagner Chamonix dans la même journée et souvent ne quittent la cabane que sur le tard. Si la nuit les surprend à la Jonction, ils courent risque de coucher sur le glacier ; si, à la Pierre-à-l'Échelle, entre les rochers (3) ; si, dans la forêt de la Para, sous les arbres. Ce dernier accident était assez fréquent. C'est pourquoi on ouvrit en 1862 un chemin de mulets, espèce de large ornière creusée dans le sol sablonneux de l'alpe et de la forêt, par où le touriste attardé, tré-

---

(1) En 1876 il y a eu, le même soir, jusqu'à 36 personnes à coucher aux Grands-Mulets.

(2) Claude Paget, avec son frère Harold, âgé de onze ans, sa mère et son père, capitaine d'artillerie dans l'armée anglaise.

(3) Le sentier qui côtoie la Pierre-à-l'Échelle est très-difficile à suivre pendant la nuit ; une fois perdu, il est impossible de le retrouver à moins d'un clair de lune.

buchant sans danger, arrive sûrement à destination (1). On éleva, en même temps, au plus haut point de cette route, un pavillon qui a été considérablement agrandi en 1866 et 1873. Le tout coûta environ 8 000 francs. Quand on se promène le soir à Chamonix, on aperçoit la lumière du pavillon sous la base de l'Aiguille du Midi, à l'endroit le plus noir de la montagne. Il est situé à 2 040 mètres. Les environs sont parsemés de gros blocs de granite déposés par l'ancien glacier. Quelques-uns de ces blocs, de forme pyramidale, avaient fait appeler l'endroit *les Pierres-Pointues :* l'usage s'est établi, on ne sait pourquoi, de dire *la Pierre-Pointue.* De la terrasse du pavillon l'œil embrasse un immense horizon de montagnes depuis le mont Charvin, vers Annecy, jusqu'au col de Balme. Mais la vue la plus saisissante est celle des névés du Mont-Blanc et surtout de la magnifique chute du glacier des Bossons. On en est très-rapproché et à peu près aux deux tiers de sa hauteur. Vers son extrémité une énorme saillie de roc la soulève par le côté : on dirait une langue de glace relevée par un croc monstrueux. La route muletière, chemin creux, aux

(1) Les torrents qui descendent du glacier des Pèlerins ont empêché de prendre la montagne en écharpe. Le chemin s'élève en zig-zag presque directement contre la pente, surtout dans la forêt. Aussi est-il sujet aux ravinements des orages et bien loin de valoir les chemins du Montanvers et de Plan-praz. Chaque année, au mois de mai, on refait les sentiers de montagne. Tout habitant doit trois journées de travail ; s'il a une voiture six journées, et par mulet, trois journées en sus. Qui ne veut acquitter la prestation en nature doit payer par jour 1 fr. 50 pour lui, 2 fr. pour la voiture, 1 fr. pour le mulet.

alentours faciles, finit à la porte du pavillon de la Pierre-Pointue. Immédiatement au bout de la terrasse, qui contourne le bâtiment, commence le sentier de la Pierre-à-l'Échelle, taillé en corniche et bordé d'un profond précipice. La transition, si subite, fait impression.

§ 3. Route des Bosses.

La route des Bosses est la dernière section de cette longue arête de l'Aiguille et du Dôme du Goûter par laquelle les guides de Bourrit et de Saussure avaient essayé d'atteindre la cime. Elle commence où ils s'étaient arrêtés, c'est-à-dire aux *Rochers foudroyés*, noires aiguilles assises sur l'espèce de selle qui sépare le Dôme du Mont-Blanc. Quand on prend Chamonix pour point de départ, cette route est la contre-partie de celle du Corridor : depuis le Grand-Plateau, au lieu de se porter sur la gauche, on tire à droite.

Si les touristes seuls sont admis à se disputer l'honneur d'une première expédition, cet honneur, à l'égard de la route des Bosses, revient incontestablement au Révérend Charles Hudson, qui la prit en 1859 (1). Mais il est certain qu'un guide de Chamonix l'avait découverte une vingtaine d'années auparavant.

Sur son acte de naissance, ce guide s'appelait Marie

(1) Il était accompagné du guide Anderegg, de l'Oberland. C'est le même voyageur qui périt au Cervin, en 1865.

Couttet. Les Couttet ne sont pas rares à Chamonix, ni même les Marie Couttet. Mais nommez *Moutelet!* les anciens de la vallée sauront de qui vous voulez parler et se mettront à rire, tout prêts à vous débiter cent historiettes sur son compte. *Moutelet* en patois signifie *belette*. On voit le personnage : maigre, rôdeur, les yeux perçants, le nez pointu, et portant, à la vieille mode du pays, un habit rouge, tiré aux épaules, étriqué et passé au brun-fauve sous les caresses du soleil; d'où le sobriquet (1). Par-dessus tout, montagnard accompli. On en cite des traits d'une audace extraordinaire. Celui-ci peint à la fois le montagnard et l'homme : il accompagnait un Anglais dans la Valorsine, le chemin devient affreux; rochers glissants, profondeurs effroyables. Cependant l'Anglais ne témoignait aucune émotion. Moutelet allait devant et, de temps à autre, se retournait vers son compagnon pour l'aider; celui-ci, sans mot dire, sans prendre sa main, passait. Ni geste, ni exclamation d'étonnement ou d'hésitation. Tout ce que la nature peut semer de mauvais pas dans les Alpes se rencontrait sur leur route; tout ce que la nature peut mettre de flegme dans l'âme d'un Anglais, se rencontrait chez ce jeune gentleman. Vingt fois Moutelet eut envie de dire: « Que pensez-vous de ce chemin-ci? » — L'amour-propre

---

(1) L'habit rouge écarlate était également porté jadis dans la haute province d'Aoste, et quelques paysans des vallées écartées l'y ont conservé jusqu'à nos jours. Ainsi le guide de J.-D. Forbes au col de Collon. (*The tour of Mont-Blanc*, ch. IX.)

lui fermait la bouche. A la fin, irrité de ce sang-froid imperturbable, il avise un pin arole à demi déraciné qui se projetait horizontalement sur un escarpement de trois cents mètres de hauteur. Il marche hardiment le long du tronc; parvenu à l'extrémité, il se couche, puis se suspend par les pieds et se balance au-dessus du précipice. L'Anglais le regarda impassible; mais, quand Moutelet fut revenu près de lui, il lui mit dans la main une pièce d'or en lui disant : « Tenez, mon ami ! mais ne recommencez plus ! » (1).

Tant que Moutelet fut dans la force de l'âge, il n'eut d'autre réputation que celle d'un excellent guide, quoique un peu aventureux. Mais il vieillit, tomba dans la misère et devint le personnage original dont les anciens parlent en se moquant. Jusqu'à son dernier jour, il allait d'hôtel en hôtel offrir ses services aux voyageurs. On ne l'employait plus, le jugeant sur la mine, à voir ses joues creuses, son front ridé, son costume ridicule. Lui, se cramponnait à sa profession, comme une vieille coquette à sa beauté. Toujours rebuté, il escortait de loin les caravanes, les rattrapait, les

---

(1) Ch. Martins, *Du Spitzberg au Sahara*. M. Martins avance que Moutelet, qu'il vit en 1844 déjà âgé de quatre-vingts ans, était l'ancien guide de Saussure, Marie Couttet. C'est une erreur : celui-ci était mort, laissant un fils, Joseph-Marie Couttet, né le 9 octobre 1792 (*Registre des baptêmes de la paroisse de Chamonix*), le même qui manqua périr dans la catastrophe de Hamel et qui découvrit le passage du Corridor. Marie Couttet, dit Moutelet, grand-oncle de Sylvain Couttet, était d'une ligne collatérale.

dépassait, et, à l'âge où les genoux commencent à trembler, courait seul les glaciers. De sa misère il s'était fait une philosophie (1). Couvert de haillons, ne mangeant que du pain, ne buvant que de l'eau, s'il rencontrait en montagne quelques camarades, il leur offrait au besoin un morceau de son pain, mais refusait fièrement de partager leurs provisions. C'était un sceptique, dit-on. Certain jour (il se piquait de se connaître en minéraux), un naturaliste du pays (2), l'envoie chercher des échantillons de fer spéculaire dans la montagne de Pormenaz. La montagne présente une succession de rebords étroits, comme ferait un escalier ruiné. Le four était à une hauteur de cinquante mètres. Moutelet l'atteint, prend sa charge; mais, en redescendant, un faux mouvement le précipite et il dégringole jusqu'en bas, de degré en degré, sans en manquer un seul — ou plutôt en les manquant tous. Les gens d'un hameau voisin voient tomber un homme; on accourt, on le relève tout mutilé, ne donnant plus signe de vie, on le transporte à Servoz, on se prépare à lui administrer les secours de la religion. Le temps se passe cependant; il respire encore, il ouvre les yeux. Le prêtre saisit le moment. — « Vous devez bien remercier Dieu que vous ne vous soyez pas tué sur le coup, » dit-il avec douceur. A ces mots, celui qu'on

---

(1) Il n'avait pour tout bien qu'une petite pension de 50 fr. sur l'État.

(2) J. M. Deschamps, aubergiste à Servoz, qui possédait un cabinet de minéralogie. C'est de son fils, Lucien Deschamps, lui-même assez bon connaisseur, que je tiens cette anecdote.

croyait mourant, se redresse, montre le poing et d'une voix énergique : « Moi, remercier Dieu! s'écrie-t-il. Il ne m'a pas seulement fait grâce d'un échelon! » — Il en revint encore.

Avant cette aventure déjà, il passait pour un peu fêlé du cerveau. Ne prétendait-il pas avoir franchi cette fameuse arête des Bosses, qui avait fait reculer Jacques Balmat! Quelques-uns, il est vrai, avec des longue-vues, l'avaient aperçu sur la terrible arête. Mais certainement il n'avait pas été jusqu'au bout. Moutelet, cependant, le dos voûté, le chef branlant, s'en allait conter la chose aux voyageurs qui flânaient sur la place après souper. — « Comme cela, mon vieux, vous avez trouvé un nouveau chemin au Mont-Blanc? — Oui, monsieur, un chemin pas dangereux comme l'Ancien passage, pas fatigant comme le Corridor. — Et nous partons? — Demain, si vous voulez. Voyez-vous, là-haut, un rocher noir! nous passons dessus. » On se mettait à rire; les guides clignaient l'œil et se frappaient le front en disant : Voilà le radoteur! Quelque jour une expédition s'organisait et allait coucher aux Grands-Mulets. Vers le milieu de la nuit, à la clarté de la lune qui se levait derrière les Monts-Maudits, le guide de garde auprès du feu voyait un homme s'en venir à travers le glacier. Lentement il gravissait les pentes de neige, courbé en deux, s'aidant des mains, mais avançant toujours d'un pas égal et mesuré : sur l'épaule un bâton ferré avec un pain piqué au bout; en place de guêtres, une paire de bas dont le pied avait été coupé. A cet accoutrement on reconnaissait Moutelet. Toujours congédié, il en était pour sa peine. et, le matin, avant l'aube, le pauvre vieux avait disparu. Mais, quatre heures après, on le retrouvait au Grand-Plateau, assis sur la neige, à l'embranchement de *sa route*. On passait, en lui jetant quelques railleries.

Une fois, il se dépita. C'était la dernière. Ne se sentant plus que peu de temps à vivre, il ne voulut pas rester sur le démenti. Il pria, supplia qu'on le suivît. Rien ne fit. Alors, brusquement, les larmes aux yeux, il lâcha prise et tourna le dos. Que va devenir ce vieux fou? demandèrent les voyageurs. Comme toujours, il redescendra, répondirent les guides; bon voyage, Moutelet! et la caravane poursuivit son chemin. Mais, au moment où elle atteignait le haut du Mur de la Côte, elle aperçut avec stupéfaction un homme qui descendait de la cime du Mont-Blanc et venait droit à sa rencontre. Quand cet homme fut près, il s'arrêta et salua gravement, le chapeau à la main, ainsi qu'un maître de maison accueille des étrangers. C'était Moutelet. Si la mort l'eût frappé à l'instant même, sur place, à cette heure de triomphe, elle lui eût fait une fin digne de Jacques Balmat. Il avait quatre-vingt-quatre ans.

L'arête des Bosses-du-Dromadaire doit son nom à deux protubérances formées par les grands contre-forts du versant occidental. On objectera que les dromadaires n'ont qu'une bosse. La vérité est qu'on a imposé à l'arête un nom qui ne lui appartenait pas. Bourrit avait dit : « La forme du Mont-Blanc est celle d'un dromadaire ; la croupe regarde Genève et le pays de Vaud ; la bosse domine d'un côté la Tarentaise, de l'autre Chamounix ; la tête plonge sur la Val-d'Aoste et le Piémont. » La croupe c'était l'Aiguille du Goûter, la bosse le Dôme, la tête la cime du Mont-Blanc. La comparaison donnait assez bien l'idée de la forme de la montagne, tandis que l'arête dite des Bosses ne ressemble point au dos du chameau arabe (1).

Lorsqu'on regarde l'arête des Bosses du fond de la vallée de Chamonix ou de la chaîne du Brévent, elle paraît assez aisée. Du Mont-Joly même, on apprécie mieux la hauteur de son escarpement au-dessus du glacier de Miage que la rapidité de sa pente qui se montre encore en perspective fuyante (2). L'ascension prend de deux à trois heures, pendant lesquelles on a presque constamment l'abîme à ses côtés. L'exemple et l'expérience seuls assurent les nerfs

(1) Voyez Bourrit (*Nouv. Descript. des glacières*, ch. XXVII). Suivant Coxe, c'est à la cime du Mont-Blanc qu'on aurait donné le nom de Bosse du dromadaire, *parce qu'elle a la forme d'une demi-sphère comprimée.* Bertolotti de même : « Alla cima del Monte Bianco, hanno dato il nome di *Gobba del Dromadario*, aspetto ch'essa presenta a nordeste (*Viaggio in Savoia*, 1827, t. I, p. 211). » Au nord-est, et à l'ouest aussi : des environs de Vienne, en Dauphiné, la ressemblance est frappante.

(2) Voir la gravure *le Mont-Blanc vu du Mont-Joly* : pas plus que du Cramont on n'aperçoit la cime du Mont-Blanc. Le point culminant est la seconde *Bosse*. Tout au fond, on remarque la base du Broglio qui, finalement, supporte la vraie cime. La vue est prise au pied d'un petit névé, situé à quelque distance au nord du *Signal* et de vingt à trente mètres

contre une si longue épreuve. J'ai dit pourquoi on s'en faisait autrefois un épouvantail. Le préjugé dura quelque temps après qu'on l'eût gravie. Ni Moutelet, ni M. Hudson, ni ceux qui suivirent d'abord, même M. A. Reilly avec des guides tels que Melchior Anderegg et Michel Croz, ne se hasardèrent à la prendre au retour et s'en revinrent par le Mur de la Côte et le Corridor. On la montait, on n'osait la descendre. M. F. A. Wallroth s'y risqua, le 21 août 1869, sous la conduite de Frédéric Payot et de Joseph Cachat, sans paraître se douter qu'il était le premier (1). Le 25 septembre suivant, trois ecclésiastiques de la vallée, MM. les vicaires Veyrat, Renaud et Lombard, suivirent ses traces (2). Rien de fort étonnant à cela : le temps était à souhait. Mais il arriva bientôt que cette arête, jadis si redoutée, après avoir été gravie d'abord par un vieillard, fut descendue, faute de mieux, au fort d'une tourmente.

Le 26 août 1870, MM. J. Stogdon et James Marshall quittaient les Grands-Mulets pour faire l'ascension par les Bosses, avec les guides Moritz Andermatten, de Visp, Peter Taugwald père, de Zermatt, et le porteur Johann Graf, domestique du pavillon de la Pierre-Pointue. L'air était calme, le ciel d'une pureté admirable. Comme on com-

plus bas. Mais elle est sensiblement la même que du Signal, comme il résulte de la comparaison avec le beau lavis de M. Viollet-le-Duc obtenu à la chambre claire.

(1) *Livre des Grands-Mulets.*
(2) *Ibidem.*

mençait à gravir l'arête, un nuage se montra tout à coup sur le Mont-Blanc. Nul n'aurait su dire comment ce nuage était venu là. Il se tenait au-dessus de la cime, se modelant sur ses contours, sans cependant la toucher. Peu à peu il s'abaissa et l'enveloppa tout entière. Le Mont-Blanc, selon l'expression pittoresque des guides, *avait mis son bonnet*. En même temps, un froid perçant se fit sentir, les voyageurs se trouvèrent dans le brouillard et le vent souffla par rafales si furieuses qu'ils étaient à tout instant obligés de s'accroupir pour n'être pas emportés. Ils ne laissèrent pas d'arriver au sommet; une fois là, il n'y avait pas autre chose à faire que de redescendre au plus vite. Sans s'attarder au toast traditionnel, on se précipita vers le Mur de la Côte (1). Le brouillard devenait de plus en plus épais, la neige volait de tous côtés. Au bout de quelques pas, on craint de se tromper, chacun émet un avis différent, on incline à droite, à gauche, on tourne sur place si bien qu'on perd toute idée de la direction. Andermatten avait pourtant fait seize fois l'ascension, le

(1) Les guides de Chamonix sont dans l'usage de réserver pour le sommet une bouteille de vin qu'on vide à la ronde. Ils y glissent ensuite les cartes des voyageurs et l'enfoncent jusqu'au goulot dans la neige. Une caravane suivante prend ces cartes qu'elle remet au guide-chef et y substitue les siennes. Grâce à ce contrôle, si la liste du bureau des guides ne donne pas toutes les ascensions, elle n'en mentionne pas une qui n'ait été réellement faite. Au reste, même au milieu du brouillard le plus épais, il est impossible de se méprendre à la véritable cime, — de croire qu'on est sur le Mont-Blanc quand on n'y est pas.

vieux Taugwald une fois. Celui-ci essaie de reconnaître une pente de glace effroyablement rapide : impossible de savoir seulement si elle descendait sur le glacier de la Brenva, ou, à l'opposé, sur le Grand-Plateau. Le désespoir commençait à s'emparer de tous quand, par bonheur, sur une neige plus tendre, ils retrouvent la trace de leurs pas. M. Stogdon s'écrie qu'il n'y a pas à hésiter et qu'il faut à tout prix reprendre l'arête. C'était la seule chance de salut, en effet, mais bien faible ; nul ne comptait plus revoir Chamonix. Les empreintes étaient déjà à demi effacées. On remonte en courant, on repasse sur la cime. A peine eût-on mis le pied sur l'arête que la force du vent parut s'amortir et, malgré la difficulté de se tenir ferme en descendant les entailles glissantes, malgré le brouillard, malgré un froid terrible, le retour s'effectua sans accident. Vers huit heures du soir la caravane rentrait à Chamonix (1).

Cette expédition émouvante démontra la possibilité de descendre l'arête des Bosses à peu près en tout temps. Elle est aujourd'hui si pratiquée que, depuis 1874, presque tous les ascensionnistes l'ont suivie aller et retour, et c'est la seule des routes de Chamonix où il ne soit pas survenu

---

(1) *Alpine Journal*, n° 33, et surtout *Livre des étrangers aux Grands-Mulets*, note du 26 août 1870, écrite le jour même, sans retouches. L'auteur de la note fait un grand éloge du porteur Johann Graf. « C'est un garçon qui promet beaucoup », dit-il. Huit jours après, le malheureux périt au Mont-Blanc, à la place même où l'on s'était égaré, dans des circonstances exactement semblables.

d'accident. Son grand avantage est qu'on ne peut manquer la ligne de descente. Par un grand vent, il serait prudent de s'en abstenir; mais par un grand vent toutes les routes ne valent guère. Si, même en ce cas, elle n'offre pas tant de danger qu'on pourrait croire, cela tient à sa direction qui court du nord-ouest au sud-est et à l'ordre de marche qui consiste à avancer sur le versant italien à quelques pieds au-dessous de la crête : il en résulte que le vent le plus ordinaire, qui est celui du sud-ouest, au lieu de précipiter le voyageur, le jette à contre-pente, tandis qu'on est un peu abrité du vent nord-est, le vent des tourmentes poudreuses.

LE MONT-BLANC

LEMLET PHOT.   VUE PRISE DU CRAMONT

CHAPITRE XVI

LES ROUTES (*SUITE*).

ROUTES DE SAINT-GERVAIS

Chamonix et Saint-Gervais sont deux cités rivales, comme autrefois Rome et Albe. Si la première comptait les cristalliers les plus hardis, la seconde était fière à bon droit de l'intrépidité de ses chasseurs de chamois. C'est par le côté de Saint-Gervais que l'ascension du Mont-Blanc avait d'abord paru plus près de réussir, et l'on se souvient du cri de triomphe de Bourrit lorsque ses guides de septembre 1784 pensèrent être venus à portée du sommet. Saint-Gervais crut tenir la victoire, Chamonix l'emporta, et Saint-Gervais en conçut un amer chagrin. En vain la pitoyable nature lui prodiguait les dédommagements. N'avait-elle pas fait sourdre des sources d'eau thermale, au-dessous du village, dans la gorge profonde où mugit le Bon-Nant, et jusqu'au milieu du torrent glacé? Le hasard les fit découvrir en 1806; — une d'abord, puis deux, puis trois. Les chimistes reconnurent leur richesse minérale, les médecins leur efficacité, le propriétaire, M. Gonthard, s'empressa de faire construire un établissement de bains. Quatre ans après, cet établissement avait la vogue; Chamonix et Saint-Gervais se partageaient l'empire. Il venait plus de monde à Chamonix; on demeurait davantage à Saint-Gervais. A Chamonix les gens valides et joyeux, à Saint-Gervais l'humanité souffrante et plaintive; à Chamonix les grandes courses, les figures hâlées par le soleil, les costumes de voyage, à Saint-Gervais les courtes promenades, les visages pâlis, les élégantes toilettes. Et, aux heures matinales, quand Chamonix avait déjà expédié ses caravanes vers tous les points de la montagne, Saint-Gervais dormait encore (1).

Mais rien n'y faisait, l'inconsolable village se trouvait humilié de sa part. Ses guides marrons rôdaient sur la grande route à l'affût des voyageurs (2). Leur en passait-il un par les mains, ils offraient de le conduire, oui, voire même à la cime du Mont-Blanc, et en peu d'heures, et à

---

(1) *Bibl. Brit.*, 1807, *Sciences et Arts;* Leschevin, *Voyage à Genève*, 1812; *les Bains de Saint-Gervais*, par le docteur Matthey, 1818. — Les sources sont au nombre de sept; six très-rapprochées les unes des autres, la septième à quinze pas de là, au milieu du torrent où elle a été captée vers 1837. L'une de ces sources, presque froide (+ 16°), est gazeuse et ferrugineuse; les autres sont salines, sulfureuses et gélatineuses (glairine), et ont une température moyenne de + 37°.

(2) Ce fut pour délivrer les voyageurs de leurs importunités que le gouvernement sarde se décida à créer une compagnie de guides revêtue d'un caractère quasi officiel.

peu de frais, par des chemins abrégés, d'eux seuls connus. Un sieur Roux, qui avait bâti un pavillon au col de Voza (1), faisait distribuer des annonces où on lisait que, en partant de son pavillon, rien n'était plus aisé que d'atteindre le sommet du Mont-Blanc en un jour et sans coucher à la belle étoile. L'annonce ajoutait que plusieurs étrangers avaient fait cette course avec succès et allait jusqu'à donner leurs noms. Quelques-uns se laissèrent prendre à cette réclame et, entre autres, le docteur Hamel, en 1820. Le curé de Saint-Gervais, poussé d'un beau zèle pour la gloire de sa paroisse, et un de ses confrères du val Montjoie s'étaient mis de la partie. On ne prit pourtant pas à la lettre les promesses du sieur Roux et, au lieu de s'arrêter à son auberge, on alla passer la nuit au pied de l'Aiguille du Goûter, dans ce fameux désert de Pierre-Ronde, illustré par les infortunes de Bourrit, de son chien, de Maxime, et par la première tentative de Saussure. Vers le milieu du jour suivant, deux personnages bien connus, le professeur Pictet, de Genève, et miss Maria Edgeworth, l'auteur de tant d'ouvrages d'éducation, qui étaient montés à la Croix de Flégère et cherchaient avec un télescope à découvrir des chamois sur le Dôme du Goûter, y aperçurent, non sans surprise, le naturaliste russe et les deux ecclésiastiques savoisiens. Il s'en fallait que ceux-ci se compor-

(1) En 1818, le pavillon de Bellevue; c'est le même qu'aujourd'hui, mais qui a été réparé en 1858.

tassent sur les neiges avec l'agilité des animaux dont ils tenaient la place. Épuisés de fatigue et se traînant à peine, ils n'allèrent pas plus loin. Hamel était pourtant accompagné de deux guides excellents de Saint-Gervais, un Perroud et un Mollard, et Perroud et Mollard affirmaient avoir fait la course la semaine précédente et être arrivés, eux Perroud et Mollard, au sommet du Mont-Blanc. Il est vrai que les voyageurs étaient restés en arrière; car on eût dit que l'aventure de Bourrit avait jeté un sort sur ce côté de la montagne : pendant plus d'un demi-siècle les ascensions par Saint-Gervais présentèrent cette particularité que les guides seuls atteignaient le Mont-Blanc. Se vantaient-ils ? Je ne sais; ce qu'il y a de certain c'est qu'ils laissaient leurs voyageurs en route (1).

Mais, après, ce fut au tour des voyageurs à prendre les devants. Les temps étaient accomplis. Aux touristes essoufflés et transis succédait une génération de jeunes hommes qui faisaient profession de ne pas connaître d'obstacles. L'heure des clubs alpins allait sonner. Le révérend Charles Hudson fut un des plus hardis précurseurs de ces

(1) J. Hamel, *Beschreibung zweyer Reisen auf den Mont-Blanc*, Wien, 1821. — La Bibliothèque nationale possède un *Relief du Mont-Blanc* de Kummer (Inv. gén. 134, n° 266) où la route de Saint-Gervais est marquée au pointillé rouge par le Goûter jusqu'au Grand-Plateau. Mais il n'en faudrait pas conclure qu'elle fût fréquentée à cette époque. Kummer s'en est rapporté aux expéditions de 1786 et 1787 ; et ce qui le prouve, c'est qu'il mène la route de Chamonix par la montagne de la Côte qui était délaissée depuis longtemps lorsqu'il donna son plan en relief (Berlin, 1822).

sociétés grimpantes. Il fut aussi le premier qui enseigna à ne tenir nul compte de la saison. On a vu, depuis, M. Blackwell passer un hiver à Chamonix et laisser, la nuit, sa fenêtre ouverte à la neige qui emplissait sa chambre. En novembre 1874, le Prieuré avait l'honneur de posséder un grand seigneur autrichien qui dormait le jour et commençait, entre quatre et cinq heures du soir, à parcourir la montagne et les glaciers à la lumière des lanternes. Sans pousser jusqu'à ces excentricités, M. Hudson tomba à Saint-Gervais en plein mois de mars (1853). Il s'informe sur l'heure s'il est vrai, décidément, que des gens du pays aient atteint la cime du Mont-Blanc. Pour cela, on l'affirme; pour le suivre, c'est une autre affaire. Il s'obstine, réussit à embaucher tantôt l'un, tantôt l'autre, et essaie à plusieurs reprises, toujours arrêté en chemin par les représentations de ses hommes. A la troisième épreuve, il laisse les récalcitrants au bas de l'Aiguille et monte seul jusqu'à tant que le brouillard, le vent et la neige l'obligent à redescendre (1).

Si le Mont-Blanc met de la rivalité entre Chamonix et Saint-Gervais, il en met aussi entre les touristes. Le docteur Charles Loiseau (2), qui, l'année suivante (1854), prenait les eaux à Saint-Gervais, se lassa d'entendre parler des prouesses de M. Hudson. Il réunit l'élite des guides, un Octenier, un Battandier, petits-fils des hommes de Saus-

(1) Hudson and Kennedy, *Where there's a Will there's a Way*. London, 1856.
(2) Aujourd'hui membre du conseil municipal de Paris.

sure, Édouard Rosset qui, depuis, est devenu le premier tireur de la province (1), et alla coucher, le 30 juillet, dans une hutte construite à son intention au sommet de l'Aiguille du Goûter, dans une anfractuosité un peu abritée du nord. Le lendemain, il enjambe le Dôme, redescend au Grand-Plateau, le traverse et enfile l'Ancien passage. Si M. Loiseau était à Saint-Gervais pour sa santé, on avouera que le traitement avait fait merveille. Malheureusement le ciel ne souriait point à ses efforts. Il avait dépassé les Rochers-Rouges et ne se trouvait, selon les indications du baromètre vérifié avant et après, qu'à soixante mètres au-dessous de la cime, lorsqu'une tourmente de neige le con-

---

(1) Il y a quelques années, on pouvait encore rencontrer, vers Tricod ou Platei, Edouard Rosset, maigre, de taille moyenne, aux yeux bleus, et son chien Brûlot, pointer croisé de griffon, au poil blanc et rare, aux yeux bleus aussi et maigre à voir le jour à travers ses jambes. Rosset était, dans la simplicité de son ajustement, le type parfait du chasseur de chamois. Point de feutre pyramidal, point de guêtres montantes, point même de gibecière. Rien qu'une courte plume de coq de bruyère au chapeau, des souliers à fortes semelles, une jaquette de toile grise dont la basque, ouverte aux coutures, formait une énorme poche à gibier. Le costume, en somme, était à peu près celui d'un montagnard quelconque. Mais la parole brève et lente, le regard froid, la démarche, le geste mesuré de l'homme habitué à se trouver dans des places où un mouvement inconsidéré peut lui faire perdre l'équilibre, tous les traits enfin de la physionomie étaient expressifs au suprême degré. Rosset a fait la campagne de 1870-1871 dans les francs-tireurs du Mont-Blanc et a reçu trois blessures. Depuis, il a conduit quelques chasses en Algérie, y a obtenu une concession de terrain en récompense de ses services, et s'y est définitivement établi. Si c'est lui que M. Leslie Stephen a voulu désigner dans son article : *Round Mont-Blanc* (*Alpine Journal*, n° 35), il faut que le soleil africain l'ait prodigieusement changé.

traignit à la retraite. Plusieurs guides déjà s'en étaient retournés; il lui en restait encore douze. Il proposa que cinq seulement vinssent avec lui, puis, sur leur refus, déclara qu'il irait seul. « Dans un quart d'heure nous serions en haut! — Dans un quart d'heure nous serions tous morts, monsieur! » répondirent les guides, et ils l'entraînèrent presque de force (1).

Cette expédition, avortée à la dernière minute, démontrait l'accessibilité du Mont-Blanc par Saint-Gervais, — si, toutefois, elle avait besoin d'être démontrée, car il y avait longtemps que l'Aiguille du Goûter avait été escaladée et l'arête qui s'en détache suivie par delà le Dôme jusqu'à l'espèce de col qui domine le Grand-Plateau. L'ascension n'était donc qu'une affaire de forces et de temps, puisque, de ce point, on ne faisait que rejoindre les routes battues de Chamonix. M. Loiseau avait choisi l'Ancien passage. Un an après, en août, une société de touristes anglais (M. Hudson était encore du nombre) qui s'étaient promis de gravir le Mont-Blanc par une voie nouvelle et sans guides et avaient déjà essayé du côté de Courmayeur, se fit conduire jusqu'au Dôme, y laissa ses guides et le plus jeune voyageur de la troupe, descendit au Grand-Plateau et, prenant

(1) Tous les guides de quelque valeur s'étaient joints volontairement à l'expédition et pas un ne voulut accepter de salaire. Ceci semble bien prouver, malgré les dires contraires, qu'aucune tentative par Saint-Gervais n'avait encore réussi.

le Corridor et le Mur de la Côte, atteignit vers midi le sommet du Mont-Blanc (1). C'est la première ascension par Saint-Gervais qui ait eu un succès complet; mais, encore une fois, le triomphe eût été de gagner la cime sans emprunter les routes de Chamonix, en continuant toujours sur l'arête, c'est-à-dire en passant par les Bosses. Hudson, Kennedy et leurs compagnons y avaient bien songé : le vent était glacial, ils craignirent de compromettre la réussite de leur expédition. Ce ne fut que partie remise pour l'infatigable Hudson qui, quatre ans plus tard, on l'a vu, donna ce complément nécessaire à la route de Saint-Gervais. Mais il était parti de Chamonix. Enfin, le 18 juillet 1861, MM. Leslie Stephen et F. F. Tuckett, avec les guides suisses Melchior Anderegg, J. J. Bennen et P. Pernn, ayant passé la nuit dans une cabane sur l'Aiguille du Goûter, se mirent en route à $4^h 15^m$, et à $8^h 15^m$, après seulement quatre heures de marche, arrivèrent au sommet du Mont-Blanc sans jamais avoir quitté les crêtes (2).

MM. Stephen et Tuckett revinrent par les Grands-Mulets. Cette combinaison, qui, dans une même course, fait voir les deux routes et montre la montagne sous ses aspects

---

(1) Hudson and Kennedy, *Where there's a Will there's a Way*. Voir le tableau page 307.

(2) *Livre des étrangers aux Grands-Mulets*, et lettre de M. Tuckett dans *The Times* du 5 août 1861.

les plus divers, est presque de rigueur. La route du Goûter n'offre pas les beaux accidents de glace de la route d'en bas, mais on y jouit constamment de la vue la plus étendue, avantage, il est vrai, qui s'achète souvent assez cher et qui n'est rien moins qu'assuré. Du sommet de l'Aiguille à celui du Mont-Blanc la longue ligne ascendante a six kilomètres de développement et une hauteur moyenne qui dépasse 4 000 mètres. On ne saurait imaginer de relief mieux fait pour accrocher au passage toutes les perturbations de l'atmosphère. C'est là que les guides vont chercher les pierres foudroyées. Si la bise vient à souffler, le froid est si vif que le vin gèle en blocs dans les bouteilles. Si le vent est fort, on voit, d'un bout à l'autre, l'arête se franger d'un nuage de neige poudreuse; s'il est humide, la coupole du Dôme s'embrume en un instant (1). M. Hawkins qui, en 1856, essaya avec plusieurs de ses amis de suivre les traces de MM. Hudson et Kennedy, dut par trois fois abandonner l'entreprise. A la dernière, la si-

---

(1) Le Dôme du Goûter, symétrique sur les côtés, forme au sommet un vaste espace ondulé. Au milieu de ces collines et de ces mamelons de neige, on a peine, par le temps le plus serein, à trouver le point culminant. Dans le brouillard il est à peu près impossible de tenir une direction correcte. (Buxton, *Alpine Journal*, n° 15; Brown, *Alpine Journal*, n° 25; Briquet, *Annuaire du Club alpin suisse*, 1869.) Voir, sur la comparaison des routes de Chamonix et de Saint-Gervais, différentes publications de MM. Walter, A. A. Reilly (*The Times*, septembre 1861), et Abel Lemercier (*Le National*, 14 septembre 1869, et *Bulletin de la Société de Géographie*).

tuation devint réellement critique. Les voyageurs avaient atteint, sur les sept heures du soir, le sommet de l'Aiguille du Goûter, comptant s'y tenir jusqu'au lendemain. Cependant, le ciel s'était chargé de nuages, un vent glacial tourbillonnait autour de l'Aiguille et pénétrait jusqu'au fond des creux de rocher où l'on avait pensé trouver un abri. Loin qu'on y pût passer la nuit, il était évident qu'une seule demi-heure d'immobilité serait mortelle. Que faire? La caravane comprenait des guides de Saint-Gervais et des guides de Chamonix. Ces derniers « n'aimant pas l'Aiguille » proposèrent de gagner la cabane des Grands-Mulets par le Dôme, les Plateaux et le glacier : six heures de marche forcée. On avait emporté pour le campement du bois, des provisions, des couvertures; on jette tout à bas et on se lance à la course. Après quelques centaines de pas, un homme tombe, déjà saisi par la congélation. A moins de le laisser, il n'y a plus d'espoir d'arriver aux Grands-Mulets. On le ranime et, le soutenant sous les bras, on revient à l'Aiguille. C'était au mois de septembre, il faisait nuit; par bonheur on avait une petite lanterne. Demeurer et périr certainement de froid, descendre au risque, mais seulement au risque, de se précipiter, — entre les deux partis il n'y avait pas à hésiter.

L'Aiguille du Goûter présente ici une forme très-différente de celle qu'elle affecte du côté de Chamonix. Au lieu de figurer un coin pyramidal, elle décrit sous les neiges qui la couronnent une courbe elliptique, une sorte d'arcade qu'on distingue très-bien de Genève (1). A distance, sa face paraît marquée de longs sillons perpendiculaires qui ne sont autre chose que des arêtes rocheuses, inclinées de 40 degrés et plus, et séparées par des couloirs de glace qu'elles dominent de 10 à 60 pieds. Deux de ces arêtes servent à la gravir, mais non pas indifféremment. L'une s'interrompt avant le sommet, l'autre, par le bas, se termine abruptement au-dessus du glacier de Bionnassay, de sorte qu'il faut passer de l'une à l'autre en traversant un couloir de glace de 50 à 70 pas de largeur. Ce couloir lance de temps à autre des bordées de projectiles. Autant en fait le couloir de l'Aiguille du Midi sur la route des Grands-Mulets; mais il y a cette différence que, au Midi, on est au-dessous du couloir, cheminant sur le plan du glacier des Bossons où un saut de côté, un temps de course permettent d'esquiver les pierres que l'on voit arriver, tandis que, au Goûter, on est dans le couloir même, le pied retenu sur chacun des degrés qu'il a fallu tailler en travers de la pente glissante qui se courbe et disparaît dans la profondeur.

Lors de la première expédition, l'un des guides de M. Hawkins avait failli avoir le bras cassé à ce passage et,

---

(1) Voir la gravure : *le Mont-Blanc vu du Mont-Joly*. On y découvre le développement de la route de Saint-Gervais, depuis la base de l'Aiguille du Goûter jusqu'à la seconde Bosse, sauf une petite partie cachée par la projection de l'Aiguille de Bionnassay.

au retour, le couloir était presque incessamment balayé par une grêle de pierres de toute taille, qu'on voyait jaillir à une grande hauteur de derrière une saillie de roc et qui dégringolaient en sifflant, renvoyées d'un bord à l'autre, éclatant dans leur chute en mille morceaux. Tel est le chemin par lequel il s'agissait de descendre à nuit close, et on le descendit. La lanterne passait de main en main, la corde arrêtait les glissades. En rampant sur les blocs anguleux de la première arête, on arriva au couloir. L'obscurité était profonde. Pendant quelques minutes on prêta l'oreille : aucun bruit ne s'élevait ; le froid, dont on avait tant souffert, avait du moins scellé les pierres. Alors on avança. Les entailles pratiquées le matin subsistaient encore ; chacun y posa les pieds à tâtons, chacun, une fois en équilibre, se retourna pour assurer les pas de son voisin. Quand tout le monde fut de l'autre côté, l'anxiété fit place à la confiance et à la joie. La descente nocturne de l'Aiguille du Goûter était un exploit bien aussi rare qu'eût été l'escalade du Mont-Blanc. Ce n'était plus que plaisir d'achever la deuxième arête, plaisir de traverser le petit glacier qui s'étend à sa base. Les déserts de Pierre-Ronde et même le Mont de Lar furent lestement expédiés, à la lueur du falot qui n'empêchait pas toujours les culbutes et malgré la pluie qui tombait à torrents. La fin seule laissa à désirer. Sous l'Aiguille du Goûter, les pentes herbeuses du Mont Lachat jouent le même tour aux voyageurs attardés que la forêt de la Para sous la Pierre-Pointue. La caravane s'y égara tant et si bien qu'elle n'atteignit le pavillon de Bellevue qu'à quatre heures du matin (1).

La cabane qu'on ne tarda pas à construire (2) au sommet de l'Aiguille épargne aux touristes la fâcheuse alternative à laquelle M. Hawkins s'est vu réduit. Un spirituel écrivain, l'auteur de *la Nouvelle Amérique*, badine agréablement au sujet de cette cabane. « Dans un siècle, dit-il, le sommet du Mont-Blanc sera peut-être une ville : on trouve sur les diverses routes qui y conduisent une profusion de maisons en pierre ; il y a une maison sur l'Aiguille du Goûter (3). » Si M. Hepworth Dixon ne s'était pas borné à instruire ses contemporains du haut de la terrasse de l'hôtel de Londres et d'Angleterre, cette boutade se serait certainement gelée au bout de sa plume. Juchée à l'énorme hauteur de 3873 mètres, près de mille mètres au-dessus de la cabane des Grands-Mulets, la prétendue maison est un simple refuge et rien de plus. On y trouve généralement pour parquet une couche de glace de un à deux pieds d'épaisseur et les plus belles stalactites du monde pendent

---

(1) F. Vaughan Hawkins, *Peaks, Passes and Glaciers*, first series.

(2) En 1858, elle nécessita 68 voyages d'hommes pour le transport des matériaux (Ducommun, *Une excursion au Mont-Blanc*, Genève et Bâle, 1859).

(3) Hepworth Dixon, *the Switzers*. C'est ce que le sévère critique de l'*Alpine Journal* appelle : « a stupid and pernicious nonsense ». Une des belles illustrations de E.-T. Coleman représente la cabane de l'Aiguille du Goûter. (*Scenes from the Snowfields*. London, 1859.)

après son toit. Les Esquimaux feraient fi d'une pareille habitation, mais elle est assez solide pour résister aux coups de vent et on ne saurait lui demander davantage.

Pour rencontrer une maison véritable il faut descendre au pavillon de Bellevue sur le col de Voza. Cuisine et communs au rez-de-chaussée, salle à manger et chambres à l'étage; balcon en façade, auquel on arrive par deux escaliers extérieurs, un à chaque extrémité; jardin potager et jardin d'agrément, de sept et dix pas carrés, pommes de terre, laitues et pensées; vue magnifique; situation à la limite supérieure des forêts et à la limite inférieure des nuages; — mais souvent les nuages descendent plus bas, tandis que la peine que les arbres ont à végéter à ce niveau (1812 mètres) est attestée de la façon la plus curieuse par deux sorbiers et deux mélèzes plantés en carré devant le pavillon. Il faut bien que leur exposition diffère un peu, mais la différence est, pour ainsi dire, inappréciable. Cependant le sorbier et le mélèze de l'est ne sont que chétifs, chétif surtout le mélèze; à l'ouest le sorbier se feuille à peine et le mélèze paraît mort (1874).

Du pavillon de Bellevue on redescend, à pied ou à mulet, sur Saint-Gervais par la vallée de Bionnassay, sur Chamonix par l'alpe de Lavouet, de sorte que cette route du Mont-Blanc peut s'aborder également de l'un ou de l'autre de ces villages. Ç'a été longtemps un des projets favoris de l'*Alpine club* de trouver un chemin qui, d'un bout à l'autre, fût exclusivement propre à Saint-Gervais. Il ne s'agissait de rien moins que de gagner le Mont-Blanc par le col de Miage qui s'ouvre entre le Dôme de Miage et l'inaccessible Aiguille de Bionnassay (1). Le col de Miage n'est pas un col recommandable. Très-escarpé, flanqué sur ses deux faces de couloirs de glace et d'arêtes malaisées, sa crête n'a guère que la largeur d'un sentier ordinaire (2). Des chasseurs de chamois le franchirent d'abord; un d'eux périt dans une crevasse du versant nord : des voyageurs le passèrent ensuite; un d'eux tomba dans une crevasse du versant sud (3); enfin, au premier essai d'ascension du Mont-Blanc, M. John Birkbeck glissa du haut en bas du col dans un couloir de glace à une distance verticale de 538 mètres. Jamais plus effroyable glissade ne s'est vue.

(1) *Inaccessible* est peut-être trop dire. MM. Craufurd Grove, Edward Buxton et Macdonald pensent avoir atteint le sommet de l'Aiguille de Bionnassay, le 28 juillet 1865, avec les guides Jean-Pierre Cachat et Michel Payot (*Alpine Journal*, n°s 11 et 15). Cette ascension est contestée dans la vallée de Chamonix. Les voyageurs ont pu se tromper, ils étaient plongés dans un brouillard épais et n'ont reconnu leur situation, assez vaguement à ce qu'il semble, qu'à la faveur d'une éclaircie ; la description qu'ils font de l'arête finale s'accorderait mal avec ce qu'ont appris des reconnaissances ultérieures, poussées jusqu'à deux cents mètres environ de la cime. Il ne faut pas oublier, cependant, que l'ascension très-réelle de l'Aiguille Verte, par M. Edward Whymper, a d'abord été énergiquement niée par les guides de Chamonix. En tout cas, comme le remarquait plaisamment M. Buxton, l'Aiguille de Bionnassay n'a pas été foulée par le pied de l'homme, puisque lui et ses camarades n'y sont arrivés qu'à califourchon.

(2) Voir la gravure : *le Mont-Blanc vu du Mont-Joly*, dont le col de Miage occupe à peu près le centre.

(3) J.-G. Dodson, *Peaks, Passes and Glaciers*, second series, vol. I.

Par un merveilleux hasard, M. Birkbeck n'eut aucune lésion intérieure, aucun membre rompu ni luxé, mais la peau était brûlée, désorganisée par la friction sur une grande partie du corps. L'effet était le même que celui qui résulte, par un accident assez commun dans les usines, du frottement des courroies de cuir qui transmettent le mouvement. En cet état qui le rendait dangereusement sensible à l'impression du froid, M. Birkbeck dut la vie au dévouement de ses amis et de ses guides qui, avec des peines infinies et au prix de mille dangers, parvinrent à descendre jusqu'à lui et à le transporter à Saint-Gervais à travers glaciers, moraines et rochers (1).

La convalescence de M. Birkbeck fut longue. On croira peut-être qu'il guérit en même temps de son goût pour les courses extraordinaires? Point du tout; c'est le même M. Birkbeck qui, trois ans après, résolut avec M. Adams-Reilly la question de l'accessibilité du Mont-Blanc par le col de Miage. On ne connaissait guère alors l'orographie de cette partie du massif (que M. Adams-Reilly a si bien éclaircie, précisément à la suite de cette campagne), et les guides les plus expérimentés commettaient d'étranges confusions. Comme le col de Miage est déjà très-élevé (3 376 mètres), on se flattait qu'en prenant en flanc l'Aiguille de Bionnassay on atteindrait rapidement le Dôme du

---

(1) Ch. Hudson, *Peaks, Passes and Glaciers*, second series, vol. I.

Goûter. MM. Adams-Reilly et Birkbeck y arrivèrent, en effet, le 6 août 1864, avec les guides Michel Croz, Michel Payot et Marc Tairraz. Mais le versant de l'Aiguille s'était trouvé impraticable; il avait fallu descendre, remonter; on était parti des chalets de Miage à deux heures du matin, on ne fut au Dôme qu'à cinq heures du soir. Loin d'avoir le temps de pousser jusqu'au Mont-Blanc, les touristes durent prendre une voie plus expéditive que le Grand-Plateau pour gagner les Grands-Mulets avant le coucher du soleil (1). On pourra donc aller au Mont-Blanc par le col de Miage; mais il faut attendre que les architectes de M. Hepworth Dixon y aient construit une hôtellerie.

(1) A. Adams-Reilly, *Alpine Journal*, n° 11. — L'ascension du côté de Saint-Gervais, par l'Aiguille du Goûter et les Bosses avec descente sur Chamonix, peut, à la rigueur, être effectuée en un jour (de vingt heures) à partir du pavillon de Bellevue. M. A. W. Moore en a donné la preuve cette même année 1864; mais je ne sache pas qu'il ait eu des imitateurs.

CHAPITRE XVII

LES ROUTES (FIN)

ROUTES DE COURMAYEUR

Courmayeur, quoique situé à un niveau supérieur, jouit d'un climat plus doux, d'une végétation plus variée que Chamonix (1). Saint-Gervais n'a qu'un établissement de bains, fondé au commencement de ce siècle, Courmayeur a quatre sources, connues depuis longtemps, chaudes et froides, alcalines, ferrugineuses, gazeuses, sulfureuses : *Pré-Saint-Didier*, toute pareille à de l'eau claire et qui fut utilisée la première, *la Saxe*, manifestement minérale, dont on ne s'avisa qu'en dernier lieu, et la modeste *Marguerite*, et l'orgueilleuse *Victoire*, dont le nom atteste les succès (2). Ajoutez l'avantage d'être au pied d'un des prin-

---

(1) Le caractère du paysage de Courmayeur a été rendu avec un sentiment exquis par M. E. Boullon de Waudré. (*Chez nous*, par E. Boullon, Paris, s. d.).

(2) Aug. Argentier, *Courmayeur et Pré-Saint-Didier*, Aoste, 1864. Il se pourrait, dit Saussure (§ 882), que les eaux de Pré-Saint-Didier agissent

cipaux passages des Alpes, le Petit Saint-Bernard. Chamonix et Saint-Gervais n'étaient encore que d'obscurs villages, alors que Courmayeur hébergeait dans la saison une société riche, légèrement aristocratique et fort indolente, comme il convient à une station thermale en vogue. Les habitants du lieu, savoyards de langage et italiens de relations, avaient été formés par leurs hôtes. Ils virent arriver avec un certain dédain les premiers touristes, les touristes pur sang, gens de médiocre apparence, voyageant en mince équipage. Saussure en rapporte un exemple plaisant. Un jour qu'il descendait à pied un sentier au-dessus de Courmayeur, il rejoignit un homme du pays qui, monté sur un mulet chargé de deux grosses balles de foin, interceptait le passage. Comme les mouches du mulet l'incommodaient beaucoup, Saussure pria l'homme de ranger sa bête et de le laisser passer, sur quoi l'autre répondit avec dignité « qu'il devait prendre son mal en patience, parce qu'il était naturel que les gens qui allaient à pied souffrissent quelque chose de ceux qui étaient à cheval (1). »

Mais les touristes ne se rebutent pas aisément et les tables d'hôte de Courmayeur durent s'habituer à leur présence. Le plus souvent, ce n'étaient que d'honnêtes mar-

---

comme feraient tous bains chauds d'eau commune. Des analyses plus récentes ont cependant signalé dans l'eau de Pré-Saint-Didier des traces d'arsenic qui expliqueraient son efficacité.

(1) *Voyages dans les Alpes*, § 884.

cheurs, faisant leur tour du Mont-Blanc; mais, parfois aussi, quelques échappés des glaces, dégringolant du col du Géant, comme des projectiles lancés de Chamonix par-dessus la chaîne, s'abattaient sur la petite ville et, les yeux rouges, la figure bouffie, l'épiderme en écailles, allaient impudemment s'asseoir au bout de la table, en veston, chemise de flanelle, souliers ferrés et guêtres montantes. Rien de plus remarquable ne signalait, du reste, ces courtes apparitions. Ces particuliers arrivaient avec des guides étrangers à la localité et s'en retournaient de même, sans tenter aucune excursion originale.

L'année 1855 amena du changement. Cette année-là, MM. E. S. Kennedy, Ch. Hudson, Gr. et Chr. Smyth, E. J. Stevenson, Ch. Ainslie et G. Joad traitaient les Alpes en pays ennemi. Ils voyageaient à la façon d'une petite armée, tour à tour ensemble et divisés, avançant de conquête en conquête, emportant au passage tantôt un col et tantôt une cime, et rassemblant toutes leurs forces pour les grandes entreprises. Celle qui les réunit à Courmayeur pouvait compter entre les plus hardies, car elle n'allait à rien moins qu'à tenter l'ascension du Mont-Blanc par le versant italien. Ils y trouvaient deux avantages : d'abord, de ne pas suivre la route battue, l'ornière commune des Grands-Mulets; ensuite, d'échapper à ce qu'on appelait le règlement abusif et vexatoire, le tarif exorbitant de la compagnie des guides de Chamonix. Ce dernier point est à relever; si tous les conquérants ont aimé la gloire, il est rare qu'ils aient visé à l'économie. Mais on ne pouvait tomber plus mal à propos. Les pâtres et paysans de Courmayeur, saisis d'une ambition prématurée, venaient justement de s'organiser en société à l'instar de leurs voisins de Savoie, et quand il leur fut demandé combien ils prendraient pour conduire l'expédition au Mont-Blanc, ils n'hésitèrent pas à répondre : « le prix de Chamonix ». — Alors, nous irons seuls! dirent les Anglais.

Et de fait, au haut du col du Géant, ils renvoyèrent leurs porteurs et, prenant leur bagage à dos, se lancèrent bravement à travers le glacier. Quelques jours auparavant, un Écossais, M. James Henry Ramsay, escorté de six guides de Courmayeur, les avait devancés sur ce chemin. M. Ramsay avait été droit du col du Géant au pied de l'Aiguille du Midi. Là on avait élevé contre le rocher un mur de pierres d'environ trois pieds de hauteur, de manière à former une petite niche où on s'était logé tant bien que mal. Le lendemain, la caravane avait gravi le Mont-Blanc du Tacul, le Mont-Maudit et était redescendue au Corridor, où elle rejoignait la route ordinaire de Chamonix sous le Mur de la Côte. Du premier coup la route de Courmayeur était trouvée, mais l'heure avancée obligea la troupe à revenir sur ses pas sans achever l'ascension (1). M. Kennedy et

(1) L'expédition de M. Ramsay eut lieu les 30 et 31 juillet 1855. La nouvelle compagnie des guides de Courmayeur tenait, pour ses débuts,

ses compagnons espéraient aller jusqu'au bout. Ils furent encore moins heureux que leur prédécesseur. Pendant les deux jours qu'ils passèrent dans les glaces, le brouillard, sauf de rares éclaircies, ne cessa d'envelopper la montagne. Pour des gens embarqués sans guides c'était trop de mauvaises chances. Errants à la boussole, ils dressèrent leur tente sur le Rognon, rocher qui divise le glacier du Géant et la Vallée Blanche, à peu près comme la chaîne des Grands-Mulets sépare le glacier des Bossons et la vallée de neige; le jour suivant, le sommet du Mont-Blanc du Tacul fut leur *nec plus ultrà*. Après cet honorable échec, dégoûtés du versant italien, mais encouragés dans leur résolution de se passer de guides, ils allèrent tenter fortune du côté de Saint-Gervais par où ils réussirent, comme on l'a vu, à atteindre la cime du Mont-Blanc (1).

Huit années s'écoulèrent sans que personne essayât de renouveler l'aventure : il fallut tout ce temps aux guides

---

à enregistrer un succès complet. On trouve sur ses registres, à la date du 9 août 1855, que « le jour 31 juillet proche passé, il a été fait, pour » la première fois, une ascension à la cime du Mont-Blanc du côté de » Courmayeur, par un Anglais accompagné de six guides de cette com- » mune » et que trois des guides, les sieurs Mochet, dit Gros, Chabod, dit Turin, et Joseph-Marie Perrod ont été jusqu'au sommet avec l'Anglais. Cette assertion est péremptoirement démentie par le récit de M. Ramsay, qui déclare s'être arrêté au-dessus du Mur de la Côte sur les observations de ces mêmes guides. (V. une lettre récente de Sir Ramsay dans William Longman, *Modern mountaineering*, p. 14, à la suite du n° 55 de l'*Alpine Journal*.)

(1) 7 et 8 août 1855. — Hudson and Kennedy, *Where there's a Will there's a Way*.

de Courmayeur pour comprendre qu'il ne suffisait pas de se montrer aussi exigeants que leurs rivaux de Chamonix pour leur disputer le monopole du Mont-Blanc; mais cette découverte faite, ils se mirent à la besogne avec une louable activité. En un seul jour, comme par enchantement, une cabane s'éleva entre l'Aiguille du Midi et le Mont-Blanc du Tacul. Aperçu de loin, contre ces cimes colossales, le petit édifice de planches, long et étroit, n'ayant pour toute ouverture qu'une porte, ressemblait parfaitement à une souricière. C'était bien aussi un piége à voyageurs. Les ouvriers étaient à peine redescendus que deux touristes déjà s'y faisaient prendre.

MM. Briquet et Maquelin, de Genève, venant d'Aoste à Courmayeur, n'avaient point écrit sur leurs tablettes qu'ils dussent escalader le Mont-Blanc par le versant italien. Même, à vrai dire, ils n'y songeaient nullement : mais l'occasion fait l'ascensionniste. Après un jour de repos laissé aux guides qui tous avaient dû s'employer au transport des matériaux, ces messieurs partirent avec dix hommes et arrivèrent le lendemain à la cabane, encore embaumée de l'odeur du sapin. Les cloisons en étaient un peu frêles et médiocrement assemblées, mais on la revêtit d'un manteau de pierres, on boucha les joints avec du papier, on utilisa les copeaux dont elle était remplie pour allumer un feu qui dégourdit les membres et répandit la joie sur les physionomies.

La situation, d'ailleurs, était admirable, — à 3 564 mètres, sur le col (col du Midi) qui domine le glacier des Bossons, — et c'était plaisir de voir dans la profondeur, au soleil couchant, les caravanes de Chamonix s'acheminer péniblement vers la station si inférieure des Grands-Mulets. Mais des nuages survinrent, le vent s'éleva dans la nuit. Partis au lever du jour, les voyageurs eurent une peine infinie à franchir les escarpements du Tacul et du Maudit. La rafale faisait tournoyer dans les airs d'énormes panaches de neige; de minces croûtes de glace, de plus d'un pied de surface, chassées contre les pentes, les remontaient avec impétuosité pour redescendre plus rapidement encore; maintes fois il fallut se coucher, attendre un instant de calme sous la bise glacée. Au Corridor quelques guides, qui déjà s'étaient montrés hésitants, refusèrent absolument d'aller plus loin. La caravane, réduite à sept personnes, poursuivit avec énergie, gravit le Mur de la Côte et dépassa les Petits-Mulets. Il était midi et la cime n'était plus qu'à une cinquantaine de pas, quand Belfrond, le guide-chef, s'arrêta et déclara qu'il ne fallait pas persister. Au même instant, l'ouragan, redoublant de furie, emporte le chapeau d'un des hommes, le voile et le mouchoir d'un autre; M. Briquet est renversé et obligé de lâcher sa pique, d'autres après lui sont culbutés, roulés sur la neige, tandis que pique, mouchoir, voile et chapeau disparaissent emportés de compagnie vers les abîmes du glacier de la

Brenva. Autant en attendait les voyageurs s'ils n'eussent résisté par l'ensemble de la chaîne. Sur cet avertissement salutaire et sans demander le reste, on battit en retraite vers les Grands-Mulets, d'où, après un moment de repos, on gagna Chamonix (1). C'était la première fois qu'on passait d'Italie en Savoie par-dessus le sommet (ou peu s'en faut) du Mont-Blanc. Désormais il était prouvé qu'on pouvait à la rigueur l'atteindre par le côté de Courmayeur, mais il ne l'était pas moins que la nouvelle route ne disputerait jamais la vogue à celle de Chamonix. Ce même jour, en effet, la cabane des Grands-Mulets avait hébergé huit voyageurs de diverses nationalités. Dans le nombre un Irlandais, M. Henry Villiers Stuart, et un Français, M. Alcide Pelletan, tentèrent l'ascension. Abrités pendant la plus grande partie de la course par le cirque de hauteurs qui les environnait, ils ne commencèrent à ressentir les effets de la violence du vent que sur la croupe du Mont-Blanc. M. Pelletan ne put toutefois dépasser les Petits-Mulets, mais l'Irlandais alla jusqu'à la cime, et ces messieurs étaient de retour aux Grands-Mulets et déjà reposés, tandis que MM. Briquet et Maquelin s'escrimaient encore à gravir le Mur de la Côte (2).

(1) 16, 17 et 18 juillet 1863. — *Giornale delle Alpi*, 1864, fasc. 3 et 4; Briquet et Maquelin, *Ascensions du Mont-Rose et du Mont-Blanc*, Genève, 1864; l'*Écho des Alpes*, 1871, n° 1; *Livre des étrangers aux Grands-Mulets*.

(2) *Livre des étrangers aux Grands-Mulets.*

A peu de jours de là, une expérience tout à fait décisive acheva de mettre en relief la supériorité pratique de la route de Chamonix sur celle de Courmayeur aussi bien que sur celle de Saint-Gervais. M. E. S. Kennedy se trouvait à Chamonix au moment où MM. Briquet et Maquelin y entraient, vainqueurs dans la lutte où lui-même avait échoué avec ses amis en 1855. N'ayant pu être le premier, il voulut être le second à réussir et alla coucher, le 21 juillet, à la cabane du Tacul. Ce même soir, par une coïncidence singulière, deux touristes non moins déterminés que lui, MM. F. Morshead et Russel Stephenson, se rendaient à la cabane de l'Aiguille du Goûter, sur la route de Saint-Gervais. Enfin les Grands-Mulets avaient aussi leurs hôtes, deux Anglais et MM. les abbés Orsat et Lombard, tous les quatre bons montagnards, mais qui n'étaient point à nommer à côté de leurs concurrents. Le lendemain cependant, dans ce steeple-chase au Mont-Blanc, ce furent eux qui obtinrent la palme, tandis que la violence du vent sur les crêtes et le temps perdu à lutter contre elle arrêtèrent M. Kennedy au Corridor et MM. Morshead et Stephenson aux Bosses (1).

En réalité, si la brèche était ouverte, le Mont-Blanc

(1) *Livre des étrangers aux Grands-Mulets*, 22 juillet 1863. — MM. Morshead et Russel Stephenson essayèrent, le lendemain, par la route ordinaire, furent encore battus au Grand-Plateau et revinrent à la charge cinq jours après; cette fois le succès, un temps et une vue magnifiques récompensèrent leur persévérance.

tenait encore. Quelques jours après, un Anglais, M. Head, arrivait enfin par la nouvelle route jusqu'à la cime même de la montagne. Mais M. Head triompha si discrètement que, si l'on n'y prenait garde, on risquerait d'attribuer l'honneur qui lui en revient à M. Felice Giordano, dont l'ascension eut lieu le 5 août de l'année suivante (1864). Du moins, M. Giordano est-il certainement le premier Italien qui ait gravi le Mont-Blanc par le versant d'Italie (1).

Ce serait confondre les ascensions scientifiques avec les ascensions des savants que de citer le nom de l'éminent ingénieur à côté de ceux des Martins, des Tyndall et des Pitschner. Un homme de la valeur de M. Giordano ne parcourt pas les montagnes sans fixer son attention sur cent choses qui échappent au voyageur moins instruit. M. Giordano fit d'intéressantes remarques sur la lithologie et l'oro-

---

(1) Puisque j'ai parlé de steeple-chase au Mont-Blanc, voici dans quel ordre les nations modernes ont touché le but :

Suisse	De Saussure, de Genève	3 août 1787.
Grande-Bretagne.	Colonel Beaufoy	9 août 1787.
Russie	Baron Dorthesen, de Courlande	10 août 1802.
Allemagne	Rodatz, de Hambourg	10 septembre 1812.
États-Unis	Howard et Renseler	12 août 1819.
France	Comte de Tilly	9 octobre 1834.
Suède	G. Hendreagen	23 août 1837.
Italie	Marquis de Belange, de Naples	27 août 1840.
Espagne	Manoel de Harreta	2 août 1864.
Autriche	Comtes Schönkirchen et Wurmbrand	9 août 1864.
Hollande	Huyterman van Loos, de Harlem	17 juillet 1865.
Belgique	Van der Bossch	4 juillet 1872.

Je rectifie ici l'erreur que j'ai commise, pages 201 et 207, en fixant au 6 octobre 1834, au lieu du 9, la date de l'ascension du comte de Tilly.

graphie du Mont-Blanc; mais de fâcheuses circonstances l'empêchèrent d'emporter avec lui d'autre instrument qu'un thermomètre, et toutes ses observations au sommet (où il ne fut qu'une demi-heure) tiennent dans les lignes suivantes :

« J'examinai d'abord la cime du colosse : c'était une crête de neige granuleuse dirigée au nord-ouest, longue d'une centaine de mètres, en forme de toit assez rapide, et large d'un peu plus d'un mètre — c'est-à-dire à peu près telle que l'ont décrite les premiers ascensionnistes. La conservation de cette forme allongée et étroite, œuvre du vent et des météores, dans une masse de neige gelée haute de plusieurs dizaines de mètres, est digne de remarque. Je ne pus faire d'autre expérience sur la raréfaction de l'air que l'expérience vulgaire des coups de pistolet qui, à la distance de quelques pas, ne faisaient guère plus de bruit que des coups de fouet. Je m'attendais à voir la voûte céleste d'un azur noirâtre; mais, au contraire, par l'effet probablement de vapeurs élevées, elle présentait presque ce jour-là la belle teinte claire de nos climats méridionaux. Il soufflait une légère brise du nord et le thermomètre était précisément à 0° (1). »

(1) *Ascensione del Monte-Bianco partendo del versante italiano, ed escursione nelle Alpi Pennine*, Torino, 1864, et réimprimé dans le quatrième volume du *Bollettino del Club Alpino italiano*. L'intensité de la couleur du ciel est un fait bien constaté, mais elle varie évidemment avec l'état hygrométrique de l'atmosphère. Saussure l'a mesurée au *cyano-*

On remarquera que la nouvelle route n'était guère plus une route de Courmayeur qu'une route de Chamonix. Son véritable point de départ est la cabane du Tacul. Or, M. Kennedy venait de gagner cette cabane par le Montanvers et la Mer de glace, — le 5 août 1868, M. Briquet l'atteignait par le col du Midi, depuis le glacier des Bossons, — le 8 août 1873, M. et madame Albert Millot y arrivaient par un nouveau passage, le col du Plan, qui s'ouvre entre l'Aiguille de ce nom et l'Aiguille du Midi, — enfin, en 1874, Sylvain Couttet y conduisait une demoiselle anglaise en lui faisant escalader l'Aiguille du Midi

---

mètre, c'est-à-dire avec un instrument composé de seize bandes de papier de nuances différentes, depuis le bleu le plus foncé (n° 1) jusqu'au bleu le plus pâle (n° 16). A midi, le ciel au zénith lui parut entre la première et la seconde nuance. Avec un cyanomètre de trente-deux nuances, le docteur Pitschner trouva que le ciel répondait au numéro 5. L'officier prussien, comte de Lusi, n'avait pas de cyanomètre, mais il avait revêtu pour la circonstance son uniforme bleu de Prusse, « qui lui parut tout clair en comparaison. »

M. Cazin, à qui les visiteurs de la vallée de Chamonix doivent tant (s'ils ont perdu le ravissant lac de Chède, comblé par un éboulement en 1837, et la cascade des Pèlerins, dégradée par la chute du rocher sur lequel les eaux rejaillissaient, ils ont gagné, grâce à lui, la vue des gorges de la Diosaz, ouvertes en 1874), M. Cazin a consacré un intéressant travail aux effets de la lumière dans les montagnes (*Bulletin du Club Alpin français*, 4ᵉ trimestre 1876).

L'expérience du pistolet est bien connue. Aussi ingénieux que le comte de Lusi, Auldjo, à défaut de pistolet, fit partir le bouchon d'une bouteille de Champagne. « Le bouchon sauta à une grande distance, mais le bruit s'en entendit à peine. » L'humidité de l'air influe encore sur la qualité et la force du son. Tantôt le bruit est étouffé, comme d'un pistolet qui n'aurait pas été bourré, tantôt faible mais strident, comme celui d'un pétard. Mes compagnons et moi, nous étions enveloppés de brouillards,

derrière le chalet de Pierre-Pointue (1). De fait, ce chemin ne servit guère. Ceux qu'on découvrit peu après par le glacier de la Brenva et par le glacier du Dôme, servirent moins encore.

Le glacier de la Brenva limite à l'est le Mont-Blanc auquel il ne se rattache que par des pentes rocheuses prodigieusement escarpées. C'est ce qui semble au moins, quand on le considère de Courmayeur. Pour s'en mieux assurer, M. A. W. Moore, en 1863, alla l'examiner avec une longue vue du haut de la montagne de la Saxe, et le

---

et il ne nous a pas semblé que nous entendissions nos voix moins bien qu'à l'ordinaire. Comme les couches d'air inférieures sont plus chargées de vapeurs, on entend toujours distinctement les coups de canon tirés à Chamonix, — parfois même, disent les guides, l'aboiement des chiens de Courmayeur. Ils le disent, mais je n'en voudrais pas répondre. Ils assurent aussi que, grâce à la transparence extrême de l'air, on peut voir des étoiles en plein midi, sinon de la cime, du moins sous la Calotte, à l'ombre de quelque escarpement. Il faut pour cela avoir leurs yeux ou ceux de la foi, car jamais voyageur n'y a pu parvenir. Saussure s'en rapporte là-dessus à l'affirmation de ses guides, et Pitschner qui, pendant sa veillée aux Grands-Mulets, avait observé avec soin les constellations et savait en quel point précis du ciel chercher les étoiles de première grandeur à la minute même où ses guides prétendaient en apercevoir, Pitschner est obligé de faire comme Saussure. Les bons Chamoniards d'autrefois exagéraient volontiers la singularité des phénomènes dont le Mont-Blanc est le théâtre, afin d'exciter la curiosité des voyageurs et de les induire en ascension. « Monsieur, disaient-ils à Albert Smith, vous ne sauriez le croire! Il y a si peu d'air là-haut qu'on ne peut seulement faire brûler de l'amadou! » — Albert Smith le crut et fut bien étonné quand, arrivé au sommet, il vit ses hommes tirer tranquillement leurs briquets et allumer leurs pipes.

(1) *The Alpine Journal*, n° 3; *Annuaire du Club alpin suisse*, 1868-1869; *l'Écho des Alpes*, 1874, n° 1.

résultat de cette inspection ne fit que confirmer l'opinion commune. Les guides les plus résolus prononcèrent qu'une tentative d'ascension par le glacier de la Brenva serait un acte de folie, et M. Moore avait dû se soumettre à cette sentence lorsque, l'année suivante, un incident de voyage ramena ses pensées vers un projet qu'il n'abandonnait qu'à contre-cœur. Il était monté au Mont-Blanc par Chamonix. Au retour, l'état de la neige au Mur de la Côte obligea la caravane à se détourner de la ligne de descente ordinaire pour se rapprocher du versant italien. Grande fut la surprise de M. Moore : au lieu d'un précipice vertical, il vit sur sa droite une pente de neige qui n'était pas plus rapide que le Mur de la Côte lui-même et qui s'appuyait, 150 pieds plus bas, à un névé doucement incliné. Ce névé n'était autre chose que le plan supérieur d'un vaste glacier, tributaire de la Brenva où il se précipite du sommet même du Mont-Blanc. Borné d'une part par le Mur de la Côte, la tête du Corridor et le Mont-Maudit, un énorme éperon rocheux de la grande montagne le masque sur son autre rive au point que, des environs de Courmayeur, on n'en saurait seulement soupçonner l'existence (1).

M. Moore conclut que, s'il était possible de s'élever jusqu'à ce névé en escaladant l'arête de roc, on était sûr de

---

(1) L'existence de ce glacier, qui avait échappé à la sagacité de M. Adams-Reilly, avait pourtant été reconnue déjà par M. Mieulet.

gagner la tête du Corridor et de là, naturellement, la cime du Mont-Blanc. Cela était possible en effet, puisqu'il en vint à bout, le 15 juillet 1865, avec ses amis, MM. Franz et Horace Walker et George Mathews, sous la conduite des excellents guides oberlandais Melchior et Jacob Anderegg. Mais on jugera des facilités de cette seconde route de Courmayeur par le passage suivant de sa relation.

« Devant nous s'étendait une arête étroite, mais non escarpée, tantôt roc et tantôt neige, qui paraissait se terminer en pic à quelque distance en avant. Nous allions avec précaution, nous tenant un peu au-dessous du haut de l'arête et nous demandant, avec quelque curiosité, ce qui nous attendait au delà de ce pic. Quand nous l'eûmes atteint, il se trouva que le prétendu pic n'était pas un pic du tout, mais l'extrémité de la plus mince et plus formidable arête de glace que j'aie jamais vue. Elle se prolongeait presque horizontalement sur une longueur inquiétante..... Sur la plupart des arêtes, quelque étroites qu'elles soient, il est possible de prendre de l'appui en fichant la pointe du bâton dans la pente de l'un ou l'autre versant; mais ce n'était pas ici le cas. Nous étions sur un mur; la glace, à droite, tombait *verticalement* (c'est avec réflexion que j'emploie le mot), et il en était à peu près de même à gauche. D'un côté pas plus que de l'autre il n'était possible de donner la moindre prise à l'alpenstock. Je crois aussi qu'on rencontre plus souvent l'arête de glace vive dans les descriptions que dans la nature, le terme étant généralement appliqué à de la neige durcie. Mais ici, pour une fois, nous tenions l'article non frelaté : la véritable glace bleue sans un grain de neige dessus. L'espace pour marcher, où Jacob faisait des entailles, avait d'abord environ la largeur d'une crête de mur ordinaire. Me trouvant le dernier de la file, je ne voyais guère quelle tournure prenait le chemin que quand j'allais poser le pied. Je fus donc fort ému en voyant nos hommes en tête qui, jusque-là, s'étaient tenus debout en dépit du peu de sécurité des pas et de la difficulté de garder l'équilibre, abandonner tout d'un coup cette position pour se mettre à cheval. L'arête était devenue tranchante comme la lame d'un couteau, et, pendant quelques mètres, il fut absolument impossible d'avancer d'autre façon. Ils se relevèrent bientôt ; mais quand j'allais suivre leur exemple, Melchior insista avec autorité pour que je n'en fisse rien et demeurasse à califourchon. Il n'y avait plus moyen de tailler des pas honnêtes et Jacob se contentait d'abattre le tranchant de l'arête. Sur ce sentier glissant chacun se traînait à sa suite, ne mettant un pied après l'autre qu'avec une extrême circonspection. Pour moi, je m'escrimais des mains dans une attitude moins dangereuse peut-être, mais infiniment plus incommode, et, chemin faisant, je ne pouvais m'empêcher de songer avec un intérêt comique à ce qui arriverait si l'un de nous venait à glisser. Les autres, attachés à la même corde, tomberaient-ils avec lui? ou, s'ils se jetaient en sens inverse, pour faire contre-poids, qu'en résulterait-il? Nous ferions-nous indéfiniment équilibre, pendus de part et d'autre de l'arête? Heureusement, nous n'eûmes pas occasion de résoudre ce curieux problème de statique, et, à 9 heures 1/2, nous atteignîmes le bout de l'arête qui plongeait sous de longues pentes de névé (1). »

Les intrépides ascensionnistes arrivèrent au plateau supérieur qu'ils avaient en vue. De là il eût été aisé de gravir directement la Calotte du Mont-Blanc; mais, par égard pour leurs guides fatigués du nombre considérable de pas qu'il leur avait déjà fallu tailler, ils se détournèrent sur le Corridor pour prendre le chemin ordinaire du Mur de la Côte. Ils arrivèrent au sommet du Mont-Blanc à 3 heures après-midi, le second jour de leur départ de Courmayeur, et redescendirent sur Chamonix où ils entraient à 10 heures 1/2 du soir, non sans s'être égarés, suivant l'usage, dans la forêt de la Para (2).

Cette expédition est une de celles dont on peut dire qu'elles ont été accomplies suivant les règles de l'art, puisque M. Moore ne l'entreprit qu'après avoir reconnu les lieux et qu'il passa précisément par où il avait dessein de passer.

(1) *The Alpine Journal*, n° 16.
(2) L'un des héros de cette expédition, M. Walker aîné, était âgé de cinquante-neuf ans; six ans plus tard, déjà frappé du mal qui devait bientôt l'emporter, il faisait avec sa fille l'ascension du Cervin (*Alpine Journal*, n° 37).

Mais il est d'autres courses dont l'heureux résultat n'est dû qu'au hasard, abstraction faite, bien entendu, de l'audace des touristes. C'est ainsi que, en juillet 1863, MM. Macdonald et H. B. George avaient découvert le terrible col de la Tour-Noire vers l'extrémité est du massif du Mont-Blanc, en croyant se diriger sur le col d'Argentière, et c'est à la suite d'une pareille méprise que, le 7 août 1865, le même M. Macdonald, coutumier du fait, avec ses amis F. Craufurd Grove et Edward Buxton, découvrait le passage du glacier du Dôme.

On se rappelle que, l'année d'avant, MM. Adams-Reilly et Birkbeck, partis de Saint-Gervais, avaient gagné le Dôme du Goûter en franchissant le col de Miage. MM. Macdonald, Grove et Buxton se proposaient de refaire le même trajet, mais à l'inverse. Le temps était nébuleux; ils crurent avoir suivi assez longtemps l'arête du Goûter, se laissèrent aller à la pente, rencontrèrent bientôt d'incroyables difficultés, en sortirent grâce à l'agilité de Jacob Anderegg qui les conduisait, furent obligés néanmoins de passer la nuit à la belle étoile, et ne se retrouvèrent que le lendemain matin, après vingt-neuf heures de marche, dans des lieux habités. Seulement, au lieu de s'appeler Saint-Gervais, le village s'appelait Courmayeur. Ils avaient descendu sans le vouloir le glacier du Dôme, affluent jusque-là inexploré du Miage sud (1).

(1) *The Alpine Journal*, n° 15.

La logique des ascensions exige que, dès qu'on descend du Dôme à Courmayeur, on puisse monter de Courmayeur au Dôme. Il y avait justement à Courmayeur un jeune homme qui brûlait de s'illustrer par une ascension du Mont-Blanc exceptionnelle. Julien Grange avait conduit MM. Maquelin et Briquet ainsi que M. Giordano, il avait accompagné M. Moore jusqu'à son gîte du premier soir, sur la Brenva, et, simple porteur en cette dernière expédition, obligé de redescendre la tente et les ustensiles de campement, n'avait quitté la partie qu'à son corps défendant. Il cherchait un touriste de bonne volonté : le guide embauchait le voyageur. Le voyageur se fit assez attendre et ne se présenta qu'en 1868 sous les traits de M. A. G. Brown. M. Brown et Julien étudièrent de concert les cartes de la montagne. Vers l'est, soit par le Tacul, soit par la Brenva, on avait fait tout ce qu'il était possible de faire. Le côté ouest était encore vierge. Trois glaciers sillonnaient ses flancs : le glacier de Miage proprement dit; — le plus reculé, le temps manquerait ; le glacier du Mont-Blanc, — le plus proche, mais, de pente si raide, descendant en quelques bonds de la Calotte, il fut jugé absolument impraticable ; enfin, entre les deux, le glacier du Dôme, — *in medio tutissimus ibis*, cet adage le fit adopter. Il est vrai que le glacier du Dôme, coupé par un effroyable mur de glace transversal, avait donné fort à faire à MM. Grove, Macdonald et Buxton, et que la façon dont ces messieurs avaient descendu le long de cette paroi excluait l'idée qu'on pût la gravir; mais la bonne direction qu'on ne trouve pas lorsqu'on va comme eux à l'aventure au milieu du brouillard, se révèle à qui procède avec méthode et lenteur.

Grange et M. Brown partirent le 24 juillet. On ne dévoile guère à l'avance le but de ces expéditions risquées; cependant, à une question confidentielle du guide-chef, « Nous tâcherons d'aller au Dôme, dit M. Brown, et si nous y sommes assez tôt, nous *tournerons à droite.* » Ils y arrivèrent en effet, et assez tôt. Postés avant la nuit en bon lieu pour prendre des points de repère, ici demandant leur chemin aux traces d'un chamois, là se hissant au haut du mur de glace par un dangereux couloir où les avalanches incessantes avaient égalisé et poli les saillies du roc aussi bien que la glace elle-même, ils se trouvèrent sur le Dôme un peu avant neuf heures du matin, *tournèrent à droite* et atteignirent enfin le sommet du Mont-Blanc d'où ils redescendirent sur Chamonix (1).

Ainsi Courmayeur possédait trois routes du Mont-Blanc, trois routes offrant à l'envi de magnifiques paysages, trois routes absolument distinctes, qui se séparaient, pour ainsi dire, aux portes de Courmayeur, et ne se rejoignaient plus qu'à la cime même de la montagne : car M. W. A. B. Coolidge avait réussi à effectuer une seconde fois l'as-

---

(1) *The Alpine Journal,* n° 25.

cension par la Brenva, sans faire comme M. Moore le détour du Corridor (1). La question toutefois n'en était pas plus avancée, car la meilleure de ces trois routes ne méritait guère d'être recommandée. Les exploits de M. Moore, de M. Brown, pouvaient, à bon droit, passer pour des tours de force. Quant au chemin par le Tacul, la nouvelle cabane n'offrait pas une installation capable d'en compenser la longueur démesurée. M. Giordano avait eu, il est vrai, l'attention d'y faire transporter un poêle; mais, je ne sais comment, les voyageurs qui vinrent ensuite trouvèrent beaucoup de neige à l'intérieur de la cabane et de poêle point (2).

Les choses en étaient là quand les touristes purent lire dans l'*Alpine Journal* de novembre 1872 la note suivante :

« Le 1er juillet dernier, M. Thomas Stuart Kennedy, avec Johann Fischer, de Meiringen, et J. A. Carrel, de Val Tournanche, bivouaquèrent sur les rochers de la rive droite de l'affluent le plus méridional du glacier de Miage, qui descend entre l'Aiguille Grise et le Mont Brouillard, à environ 4 heures 1/2 de Courmayeur. Repartis le 2, à 3 heures du matin, ils gagnèrent le névé du glacier, et de

---

(1) 15 juillet 1870; *The Alpine Journal*, n° 31, et *Livre des étrangers aux Grands-Mulets*.

(2) Une hutte vient d'être construite au col du Géant (juillet 1876). Destinée surtout à servir de point de relâche aux touristes qui se rendent de Courmayeur à Chamonix par le glacier du Géant, elle facilitera aussi l'ascension du Mont-Blanc par le Tacul.

là, grimpant droit au-dessus, atteignirent l'arête du Mont-Blanc vers la Bosse du Dromadaire à peu de minutes du sommet, où ils arrivèrent à 1 h. 30 m. après midi. On descendit sur Chamonix par la route ordinaire. »

Cette branche méridionale du Miage n'était autre que le glacier du Mont-Blanc (1), ce glacier « descendant en quelques bonds de la Calotte » que M. Brown et Julien Grange avaient jugé « absolument impraticable ». Chose plus singulière! cette route qu'on venait de découvrir, la seule qui, selon toute apparence, restait à trouver, était la première par laquelle Jacques Balmat, près d'un siècle auparavant, avait songé à attaquer le monarque des Alpes. Fallait-il la regarder encore comme un casse-cou, ou bien le grand guide de Chamonix avait-il pressenti la seule route de Courmayeur qui méritât vraiment ce nom? La réputation de M. Thomas Stuart Kennedy, connu pour un grimpeur émérite, pouvait éveiller des doutes sur ce point. On attendit sa relation avec curiosité : elle parut six mois après la note (2).

Il avait, en effet, couru de grands risques, il avait passé plusieurs heures dans de véritables angoisses; mais, ô surprise! ces inquiétudes et ces dangers ne se rapportaient qu'à cette simple ligne de la note : « On descendit sur

---

(1) Il ne porte pas de nom sur la carte de M Mieulet, non plus que le glacier du Dôme qui vient après vers le nord.
(2) *Alpine Journal*, n° 40.

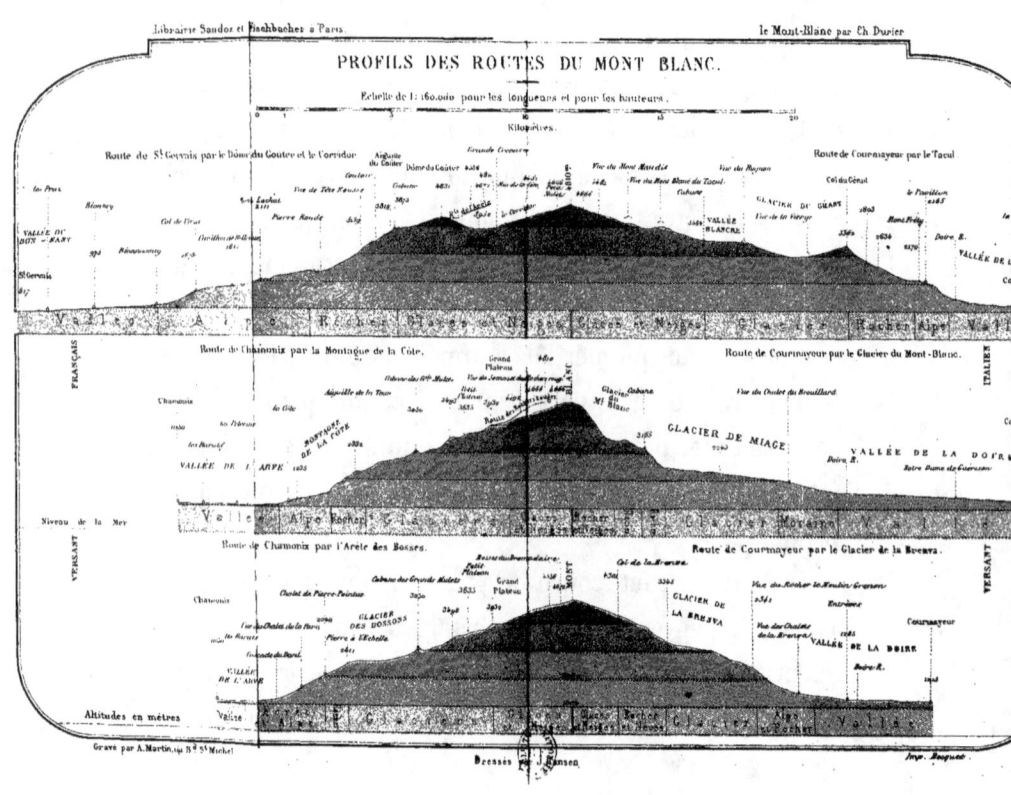

Chamonix par la route ordinaire. » C'était sur le sommet si fréquenté de la montagne, c'était jusqu'à portée de voix de la cabane des Grands-Mulets, que M. Kennedy avait eu de mauvais moments à passer. Comme les guides, étrangers aux vallées voisines, ne connaissaient pas le terrain; M. Kennedy, présumant trop de l'expérience qu'il avait acquise sept ans auparavant dans une rapide ascension (1), entreprit de conduire la troupe; mais, errant de côté et d'autre au milieu des brouillards qui s'étaient brusquement amassés, cherchant tantôt l'Ancien passage, tantôt une descente plus rapide (2), tantôt le Mur de la Côte, il ne dut son salut qu'à un heureux hasard. Il faut ne pas s'être trouvé soi-même surpris au sommet du Mont-Blanc par des nuages orageux, pour lire sans frisson cette phrase de M. Kennedy : « Je compris alors l'énormité du Mont-Blanc et la folie de jouer avec lui par le mauvais temps! »

Quant à l'ascension proprement dite, elle n'avait pas offert d'obstacles sérieux. La pente générale était forte sans doute. Une ligne droite tirée de la cabane du Tacul au sommet du Mont-Blanc donne un angle de 15° 1/2, des Grands-Mulets, de 23 degrés : ici, prise du plan du glacier de Miage, l'inclinaison était de 36° 1/2. Ce n'était pas un chemin

---

(1) Le 6 juillet 1865 : M. Kennedy avait alors pour compagnons MM. Hadow et Hudson, qui trouvaient la mort, à huit jours de là, dans la fameuse catastrophe du Cervin.

(2) Entre les deux Rochers-Rouges, direction exceptionnelle qu'il avait prise en 1865 (voyez note de la page 307).

pour des novices, des apprentis en l'art de grimper, mais, au demeurant, il ne demandait qu'une tête solide : le brillant succès de M. Kennedy en fit fermenter plus d'une parmi le peuple des alpinistes et on le vit bien à la campagne suivante. Le 21 juillet 1873, MM. G. E. Foster et A. W. Moore suivaient ses traces et passaient sans plus de façon de Courmayeur à Chamonix par-dessus la cime du Mont-Blanc, comme si c'eût été un col; le 25, M. Th. Middlemore en faisait autant; le 4 août, c'était le tour de M. et madame Albert Millot : trois passages, coup sur coup, le premier en un seul jour et le dernier par une jeune femme. La même année enfin, M. Cesare Gamba, du club italien, non-seulement effectuait l'ascension par le glacier du Mont-Blanc, mais revenait par la même voie. C'était la première fois qu'on montait et redescendait par le versant italien (1).

Il s'en fallait, pourtant, que la direction à suivre fût rigoureusement déterminée. Les itinéraires de Chamonix et de Saint-Gervais sont invariables. Les caravanes attaquent le Mur de la Côte sensiblement au même point; aux Bosses il suffit de longer la crête; on pourrait presque dire pendant combien de minutes on devra remonter la première arête de l'Aiguille du Goûter avant de passer à la seconde.

---

(1) *The Alpine Journal*, n° 42; *Livre des étrangers aux Grands-Mulets*; *Bollettino del Club Alpino italiano*, n° 22.

Ici, rien de pareil, et les guides de M. Gamba (1) avaient été obligés de reconnaître le terrain comme s'il se fût agi d'une expédition sans précédents. Cette indécision tenait pour beaucoup à l'insuffisance des cartes. Le versant italien du Mont-Blanc, hérissé d'une infinité d'aiguilles secondaires qui ne portent pas de nom, demanderait à être remis à l'étude. Quand les cartes, d'ailleurs, seraient sans défaut et à l'échelle convenable, il y aurait lieu de les remanier tous les vingt ans pour figurer les dimensions nouvelles des glaciers, comme on introduit dans les plans de villes les rues et les quartiers de création récente. Le névé du glacier du Mont-Blanc est certainement moins étendu aujourd'hui qu'il n'était du temps de M. Mieulet, et il est malaisé d'identifier les arêtes et les couloirs qui en partent pour s'élever jusque sous la cime. Les notes suivantes de l'ascension de M. Gamba aideront à comprendre la structure de cette partie de la montagne.

« Du plan du glacier de Miage, on traverse les séracs de la base du glacier du Mont-Blanc, bien au-dessous du rocher isolé marqué 2984 mètres sur la carte de M. Mieulet. Au bout d'une heure nous atteignions les rochers à main gauche. Nous les avons remontés jusqu'à l'emplacement où on a depuis construit la cabane, près d'un petit ruisseau. On n'est pas alors beaucoup plus élevé que les séracs qui

(1) Julien Grange et Henri Séraphin. On devine que les guides de Courmayeur avaient fait de grands progrès depuis l'année 1855.

sont à côté du rocher 2984. Le lendemain, après un quart d'heure d'escalade, nous sommes arrivés sur une pente de neige ou glacier. C'est ce glacier que j'ai appelé *le glacier sans nom*. En réalité, ce glacier n'est qu'un embranchement de celui du Mont-Blanc ; mais comme il en est séparé par un col, ou mieux *selle*, et que, entre cet embranchement très-important et le massif du Mont-Blanc, il y a un bassin, j'ai cru convenable de le désigner à part. Nous avons employé deux heures et demie à le remonter et nous sommes alors parvenus à la *selle* à laquelle je viens de faire allusion. Cette *selle* est flanquée de deux pics, l'un à l'est, l'autre à l'ouest, dont les guides même n'ont pas su me dire les noms. De là, on descend sur le névé du glacier du Mont-Blanc proprement dit. Ce névé, qu'on traverse rapidement, est coupé de l'escarpement qui soutient la Calotte du Mont-Blanc par une *Bergschrunde*. Nous avons franchi cette *Bergschrunde* au pied d'un couloir par où nous avons commencé l'ascension. Dès qu'il a été possible de quitter le couloir nous nous sommes portés à gauche et nous avons continué de monter par une arête formée de rochers brisés en morceaux (comme tout ce versant de la montagne), sauf en trois endroits où elle est recouverte d'un toit de neige si aigu qu'il nous fallut passer le bras par-dessus, soit d'un côté, soit de l'autre, pour pouvoir gravir sans risque de tomber. Au-delà du dernier de ces passages, nous avons tourné un peu à droite et, en moins d'une heure, nous étions à une hauteur d'environ 4700 mètres, sur la crête qui sépare le versant français du versant italien. Nous n'eûmes plus qu'à suivre pendant vingt-cinq minutes cette crête, d'une pente comparativement douce, pour gagner la cime du Mont-Blanc, à six heures et demie de notre bivouac. Après une heure de station au sommet, le retour, exactement par le même chemin et qui prit à peu près le même temps, s'effectua sans ombre de péril, sauf celui de la chute des pierres que détachait çà et là la corde de la caravane. Vers minuit nous étions de retour à Courmayeur (1). »

M. Gamba estime que l'ascension entière peut se faire dans l'espace de trente-quatre heures. Cette route l'emportait donc sur les autres routes de Courmayeur. On montait, on descendait : que lui manquait-il? Une cabane, — car la fatigue d'une traite si longue et le risque de prendre

(1) Je résume ensemble le récit que M. Gamba a donné au *Bollettino* et une lettre explicative qu'il m'a écrite. C'est encore à M. Gamba que je dois le tracé de cette route, tel qu'on le trouve sur la *Carte des Routes du Mont-Blanc*. L'itinéraire qui m'a été indiqué par M. Millot concorde avec le sien, à cela près que, à partir du névé du glacier du Mont-Blanc, M. Millot aurait immédiatement abordé les rochers à gauche du couloir. M. Kennedy avait d'abord l'intention de tenter l'escalade par l'arête du Brouillard, « mais il devint évident, dit-il, que cette route serait plus longue, » et il attaqua les pentes « directement à l'opposé ». La direction à tenir est, suivant lui, assez claire. En somme, plus ou moins, on rejoint la route de Saint-Gervais contre la seconde Bosse. Durant le trajet, on n'aperçoit jamais la cime du Mont-Blanc, et on juge des progrès qu'on fait par l'abaissement de l'Aiguille de Trélatête, puis du Dôme du Goûter.

un bain à la nuit tombante dans quelque *moulin* du glacier de Miage, comme il était arrivé à M. Gamba, donnait à réfléchir au commun des excursionnistes. Les clubs alpins se cotisèrent; Julien Rey, jadis un des premiers guides de Courmayeur, alors chef de la compagnie, poussa activement la construction et, le 24 juillet 1875, une cabane en bois, dressée sur l'emplacement choisi, à 3185 mètres d'altitude (1), fut inaugurée par MM. Cesare Gamba et Angelo Gelonili.

Elle renfermait un large lit de camp, une table, deux banquettes, se trouvait entre six et sept heures de la cime. Le 16 août suivant, Julien Grange, Laurent Proment et Henri Séraphin y conduisirent deux frères, MM. Giuseppe et Luigi dell'Oro di Giosuè, de Milan. L'ascension réussirait-elle? Et pourquoi pas? c'est que le premier des voyageurs, d'une corpulence remarquable, ne pesait pas moins de deux cents livres. Le second, pris au dépourvu par le beau temps et craignant de laisser échapper l'occasion, osait affronter la montagne avec des bottes fines, garnies pour la circonstance de doubles semelles et de plusieurs rangées de clous. En vain il chaussa deux paires de bas, en vain il passa des guêtres, à la première pente de neige il éprouvait la même sensation que s'il eût marché

---

(1) Détermination de M. Gamba. On appelle ordinairement cette cabane *cabane de l'Aiguille Grise*, bien que l'Aiguille Grise soit séparée du rocher sur lequel elle est assise par le glacier du Dôme.

pieds nus sur la glace. N'importe! il tint bon, surmontant la douleur, souvent près de s'évanouir et perdant plus de trois heures en chemin — trois heures de souffrances cruelles — à laisser reposer son frère. Le 17, à deux heures, MM. Luigi et Giuseppe dell'Oro, l'un au quart gelé, — mais indomptable, l'autre tout à fait essoufflé, poussé, hissé à la corde, — mais obstiné aussi, se tenaient « sur le piédestal qui domine l'Europe du Caucase à l'Atlantique ». Le soir ils arrivaient heureusement à la cabane des Grands-Mulets, déjà occupée par *una signorina di vent' anni, venutavi in compagnia di suo padre e d'altri signori per ascendere il Monte Bianco la notte appresso* (1).

Cette ascension unique en son genre est, on peut le dire, la consécration de la route de Courmayeur (2).

Je me garderai bien, en terminant, d'exprimer un avis sur la préférence à donner à l'une ou à l'autre des routes

---

(1) La *signorina* était mademoiselle Aline Loppé. (Voir page 207.)

(2) *Ascensione al Monte Bianco per il versante italiano e discesa per il versante francese, di Luigi dell'Oro di Giosuè*, Milano. La narration est intéressante, mais M. Luigi dell'Oro a trop d'ambition. Non content d'avoir montré dans cette course de quelle énergie vraiment extraordinaire il était capable, il rappelle que la face méridionale du Mont-Blanc a la réputation d'être inaccessible et pense que son ascension donne un démenti à cette opinion. Il y a ici un malentendu. Si irrégulières que soient les faces du Mont-Blanc, il faut admettre qu'elles sont définies par les arêtes de la pyramide. La véritable face du sud est comprise exclusivement entre le Brouillard et Peuteret. Celle qu'ont gravie MM. dell'Oro, limitée par le Brouillard et l'arête du Goûter, se désigne sous le nom de face de l'ouest (bien que orientée plutôt au sud-ouest), pour plus de simplicité et parce que c'est de cette direction qu'on la voit le mieux et de plus loin.

de Chamonix, de Saint-Gervais et de Courmayeur. J'espère que le nombre des ascensions au Mont-Blanc allant toujours croissant, il s'en fera assez pour satisfaire les intérêts des trois cités rivales. Je veux même souhaiter pour elles, si la montagne est un jour traversée par une voie ferrée, qu'il passe autant de gens dessus que dessous. Mais, jusque-là, ce n'est point faire tort à Courmayeur de dire que la majeure partie de l'Europe étant située au nord des Alpes, la majeure partie des voyageurs ira à Saint-Gervais et à Chamonix plutôt qu'à Courmayeur, et on ne fait pas tort à Saint-Gervais en ajoutant que les gens timides préféreront le chemin si fréquenté du glacier des Bossons, ses pentes de neige où il est si facile de tailler des escaliers, aux rampes pierreuses de l'Aiguille du Goûter que rien ne saurait entamer. C'est un avantage, au surplus, de n'être pas la route de tout le monde et cela pourrait bien faire la fortune de celle de Courmayeur. Si elle perd sur la quantité des touristes, elle se rattrapera sur la qualité (1).

(1) M. Kennedy a fait lui-même une objection assez grave à la route qu'il a ouverte. La face de la montagne est très-exposée aux vents; elle n'offre aucun abri et elle est trop escarpée pour qu'on puisse, comme du côté de Chamonix, rétrograder au pas de course. On pourrait répondre que son exposition même permet d'apercevoir de plus loin l'orage qui s'approche. Mais mieux vaut conclure que la route du glacier du Mont-Blanc ne doit être prise que par un temps sûr.

CHAPITRE XVIII

LES ACCIDENTS

LE DOCTEUR HAMEL

Heureux, a-t-on dit, les peuples qui n'ont pas d'histoire! Mais c'est une loi générale, et comme les grands empires, les montagnes, depuis le Vésuve jusqu'au Mont-Blanc, montagnes de laves et montagnes de glaces, doivent une part de leur célébrité aux catastrophes dont leurs noms éveillent le souvenir.

Il y a une région au Mont-Blanc qu'on pourrait appeler la *région des accidents*. Nous connaissons déjà le Grand-Plateau. C'est une vaste plaine d'environ une heure de long, Quand on y arrive, on a derrière soi les glaciers qu'elle alimente de ses neiges, à droite le Dôme du Goûter, à gauche le Mont-Maudit, et en face la cime ou *calotte* du Mont-Blanc. Ces trois sommités sont rangées au fond du Grand-Plateau, en forme de demi-cercle, et leurs bases, sur presque toute l'étendue de ce demi-cercle, sont séparées du

Grand-Plateau par une de ces crevasses (*rimaye* dans les Alpes françaises, *Bergschrunde* dans les Alpes allemandes) qui se forment constamment au point où les névés, tout à l'heure suspendus aux flancs de la montagne, commencent à reposer sur un fond de vallée. La grandeur de celle-ci est en proportion de l'énorme bassin qu'elle circonscrit. Elle commence à se montrer à découvert au-dessous de l'Ancien passage et atteint son maximum de largeur (plus de vingt mètres) vers le Mont-Maudit. Il ne faut pas se la représenter, pourtant, comme un abîme toujours béant d'un bord à l'autre. Outre qu'elle est çà et là comblée à demi par les avalanches, elle se présente en certains points sous la forme d'un labyrinthe de crêtes de glace entrecoupées de fissures plus ou moins obliques sur le sens de la direction générale. — C'est à la traversée de la Grande-Crevasse, ainsi qu'on la nomme; c'est dans le Corridor où l'on pénètre ensuite; c'est sur la pente de neige qu'on gravit immédiatement au-dessus lorsque, au lieu de gagner le Mont-Blanc par le Corridor ou l'arête des Bosses, on l'attaque de front; c'est enfin plus haut, sur la Calotte même du Mont-Blanc, que sont arrivées la plupart des catastrophes et les plus lamentables. — Telle est la région des accidents.

Le premier, dont le souvenir reste attaché au nom du docteur Hamel, eut lieu en 1820. Escher s'était tué à la Croix de fer (col de Balme), Maitz à la grotte de l'Arveiron, Eschen au Buet, Lecointe aux Charmoz. Le Mont-Blanc n'avait pas fait de victime. A la vérité, il n'avait encore été gravi que onze fois.

M. Joseph Hamel était conseiller aulique de l'empereur de Russie, chevalier de Sainte-Anne, docteur en médecine, membre et correspondant de plusieurs sociétés savantes. Je copie ces titres sur sa brochure. Chargé par son gouvernement d'une mission scientifique, il profita de son séjour à Genève, où ses recherches l'avaient conduit, pour visiter la vallée de Chamonix. Il fut au Montanvers, à la Mer de glace, vit simplement ce que chacun allait voir, aussi éloigné que personne de se lancer dans quelque excursion périlleuse et se contentant, comme il le dit lui-même, de contempler le monarque des Alpes des fenêtres de l'hôtel. Heureux s'il s'en était toujours tenu à cette distance respectueuse! et c'est ce qui serait arrivé, sans doute, s'il eût pris la route ordinaire pour s'en retourner à Genève. Afin de varier il passa le col de la Forclaz, au Prarion. Chemin faisant, il rencontre des hommes du pays qui s'entretenaient avec animation. Son guide les aborde, échange quelques paroles et hausse les épaules. — De quoi s'agit-il? demande Hamel. — Ces gens-là, répond le guide, prétendent que deux chasseurs de chez eux sont montés au Mont-Blanc par l'Aiguille du Goûter; mais ce sont des contes et je les mets au défi. — A Saint-Gervais, cependant, où on arrive bientôt, d'autres personnes affirment qu'il n'est rien de plus vrai. On discute, on s'échauffe, Hamel écoute et déjà se sent tenté de risquer l'aventure et de trancher la question à ses frais, quand surviennent les chasseurs qui offrent de le conduire sur-le-champ et achèvent de le décider.

J'ai dit, à l'occasion des routes de Saint-Gervais, quelle fut l'issue de cette expédition. Hamel ne dépassa pas le Dôme. Mais le sort en était jeté : qui a monté, montera. Les savants n'ont jamais abordé le Mont-Blanc sans avoir présent à l'esprit l'exemple illustre de Saussure. Hamel remarqua donc deux choses : — La première, c'est qu'il s'était mis en route le 3 août, anniversaire du jour où le grand naturaliste genévois avait atteint la cime du Mont-Blanc, et le rapprochement lui parut d'un heureux augure ; — La seconde, c'est qu'il était allé plus loin que Saussure sur le chemin du Goûter, et il en conclut qu'il ne resterait pas en arrière sur les glaciers de Chamonix si, comme Saussure, il essayait de ce côté-là. Plein de cette idée, il revint à Genève où il annonça son intention de gravir le Mont-Blanc et s'occupa de réunir tout ce qui devait donner à son ascension un caractère éminemment scientifique.

Avant tout, il se proposait de déterminer de la manière la plus rigoureuse la hauteur de la montagne. L'entreprise offrait alors un singulier à-propos. Depuis que Saussure l'avait mesuré, le Mont-Blanc passait pour le roi des Alpes, mais cette royauté venait d'être contestée. L'année précédente, M. Zumstein (ou, ce qui revient au même en français, Delapierre), inspecteur des forêts dans la vallée de Gressoney, ayant gravi la pointe du Monte-Rosa qui porte maintenant son nom, avait cru pouvoir avancer que la principale cime du groupe surpassait en hauteur le Mont-Blanc (1). Zumstein, il est vrai, ne fondait cette conjecture que sur des observations trigonométriques faites à la hâte. Mais Saussure avait bien pu aussi se tromper au Mont-Blanc de quelques toises. Il fallait savoir à quoi s'en tenir et les Genévois qui, intérêt de la vérité à part, auraient vu avec chagrin leur montagne tomber au second rang, applaudirent fort au projet de Hamel et lui prodiguèrent les encouragements et les offres de service. Pictet et Hentsch mirent à sa disposition des instruments de choix ; un opticien, nommé Selligue, qui avait inventé un nouveau baromètre et désirait le mettre à l'épreuve, promit de l'accompagner ; enfin, deux jeunes gens, Joseph Durnford et Gilbert Henderson, de l'université d'Oxford, curieux de prendre part à la seconde ascension scientifique au Mont-Blanc, se présentèrent à leur tour et réussirent à se faire agréer (2).

Il était arrivé à Saussure d'attendre pendant plus d'un

(1) *Bibl. univ.*, nov. 1819, *Sciences et Arts*. — Cette cime, la *Höchste-Spitze*, n'a, en réalité, que 4640 mètres, soit 170 mètres de moins que le Mont-Blanc.
(2) L'imagination d'Alex. Dumas (ou celle, peut-être, de J. M. Couttet pour qui il tient la plume) a fait de M. Henderson un colonel anglais, combattant de Waterloo (*Impressions de voyage en Suisse*, ch. XII).

an que son fournisseur habituel voulût bien lui livrer un instrument fort simple qu'il avait commandé en vue de s'en servir au Mont-Blanc et qui se détraqua dès le premier essai. A l'égard de Hamel l'empressement de tous abrégea singulièrement la durée des préparatifs. Le 17 août, moins de deux semaines après sa tentative sur le Dôme du Goûter, il descendait à Chamonix, à l'hôtel de l'Union, lui, son bagage et ses associés. Deux bons montagnards, Mathieu Balmat et Joseph-Marie Couttet (1), furent chargés, à la recommandation de Pictet, de recruter le personnel de l'expédition. Ils s'adjoignirent dix hommes et, dès le lendemain, on se mit en marche sous les meilleurs auspices (2). Le temps était superbe, il n'y avait personne dans la troupe qui ne se promît de cette ascension le plus heureux succès; les voyageurs s'entretenaient avec assurance des résultats précieux qu'ils s'en promettaient, les guides babillaient sans trêve et plaisantaient sous leurs fardeaux. On n'avait pas encore dépassé la région des forêts lorsque un incident, demi-comique, demi-tragique, vint prouver que le docteur Hamel possédait au moins quelques-unes des qualités d'un chef d'expédition. Un guide, Julien De-

---

(1) L'un, fils de Pierre Balmat, qui resta jusqu'à sa mort le guide préféré de Saussure; l'autre, comme je l'ai déjà dit, de ce Marie Couttet dont le nom revient si souvent dans l'histoire des premières tentatives sur le Mont-Blanc.

(2) Chaque homme, tant guides que porteurs, devait recevoir 48 francs. Ce prix a plus que doublé pour les guides.

vouassoud (1), s'était écarté pour boire à un ruisseau. Tout à coup on entend des cris épouvantables ; on accourt, on le voit se tordre sur le sol. Le pauvre diable, qui avait acheté du sirop de vinaigre à une femme tenant boutique de pharmacie, ayant voulu goûter la liqueur avant de la mêler à l'eau qu'il avait puisée dans sa tasse, s'était senti dès la première gorgée la bouche et l'estomac en feu. Le prétendu sirop de vinaigre était de l'huile de vitriol. Que cela fût arrivé plus loin, sur le glacier ou même dans l'alpe, le guide était perdu. Par bonheur, on faisait halte au dernier chalet. Avec une rare présence d'esprit, Hamel y courut, prit dans l'âtre une poignée de cendres, la délaya dans de l'eau et fit avaler le tout au patient. L'alcali neutralisa les effets de l'acide et la guérison s'opéra comme par enchantement. Bientôt, celui que ses camarades jugeaient empoisonné sans remède, reprenait sa place parmi eux, et loin que cette petite alerte altérât la gaîté de la caravane, chacun en prit occasion de s'amuser aux dépens de Julien, en lui soutenant qu'il n'y avait point eu de méprise dans son fait et qu'il était victime d'une jalousie féminine.

Hamel, qui pensait ne pouvoir se ménager de meilleures chances qu'en suivant, de point en point, l'exemple de Saussure, aurait voulu, comme lui, passer la nuit au

(1) Il était beau-fils du docteur Paccard, qui avait été le premier au sommet du Mont-Blanc avec Jacques Balmat.

Grand-Plateau. Mais la traversée du glacier fut extrêmement laborieuse, on n'atteignit les Grands-Mulets que vers cinq heures et déjà le temps démentait ses promesses. Un nuage noir s'était formé dans le sud-ouest et avançait rapidement. A peine était-on installé au sommet du rocher que de larges gouttes commencèrent à tomber. Encore quelques minutes et l'orage éclata, mais un des orages les plus terribles qu'on eût vus dans le pays, qui fit déborder tous les torrents et exerça même au loin des ravages dont parlèrent les journaux de l'époque. Pendant une interminable nuit, la pluie ne cessa de fouetter, accompagnée de raffales furieuses, de coups de tonnerre et d'éclairs si pressés qu'on se fût cru dans une mer de feu. Au milieu de ce déchaînement de la nature, tour à tour plongés dans une obscurité profonde, aveuglés et assourdis par les éclats de la foudre, n'osant faire un mouvement de peur de rouler dans le précipice, Hamel et ses compagnons, sous leur cahute improvisée avec une échelle, des bâtons et une toile qui laissait filtrer l'eau, étaient moins bien partagés que les guides blottis dans les anfractuosités du roc. Le docteur souffrit plus que personne, car l'esprit de la science ne lui permit pas de garder sur lui ses couvertures, tandis que ses instruments seraient restés exposés à l'humidité, et ce fut le corps trempé, ruisselant sous ses habits, qu'il salua le retour du jour.

L'aube, en effet, amena quelque relâche dans la tempête.

Les vapeurs se divisèrent et on aperçut, par échappées, le lac de Genève et la longue ligne du Jura. Tout le monde fut d'accord qu'il fallait profiter de cette éclaircie, mais — pour monter, dit Hamel, — pour descendre, dirent les guides. En vain, ceux-ci épuisèrent les représentations, en vain ils eurent recours à l'argument final, irrésistible : on ne verrait rien et l'objet de l'expédition serait manqué. Le docteur était inflexible. Renoncer à ses expériences! Une si piteuse retraite! Et que penseraient de lui ses amis de Genève! Les souffrances qu'il avait endurées toute la nuit lui donnaient le droit de se montrer exigeant à l'égard des autres. Si Saussure, son modèle, eût écouté les remontrances de ses guides, jamais il n'eût atteint la cime du Mont-Blanc! Les deux Anglais, avec la témérité de leur âge et de leur nation, se rangèrent de l'avis de Hamel, les guides, dans l'autre sens, se montraient unanimes, Selligue restait neutre et rien ne se décidait.

Sur ces entrefaites, les nuages revinrent et le temps prit de nouveau une tournure dont le résultat fut d'incliner les esprits à la conciliation. Les guides obtinrent qu'on n'irait pas plus avant ce jour-là, Hamel obtint qu'on bivouaquerait une seconde nuit sur place. La place, en somme, si déplaisante qu'elle fût, était tenable, la retraite malaisée et les guides se résignèrent. Couttet en dépêcha deux à Chamonix afin de rassurer la population et de renouveler les provisions que cette prolongation de séjour allait rendre insuffisantes, puis chacun s'employa à sa guise, ceux-ci causant, fumant, observant le temps, la plupart sans autre occupation que de dormir. Quant à Hamel, il s'en donna une qui, dans les circonstances présentes, devait passablement étonner ses hommes. Après avoir vérifié et réparé ses instruments, on le vit triturer et mélanger divers ingrédients, les disposer par paquets et les introduire dans des tubes de carton. Affaire de complaisance. A la table d'hôte, Durnford et Henderson avaient promis aux dames de leur donner, des Grands-Mulets, le spectacle d'un feu d'artifice. La pluie y avait mis empêchement, mais on ne perdrait pas pour attendre, fût-ce au retour de la cime. Fusées, étoiles, chandelles romaines, boîtes, grenades, rien n'y manquait, et l'effet eût été magique, nous assure le docteur, lorsque, à un moment donné, le Mont-Blanc serait apparu illuminé par les flammes de Bengale.

En attendant, le bruit des avalanches retentissait aux alentours, les averses succédaient aux averses et, à cinq heures, il tomba une forte grêle. Ce fut le début d'un nouvel orage qui se prolongea fort avant dans la soirée. Vers minuit, cependant, Hamel mit la tête hors de la tente et crut voir une étoile. Il ne se trompait pas : d'instant en instant il en parut d'autres; à deux heures le ciel en était semé. Une brume épaisse couvrait la vallée, la température avait baissé, l'air était calme, tout annonçait un beau jour. Couttet émit l'avis d'attendre, pour plus de sûreté, le lever du soleil. Il se leva enfin, annoncé par la vive clarté qui tout d'un coup frappa le sommet du Mont-Blanc. Dès lors, plus de doutes; on en avait fini avec la tempête, l'horizon que cachait la montagne était aussi libre de vapeurs que le ciel du zénith. Les guides, découragés la veille, ne demandaient plus qu'à marcher, les voyageurs qu'à les suivre, à l'exception d'un seul. Soit que Selligue jugeât mieux des dangers de l'ascension, soit qu'il fût à bout de forces, il se déclara décidé à redescendre. Telle était l'ardeur des guides qu'on eut peine à en trouver qui l'accompagnassent de bon gré. Les premiers à qui Couttet en fit la proposition refusèrent. C'étaient Auguste Tairraz et Pierre Balmat; celui-ci frère de Mathieu, second chef de la caravane, dont l'autorité le fit exempter de cette corvée ainsi que son camarade. Ni l'un ni l'autre n'avaient été au Mont-Blanc. A cause de cela, Couttet avait cru bien faire de les choisir et, à cause de cela, eux, justement, voulaient y monter. Les malheureux ne devaient jamais y monter, ni, non plus, descendre. Singulière fatalité, qui désignait pour échapper sûrement à la catastrophe deux hommes qui devaient y périr!

A cinq heures et demie, la caravane, réduite à trois voyageurs et à huit guides, se remettait en route. Trois heures après, elle arrivait au bord du Grand-Plateau. Autant on avait eu de peine, l'avant-veille, à atteindre les Grands-Mulets, autant le chemin se trouva facile. Une neige épaisse avait recouvert les crevasses et, consolidée par la fraîcheur du matin, supportait sans se rompre le poids du corps. On n'était point attaché; tous allaient librement, s'attardant, se devançant les uns les autres, sans que nul faux pas, nulle glissade fissent éprouver le besoin de la corde. Le spectacle environnant contribuait à répandre la sécurité dans les cœurs. Il est difficile d'exprimer à quel point les paysages glaciaires, si terribles sous un ciel orageux, inspirent de confiance par un beau jour d'été, quand tout resplendit, tout brille d'une lumière que l'air limpide verse à flots sur la terre et que les monts chargés de neige renvoient de la terre au ciel. Si les guides avaient conservé quelques craintes, ils les eussent senti s'évanouir au milieu de cette sérénité clémente qui se communique à l'âme et en écarte invinciblement la pensée d'un malheur. En atteignant le Grand-Plateau, ils éclatèrent en félicitations. Jamais cette étape de l'ascension ne s'était accomplie plus aisément! Maintenant, c'était partie gagnée, disaient-ils. Hamel en était bien persuadé. Tout en profitant de la halte et mangeant un morceau comme les autres, il écrivit un billet où il annonçait d'avance son heureuse arrivée à la cime. Il n'y restait à mettre que l'heure. Un pigeon qu'on avait emporté de Sallanches eût été chargé de faire parvenir la missive à destination (1).

(1) « J'étais curieux, écrit Hamel, de voir s'il retrouverait le chemin du colombier où sa femelle l'attendait. » L'expérience a été faite et refaite : le pigeon serait tombé à plat sur la neige.

Chanter victoire trop tôt nuit, dit le proverbe. La place de l'heure devait à jamais rester en blanc et le pauvre volatile n'eut pas plus occasion de partir que le feu d'artifice des Grands-Mulets.

A dix heures et demie, on était au pied de l'Ancien passage, le seul qui fût alors connu. La neige perfide, qui avait facilité la première partie de la course, semblait rendre ici le même service. Sur la pente où Saussure avait dû faire tailler tant de degrés à la hache, elle s'était étendue en couche assez meuble pour recevoir le pied, assez résistante pour le fixer. Selon l'usage, on attaqua la pente en écharpe, en tirant vers les Rochers-Rouges, le premier homme frayant le sentier, les autres suivant à la file. Depuis le matin, Hamel et Durnford s'étaient tenus à l'avant-garde, mais déjà, à la traversée du Grand-Plateau, Hamel avait commencé à manquer d'haleine et, de repos en repos, il se trouva le dernier. Durnford dut son salut à une circonstance plus insignifiante encore. Un petit nuage blanc vint à cacher le soleil. Il en profita pour relever un instant son voile et, en s'arrêtant pour l'attacher à son chapeau, laissa passer devant lui la tête de la colonne et son compagnon Henderson qui ne put s'empêcher d'en faire l'observation. — Nous devrions au moins, dit-il, avoir un guide entre nous deux. — Partout ailleurs, sans doute? répondit Durnford, mais ici aucun danger ne nous menace. Henderson en convint. On continua donc dans cet ordre, la caravane formant deux escouades : en tête Pierre Carrier, Pierre Balmat, Auguste Tairraz, Mathieu Balmat, Julien Devouassoud, Joseph-Marie Couttet, puis à quelques pas de distance, Henderson, Durnford, David Couttet, David Folliguet, et enfin Hamel (1). Cette longue file avançait lentement, pesamment, ouvrant la neige comme un soc de charrue et laissant derrière elle un profond sillon. Elle vint ainsi jusqu'à moitié à peu près de la pente. Durnford, son voile toujours relevé, regardait de temps à autre le sommet de la montagne; Hamel, à travers ses lunettes vertes, était occupé à compter ses pas... tout le monde fut pris à l'improviste.

On entendit un bruissement sourd, quelque chose d'analogue au bouillonnement d'un torrent caché. La couche de neige, foulée jusqu'au vif de la pente de glace qui la supportait, venait de s'en détacher sous les pieds des premiers guides et commençait à descendre. En un clin d'œil, la fente se prolongea jusqu'au bout de la file. Le sol fuyait,

---

(1) Il y a, quant à cet ordre de marche, quelques différences entre les relations, mais toutes s'accordent à placer Carrier, P. Balmat et Tairraz en tête (place que, d'ailleurs, ils devaient évidemment occuper) et Hamel le dernier. Bien que Durnford soit très-catégorique pour assigner le cinquième rang à son ami et le sixième à lui-même, j'ai préféré me rapprocher de l'ordre qui ressort du récit de Hamel et qu'indiquent expressément Devouassoud et Marie Couttet, parce qu'il explique mieux pourquoi l'avalanche a charrié ces deux hommes à une plus grande distance que les voyageurs. (Voyez le récit de Devouassoud dans Clarke, *Narrative*, et celui de Marie Couttet dans Al. Dumas, *Impressions de voyage en Suisse*, ch. XII, dont Couttet lui-même m'a affirmé l'exactitude.)

tous furent renversés sans s'en rendre compte et comme, dans des surprises de cette sorte, on n'a l'œil que sur soi (1), plusieurs crurent seulement avoir glissé et cherchaient à se relever, quand le champ de neige supérieur, manquant d'appui, s'ébranla à son tour. Il y eut alors des cris... mon Dieu! l'avalanche!... nous sommes perdus!... puis l'énorme masse s'abattit et, se disloquant dans sa chute, submergea toute la troupe. L'inclinaison qui ne dépassait pas 30° à la queue de la caravane, était beaucoup plus forte en tête où, pour cette raison, la neige avait d'abord cédé. Les premiers guides furent emportés du coup. Mathieu Balmat, quoique renversé et porté déjà à une certaine distance, eut assez de force et de présence d'esprit pour enrayer sa chute en fichant son bâton ferré dans la glace sous-jacente (2). Quant aux voyageurs et aux deux guides qui les accompagnaient, ils ne se trouvèrent pris que sur le bord de l'avalanche et furent moins rapidement entraînés. A force de se débattre, de nager, pour ainsi dire, au sein de ces flots de neige,

---

(1) « Je ne savais pas ce qui m'arrivait, dit Hamel, et si cet accident n'arrivait qu'à moi seul. » Et Julien Devouassoud : « pendant que j'ai roulé j'ai dit à moi-même : je suis perdu, adieu ma femme et mes enfants! et j'ai demandé pardon à Dieu. Je n'ai rien pensé absolument des autres. » (*Narration du docteur Clarke*, où les paroles de Julien sont dans le français original.)

(2) J'ai à peine besoin d'avertir que ce que j'appelle glace n'était pas à proprement parler de la glace, mais la croûte de neige ancienne et solide sur laquelle glissait la nouvelle neige.

Hamel réussit à ramener sa figure à la surface. La neige était encore en mouvement, mais, au même instant, elle s'arrêta; elle avait parcouru trois à quatre cents pieds dans l'espace d'environ deux minutes. S'étant dégagé et jetant les yeux autour de lui, Hamel aperçut Henderson qui se relevait péniblement, un peu plus loin Durnford, David Couttet, David Folliguet et enfin — seul de la première escouade — Mathieu Balmat. Tous étaient étourdis de leur chute, mais aucun n'avait de mal. Et les autres? cria-t-il. — Les autres sont dans la crevasse! dit Mathieu Balmat en se tordant les mains (1). Et il montrait à quelques pas plus bas la Grande-Crevasse qui, regorgeant de neige à l'endroit qu'il désignait, laissait voir sur les côtés ses effrayantes profondeurs azurées.

Chose singulière! Des trois voyageurs, pas un n'avait remarqué la crevasse, pas un n'y avait songé. Ils l'avaient bien franchie avant d'attaquer la pente, mais plus loin, à droite, sur un pont de neige et sans y prendre garde. Bien mieux! le jeune M. Durnford crut qu'il n'y avait pas d'autre mal qu'une dégringolade un peu brusque, et, voyant ses deux compagnons ensevelis jusqu'à la ceinture, avait déjà une plaisanterie aux lèvres. L'effet de la révélation de Balmat n'en fut que plus terrible. On put craindre que Henderson n'eût une attaque de nerfs, Hamel demeura

(1) Un instant auparavant, il avait fait passer son frère à la tête de la colonne.

comme frappé de stupeur, et Durnford, au désespoir, se jeta de toute sa longueur sur la neige (1).

Deux des engloutis, cependant, ne tardèrent pas à reparaître. Julien Devouassoud portait un baromètre fixé à une forte planche. Au moment où il allait être précipité dans le gouffre, il sentit une violente secousse. L'instrument avait heurté sans doute quelque saillie de glace. La courroie qui le retenait sur son dos se rompit et, lancé par-dessus la première crevasse, il alla tomber dans une autre fissure qui s'ouvrait après elle. Celle-ci était à moitié remplie par la neige qui y formait un long talus. Il glissa sur ce talus d'une hauteur de cinquante pieds et fut enfin arrêté durement contre l'autre bord (2). En se relevant tout meurtri, il aperçut Joseph-Marie Couttet, enterré jusqu'au cou, la figure bleue, à moitié asphyxié, qui d'une voix éteinte l'appelait à son secours. Il le dégagea et tous deux commencèrent à gravir le talus de neige, se croyant les seuls survivants de la catastrophe et ne sachant encore comment ils se tireraient de là, car le talus ne s'élevait pas jusqu'à

---

(1) Hamel, *Beschreibung*, page 20.

(2) Je suis ici la relation de Julien, d'après Clarke, comme plus rapprochée de l'événement (1825). Plus tard, il racontait que la planche du baromètre s'était posée en travers de la crevasse et l'avait tenu suspendu pendant qu'elle s'emplissait de neige. Ce sont là, si l'on peut dire, des embellissements de l'histoire. Il n'est pas même nécessaire de supposer que le baromètre eut une part quelconque à son salut, puisque son camarade Couttet tomba à côté de lui. Il y a des motifs pour penser que, à l'endroit où furent entraînés ces deux hommes, la première crevasse était plus étroite et déjà comblée.

l'orifice de la crevasse et ils n'avaient aucun moyen de tailler des degrés dans la paroi de glace à laquelle il s'appuyait. Bientôt pourtant ils entendirent en haut une voix qui se lamentait et disait : « Mon frère! mon pauvre frère est perdu! » C'était David Couttet. « Non, cria Julien en le hélant, il est là derrière moi : les autres sont-ils tous avec vous? — Il en manque encore trois. — Qui sont-ils ceux qui manquent? — Pierre Carrier, Pierre Balmat et Auguste Tairraz. — Les voyageurs ont-ils du mal? — Non. » On leur jeta une hachette, on leur tendit des bâtons et avec cette aide ils sortirent du gouffre.

— Eh bien! monsieur, dit Mathieu Balmat en se croisant les bras devant le docteur Hamel, voulez-vous encore monter maintenant (1)? Mais Hamel ne songeait plus qu'au sauvetage des victimes. L'opération n'était pas sans péril. Les guides redoutaient une seconde avalanche. Pendant plus d'une heure, néanmoins, on remua, on fouilla en tous sens la neige éboulée sur la pente. Hamel et Durnford osèrent davantage. Malgré les remontrances des

---

(1) Hamel et Durnford prétendent qu'on leur offrit réellement de continuer l'ascension et que ce fut Couttet qui fit cette proposition. Quel que soit le guide en cause, j'admettrai que des étrangers se soient trompés sur l'intonation et, partant, sur le sens de ces paroles, mais non pas qu'elles aient été dites sérieusement. Hamel et Durnford sont plus croyables quand ils nous assurent que, contrairement au sentiment général, il se trouva à Genève des gens pour leur faire honte de n'avoir pas achevé l'ascension. Ces gens que *rien n'arrêterait*, pas même la mort de leurs compagnons, on les connaît : ce sont les mêmes qui ne risquent jamais leur précieuse existence.

guides, ils sautèrent sur la neige qui bouchait la crevasse et qui pouvait s'y abîmer tout d'un coup. Seuls, Mathieu Balmat et Marie Couttet se décidèrent à les suivre. Là aussi ils sondèrent à plusieurs reprises. Qui sait si quelqu'une des victimes, poussée sous une projection de glace qui l'aurait empêchée d'être étouffée par la neige, n'était point encore à portée de secours? L'un les appelait de toute sa force par leurs noms, l'autre tenant, pour mieux entendre, le bout du bâton entre ses dents, cherchait à saisir une réponse inespérée. Le temps s'écoulait, le froid commençait à geler les membres, la situation devenait intolérable; les voyageurs ne pouvaient cependant se décider à partir et il fallut les entraîner de force. Ils allèrent jusqu'à offrir de l'argent aux guides pour les déterminer à continuer les recherches. Les guides refusèrent et firent bien, crainte de pire accident : leurs pauvres camarades étaient depuis longtemps perdus sans ressource. Hamel quitta la place le dernier.

Aux Grands-Mulets on trouva les guides qu'on avait envoyés la veille aux provisions et deux géologues français (1) qui s'étaient joints à eux dans l'espoir d'arriver à temps pour prendre part à l'ascension. On ne s'y arrêta que quelques instants, et à neuf heures du soir on était de

---

(1) MM. Castan et Bourdet (de la Nièvre). Le récit sommaire du *Moniteur universel* (31 août 1820) est probablement de l'un de ces messieurs.

retour à Chamonix. Mathieu Balmat avait pris l'avance; la caravane fit son entrée au milieu de la consternation générale. Le lendemain, après avoir signé le procès-verbal de l'accident et fait visite aux parents des victimes, les voyageurs repartaient pour Genève. Il était tard : la nuit les prit sur la route au delà de Servoz. Ils se retournèrent pour jeter un dernier regard sur le Mont-Blanc. La lune presque pleine se levait entre les nuages juste au-dessus de la cime et, bien haut, par delà le sombre promontoire qui ferme la vallée de Sallanches, ses rayons glissant sur la pente fatale baignaient de leur douce lumière l'endroit où gisaient les pauvres engloutis. Cette scène majestueuse et mélancolique, dit Hamel, nous causa à tous une émotion singulière (1).

(1) La catastrophe de 1820 a laissé dans la population de Chamonix des ressentiments qui ne semblent avoir rien perdu de leur vivacité. J'ai mis à contribution tous les témoignages. Lorsque Hamel repassa à Genève, il trouva les esprits excités contre lui par les rapports de Selligue qui l'y avait devancé. A la sollicitation de Pictet, qui dirigeait la Bibliothèque universelle de Genève, il se décida à écrire pour ce recueil une relation succincte de son voyage au Mont-Blanc (*Bibl. univ.*, *Sciences et Arts*, t. XIV, 1820). Plusieurs journaux, notamment le *Moniteur universel* (29 septembre 1820, *Mélanges-Voyages*), en donnèrent des analyses et il en parut une traduction allemande (Bâle, 1820). Peu après, Hamel publia dans une revue de Vienne (*Conversationblatt*, 1821, n°s 11, 12 et 13) un récit plus circonstancié dont l'éditeur fit un tirage en brochure (*Beschreibung zweyer Reisen auf den Mont-Blanc unternommen im August 1820, von Joseph Hamel*, Wien, 1821). Dans ces deux opuscules et surtout dans le second, Hamel s'attache à dégager sa responsabilité. Les explications dans lesquelles il entre à cet égard sont confirmées, au moins tacitement, par le procès-verbal dressé par le syndic de Chamonix aussitôt après l'événement, et, en termes formels, par le récit que Durnford

Telle fut la première catastrophe au Mont-Blanc. Elle fut certainement causée par l'orage des jours précédents. Hamel, qui avait ses raisons pour soutenir le contraire, prétend que la neige était extrêmement ferme et que, par conséquent, elle n'était pas tombée récemment. Mais l'état de la neige n'est pas toujours en raison de son âge. Elle demeure longtemps poudreuse sous un air froid et sec, tandis que sous l'influence d'un vent du sud, comme celui qui avait régné durant deux jours, elle fond, regèle et prend assez promptement une certaine cohésion, sans pourtant adhérer encore au fond de neige ancienne. Ce qui

composa pour ses amis, bientôt après son retour en Angleterre, et qu'il donna ensuite au *New Monthly Magazine* (vol. I, *Mont-Blanc*, sous la signature J. D.).

Mais la version des guides (qui a, d'ailleurs, pour elle le témoignage d'un autre voyageur, à savoir de Selligue) est fort différente. Suivant eux, le malheur fut causé par l'obstination du docteur Hamel à vouloir continuer l'ascension malgré leurs avertissements. C'est ce qu'ils ont répété depuis à toutes les personnes qui les ont interrogés. En 1873, j'ai fait recueillir des renseignements auprès de Julien Devouassoud et de Joseph Marie Couttet; l'année suivante, j'ai questionné moi-même ce dernier, resté le seul témoin survivant de la catastrophe, et je l'ai trouvé très-affirmatif sur ce point. « *Nous avons monté de colère,* » disait-il.

Où est la vérité? J'ai déjà fait observer que Saussure courait les mêmes risques que Hamel et avait également usé de son autorité pour faire marcher ses guides. Quand une entreprise réussit, ce ne sont que félicitations mutuelles; quand elle manque, chacun se rejette la faute. Hamel était certainement peu instruit des choses de la montagne : ainsi, peu de jours avant, dans sa tentative sur l'arête du Goûter, il se fait apprendre par ses guides qu'il y aurait danger à passer la nuit sur le Dôme sans abri ni couvertures! Aux Bossons il veut en remontrer à Pierre Carrier sur la solidité d'un pont de neige. D'autre part, les guides ont pu manquer de prévoyance, car, malgré leurs dénégations, je regarde comme probable que, après l'orage et voyant le temps remis au beau, ils étaient disposés

prouve d'ailleurs que la couche superficielle n'était pas aussi solide que veut bien le dire Hamel, c'est l'ornière profonde qu'y creusait la marche de la caravane et la facilité avec laquelle les survivants, et notamment Couttet, réussirent à se dégager (1).

à achever l'ascension, sans réfléchir que ce beau temps ne garantissait rien et que le véritable danger était dans le temps *qu'il avait fait*.

Il faut convenir que si les guides ont cédé à la tentation de se disculper, aux dépens des étrangers, des reproches d'imprudence que pouvaient leur adresser les parents de leurs malheureux camarades, ils ont eu vraiment beau jeu, car le souvenir des relations de Hamel et de Durnford s'éteignit, et, depuis longtemps, ils ont été seuls consultés. Lorsque, en 1861, on découvrit les restes des victimes, le commissaire spécial de police, M. de Catelin, qui fit comparaître devant lui Devouassoud et Couttet, crut posséder dans leurs dépositions l'unique récit authentique de la catastrophe. En effet, écrit M. Francis Wey, « le docteur Hamel *resta muet* et ne reparut jamais dans le pays. » (*La Haute-Savoie*, Paris-Genève, 1866, page 69.) Il est à noter qu'on ne put presque rien tirer de Devouassoud. « Son intelligence et sa mémoire, dit le procès-verbal, ont plus souffert que ses membres encore ingambes. » Peut-être, au contraire, se souvenait-il sans le dire que le docteur Hamel lui avait sauvé la vie.

Une chose au moins paraît certaine : c'est que les guides ont fait le premier jour des remontrances très-vives; si Hamel n'en parle pas, Durnford en convient. Que les voyageurs se fussent, dès lors, rendus à leur avis et la catastrophe était évitée. On a peine à croire que le docteur ait pesé sur les répugnances de ces hommes, au point d'employer à leur égard les termes injurieux qu'ils lui ont prêtés; mais on a aussi le regret de relever dans son récit certaines phrases malheureuses qui expliquent les imputations dont il a été l'objet.

(1) Durnford revient sur l'état de mollesse de la neige presque aussi souvent que sur les préparatifs du feu d'artifice. « Nous n'avions que faire de nous lever de bon matin, car il fallait laisser passer au moins quelques heures pour que la neige fût capable de porter notre poids. » Pierre Carrier, envoyé en reconnaissance, « enfonce jusqu'aux genoux ». Plus loin : « S'il y avait quelque reproche à faire à la neige c'est qu'elle était trop molle. » On peut, du reste, comparer dans Tyndall, *Hours of exercise in the Alps*, ch. XVIII, le récit par M. Gossset de la catastrophe du

Les guides qui périrent n'étaient pas mariés, mais Pierre Carrier soutenait par son travail une nombreuse famille. Les deux Anglais laissèrent une somme d'argent pour les parents des victimes. M. Pictet, à Genève, le marquis de Talaru, parmi les baigneurs de Saint-Gervais, ouvrirent une souscription en leur faveur; le roi de Sardaigne leur accorda des pensions viagères. Ces marques d'une pitié généreuse ne répondaient que trop bien aux ressentiments des montagnards. Les neiges du Mont-Blanc ont vu depuis d'autres naufrages et, comme les pêcheurs de nos côtes pour une barque perdue, la population de notre vallée subit avec résignation des malheurs qui l'ont plus d'une fois éprouvée. Mais celui-ci était sans précédent, longtemps il fut le seul. On en parlait autour du foyer dans les soirs de tempête. Quand, un guide mort, on confiait sa dépouille à la terre, les femmes se signaient en regardant là haut le cimetière de glace et les lamentables souvenirs, ravivés à chaque saison par la curiosité des voyageurs, créèrent à l'entour de la catastrophe de 1820 une légende de deuil et de colère.

Sans l'entêtement de Hamel, disait-on, les pauvres gens n'auraient point péri. Ils auraient profité du répit qu'avait laissé l'orage pour redescendre. Mais l'étranger était un

Haut de Cry où le fameux guide J.-J. Bennen trouva la mort en février 1864. La couche de neige qui glissa était tombée depuis onze jours. Elle n'en adhérait pas davantage au sous-sol. Toute neige qui n'a pas passé par l'épreuve d'un vent tiède doit être redoutée à l'égal de la neige fraîche.

homme au caractère emporté, impérieux, un Russe habitué à parler à des serfs, à faire tout plier sous sa volonté. N'était-il pas allé jusqu'à les traiter de *lâches!* Eux, des lâches, quand ils marchaient sciemment à la mort! Et on donnait pour preuve que Pierre Carrier, au moment de quitter les Grands-Mulets, avait gravé ses initiales sur une pierre, en s'écriant qu'il ne la reverrait plus. On rappelait que le pauvre garçon, forgeron de son état, ne s'engageait dans des courses si dangereuses que pour gagner de quoi entretenir son vieux père et ses sœurs. On rappelait encore que, trois mois après l'accident, la mère de Pierre Balmat était morte de chagrin. Julien Devouassoud racontait en pleurant comment Auguste Tairraz était tombé la tête la première, les bras étendus, jusqu'à ce qu'il ne vit de lui qu'une guêtre noire qui disparaissait dans le gouffre. Couttet dépeignait le docteur restant, après l'accident, debout pendant deux heures, penché sur son bâton, impassible, sans bouger, sans aider aux recherches, tandis que les deux Anglais se regardaient l'un l'autre d'un air hagard. L'impression produite par ces détails se traduisait en paroles d'indignation contre Hamel et sa mémoire resta chargée de reproches au moins exagérés. — On assure qu'un jour, bien des années après, un étranger descendit, sans donner son nom, dans l'un des hôtels de Chamonix et se fit conduire à la Flégère. Là, silencieux et le front pensif, il regarda longtemps le Grand-Plateau. Son guide (1) surprit des larmes dans ses yeux. Intrigué, il fit part de ses doutes aux anciens du pays. Le signalement se rapportait bien à celui du docteur Hamel. L'étranger se vit l'objet de l'attention : le lendemain il avait disparu (2).

La catastrophe de 1820 eut un lugubre épisode. Les objets, pierres ou débris de toute espèce, qui sont tombés dans un glacier finissent par émerger à une distance plus ou moins considérable de l'endroit où ils ont été engloutis. Ce phénomène est dû à la fonte et à l'évaporation qui réduisent constamment l'épaisseur du glacier, en sorte que, à mesure qu'il descend, ses couches intérieures viennent successivement occuper sa surface. Il n'était pas sans exemple que des glaciers eussent ainsi rendu à la lumière les restes de ceux qu'on y aurait cru ensevelis pour l'éternité. Un colporteur, qui se rendait du canton de Berne dans le Valais par le glacier de Tschingel avec une pacotille de chapeaux, avait péri dans une crevasse. Son corps ressortit un jour avec les chapeaux à la partie inférieure du glacier. Au Grimsel, un glacier avait rejeté le cadavre d'un enfant. Personne ne pouvait le reconnaître, quand un vieillard se rappela que, bien des années auparavant, un jeune garçon s'était perdu dans cette région sans qu'on eût jamais su ce qu'il était devenu (3). Hamel

---

(1) David Charlet, encore vivant, de qui je tiens cette anecdote.
(2) Hamel est mort, il y a quelques années, en Angleterre.
(3) Gruner, *Die Eisgebirge des Schweizerlandes*. Bern, 1760.

avait connaissance de ces faits : « Il est possible, dit-il à la fin de sa relation, qu'après un millier d'années les cadavres de mes guides reparaissent plus bas sur la montagne. » Mille ans, c'était bien plus de temps qu'il n'était nécessaire. Il faut croire que Hamel était revenu à une plus juste appréciation du point en question, s'il est vrai que, rencontrant à Londres Auguste Balmat, il lui ait demandé « si l'on n'avait pas encore retrouvé les corps de ses trois guides. » J. D. Forbes, après avoir observé la vitesse de progression des glaciers de Chamonix, estima que quarante années suffiraient et, comme on va le voir, ne se trompa guère.

Vers son extrémité inférieure, le glacier des Bossons qui, depuis Pierre-à-l'Échelle, a fait un saut prodigieux dans la vallée, se redresse et présente, sur une zone de quelques centaines de pas de largeur, un plan à peu près horizontal. Cet endroit, aisément accessible, et où l'on peut s'approcher sans danger des belles pyramides de glace de la cascade, est presque aussi fréquenté dans la belle saison que le glacier des Bois au Montanvers. Le 15 août 1861, le guide Ambroise Simond, qui y accompagnait des voyageurs, aperçut à l'ouverture d'une crevasse des lambeaux de vêtements et des ossements humains. Il écarta le sable qui les recouvrait, les réunit et les rapporta à Chamonix. Cinq hommes partirent aussitôt pour le glacier et ramassèrent d'autres débris à une distance de 12 à

15 mètres au-dessus du lieu de la première découverte. Parmi ces débris se trouvaient diverses portions de crânes : l'une portait encore des touffes de cheveux noirs, une autre des cheveux blonds, une troisième des cheveux châtains. Ainsi, dès le premier jour, un singulier hasard ne laissait aucun doute sur leur origine : on avait bien sous les yeux les restes des trois guides de 1820 (1).

Depuis cette époque jusqu'en 1864, le glacier des Bossons ne cessa de rendre par morceaux les cadavres des malheureux engloutis. Ces tristes débris se rencontraient tantôt à la surface du glacier, libres et à peine recouverts de sable, tantôt flottants dans l'eau qui remplissait les crevasses. Parfois on les voyait entières at pris dans la glace d'où il était impossible de les dégager. Une des découvertes les plus saisissantes fut celle d'une main qui s'était crispée si fortement sur le bâton de montagne que, bien que le pouce eût été arraché, un fragment de bois de sapin était resté incrusté dans les chairs de la paume. En même temps, on voyait sortir par pièces des habits auxquels tenaient encore des boutons de métal, des parties d'équipement (souliers, sac de peau, cordes, gants), les instruments de physique dont les victimes étaient chargées, tels qu'une lanterne destinée à constater la raréfaction de l'air, la boussole et l'hygromètre du docteur Hamel. On

---

(1) Les cheveux furent coupés et remis aux parents.

retrouva de même quelques-uns des objets perdus par les survivants. La tourmente avait enlevé le voile et le chapeau de Henderson, qui était revenu à Chamonix (on s'en souvenait) avec un mouchoir noué autour de la tête. Les tresses de paille du chapeau, le voile entier reparurent au bas du glacier. Joseph-Marie Couttet reconnut à son bout ferré un bâton qui lui avait appartenu. Il n'est pas jusqu'au pigeon messager, que Pierre Carrier portait sur son sac dans un vieux chaudron fermé et percé d'un trou, dont on ne retrouvât une aile et une patte (1).

La Grande-Crevasse est située à 3 000 mètres environ plus haut que le plateau inférieur du glacier des Bossons. Si l'on tient compte de la déclivité de la montagne, la distance entre ces deux points est au moins de 8 kilomètres. La catastrophe avait eu lieu le 20 août 1820, les premiers ossements furent découverts le 15 août 1861. Ils avaient donc mis quarante et un ans, presque jour pour jour, à franchir cette distance, soit une progression moyenne de 50 centimètres par vingt-quatre heures.

La plupart de ces dépouilles mortelles ont été enfermées dans un cercueil et enfouies en un coin du cimetière de Chamonix. Cependant le 7 septembre 1863, à la suite

---

(1) C'est de ce pigeon que Hamel avait dit avec une sensibilité singulière : « C'est le pigeon qui peut avoir le plus souffert, car, comme il était dans un vase où il avait de l'air, il n'a pas dû être étouffé immédiatement (*Beschreibung*, p. 24). » On avait aussi emporté une poule vivante *dans l'intention*, dit Durnford, *de la faire rôtir au sommet*.

d'une excursion au glacier, MM. Francis Wey et Ed. de Catelin pensèrent que ces restes offraient un certain intérêt pour la science et obtinrent l'autorisation de déposer au musée d'Annecy une partie de ceux qu'ils avaient trouvés dans cette occasion. On en a ajouté depuis. Qu'on ne crie pas à la profanation ! L'étranger qui visite le cimetière de Chamonix s'arrête avec émotion devant des tombes dont la croix de pierre couronnée porte, au-dessous d'un nom d'homme, cette mention expressive : PÉRI AU MONT-BLANC. Mais rien, aucun pieux emblème, aucun signe extérieur ne signale à sa pitié le lieu où les membres mutilés des pauvres guides de 1820 ont vu finir leur long et froid voyage : le curé même m'a dit ne pas le savoir. — La vitrine du musée d'Annecy est isolée, le bois en est d'ébène, la forme celle d'un cénotaphe, et, devant l'inscription qu'elle porte, nul n'est tenté d'oublier le respect que commandent ces funèbres épaves. — La science a été plus humaine que la religion.

L'état de conservation des objets après un séjour si prolongé dans le glacier, après avoir cheminé à travers ses crevasses et ses dislocations sans nombre, était vraiment extraordinaire. Ce qu'on voit au musée d'Annecy ne saurait en donner une idée tout à fait exacte. Retirées de l'eau, les matières organiques se corrompaient promptement et il faut recourir aux procès-verbaux (1) qui furent

(1) Je dois la communication de ces procès-verbaux à l'obligeance de M. F. Cazeaux, commissaire spécial à Chamonix.

dressés immédiatement après chaque découverte, pour se représenter en quel état le glacier rendait sa proie. Les chairs étaient fermes et souples, la peau quelquefois un peu plombée, mais souvent à peine livide. Les voiles de soie, ces tissus si délicats, étaient entiers, troués mais non déchirés et la couleur n'en était guère plus passée qu'il n'arrive par le seul effet du soleil et de la pluie après un voyage de quelques semaines. Une cravate de coton jaune à raies noires était encore nouée. Le cadran de la boussole du docteur Hamel laissait lire les chiffres, les traits des degrés, le nom du fabricant de Paris, tous les détails de la plus fine gravure (1). On ramassa des morceaux d'un journal de l'époque dont l'impression n'était pas effacée. Le sac de Pierre Carrier contenait un gigot de mouton parfaitement reconnaissable. Enfin, et ce qu'il y a de plus étrange, un bouchon de liége avait conservé, non seulement la teinte rosée, mais jusqu'à l'odeur même du vin.

Le dernier procès-verbal porte la date du 19 juillet 1864. Trois semaines après, le 9 août, en revenant de la cime, un porteur, nommé Ambroise Couttet, enfonçait un pont de neige aux abords du Grand-Plateau et disparaissait tout d'un coup. Le Mont-Blanc avait laissé jouer le premier

---

(1) Cette boussole et l'hygromètre sont en la possession de M. Joseph Tairraz, maire de Chamonix.

drame jusqu'au bout avant de faire une nouvelle victime (1).

(1) Ascension du comte Schönkirchen et du comte Wurmbrand, Autrichiens (*Livre des Grands-Mulets*, 11 et 24 août 1864; *Alpine Journal*, n° 7; *Bollettino del Club Alpino italiano*, n° 14, page 77). Ce second accident, qui attrista la fin d'une expédition brillante et favorisée par un temps magnifique, aurait pu être facilement évité. Les guides avaient plus de cordes qu'il n'en fallait pour toute la caravane; mais comme Couttet, fier du succès d'une ascension qui allait lui valoir le brevet de guide, avait dédaigné de s'y attacher, elles ne servirent qu'à tenter inutilement le sauvetage du malheureux qu'elles auraient retenu au-dessus de l'abîme. Le lendemain, une escouade de jeunes gens essaya avec aussi peu de succès de retirer au moins son cadavre. La crevasse n'avait à l'orifice que deux mètres de largeur, mais sa profondeur était considérable. Michel Payot s'y fit descendre jusqu'au moment où il éprouva des symptômes d'asphyxie. D'après l'estimation de ceux qui filaient la corde, il était parvenu à une profondeur de trente mètres. C'est la plus grande, je crois, qu'on ait atteinte dans l'intérieur des glaciers.

LE MONT-BLANC

LEMUET PHOT.

VUE PRISE DU COL DE LA SEIGNE

CHAPITRE XIX

LES ACCIDENTS (*SUITE*)

L'ANNÉE 1866

§ 1ᵉʳ. Les frères Young.

Le 14 août 1866, par une pluie diluvienne, trois touristes écossais, venant de Chambéry par le col de Sageroux, arrivaient trempés jusqu'aux os à l'auberge-abbaye de Sixt. C'étaient trois frères ; l'aîné, homme de vingt-huit à trente ans, robuste et de haute stature. Familiarisé avec les ascensions les plus ardues, sir George Young avait déjà dirigé deux de ses frères à travers les glaciers. Il voulait maintenant rendre le même service aux deux plus jeunes et se flattait de les conduire à lui seul au Buet et au Mont-Blanc.

Le Buet se laissa faire et, à quelques jours de là, le 23 août au matin, MM. Young quittaient la cabane des Grands-Mulets dans le dessein de traiter le Mont-Blanc aussi cavalièrement que le Buet. A la montée tout alla bien. La veille, une caravane avait fait l'ascension : elle avait pris par les Bosses, ils prirent par les Bosses ; ses traces étaient encore visibles, ils suivirent ses traces ; elle était redescendue par l'Ancien passage, ils voulurent redescendre par l'Ancien passage. Mais ici, toute empreinte avait disparu. L'Ancien passage, facile à reconnaître d'en bas, n'offre pas le même avantage à la descente. Ils tournèrent trop tôt à gauche et s'engagèrent sur une pente de neige regelée d'une rapidité extrême. Sir George qui taillait des pas reconnut son erreur et fit signe qu'il fallait remonter, mais, en se retournant, le pied lui manque et il tombe entraînant avec lui ses frères auxquels il était attaché par une corde.

« Pendant quelques secondes, a-t-il dit lui-même, la descente fut plutôt une partie de plaisir. » Bientôt, cependant, un talus de glace coupé à pic, de six à sept mètres de hauteur, les lança en l'air pour les faire encore glisser sur la pente où le bourrelet de neige qu'ils poussaient devant eux finit par les arrêter. La secousse avait été rude ; tous les trois demeurèrent d'abord sans connaissance. Sir George revint le premier à lui et réussit après un long temps à ranimer l'un de ses frères, mais le plus jeune, sir James, n'était plus qu'une masse inerte.

Il n'y a pas d'ascension qui ne mette quelques curieux aux aguets sur la grande place de Chamonix. La fausse direction qu'avaient prise les Anglais en quittant la cime avait été remarquée, leur chute eut pour témoins tous ceux qui pouvaient s'armer de longues-vues. On les crut morts ou, du moins, dangereusement blessés et une caravane de secours partit en hâte pour la montagne. Au bout d'un quart d'heure l'espérance revint. Un des corps se détachait de la masse noire, se levait et s'agitait autour des deux autres. Une heure après, un second corps se mettait debout; le troisième seul ne bougeait pas. On voyait distinctement ses compagnons le soulever, l'asseoir et le frotter avec vigueur, s'éloigner, puis revenir comme s'ils eussent craint de n'avoir pas assez fait pour rappeler quelque étincelle de vie, le soulever et le frotter encore : échappé de leurs bras, le malheureux retombait lourdement sur la neige.

Les survivants n'étaient pas, tant s'en faut, hors de péril. Après les longues heures passées en ce lieu, pressés par le temps et ne se trouvant encore qu'à 250 mètres au-dessous de la cime, il était à craindre qu'ils ne fussent tentés de poursuivre la pente qui les en éloignait au plus vite. Or, cette pente aboutissait à un pur précipice; on le voyait briller au soleil depuis Chamonix. Heureusement leur instinct de montagnards les avertit du danger et, abandonnant enfin le cadavre, ils commencèrent à remonter la pente en obliquant un peu à gauche pour gagner les Petits-Mulets. Sir George marchait le premier; tantôt il taillait des gradins dans la glace, tantôt, appuyé sur son alpenstock, il se retournait pour aider son frère Albert qui trébuchait à chaque pas. A cinq heures ils atteignirent les Petits-Mulets. Ils avaient mis deux heures à revenir à la hauteur environ d'où ils avaient été précipités en une dizaine de secondes. Aux Petits-Mulets ils retrouvaient la bonne voie ; à cela près, être aux Petits-Mulets ou à la cime du Mont-Blanc la différence était insignifiante par rapport au chemin qui leur restait à parcourir et, quand il eût fallu être valide et faire preuve d'une diligence extraordinaire pour gagner de là un lieu de sûreté avant la tombée de la nuit, sir Albert, qui avait perdu ses lunettes dans la chute, était à demi aveugle et incapable de se conduire.

Mais sir George puisa dans cette situation presque désespérée un redoublement d'énergie. Après quelques instants de repos, prenant son frère à la remorque et glissant sur les pentes, manœuvrant adroitement au milieu des crevasses, franchissant les névés à grandes enjambées, il guida la marche avec tant de bonheur et de vitesse que, avant que l'obscurité fût complète, il rencontrait au coin du Dôme la caravane qui, de Chamonix, s'était portée à leur secours. Il n'y a pas d'exemple, dans les annales alpestres, d'un sauvetage mieux opéré. L'infortuné jeune homme avait prétendu se passer de guides. Il a été trop cruellement puni de sa présomption pour qu'il convienne de la lui reprocher ; on doit dire, au contraire, que la force et le sang-froid qu'il déploya en cette conjoncture la justifieraient presque, et que, s'il causa la perte d'un de ses frères, l'autre lui dut certainement la vie.

La cabane des Grands-Mulets, où MM. Young et la caravane de secours allaient trouver cette nuit-là un refuge temporaire, venait d'être agrandie, mais elle n'était pas achevée et les charpentiers y travaillaient encore. En outre, deux touristes français, deux frères aussi, s'y étaient installés dans l'après-midi. Comme MM. Young, ceux-ci voulaient tenter la grande ascension ; mais, voyageurs plus prudents, versant même d'un excès dans l'excès opposé, ils se faisaient accompagner de quatre guides et de trois porteurs. Tous ces hommes étaient fort à l'étroit dans la cabane, à l'étroit surtout pour les sentiments différents qui les animaient et la besogne dont chacun avait à s'occuper. Deux expéditions s'organisaient à la fois : l'une joyeuse, l'autre funèbre, car sir George devait remonter le lendemain pour ramener le cadavre laissé à mi-hauteur du Grand-Plateau à la cime. Pendant que les voyageurs donnaient leurs ordres, les guides allaient et venaient, se partageant les cordes et les couvertures, ici destinées à attacher ensemble les ascensionnistes et à les couvrir chaudement, là à envelopper le mort et à le traîner sur la neige.

Au matin, tout ce monde était parti. Sir George et ses hommes arrivèrent de bonne heure sur le lieu de l'accident et jusque-là les choses se passèrent sans encombre, mais il n'en fut pas de même au retour. Le ciel déjà nébuleux au lever du soleil, s'était couvert de plus en plus; l'escouade, embarrassée par le transport du cadavre qui l'obligeait à des détours sans nombre, perdit son chemin au milieu du brouillard et peu s'en fallut que cette seconde journée ne fût marquée par un désastre plus grand, sans comparaison, que celui de la veille. Par bonheur, une nouvelle troupe de guides et de volontaires était montée aux Grands-Mulets. Quand ils virent les nuages s'abaisser jusque sur le rocher en laissant tomber une neige fine et serrée comme le grésil, tandis que l'absence de l'escouade se prolongeait outre mesure, ces gens prirent l'alarme et dépêchèrent à sa rencontre un détachement choisi parmi les plus déterminés d'entre eux : François Couttet, dit Baguette, *le roi des guides de Chamonix*, Alexandre Tournier, M. Loppé, le banquier Favre, le gendarme Vuagnat.

« Vers trois heures, raconte M. Favre, nous étions arrivés près de la Grande-Crevasse et, tout en marchant, l'un ou l'autre criait de toutes ses forces ; mais un grand inconvénient que nous n'avions pas prévu, c'est que nos voix, dans cet amphithéâtre de glace, se répercutaient jusqu'à sept fois, de façon à ne pas nous permettre de distinguer les cris de nos infortunés camarades s'ils venaient à nous répondre. Tout à coup, dans un instant de silence, un faible bruit nous arrive de loin en avant et au-dessus de nos têtes. Baguette écoute et s'écrie : Ce sont eux! Ils doivent être à l'entrée du Corridor; vous, Monsieur Favre et le gendarme, restez immobiles ici et battez la semelle sur ce drap que vous étendrez et qui vous empêchera de geler; mais n'avancez pas, ne reculez pas, vous pourriez trouver des crevasses; M. Loppé, Alexandre et moi nous irons en avant.

— Ils étaient partis depuis quelque temps lorsque une éclaircie du brouillard me permit d'apercevoir, bien loin et bien haut, sur cette arête terrible qui surplombe de quinze cents pieds le glacier des Bossons entre le Mont-Maudit et les Rochers-Rouges, trois points noirs, deux autres plus bas, plus petits et séparés par cinquante mètres environ, et, au-dessus, un groupe formé par le reste de la caravane. Les deux premiers, comme je le sus plus tard, étaient les guides Jean Carrier et Jean Croz (le frère de Michel qui périt l'an dernier au Cervin), mis en avant comme éclaireurs. Mais depuis déjà trois heures ils avaient perdu leur direction et, n'osant faire un pas de peur de tomber dans les précipices qu'ils savaient nombreux en cet endroit, ils attendaient que le brouillard disparût ou que la Providence vînt à leur secours. Les autres n'étaient pas moins paralysés par la fatigue, la faim et la terreur. »

Leurs cris, cependant, à travers la brume, bien que répétés d'écho en écho, dirigeaient Baguette dans sa marche ascendante. D'un coup sec, son piolet coupait des marches dans la glace vive et, lentement, il gagnait du terrain, tandis que, sur ses ordres, M. Loppé et Alexandre, postés à intervalle convenable, restaient en arrière pour jalonner le chemin. Après deux heures de cette rude corvée, il atteint enfin la caravane, la réconforte, la fait appuyer à droite, lui montre l'issue qu'il vient de pratiquer et où elle n'a qu'à le suivre. Pour lui, il se charge de l'opération la plus délicate. Fixant solidement sa hache dans la glace il y enroule le bout d'une des cordes qui lient le cadavre. Le corps glisse de toute la longueur de la corde; plus bas, Alexandre Tournier le reçoit, le fait descendre à son tour par le même procédé, et ainsi de suite.

Ce sauvetage avait pris un temps considérable. Les hommes restés aux Grands-Mulets sentirent renaître leurs angoisses, non plus seulement au sujet de la première escouade mais aussi du détachement envoyé à sa recherche. Le délai nécessaire pour la descente était plus que doublé. Il était six heures du soir; le brouillard s'épaississait, la neige tombait toujours. Sylvain Couttet se désespère : c'est lui qui, l'avant-veille, avait tracé par l'Ancien passage le sentier que les frères Young avaient cru prendre et par où devait repasser, pensait-on, la caravane du mort. « Pourquoi ne suis-je pas parti avec M. Loppé! s'écrie-t-il en pleurant; j'avais la mémoire des lieux, je les aurais dirigés et, pour un cadavre gelé qui pouvait attendre, nous n'aurions pas six pères de famille en danger et morts peut-être! » — Puis, prenant tout à coup une résolution, il s'habille, ordonne à son domestique et à un guide de le suivre. « Il ne s'agit plus d'Anglais qui s'amusent, dit-il, mais bien de mes Chamoniards qui se perdent! Allons, partons! ou nous les trouverons, ou nous y resterons avec eux! » — L'instant d'après, ces trois hommes s'engageaient sur le glacier, pourvus de provisions, de cordiaux et munis de lanternes, car l'obscurité gagnait. Tout était convenu : du plus loin qu'il serait possible, un son de cornet annoncerait leur retour. A ce signal, ceux qui gardaient la cabane devaient chauffer le fourneau avec le peu de bois qui restait et préparer du vin chaud, du café et du thé.

Avec la journée, enfin, cessèrent les inquiétudes qu'elle avait vues naître. Sylvain ne tarda pas à rencontrer l'infatigable Baguette toujours attelé au cadavre, et, derrière lui, les deux troupes en retard. A huit heures du soir, tous ces braves gens rentraient sous le toit des Grands-Mulets (1).

On voudra savoir ce qu'était devenue au milieu de tout

---

(1) *Livre des étrangers aux Grands-Mulets*, à la date et de la main de M. E. de Catelin; *Bollettino del Club Alpino italiano*, n° 5; *The Alpine Journal*, n° 16; *Lettre de S. Couttet*, 11 janvier 1874, et surtout l'intéressante narration de M. le docteur Ch. Depraz, *Un Sauvetage au Mont-Blanc*, Annecy, 1866. — Le corps du jeune Young resta exposé sur la glace au pied du rocher et ne fut redescendu à Chamonix que le lendemain matin. On constata alors que l'infortuné s'était rompu la colonne vertébrale en tombant sur la tête du haut de l'escarpement de glace qui interrompait la pente où il avait glissé. Au dire des médecins, dans des circonstances ordinaires, il eût dû survivre quelque temps à une luxation de cette espèce, eût-elle même été accompagnée d'un déchirement de la moelle épinière. Ils attribuèrent sa mort foudroyante à une congestion cérébrale, provoquée par la raréfaction de l'air. Cette disposition des organes à l'état congestionnel rend extrêmement dangereuses aux hautes altitudes des chutes qui, ailleurs, n'entraîneraient pas de conséquences

cela la caravane française? — Eh bien! cette caravane était montée jusqu'au sommet du Mont-Blanc et elle en était revenue. Elle avait croisé les deux premières escouades de sauvetage, elle avait touché barres aux Grands-Mulets, sans servir à quoi que ce soit, sans prêter assistance à personne, donnant même à la légère des indications inexactes, ne se refusant aucune des satisfactions d'amour-propre en usage, jusqu'à faire tirer le canon de Chamonix pour célébrer son heureuse ascension (1).

§ 2. Le capitaine Arkwright.

L'année 1866 n'était pas écoulée. L'arrière-saison se montrait si belle que le mois d'octobre n'avait pas mis fin aux grandes courses, ce qui ne s'était encore vu qu'une fois, lors de l'ascension du comte de Tilly (9 octobre 1834). Le comte de Tilly était revenu avec les pieds gelés. Le

funestes, l'évanouissement pouvant durer assez longtemps pour que la congélation survienne. On en a ici un exemple : le second des frères Young, Albert, n'avait éprouvé aucune lésion grave; néanmoins, à peine revenu du premier étourdissement, il tomba dans un sommeil léthargique qui ne céda qu'au bout d'une heure aux secousses réitérées de sir George. Si l'aîné de ces jeunes gens eût été d'un tempérament moins robuste, tous les trois seraient morts sur la place.

(1) On accuse les guides de cette caravane d'avoir positivement refusé du secours à leurs camarades en détresse. J'aurais aimé à trouver dans les quelques lignes que MM.*** ont jetées en passant sur le Livre des Grands-Mulets, de quoi asseoir une opinion plus favorable. Mon attente a été trompée. Ces jeunes gens se félicitent de leur ascension, à cela près que les nuages leur ont fait manquer la vue du sommet. On serait plus sensible à leur déception si l'on était sûr qu'ils n'eussent manqué que cela.

prince Paskiewitch voulut l'imiter et l'imita parfaitement — car, à quatre jours près, il atteignit la cime à la même époque (5 octobre), en revint les pieds gelés et fut obligé de garder la chambre pendant plus d'une semaine. Un soir que le prince, étendu sur un lit de repos devant une des fenêtres de l'hôtel Royal, réfléchissait aux dangers des expéditions tardives et se félicitait encore d'en être quitte à si bon compte, quelle ne fut pas sa surprise de voir, bien haut dans la montagne, les glaciers s'éclairer d'une lueur rougeâtre ! En même temps il entendait au dehors les exclamations, le va-et-vient d'une foule de gens. Une détonation ébranla les vitres ; on tirait le canon à Chamonix. Il sonna.

— Qu'est-ce donc ?

— Prince, ce sont des feux de Bengale qu'on a allumés, pour se divertir, sur la terrasse de la nouvelle cabane aux Grands-Mulets.

— Comment ! il y a donc encore du monde aux Grands-Mulets ?

— Il y a deux caravanes. M. Henry Arkwright, capitaine dans l'armée anglaise et aide de camp du lord-lieutenant d'Irlande, avec le guide Michel Simond et les porteurs Joseph et François Tournier. Il y a aussi Sylvain Couttet.

— Pour les recevoir.

— Et pour aller aussi au Mont-Blanc avec notre camarade Nicolas Winhart, de l'hôtel, à qui il a promis de faire faire l'ascension.

— Au Mont-Blanc! Ah, les malheureux! qu'ils s'en gardent bien! ils gèleront tout entiers!

Le prince Paskiewitch ne fut que trop bon prophète. Le lendemain, 13 octobre, après avoir fait flamber aux Grands-Mulets ces pièces d'artifice dont Hamel, on s'en souvient, désirait tant de voir l'effet, le capitaine Arkwright se remettait en route. L'Ancien passage, depuis la catastrophe Hamel, n'était guère usité; mais les jours sont courts en octobre et il abrége de deux heures : on prit donc l'Ancien passage et, juste à l'endroit où une avalanche de neige s'était formée sous les pas de Hamel et de ses guides, une avalanche de séracs se précipita sur la double troupe de M. Arkwright et de Sylvain Couttet. Celui-ci passait le premier; quand il entendit le craquement des glaces au-dessus de sa tête, un peu à droite, il poussa un cri d'alarme et, d'instinct, sans raisonner, il s'élança devant en entraînant son camarade. Une voix s'écria dans l'autre troupe : « Non! pas de ce côté-là! » — Au même moment l'avalanche était sur eux. — « Couchons-nous! » crie encore Sylvain, et en même temps il enfonce profondément son pic dans la glace et se cramponne au manche, à genoux, la tête baissée et tournée contre l'ouragan. L'épais nuage de neige poudreuse que soulevait l'avalanche l'enveloppa; il sentit des blocs de glace passer sur son dos, des glaçons lui fouetter le visage et un bruit affreux de craquements l'étourdit comme un roulement de tonnerre.

Ce ne fut qu'au bout de huit ou dix minutes que l'air s'éclaircit et que, toujours les mains crispées sur son pic, il aperçut à deux mètres de lui Nicolas Winhart, qui avait suivi tous ses mouvements, accroupi et arc-bouté sur son alpenstock fortement implanté dans la glace. La corde qui les liait était intacte. Mais, derrière son compagnon, il ne vit plus rien que les derniers nuages de neige qui flottaient encore au-dessus des blocs de l'avalanche entassés sur une étendue de plus de deux cents mètres. La corde fut détachée et tous deux se mirent à explorer dans tous les sens l'énorme amoncellement de débris. A cinquante mètres plus bas, ils aperçurent un sac, puis un homme. C'était François Tournier, le second porteur, la figure horriblement mutilée, le crâne enfoncé par un bloc de glace et la jambe droite fracturée en deux endroits. La corde qui le liait à ses camarades était coupée à un mètre de distance en avant et en arrière. Deux heures de recherches n'ayant pas amené d'autre découverte, ils traînèrent le pauvre François jusqu'au Grand-Plateau et redescendirent en toute hâte à la cabane des Grands-Mulets (1).

Je tiens de la bouche de Sylvain Couttet un détail navrant. Je le laisse parler.

« Le capitaine Arkwright était venu à Chamonix avec sa mère et deux sœurs : l'une, âgée de vingt ans, avait voulu

(1) Narration de Sylvain Couttet dans Ch. Depraz, *Un sauvetage au*

l'accompagner jusqu'aux Grands-Mulets. Comme j'y rentrais, après avoir perdu espoir de sauver une seule des victimes, je trouve ses trois guides devant la porte. Je ne pense pas, d'abord; je leur raconte l'accident, puis l'idée me vient, je leur dis :

» — Comment se fait-il que je vous trouve ici ? Sa sœur n'est donc pas redescendue ?

» — Non, ils me répondent; elle attend.

» — Ah! mon Dieu !

» Il fallait lui apprendre le malheur; eux ne voulaient pas s'en charger. Moi, je n'osais pas. Enfin, je prends mon courage, j'entre. Elle était assise là, au fond, la fenêtre ouverte, avec un album sur ses genoux et dessinait le Dôme du Goûter. En la voyant si tranquille, je suis tellement saisi de ce que j'ai à lui annoncer, que je reste sur la porte, la figure décomposée, sans pouvoir prononcer une parole. Elle se retourne :

» — Eh bien! Sylvain ?

» J'avais la gorge trop serrée, je lève les bras comme ça. Elle me crie :

» — Mon frère!

» — Faites courage, mademoiselle.

» Alors elle devient blanche comme la neige, se lève, va devant la fenêtre, s'agenouille, joint les mains et se met

Mont-Blanc, appendice; *la Presse*, numéro du 20 octobre 1866; *The Alpine Journal*, n° 16.

à prier en regardant la montagne. Après, elle vient droit à moi et me dit :

» — Vous pouvez tout me dire maintenant, Sylvain; je suis prête.

» Et quand j'ai eu achevé :

» — Nous l'irons chercher demain. »

La force d'âme de la jeune Anglaise avait fait sur Sylvain une si vive impression que, trois ans après, c'est en sanglotant qu'il me racontait cette scène.

Pendant dix jours les caravanes se succédèrent pour aller chercher les cadavres sous les décombres de l'avalanche. D'abord on trouva l'autre porteur, Joseph Tournier. Il avait une large plaie à la tête et le sang qui s'était répandu avait figé tout autour une couche de glace si épaisse qu'on ne put la détacher qu'à coups de marteau. Le corps du guide Michel Simond était enfoui à 4 mètres de profondeur et il fallut revenir le lendemain pour achever de le dégager. Les gens de Chamonix, malgré la rigueur de la saison, se relayaient avec un zèle infatigable dans l'accomplissement de cette triste et dangereuse besogne. Il n'y a pas pour un guide d'idée plus horrible que celle d'abandonner une dépouille humaine au voyage du glacier. En suivant le convoi des trois victimes, le père de cet Ambroise Couttet, qui avait disparu, en 1864, dans la Grande-Crevasse, pleurait à chaudes larmes. « Oh! monsieur, disait-il à M. Ch. Depraz qui essayait de le consoler, si mon pauvre enfant se trouvait dans un cercueil à côté de ceux-ci, j'en prendrais mon parti; mais le savoir englouti là-haut et ne pouvoir aller prier sur sa tombe! »

Un cadavre restait encore sous l'avalanche, celui du capitaine Arkwright; mais le mauvais temps survint et ce ne fut que le 31 octobre qu'on put reprendre les recherches Il était trop tard. Une avalanche plus volumineuse que la précédente en avait recouvert tous les débris. Les tranchées qu'on avait creusées avec tant de peine étaient comblées. L'un des frères du capitaine, lieutenant dans la garde royale, était accouru de Londres pour diriger l'expédition. Il reconnut bien vite que tous les efforts seraient inutiles et ordonna le retour.

Le guide Simond et les Tournier, hommes dans la force de l'âge, de 25 à 40 ans, étaient mariés et avaient des enfants. Madame Arkwright oublia noblement sa douleur de mère devant le désespoir de ces trois familles privées de leur unique soutien. Elle les alla visiter et laissa une pension à chacune des veuves (1).

(1) Le rédacteur de l'*Alpine Journal*, n° 16, paraît mettre en doute l'existence de séracs au-dessus de l'Ancien passage. On a nié de même qu'il y eut des crevasses au-dessus du Mur de la Côte, sur la Calotte du Mont-Blanc. Ce sont là deux erreurs qu'il importe de ne pas laisser accréditer, parce qu'elles pourraient entretenir chez les touristes une sécurité trompeuse. L'accident arrivé à Jean-Marie Couttet pendant l'ascension d'Auldjo (*Narrative*, page 43), le témoignage de MM. Hudson et Kennedy (*Where there's a Will* etc., page 73), pour s'en tenir à ces citations, dé-

montrent suffisamment que la Calotte est sillonnée de crevasses, bien que la neige les dissimule habituellement de façon à ne présenter qu'une pente unie. Il serait donc souverainement imprudent d'y renoncer à l'usage de la corde. Quant aux séracs de l'Ancien passage, ils existent si bien que Hamel les avait déjà signalés *à droite,* c'est-à-dire précisément dans la direction d'où Sylvain Couttet entendit venir l'avalanche de 1866. Il est même à remarquer que la possibilité de cette avalanche d'en haut était la seule chose qui préoccupât Hamel au moment même où il allait en faire naître une sous ses pas. « Entre la pente que nous gravissions et la cime, s'élèvent perpendiculairement d'effroyables masses de glace qu'on appelle des séracs et d'où souvent de grands morceaux se détachent et forment des avalanches... Nous étions à moitié de sa hauteur, et nous nous dirigions à l'est, en ligne horizontale, à égale distance des séracs sur la droite et du plateau à gauche... Tout en montant, je regardais de côté, d'un œil craintif, les blocs de glace au-dessus qui, pareils à des épées suspendues par un cheveu, nous menaçaient de mort... quand je sentis tout d'un coup la neige céder sous mes pas. » (Hamel, *Beschreibung* etc., page 19 et 20.) Enfin, M. Le Piléur fait justement observer que « de la côte des Rochers-Rouges tombent deux avalanches qui roulent en convergeant jusque sur le Grand-Plateau : l'une, de glace, tombe fréquemment, l'autre, de neige, n'a lieu qu'après de fortes chutes de neige nouvelle. » (*L'Illustration,* 5 octobre 1844.) Le rédacteur de l'*Alpine Journal* peut soutenir que ce ne sont pas là des séracs « dans le vrai sens du terme ». Mettons que ce sont simplement des accumulations de neige durcies et branlantes à la marge du précipice. Je ne saisis pas bien, en pratique, l'intérêt de cette distinction.

CHAPITRE XX

LES ACCIDENTS (*SUITE*)

L'ANNÉE 1870

Madame Marke;
MM. Randall, Bean et Mac-Corkendale.

A l'époque où nous sommes parvenus, quand une catastrophe arrivait en montagne, les ascensionnistes émérites ne se bornaient pas à déplorer le sort des victimes. Ils analysaient les cas particuliers, dissertaient sur les responsabilités de chacun et prouvaient doctement que tout le mal venait de ce qu'on n'avait point observé les règles de l'art. Les accidents répétés de 1866 tenaient cependant à une cause plus générale. « Depuis le premier été que j'ai passé dans les Alpes, écrivait quelques mois auparavant M. Leslie Stephen, plus d'une noble montagne de ma connaissance a successivement traversé les périodes qu'expriment les termes : — inaccessible, — l'ascension la plus difficile des Alpes, — une escalade malaisée, mais sans rien d'extraordinaire, — une course fatigante et voilà tout, — enfin, une forte journée d'exercice pour une dame (1). » Le Mont-Blanc n'échappait pas à la loi commune. Il avait été un temps où le courage seul ne suffisait pas à expliquer au gré du public l'audace des touristes, un temps où on lisait dans un itinéraire fameux, incessamment feuilleté par les voyageurs anglais, cette phrase caractéristique : « Un fait digne de remarque, c'est que la plupart des personnes qui ont fait cette ascension avaient le timbre un peu fêlé (2). » Mais une nouvelle école s'était formée. Le public, habitué à ses prouesses, les jugeait d'un œil moins sévère, elle ne connut plus d'obstacles.

Contradiction trop fréquente ici-bas! Dès qu'on put monter au Mont-Blanc sans être soupçonné d'avoir le cerveau détraqué, les touristes commencèrent à donner des signes manifestes de démence. Les fous d'autrefois disaient, comme M. Markham-Sherwill, en revenant de la cime : J'ai failli périr, jamais je ne conseillerai à personne de suivre mon exemple; — les gens sensés du jour disaient : Ce n'est qu'un jeu, il n'y a pas de quoi se vanter, — et, par l'organe du plus répandu des journaux de Londres, l'un d'eux affirmait que l'ascension du Mont-Blanc n'était pas plus difficile que celle du Snowdon (3). Ainsi, on ne se contentait plus d'affronter résolû-

---

(1) *Alpine Journal*, n° 14, juin 1866.
(2) *Handbook Murray*, édition de 1852, route 115.
(3) Dans le pays de Galles, 1185 mètres.

ment les dangers, on les niait. Les frères Young avaient prétendu se passer de guides, le capitaine Arkwright n'avait tenu nul compte de la saison. Ces dispositions présomptueuses s'accentuèrent chaque jour davantage.

Le 2 août 1870, M. Marke tente l'ascension avec sa femme et une de ses amies, miss Wilkinson. On n'a que deux guides avec soi, deux guides qui ne sont pas de la localité (1); bah! on racolera aux Grands-Mulets un porteur, Olivier Gay, domestique de Sylvain Couttet; trois hommes pour un voyageur et deux jeunes femmes, cela suffira bien. On n'a pas assez de corde non plus : en voilà une justement qui se rencontre à point; elle a maintes fois servi à charrier du bois aux Grands-Mulets, elle est usée, elle ne vaut rien, mais c'est si peu de chose qu'une ascension du Mont-Blanc! La corde n'y est guère que pour la forme, comme autrefois l'échelle. D'ailleurs, on ne prendra pas par l'Ancien passage, qui a mauvaise réputation, mais par le Corridor, où il n'est jamais rien arrivé...

— Rien arrivé? Pardon! le Corridor, monsieur, est notoirement sillonné de crevasses. Une fois, sous le Mur de la Côte, le guide Édouard Rosset a été englouti avec deux de ses camarades et trois voyageurs.

— On n'a jamais entendu parler de cela!

— C'est que la neige, en s'engouffrant sous eux, a fait

(1) F. Burguener et Zurbrugger de Stalden, en Valais.

bouchon dans la crevasse et les a retenus à quatre mètres des bords.

— Eh bien, alors, il n'y a pas eu de mal!

On part donc, on arrive au Grand-Plateau, on enfile le Corridor. Quand on est au bout, au pied du Mur de la Côte, les dames se trouvent trop lasses pour continuer la course. Qu'à cela ne tienne! Les pieds dans la neige, elles attendront avec Olivier Gay le retour de M. Marke, qui va achever l'ascension en compagnie des deux guides valaisans.

Le Corridor (comme son nom l'indique) n'est qu'un long couloir resserré entre le Mont-Maudit et le Mont-Blanc, formant à l'extrémité une sorte de col escarpé au-dessus des précipices de la Brenva. A l'inconvénient de demeurer en place à une hauteur de 4 300 mètres, se joignait l'inconvénient de s'y trouver dans un courant d'air. Ce jour-là, justement, le vent faisait rage autour de la montagne. Les jeunes femmes — la situation eût été intolérable pour d'autres qu'elles — se sentant transies de froid au bout de quelques minutes, voulurent marcher ou aller du moins un peu plus bas. Madame Marke se soutenait à peine : le pauvre Olivier commit l'héroïque imprudence de lui donner l'appui de son bras (1).

---

(1) Je regrette de voir un esprit aussi sensé que M. Leslie Stephen partir de ce fait pour incriminer les guides de Chamonix en général et pour déclarer (*Alpine Journal*, n° 32) « qu'on n'imagine pas comment un in-

M. Marke et ses guides étaient à moitié du Mur de la Côte quand ils entendirent des cris déchirants. Ils redescendirent en toute hâte. Un pont de neige avait cédé sous le double poids de madame Marke et d'Olivier. La corde s'était rompue à quelques pouces de la taille de miss Wilkinson, qui dut la vie à cette circonstance. Tous les appels furent vains; la crevasse était profonde, aucune voix ne répondit. Il faut renoncer à peindre le désespoir de M. Marke, qui ne pouvait se persuader que sa femme fût à jamais perdue pour lui. Une douzaine de guides montèrent le lendemain, sans parvenir à retrouver dans le brouillard la place de l'accident, bien qu'on eût eu le soin d'y planter un bâton. Quand on la reconnut deux jours après, grâce à un intervalle de beau temps, le trou que les victimes avaient fait en tombant révélait seul l'existence du dangereux précipice. On mit une poutre en travers et un de

---

dividu capable d'un acte aussi insensé pouvait avoir la moindre prétention de servir de guide. » Olivier m'a accompagné au Mont-Blanc en 1869. C'était un jeune homme de vingt à vingt-deux ans, robuste et de figure intelligente. Il a conduit la descente à travers le brouillard avec une rare sagacité. Ce qui est vrai, c'est que madame Marke était tellement fatiguée que, dès les Grandes-Montées, on voyait de Chamonix la caravane s'arrêter à chaque instant pour la laisser reposer. Au Corridor, le froid acheva de lui ôter ses forces; elle ne pouvait ni avancer assez vite ni rester, sous peine d'être gelée vive. Olivier crut, en lui donnant le bras, trouver la seule chance de salut pour elle. Il eut mieux fait sans doute de rappeler M. Marke, mais il est bien le dernier homme de la caravane à qui l'on puisse adresser des reproches. Quant aux deux guides, qui sont impardonnables de n'avoir pas représenté à M. Marke l'impossibilité de laisser les jeunes femmes au bas de la Côte, ils n'étaient point de Chamonix.

ces hommes intrépides se fit descendre à une profondeur de 25 mètres. Là, les parois se rapprochaient, ne laissant entre elles qu'un faible espace. Pendant six heures les travailleurs se relayèrent pour agrandir l'ouverture; Sylvain lui seul, y passa quatre heures, cherchant à pénétrer jusqu'au corps du pauvre Olivier qu'il aimait comme un enfant. Il n'y parvint pas : un peu plus bas, le gouffre s'élargissait pour aboutir presque aussitôt à un monceau de neige qu'il remua profondément sans rien découvrir. Madame Marke et Olivier, tombant de si haut, avaient évidemment été écrasés, forcés à travers le rétrécissement de la crevasse dont les parois gardaient encore des traces de sang, et enterrés au fond sous la neige qu'ils avaient entraînée dans leur chute (1).

Un mois après, nouvelle catastrophe, la plus dramatique, la plus épouvantable dont le Mont-Blanc ait été le théâtre et qui fit à elle seule plus de victimes que toutes les autres ensemble. Les avertissements n'avaient pas manqué. De longtemps on n'avait vu les glaciers si mauvais ni une semblable succession d'orages. Tel jour la neige s'était amassée en si grande abondance qu'une caravane en avait eu

---

(1) L'*Écho des Alpes*, 1870, n° 3, et récits de miss Wilkinson et de Sylvain Couttet. Pendant les recherches, le mauvais temps revint à l'improviste. Les guides regagnèrent les Grands-Mulets au milieu d'une tempête électrique d'une telle intensité que, afin d'en éviter les décharges, ils étaient obligés de jeter devant eux leurs bâtons ferrés pour les ramasser et les relancer à mesure.

jusqu'à mi-corps; tel autre jour, il avait fallu recourir à l'ancienne pratique de l'échelle pour franchir les crevasses démesurément évasées (1). Bien plus! Deux au moins des hommes dont je vais avoir à raconter la fin lamentable, s'étaient trouvés cruellement embarrassés, quelques semaines avant, dans l'endroit même qui devait leur être fatal et par des circonstances atmosphériques toutes pareilles. Le 30 juillet, Jean Balmat, montant avec M. Auguste Rieu et un porteur, rencontrait au haut du Mur de la Côte un brouillard si épais qu'il conseillait de laisser le porteur en arrière pour les ramener par ses cris au vrai point de la descente : M. Rieu préféra renoncer à aller plus loin et fit sagement. Le 26 août, Johann Graf accompagnait MM. Stogdon et Marshall, lorsque surpris par les nuages au sommet de la montagne voyageurs et guides pensèrent y rester pour toujours (2). Mais ce qu'il y a de plus triste à penser, c'est que cette dernière excursion, si bien faite pour servir d'avis, fut la cause première du malheur qui suivit.

M. Stogdon et son compagnon pouvaient se flatter de l'avoir échappé belle. Le soir de leur retour à Chamonix, entre le souper et le coucher, ils s'entretenaient de leur équipée dans un des petits salons de l'hôtel, quand un domestique leur remit une carte : « John Randall, de Quincy, Massachussets, U. S., demande la permission de se pré-

(1) *Livre des Grands-Mulets*, campagne de 1870, passim.
(2) Voir *Route des Bosses*, page 338.

senter et de causer du Mont-Blanc avec ces messieurs. »
Le résultat fut que la soirée se prolongea fort avant dans
la nuit. M. Randall était un Américain d'une cinquantaine
d'années, enthousiaste fanatique des montagnes où il
voyageait pour la première fois, avec beaucoup de lecture et nulle expérience, la mémoire pleine de récits
alpestres, mais n'ayant pour son propre compte rien à
raconter, et sachant sur le bout du doigt tout ce qu'on
peut savoir des glaciers sans les avoir jamais parcourus.
Voir le Mont-Blanc avait été le rêve de sa vie. Pour le
voir, dès qu'il en avait eu le loisir, il avait sans tarder mis
ordre à ses affaires, quitté sa famille et traversé l'Atlantique ; — pour le voir, et non le gravir, — il n'osait, à son
âge, former un tel projet. M. Randall était donc tout
oreilles. Les Anglais, de leur côté, pouvaient parler savamment et avaient mille choses à dire : comment ils étaient
entrés vers la cime dans un nuage qui, d'en bas, ne paraissait rien et qui recélait dans son sein une épouvantable
tourmente; comment ils s'étaient égarés en pensant gagner
le Mur de la Côte, bien qu'un de leurs guides en fût à sa
dix-septième ascension; comment il leur avait fallu revenir
sur la trace de leurs pas, retrouvée par grand hasard, et
descendre l'arête escarpée des Bosses, au risque d'être
précipités par un vent d'est furieux.

Devait-on supposer que ces confidences auraient un
autre effet que de confirmer le digne gentleman dans ses

prudentes dispositions? A l'heureux dénouement près, c'est ce qui devait lui arriver, c'est sa propre histoire qu'on lui mettait sous les yeux. Le même temps perfidement variable, le même vent d'est soufflant par rafales, le vent que les gens du pays appellent le *vent de l'Aiguille du Dru*, régnaient toujours. N'importe! il s'entendit avec un de ses compatriotes, le docteur J. B. Bean, de Baltimore, et un Écossais, le révérend G. Mac-Corkendale, de Genrock, qui, peut-être, n'étaient pas plus aguerris que lui aux courses de glaciers, et, au premier jour passable, il partit avec eux, trois guides, dont Jean Balmat, et quatre porteurs (1). A la Pierre-Pointue, la troupe recruta encore un jeune Bernois de Kandersteg, Johann Graf, domestique du pavillon. Déjà l'état du ciel donnait des inquiétudes, et M. Randall écrivit sur le Livre des étrangers : *Mauvais temps; mon cher projet s'en est allé en l'air et moi je vais en bas* (2). Malheureusement le ciel se nettoya et M. Randall ne redescendit pas.

Pendant toute la journée du 6 septembre, la grande lunette de la place de l'église et celle du chalet de Planpraz restèrent braquées sur la route que la caravane devait prendre et où on ne l'apercevait que par échappées, à tra-

---

(1) Guides : Jean Balmat (petit-fils de Jacques Balmat), Édouard Simond, Joseph Breton. Porteurs : Alphonse Balmat, Auguste Couttet, Auguste Cachat, Ferdinand Tairraz et Johann Graf, autrement connu dans la vallée sous le nom de Jean Comte, par traduction de l'allemand.

(2) *Bad weather. My pet scheme is gone up, and I go down.*

vers les nuages qui venaient battre la montagne et s'amassaient de plus en plus à son sommet. Depuis longtemps on avait perdu ses traces et on commençait à espérer qu'elle avait renoncé à l'ascension, quand, vers deux heures un quart, on la revit tout entière réunie contre les Petits-Mulets. Le vent était épouvantable, la neige s'enlevait par tourbillons immenses. On put suivre quelques instants les onze personnes de la troupe et on remarqua qu'elles se jetaient à terre pour ne pas être emportées. De nouvelles vapeurs les dérobèrent aux regards. Un peu plus tard, dans une éclaircie rapide, on les vit redescendre au-dessus des Rochers-Rouges. Ce fut tout : le Mont-Blanc s'embruma décidément cette fois et sa coupole éclatante ne reparut dans le ciel bleu qu'une semaine après (1).

« Ce jour-là, 6 septembre, raconte Sylvain Couttet, je me trouvais à la Pierre-Pointue, et, présumant que les voyageurs resteraient à coucher aux Grands-Mulets, je ne les attendais que le lendemain matin. Le 7, vers les huit heures et demie, ne les voyant pas arriver, je pris ma longue-vue et montai sur le sommet de l'Aiguille de la Tour, d'où l'on aperçoit presque en entier la route qui conduit aux Grands-Mulets (2). Il était tombé de la neige pendant

---

(1) Lettre de la veuve de Jean Balmat dans *Boll. del Club Alp. it.*, n° 17.
(2) Il s'agit d'un pic situé à la base de l'Aiguille du Midi, derrière le pavillon de Pierre-Pointue, et non de la hauteur que Mieulet désigne sous ce même nom d'Aiguille de la Tour dans la rangée de la montagne de la Côte.

la nuit. Je n'aperçus aucune trace qui indiquât leur départ de cette station et commençai à concevoir des craintes sérieuses. Je regagnai promptement Pierre-Pointue. J'invitai le seul domestique qui y était encore à monter de suite avec moi aux Grands-Mulets. En même temps, j'envoyai un menuisier que j'employais muni d'un billet à Chamonix pour faire part au maire et au guide-chef de mes funestes pressentiments, en les prévenant que, si je ne trouvais personne aux Grands-Mulets, je mettrais un signal sur la neige à droite du chalet, et dans ce dernier cas, qu'ils dépêchassent une caravane pour aller à la recherche. En deux heures nous touchions notre but. Le chalet était désert. Je place le signal convenu et nous descendons en toute hâte. Je poursuivis ma route jusqu'à Chamonix, où je trouvai quatorze guides prêts à partir. Je remontai immédiatement avec eux. Une pluie torrentielle nous accueillit à Pierre-Pointue ; la neige tombait à la Pierre-à-l'Échelle : il nous fut impossible d'aller plus loin. Le lendemain, la persistance du mauvais temps nous força de redescendre à Chamonix ; il ne discontinua pas pendant plusieurs jours.

» Le 15, le temps s'étant éclairci, M. Mouchet, juge de paix, me proposa une excursion à la Flégère dans l'intention de découvrir quelques vestiges de ces malheureux. Arrivés au Praz de la Vialaz, nous distinguâmes avec le secours de nos longues-vues cinq points noirs à la gauche des Petits-Mulets. Jamais rien de pareil n'avait existé à cet endroit jusqu'à ce jour, pas même une pointe de rocher (1). Vers le soir, à mon retour à Chamonix, je pris une grande lunette d'approche et je montai jusqu'au Plan des Chablettes, à moitié chemin de Plan-Praz. Plusieurs guides se joignirent à moi et nous fûmes convaincus à l'unanimité que les points noirs ne pouvaient être que les cadavres de ces pauvres victimes. Nous organisâmes une caravane de vingt-trois guides, et le 16 nous couchâmes aux Grands-Mulets. Le 17, nous gravîmes le Mur de la Côte et, vers l'endroit où nous avions aperçu les points noirs, nous trouvâmes le cadavre de M. Mac-Corkendale et ceux des porteurs Auguste Couttet et Ferdinand Tairraz, et, cent mètres plus haut, M. Bean, la tête appuyée sur une main, le coude reposant sur un sac, et un autre porteur, Auguste Cachat. Ceux-ci étaient dans une position naturelle et, à côté d'eux, on voyait des cordes enroulées, des bâtons, des piolets, des sacs, dont l'un contenait encore du pain, du fromage et un peu de viande. Les trois premiers, au contraire, avaient les membres de çà de là, quoique la tête fût tournée vers le haut et que le corps n'eût aucune lésion, et leurs vêtements étaient plus ou moins déchirés, comme s'ils eussent glissé. En effet, il y avait, entre les deux groupes, un mur de

(1) Le seul rocher (outre les Petits-Mulets) qui soit sur la Calotte est celui de la *Tourelle*, situé au sud, au milieu de l'arête qui joint la cime au Mont-Blanc de Courmayeur. La Tourelle n'est dépassée que de 25 mètres par le Mont-Blanc de Courmayeur, et de 80 mètres par le Mont-Blanc. C'est le rocher le plus élevé de l'Europe.

glace très-incliné, d'environ 50 mètres de hauteur. Un peu plus à droite, on avait essayé d'opérer une descente, comme l'attestait le bout d'un manche de piolet qui était resté piqué dans la glace. Ces cinq cadavres, complétement gelés, étaient entre le haut du Mur de la Côte et les Petits-Mulets, mais tout à fait en dehors de la bonne ligne de descente, c'est-à-dire beaucoup trop sur la droite quand on quitte le sommet du Mont-Blanc. On les mit dans de grands sacs de toile; mais on ne put les transporter ce jour-là que jusqu'au Grand-Plateau : le lendemain, on remonta les reprendre et on en traîna trois jusqu'à la Jonction et deux jusqu'auprès de Pierre-Pointue. Le troisième jour seulement le convoi funèbre arrivait à Chamonix. »

Quant à M. Randall, aux trois guides et aux deux derniers porteurs, les sondages qu'on opéra, les tranchées qu'on creusa en tous sens pour retrouver leurs corps (20, 21, 22 septembre), n'eurent d'autre résultat que d'amener au jour quelques menus objets, courroies, gants, blouses, etc. Tous ces débris étaient épars sur une même ligne partant de l'endroit où avaient été trouvés les cadavres et aboutissant à la grande crevasse qui marque la tête du glacier de la Brenva. Il est probable qu'une partie des égarés avaient tâché de descendre de ce côté et qu'ils ont été précipités, ou dans la crevasse, ou sur l'inaccessible glacier de la Brenva. Quoi qu'il en soit, de nouvelles recherches tentées du côté de Courmayeur ne firent rien découvrir (1).

Quelques notes d'un carnet trouvé sur M. Bean ont appris tout ce qu'on saura jamais sur les angoisses de ces infortunés. Voici ce qu'on y lisait, sauf quelques instructions relatives à des affaires de famille que je supprime :

« Mardi 6 septembre. Température 34° F., à deux heures du matin (2). J'ai fait l'ascension du Mont-Blanc avec dix personnes : huit guides, le rév. Mac-Corkendale et M. R. Nous sommes arrivés au sommet à deux heures et demie. Aussitôt en le quittant, nous fûmes enveloppés par des nuages chargés de neige. Nous avons passé la nuit dans une grotte creusée dans la neige, qui ne donnait qu'un très-mauvais abri, et j'ai été malade toute la nuit.

» Mont-Blanc, 7 septembre. Si quelqu'un trouve ce carnet, je le prie de l'envoyer à madame H. M. Bean, Jonesborough, Tennessee, États-Unis d'Amérique.

» Ma chère Hessie, nous sommes depuis deux jours sur le Mont-Blanc, au milieu d'un terrible ouragan de

---

(1) S. Couttet, *Lettre du 11 janvier 1874*; *Écho des Alpes*, 1870, n° 4, et 1871, n° 1; *Bollettino del Club Alpino italiano*, n° 17; *Alpine Journal*, n°s 32 et 33.

(2) C'est probablement le temps où la caravane se disposait à quitter les Grands-Mulets. En supposant qu'elle soit partie même une heure plus tard, elle aurait encore mis plus de onze heures pour atteindre la cime, ce qui donne une idée des difficultés qu'elle a dû rencontrer. Il est inconcevable que les guides aient persisté dans de telles circonstances.

neige. Nous avons perdu notre chemin et nous sommes dans un trou creusé dans la neige à une hauteur de 15 000 pieds. Je n'ai plus d'espoir de descendre. Peut-être ce carnet sera trouvé et te sera remis... Nous n'avons rien à manger; mes pieds sont déjà gelés et je suis épuisé; je n'ai que la force d'écrire quelques mots... Je meurs dans la foi en Jésus-Christ et dans des pensées d'amour pour toi. Adieu à tous. Nous nous retrouverons au ciel. *Jos. B. Bean.* »

Et plus bas, en caractères très-gros et presque illisibles :
« Matin. Toujours un froid excessif; beaucoup de neige qui tombe sans interruption. Les guides ne tiennent pas en place. »

Ces notes ont été remises avec les effets de M. Bean au consul des États-Unis à Genève et communiquées par lui aux journaux. Leur authenticité n'est pas suspecte. Il en ressort que les guides, désespérant de frapper juste à la descente du Mur de la Côte et connaissant le danger d'une autre direction, s'avisèrent de s'entasser dans une cave de neige à la façon des Esquimaux, en attendant que le ciel s'éclaircît. L'expédient n'était pas mal imaginé, puisqu'il réussit à prolonger leur existence pendant deux jours et deux nuits, et, sans la durée exceptionnelle de l'orage, peut-être eût-il été l'occasion de leur salut. Le 8 au matin, les plus faibles de la troupe succombèrent; les autres auront alors cherché à effectuer la descente à tout risque.

Mais l'aventure n'en paraît que plus extraordinaire. On aurait compris que la caravane eût été, de prime abord, asphyxiée par la tourmente; on ne s'explique pas comment onze individus, capables d'y durer et bien outillés, ne sont pas venus à bout, en une journée entière, de trouver la vraie voie dont ils étaient si peu éloignés. Il suffisait, ce semble, de procéder avec méthode et sang-froid. On est presque obligé de supposer que la furie des éléments ait été telle qu'ils n'aient osé sortir de leur retraite qu'à la dernière extrémité. La chose ne serait pas invraisemblable. Il est certaines tourmentes de neige contre lesquelles il est à peu près impossible d'avancer, parce qu'on ne saurait ni se tenir debout ni ouvrir les yeux sous les milliers d'aiguilles glacées qui les fouettent. Le vent qui chassait de l'est devait précisément frapper les malheureux au visage. Enfin, une caravane nombreuse renferme nécessairement, à côté de quelques caractères bien trempés, des hommes inertes, sans ressort, qui se laissent promptement abattre et dont la timidité entrave les efforts des autres. Les notes de M. Bean, par exemple, sont empreintes de plus de résignation que d'énergie, et ces onze hommes n'ont peut-être péri que parce qu'ils étaient onze (1).

(1) Les hommes qui conduisaient la caravane ne s'étaient point encore fait de réputation comme guides, mais il n'est pas sûr que les plus renommés se fussent tirés d'affaire à leur place. Une critique qui vient à

l'esprit est celle qu'un guide formulait un jour devant moi d'une façon assez pittoresque. Cet homme, qui avait la fâcheuse habitude de chiquer, lança sur le sol un jet de salive brunâtre : « Voyez-vous, monsieur, dit-il, ça, ou le chocolat, *ça conjure la tempête!* Si les guides de septembre en avaient fait autant en montant, ils auraient retrouvé le Mur de la Côte. »
— C'est ce qu'on appelle *poser des jalons*. Un jalon est tout ce qu'on voudra, le plus souvent une bouteille vide qu'on laisse sur la neige, et les guides ont une merveilleuse sagacité pour retrouver leurs jalons que le voyageur enjambe sans y prendre garde. Dans le cas présent, la neige colorée par le jus de tabac se distingue aisément. Le moyen est excellent par le brouillard ; je doute fort qu'il réussisse quand la neige tombe ou que la tourmente fait voler les écailles glacées à la surface du névé. — On a remarqué encore que la boussole de M. Randall était restée aux Grands-Mulets dans son porte-manteau. Cela ne prouverait pas que la caravane n'en eût pas une autre ; mais la question est de savoir si l'on peut se fier aux indications de la boussole au sommet du Mont-Blanc par un temps orageux.

LE MONT-BLANC

A. BISSON PHOT.

VUE PRISE DU MONT JOLY

CHAPITRE XXI

LES ACCIDENTS (FIN)

LA DERNIÈRE ROUTE DU MONT-BLANC. — M. MARSHALL.

Le dernier des accidents survenus au Mont-Blanc n'a eu pour théâtre ni l'ancien ni les nouveaux passages de Chamonix, ni même aucune des routes actuellement suivies (1). Nous avons vu que, des quatre faces de la pyramide du Mont-Blanc, trois ont été gravies. La quatrième ne l'a pas été. On n'affirmera pas qu'elle ne le sera jamais, — l'opiniâtreté des alpinistes a donné trop de démentis aux prédictions de ce genre; — mais, ce qu'on peut dire, c'est que si le touriste qui prétendrait être admis dans l'Alpine Club, sans autre titre que d'être monté au Mont-Blanc par les routes ordinaires, se ferait infailliblement black-bouler, celui qui parviendrait à le gravir directement au-

(1) Certains journaux, sur la foi d'un correspondant anonyme, ont mentionné un accident qui aurait eu lieu en 1874, le 28 mai. Ce prétendu accident n'est autre que celui du 2 août 1870. L'auteur de cette sotte mystification s'était borné à changer la date de l'accident et le nom de la jeune femme qui en fut victime.

dessus du val Véni obtiendrait d'acclamation un diplôme d'honneur. Cela se verra peut-être un jour, quand il n'y aura plus de cimes vierges dans les Alpes. L'ascension du Mont-Blanc a été le premier exploit des grimpeurs : qui sait si l'ascension du Mont-Blanc ne sera pas leur dernier triomphe?

Cette quatrième face, circonscrite par les arêtes du Brouillard (Broglio) et de Peuteret, est divisée en deux parties à peu près égales par l'arête secondaire qui porte l'Aiguille du Chatelet (1). Deux glaciers, les glaciers du Brouillard et du Fresnay, sont suspendus de part et d'autre aux flancs de la montagne.

Le 23 juillet 1872, Julien Grange explorait ce versant avec le marquis Agostino Durazzo, de Gênes (2), et rapportait l'espoir qu'il lui serait donné un jour de l'escalader. *On passe partout,* disait-il, employant sa phrase favorite lorsqu'il jugeait les obstacles égaux sur tous les points, mais non invincibles. A quelque temps de là, avec M. Utterson-Kelso, il y renonçait décidément. Je ne sache pas qu'il y ait eu de tentative sérieuse pour attaquer le Mont-Blanc de ce côté avant celle de MM. T. S. Kennedy et

---

(1) Consulter la gravure : *le Mont-Blanc vu du Cramont.* La vue est prise d'une anfractuosité de roc, à quelques pieds au-dessous du sommet. Le Mont-Blanc de Courmayeur cache la cime proprement dite.

(2) *Bollettino del Club Alpino italiano,* n° 20, *Un' esplorazione.* Ils s'élevèrent jusqu'à une pointe isolée de la chaîne du Chatelet, l'*Innominata* de M. Durazzo, qui en estime la hauteur à plus de 3 800 mètres.

T. Middlemore sous la conduite des guides Johann Fischer et Johann Jaun (15 juillet 1874). La difficulté, — la difficulté sérieuse, au moins, — n'est pas d'arriver à la tête des glaciers, mais d'escalader les escarpements du Mont-Blanc de Courmayeur qui les dominent de 7 à 900 mètres. Quand on observe ces précipices du sommet du Cramont, on remarque que la neige y tient encore en beaucoup de places : ainsi fait-elle au Cervin, sur la face nord-est, et c'est ce qui a fait conjecturer d'abord que le Cervin serait accessible de ce côté. Mais, au Cervin, la montagne étant formée d'assises sensiblement horizontales, les stries de neige accusaient des corniches taillées en escalier, tandis que, entre les couches redressées du Mont-Blanc de Courmayeur, la neige se dispose en plaques de névés et en couloirs d'une effroyable inclinaison.

Le plan du guide Fischer était celui-ci : remonter jusqu'à la tête du glacier du Brouillard, passer de là sur le bassin supérieur du glacier du Fresnay et attaquer alors le rocher, autant que possible dans le prolongement de l'arête médiane (du Chatelet). Ce plan fut d'abord déjoué par le mauvais temps, et la caravane dut redescendre après avoir gagné une altitude d'environ 3 700 mètres. A six semaines de là (30 août 1874), Fischer revint à la charge, en compagnie de M. J. A. G. Marshall, de Leeds (1), et d'un autre

(1) Homonyme seulement de M. J. Marshall, d'Édimbourg, dont il est question dans le précédent chapitre, page 447.

guide oberlandais, Ulrich Almer. Les voyageurs passèrent la nuit à 3 000 mètres, sur la rive gauche du glacier du Brouillard. Le lendemain, 31, ils parvinrent plus haut que n'avait fait l'expédition précédente, mais se trouvèrent arrêtés sur le glacier du Fresnay par des obstacles infranchissables. Le temps leur manquait pour chercher un autre passage; il leur manqua même pour regagner leur bivouac avant la nuit, et ils se virent obligés de camper provisoirement dans un endroit fort exposé, où les avalanches de pierres pouvaient les atteindre, où les effets du rayonnement nocturne se faisaient sentir avec l'intensité la plus douloureuse. Au bout d'une heure ou deux, la lune s'étant levée, ils se résolurent à profiter de sa clarté pour continuer la descente. L'entreprise offrait de grands dangers, mais tous les trois aussi étaient d'excellents montagnards : M. Marshall avait fait plusieurs courses ardues dans les Alpes (1); Fischer, longtemps guide attitré de l'Æggishorn, était de ces hommes que les touristes experts se disputent et retiennent plusieurs semaines à l'avance; Ulrich Almer enfin, élevé à bonne école, était fils de Christian Almer, le célèbre guide de l'Oberland. De fait, ils commencèrent à descendre le rapide glacier du Brouillard, dirigeant leur marche avec une singulière habileté, et n'étaient plus qu'à cinq minutes du bivouac et

---

(1) Notamment, pour son début, la première ascension de l'Aiguille de Leschaux, avec M. T. S. Kennedy, le 14 juillet 1872.

sur le point d'aborder la moraine, quand un pont de neige céda sous leur poids et les précipita tous ensemble dans une crevasse d'une dizaine de mètres de profondeur.

M. Marshall fut tué sur le coup; Fischer, à en juger par ses blessures, ne dut lui survivre que quelques minutes; Ulrich Almer, seul et sans qu'il ait su s'expliquer comment, n'eut que des contusions sans gravité, mais la violence de la chute lui fit perdre le sentiment. Un instant avant l'accident, un des guides avait demandé l'heure; il était minuit. Quand Almer recouvra ses sens il se trouva dans une obscurité profonde, sur les corps inanimés de ses compagnons, n'apercevant les étoiles que par le trou qu'ils avaient fait en tombant et s'attendant à mourir auprès d'eux. Aux premières clartés de l'aube il reprit espoir. La crevasse avait près de sept mètres de largeur. L'une de ses parois était coupée à pic, l'autre formait à certaine distance du fond une sorte de banquette qu'une rampe assez douce rattachait à la surface du névé. En grimpant sur cette banquette il réussit à sortir du gouffre et descendit aussitôt à Courmayeur. Le même jour, il ramenait sur le lieu de l'accident une vingtaine d'hommes de bonne volonté. Les cadavres furent hissés hors de la crevasse. Tous deux avaient la tête fracassée (1).

(1) *L'Italia*, lettre du 3 septembre 1874; *Alpine Journal*, vol. VII, p. 110 à 112 et 225.

Ici s'arrête, jusqu'à nouvel ordre, le nécrologe du Mont-Blanc. La première tentative sérieuse d'ascension avait eu lieu en 1775. La montagne a donc fait en un siècle vingt-quatre victimes ainsi réparties :

Accident du 20 août 1820 (Hamel).............	3
— 9 août 1864 (Wurmbrand).........	1
— 23 août 1866 (Young)..............	1
— 13 octobre 1866 (Arkwright)........	4
— 2 août 1870 (Marke).............	2
— 6 septembre 1870 (Bean, etc)........	11
— 31 août 1874 (Marshall)............	2
	24

Sur ces vingt-quatre victimes on compte sept voyageurs et dix-sept guides ou porteurs (1).

L'accident de septembre 1870, le plus lamentable de

---

(1) Dans cette énumération je ne comprends pas les jeunes Anglais et le guide qui furent précipités, le 15 août 1860, sur le revers méridional du col du Géant, — ni le professeur russe Fedchenko, qui périt de froid et d'inanition sur le glacier du Tacul, le 14 septembre 1873, — ni le porteur Édouard Simond, qui fut tué d'une pierre sous le couloir de l'Aiguille du Midi, etc. Je ne compte pas non plus les malheurs survenus sur les glaciers ou dans les montagnes environnantes, — la mort tragique de M. de Cambacérès sur le chemin du col de Balme, — celle de madame Agnel au Bon-Nant de Saint-Gervais, — les désastres périodiques causés par les avalanches au col des Montets d'Argentière, d'apparence si inoffensive pourtant, — les accidents à la grotte de l'Arveiron et au Montanvers, etc. Je néglige à plus forte raison les innombrables accidents de moindre conséquence : c'est assez d'images funèbres sans ajouter celles qui ne se rapportent pas directement à mon sujet, — l'ascension du Mont-Blanc.

tous, est celui qui eut le moins de retentissement. L'attention, à cette époque, se concentrait sur les événements de guerre et la leçon qu'il donnait à l'imprudence des touristes fut à peu près perdue. L'autorité s'en émut cependant et crut devoir prendre des mesures pour rendre l'ascension du Mont-Blanc moins dangereuse. Un article du nouveau règlement de la compagnie des guides mit l'Ancien passage en interdit (1). L'Ancien passage n'était pour rien dans l'accident de septembre; même, comme il abrége de deux heures, il se pourrait faire que, si les voyageurs l'eussent pris, ils fussent redescendus avant le fort de la tourmente. Mais l'Ancien passage portait la peine de sa méchante réputation. Cette prohibition, d'ailleurs assez étrange (pourquoi aussi ne pas interdire l'ascension du Mont-Blanc?), aura-t-elle au moins pour effet de rendre les accidents moins fréquents? J'en doute fort. Ils se produiront ailleurs, voilà tout. Pour ma part, je ne vois pas grande différence entre les routes, et c'est un miracle que personne n'ait encore été tué au Petit-Plateau par les avalanches du Dôme, ni précipité de l'arête des Bosses ou du Mur de

---

(1) *Règlement* du 10 avril 1872, signé Jules Philippe, préfet de la Haute-Savoie, article 63. En l'absence de prescriptions expresses, si l'on met à part quelques courses exceptionnelles, telles que l'ascension de MM. Martins, Bravais et Le Pileur et la tentative avortée de M. Loiseau en 1854 (p. 347), l'Ancien passage avait été délaissé depuis la découverte de la route du Corridor jusqu'en 1857, époque à laquelle MM. Hinchliff et Walters le remirent en faveur.

la Côte. Mais cela arrivera. Le vrai remède serait que les touristes, avant de tenter l'ascension, fussent bien persuadés des risques auxquels ils s'exposent. Et cela, j'en ai peur, n'arrivera jamais.

On n'a aucun conseil à donner aux clubistes. Ils savent ce qu'ils font, ou sont censés le savoir, et s'il plaît à quelques forcenés de voyager, comme disait l'un d'eux, entre la vie et la mort, on ne songera pas à leur contester le droit de goûter cette jouissance délicate. Mais beaucoup n'en sont pas là, qui pourtant ne sont pas plus raisonnables. Nous rencontrâmes, un jour, un monsieur qui nous dit : — « Monter au Mont-Blanc! quelle folie! à quoi bon risquer sa vie? Et la famille, monsieur! Des fous, oui, des fous! S'ils se cassent le cou, tant pis pour eux, ils l'auront voulu! » Quatre jours après, nous avions fait l'ascension, les coups de canon d'usage avaient annoncé notre heureux retour, et nous retrouvons notre monsieur au bras de sa femme et de sa fille : — « Ah! c'est vous qui êtes monté? Alors, ce n'est donc pas difficile? Ah! si je n'étais pas obligé de partir, je ne dis pas... » — Les dames interviennent. — « Ah! mon ami, tu sais que tu m'as promis d'être prudent! — Mais, ma bonne, il n'y a aucun danger. — Ah! papa, voyons!... — Laissez-moi donc tranquille! quand je vous dis qu'il n'y a pas de danger... vous voyez bien que monsieur y est monté! » On ne saurait croire combien d'ascensionnistes se décident par des motifs semblables, — par occasion et par ignorance. Un voisin de table parle avec enthousiasme du panorama du sommet, — ou bien il y a quelqu'un dans l'appartement à côté qui a eu les pieds gelés. Selon que l'un ou l'autre rapport arrive à leurs oreilles, leur parti est pris. Voilà les gens qu'il est utile d'avertir.

Quand le temps est parfaitement beau, il n'est peut-être pas de cime neigeuse qu'on puisse gravir avec plus de sécurité que le Mont-Blanc. De difficultés, il n'en existe pas, à proprement parler. Toute la question se réduit à ce point : faire l'ascension avec agrément et avec élégance. Ce que j'entends par *élégance*, ceci va l'éclaircir. Les guides de Chamonix sont fort complimenteurs envers qui les emploie. Votre ascension est donc toujours une ascension modèle en son genre. Y avez-vous réellement été passable? Jamais on n'a été plus vite; vous avez de vraies jambes de montagnard. Fûtes-vous médiocre? Vous avez encore fait preuve d'une vigueur peu commune chez un citadin, chez un homme de votre âge. Si enfin vous vous êtes comporté d'une façon piteuse, vos guides vous assureront que c'est déjà bien beau d'avoir réussi et que vous avez eu les pires conditions imaginables. Fort bien! Mais interrogez-les sur les ascensions en général, le ton changera et vous vous apercevrez qu'il y a deux classes de triomphateurs du Mont-Blanc : les uns, qui y sont arrivés portés sur leurs jambes; les autres, qui y sont arrivés traînés sur leur dos. Il faut tâcher de ne point être de ces derniers : on n'a pas d'autre conseil à donner — quand le temps est parfaitement beau (1).

Par le mauvais temps, au contraire, il n'y a pas d'excursion plus dangereuse. Sur tous les pics des Alpes le mauvais temps est redoutable, les tourmentes, les avalanches sont à craindre. Mais ici il y a un danger de surcroît, un danger terrible. Ce danger, propre au Mont-Blanc, tient à sa forme, à ce couronnement hémisphérique, cette plaine arrondie qu'il élève si haut dans le ciel orageux, sorte de labyrinthe de neiges et de nuages presque partout sans issue et où rien n'oriente la caravane. Or on ne peut jamais être assuré que le temps restera beau pendant vingt-quatre heures. Le Mont-Blanc est parfois fort expressif : *s'il fume sa pipe*, grand vent; *s'il met son bonnet*, tempête;

---

(1) J'ai eu soin de prévenir que ceci ne s'adressait point aux membres *pratiquants* des clubs alpins. Dans la généralité des cas, le voyageur n'a à s'occuper que de se mettre en état de faire l'ascension sans que le froid, la fatigue, l'essoufflement l'arrêtent ou l'empêchent d'en goûter les beautés. Le reste regarde les guides auxquels il doit s'en remettre aveuglément pour ce qui concerne sa sécurité. Je souhaiterais cependant deux choses : la première, que les voyageurs, au lieu d'accepter des guides au tour de rôle, comme ils font presque toujours, commençassent par s'enquérir des noms de ceux qui méritent le plus de confiance, afin de les désigner, suivant la faculté qui leur est reconnue par l'article 21 du règlement; la seconde, que les cordes employées dans les *courses extraordinaires* fussent conformes à des modèles acceptés par les comités directeurs des clubs alpins, et qu'elles fussent, en outre, visitées et estampillées périodiquement.

s'il a l'âne, nuages, pluie et le reste (1). Mais si le Mont-Blanc est expressif, il est encore plus capricieux. Du beau au laid, du laid au beau, il a des changements de temps d'une soudaineté étrange, de sorte que le voyageur qui se fie aux pronostics les plus rassurants aura peut-être sujet de s'en repentir, — comme celui qui, le premier jour, devant un ciel menaçant, abandonne l'entreprise, pourra bien regretter sa prudence.

Avec cette inconstance du temps, supposez que le Mont-Blanc fût encore ce qu'il était autrefois, qu'il soit resté à l'*état brut*, comme le Monte-Rosa, la Yungfrau, le Weisshorn, je veux dire sans abris, sans refuges (alors que son

---

(1) Le Mont-Blanc fume sa pipe, — le Mont-Blanc a mis son bonnet, — — l'âne est sur le Mont-Blanc, — trois signes qu'on ne doit pas confondre. Le premier est un effet du vent qui fait voler la neige et décore la cime d'une longue aigrette blanche, tournée vers Chamonix s'il souffle du sud ou du sud-ouest, vers Courmayeur s'il souffle nord ou nord-est. Le bonnet est un nuage immobile qui coiffe le sommet; il est souvent l'indice d'une tempête locale. Le dernier phénomène est plus complexe. Supposons que, après une période de sécheresse, le vent d'ouest commence à souffler dans les hautes régions de l'atmosphère. Au moment où il effleure le sommet du Mont-Blanc il se refroidit; la vapeur dont il est chargé se condense alors pour se redissoudre bientôt dans l'air réchauffé qui a dépassé la montagne. Il en résulte un nuage blanchâtre étalé, aux contours indistincts, qui semble planer sur la cime (bien que ses molécules soient toujours en mouvement), et qui s'efface ordinairement vers l'est en deux longues traînées nébuleuses qu'on peut, avec un peu de bonne volonté, comparer à des oreilles d'âne. L'*âne* annonce donc la prédominance des vents pluvieux de l'ouest avant qu'ils se soient fait sentir dans les vallées. Le même phénomène peut se produire sur des montagnes bien moins hautes, particulièrement sur celles dont la forme conique favorise le refroidissement nocturne. Ainsi je l'ai observé au Puy-de-Dôme

ascension est plus longue que celle d'aucune de ces montagnes), l'homme sage n'aurait que de très-rares occasions d'y monter. Mais il n'en est pas ainsi. Grâce aux cabanes, grâce aux stations qui fractionnent le voyage, vous pouvez ne laisser à cette incertitude du temps qu'un petit nombre d'heures et calculer presque à coup sûr. L'essentiel est de quitter Chamonix sans parti pris. Sous la conduite de guides qui font le chemin vingt et trente fois par an, vous atteindrez toujours sûrement les Grands-Mulets. Que les Grands-Mulets soient votre point de départ, l'endroit seulement où vous arrêterez vos résolutions. Quand vous n'auriez pas pris toutes vos mesures d'avance, fussiez-vous mal équipé, il n'importe! Vous trouverez aux Grands-Mulets tout ce qu'il faut pour achever l'ascension. De là, vous pouvez profiter au vol d'une belle matinée entre de vilains jours et redescendre avant midi, laissant ensuite le ciel se brouiller s'il lui en prend envie. Sa mauvaise humeur, cependant, se déclare-t-elle plus tôt? Vous voilà seulement au Grand-Plateau, rebroussez chemin. Plus loin même, au pied du Mur de la Côte ou des Bosses, vous êtes encore à temps. C'est l'endroit critique et votre chance est claire. Vous avez vue sur l'horizon d'Italie, d'où viennent les ouragans. Si les nuages s'amassent contre les Alpes Grées, à plus forte raison si la Calotte s'embrume, abstenez-vous, — abstenez-

exactement pareil à l'*âne* du Mont-Blanc. Voyez, du reste, sur ces *nuages parasites*, Saussure, *Voyages dans les Alpes*, §§ 2070 et suivants.

vous, quoi qu'en pensent les guides. L'habitude rend parfois les guides imprudents et leur inspire le dédain du danger; l'appât d'un salaire élevé peut aussi les engager à risquer une ascension (1). Le plus souvent, neuf fois sur dix, dix-neuf fois sur vingt, si vous voulez, l'événement justifiera leur audace; mais la vingtième fois la caravane restera en détresse. Abstenez-vous. Mais si rien ne menace, — je ne dis pas si l'air est absolument calme et qu'il n'y ait pas un seul nuage au ciel, car il ne faut pas trop demander, — vous n'en avez plus que pour trois heures à aller au sommet et en revenir, même moins, en cas pressant, et ce serait bien du malheur si le temps, en trois heures, changeait du tout au tout.

Et maintenant, vous êtes avertis, montez!... Je me trompe, un mot encore. Il est une dernière éventualité que vous devez envisager froidement. Un des promoteurs les plus zélés du Club alpin français, M. Abel Lemercier, a écrit que l'ascension du Mont-Blanc n'était pas, *ne devrait pas* être dangereuse. C'est aller un peu loin et compter, comme on dit, sans son hôte. La prudence parfaite, pas plus que la sagesse, n'est de ce monde, et si elle était bannie de la terre habitée, ce n'est certainement pas sur les flancs du Mont-Blanc qu'elle se réfugierait. Quelques pré-

(1) Suivant le dernier règlement, le prix total de l'ascension est exigible dès qu'on a atteint le haut du Mur de la Côte. C'est une réforme utile; mais, si près du but, on a peine à reculer.

cautions que l'on prenne, il y aura toujours place pour de fâcheux hasards, et il est clair que l'homme qui gravit le Mont-Blanc commet déjà, à certain degré, un acte d'imprudence. Cette même passion qui l'y a poussé, cette passion qui fait les touristes, la fièvre de la montagne, l'accompagnera en chemin. Elle sera là, entre ses guides et lui, dédaigneuse et confiante, le talonnant sans cesse, lui montrant les aiguilles qui s'abaissent une à une et la pointe maudite qui semble toujours plus haute. S'en retourner! Quel crève-cœur! Quoi! parce que le brouillard viendrait, parce que le vent se déchaîne, parce que la neige pourrie sombre dans les crevasses? J'ai été jusqu'ici, j'irai bien plus loin!

Plus ou moins, vous sentirez cela, vous qui montez. Et alors, faites-en votre compte : — si vous redescendez sain et sauf, tant mieux; — si vous revenez éclopé, tant pis; — si vous ne revenez pas, le monsieur que je mettais tout à l'heure en scène fera votre oraison funèbre, et comme il parlera le monde parlera. Il dira : « C'est bien fait! Quel besoin avait-il d'aller au Mont-Blanc? »

Nul besoin, en effet; et c'est pourquoi vous ne devez avoir nul besoin non plus de la pitié du monde. M. Whymper a raconté que, au Cervin, ses malheureux compagnons glissèrent sur le roc et disparurent « sans pousser un cri, comme de vrais cœurs anglais ». — Mort stoïque, seule digne d'un alpiniste, et, à mon sens, nous devons, sous peine d'encourir le ridicule, accepter pour nos victimes les arrêts du sort comme elles les ont acceptés elles-mêmes, et comme nous les accepterions sans doute pour nous. Il ne faut pas ressembler aux enfants qui, jouant au soldat, s'écrient, quand l'un d'eux attrape un mauvais coup, que ce n'est pas de jeu. A cet égard, les journaux spéciaux n'ont peut-être pas gardé, en ces dernières années, la mesure convenable. Ils se sont trop lamentés sur le sort des voyageurs. Ils ont trop récriminé contre les guides, leur ignorance, leur incapacité. J'admets qu'on soit sévère pour les guides; il y va de l'honneur de leur profession. Mais, enfin, ils ont droit de notre part à beaucoup d'égards. Ils font un métier dangereux et c'est nous qui le leur imposons, car le sport des ascensions a cela de particulier qu'on ne s'y peut livrer sans exposer avec soi des gens qui n'y cherchent point le divertissement. Et s'ils succombent, à qui la faute? Voilà ceux, assurément, qui méritent toute sympathie; le monde même n'est pas dispensé de les plaindre et nous pouvons hardiment solliciter sa pitié pour eux.

Mais pour nous, c'est différent. Franchement, et sans sotte vanité, quand nous gravissons la montagne hautaine, nous croyons faire une chose dont tous nos concitoyens ne seraient pas capables. Nous nous flattons de donner des preuves de courage, d'agilité, de sang-froid. Qu'il y ait du danger, que quelque accident survienne de temps à autre pour le démontrer, c'est un point nécessaire et sans lequel notre mérite n'existerait pas. Nous n'avons donc rien à dire en cas de défaite. Gagner, perdre la partie, perdre même la vie, ce sont les chances du jeu. L'ascension du Mont-Blanc est le combat, la lutte de l'homme contre les puissances naturelles. Si nous parvenons à le dompter, à fouler la tête du Titan sous nos pieds, — c'est une victoire, et s'il nous tue, — c'est de bonne guerre (1).

(1) L'Annuaire du club alpin français pour 1876, si habilement dirigé par M. Ad. Joanne, président du club, contient, pour la part du massif du Mont-Blanc, le récit de trois excursions. Dans l'une, aux Petites-Jorasses (où M. Marshall, de Leeds, suivant un meilleur chemin et dans une saison plus favorable, n'avait point trouvé de difficultés), l'un des guides de M. Albert Guyard manque pied sur une corniche de neige, est lancé dans le vide et ne doit son salut qu'à la solidité de la corde de Manille. Dans la seconde, en redescendant du plus haut sommet des Droites, M. Henry Cordier et ses compagnons sont surpris dans un couloir par une effroyable dégringolade de pierres qu'ils n'évitent qu'en se terrant dans la neige, à la façon des crabes dans le sable humide des grèves. Dans la dernière, M. Henri Duhamel et ses hommes, de retour du Mont-Blanc, rompent un pont sous les Grands-Mulets et tombent dans une crevasse à une cinquantaine de pieds de profondeur. A la mort près c'est la répétition de l'accident sur le glacier du Brouillard. « L'ascension du Mont-Blanc est extrêmement facile à accomplir », écrit en terminant M. Duhamel. *Et facilis descensus Averno.*

LA MONTAGNE DU MATIN

Dans cette région des Cévennes où la Loire prend sa source, s'élève une montagne ici mollement inclinée, là tranchée de précipices affreux, au sommet couvert de scories cent fois séculaires, de dalles monstrueuses et sonores. Vieux volcan épuisé, le vent de l'Océan, par-dessus cent lieues de pays où rien ne l'arrête, la frappe brutalement, et les nuages pluvieux la fouettent et la châtient des feux qui l'ont pénétrée.

Parfois un voyageur y gravit et, la vue égarée sur le peuple de montagnes qu'il découvre, cherche à se reconnaître et demande des noms au berger qui le guide. — Et celle-là, berger, la plus lointaine et la plus haute, pareille à un nuage blanc, immobile? — C'est la montagne du matin, dit le berger.

Quel instinct poétique lui a dicté ce nom souriant et lumineux? La nuit est longue, la terre est sombre, les étoiles brillent durement dans le ciel. Cependant l'homme a déjà quitté sa chaumière pour visiter son troupeau épars aux flancs de la montagne. Il monte sans chemin, sous la bise glacée, trébuchant parmi les rudes fondrières que fait la lave brisée dans les pâturages. Aucune forme ou d'arbre ou d'arbrisseau ne se montre à ses côtés; il semble qu'il foule une planète usée, décrépite, après que son soleil s'est éteint, ruine énorme des révolutions célestes prête à rentrer dans le chaos.

Mais là-bas, une faible lueur a pâli l'horizon. Dans une prodigieuse distance, tandis que l'obscurité noie les contours des plus proches objets, voici que quelque chose de la terre se dessine en lignes nettes et fermes, pareil à un dôme sacré qu'on aperçoit au crépuscule. Peu à peu la noire silhouette grandit et s'élève au-dessus des ténèbres; elle prend une teinte vaporeuse et diaphane, ses bords se frangent çà et là d'un trait de feu et le ciel alentour est comme inondé d'un épanouissement de lumière. Cette clarté divine c'est le reflet de l'aurore qui a frappé ta cime, c'est le jour, c'est la chaleur et la vie qui renaissent au monde, — salut, montagne du matin!

Salut, montagne du matin, dernière née des convulsions

de la Terre! Toi qui apportes la bonne nouvelle au pâtre du Mézenc, tu en as donné jadis une plus grande encore et plus merveilleuse à l'univers. En surgissant des profondeurs du globe tu annonçais un âge nouveau et ton apparition était le prélude d'un ordre de choses où l'humanité devait trouver sa place. Avec d'épouvantables craquements la Terre se souleva d'un océan à l'autre, poussant à la fois jusqu'aux nues dans une vague brûlante les Alpes, le Caucase et l'Himalaya, et tout fut changé à sa surface.

Voyez ces mornes hauteurs à qui, messagère bénie, elle annonce le jour. L'eau que leurs pentes gazonnées arrachent au nuage qui passe, ruisselle aussitôt à leur pied. Au hasard de la sécheresse et des pluies, elle ira porter par les campagnes ou des ondes oisives ou l'inondation funeste. Mais les puissants sommets se chargèrent des neiges de l'hiver et, tels qu'une coupe inépuisable, leurs cirques épanchèrent sans fin l'intarissable réserve de leurs eaux. Nourris sur leurs flancs, des fleuves majestueux coulèrent même au milieu de la chaude saison et les continents, doucement relevés par la ride immense, les rendirent aux mers sans presser ni égarer leur cours. Peu à peu se tarirent les lacs sans nombre, les lagunes saumâtres et les croupissants marécages; avec eux s'éteignaient une végétation envahissante et les êtres aux formes étranges. La terre et l'eau eurent des limites plus nettes, et leur empire mieux équilibré se trouva prêt à recevoir les espèces supérieures.

Alors l'homme parut. Et, entre toutes les races d'hommes la plus noble abrita son berceau vers l'Orient, aux cimes géantes de la longue chaîne. Puis, quand elle se sentit maîtresse de son génie, lentement, elle descendit vers toi, et la civilisation marchait avec elle. Tu l'attirais à son insu, comme un aimant mystérieux. Tu avais cependant façonné l'Europe pour être sa demeure. Aujourd'hui la voilà serrée autour de ton pôle magique, la race blanche autour de la blanche montagne, et, si loin qu'elle ait envoyé ses colonies, ses fils viennent en foule pour contempler ta splendeur bienfaisante et ton auguste beauté.

Car tu es la création magnifique et sévère des forces de la nature, et, si l'art ne peut t'exprimer, c'est qu'on dirait voir en toi une œuvre d'art toute faite. Architecture admirable, pure et simple dans ta forme élémentaire, puis découpée en flèches innombrables, harmonieusement arrondie sous les neiges et, pareille aux nefs des vieilles cathédrales, coloriée du haut en bas de la blancheur des glaces, de la grisaille des rochers, du vert éclatant de tes alpes!

S'il faut que l'œuvre du temps s'accomplisse, laisse tes glaciers amoindris remonter vers ta cime, laisse les pics aigus se dégrader et entasser à ta base le talus de leurs débris. Mais que ta coupole sereine résiste à ce qui ne respecte rien, afin que les générations après les générations puissent te contempler. Tu as vu naître l'humanité, accompagne-la jusqu'à sa dernière heure.

Peut-être qu'un jour, marqué dans les entrailles de la terre, ce continent se déchirera encore et projettera des cimes plus hautes. Et peut-être, dans un monde nouveau, naîtra une race d'êtres supérieure à l'humanité. Péris alors et que la secousse effroyable amoncelle tes ruines, mais péris avec nous.

Jusque-là, demeure et sois le symbole, le symbole merveilleux de la vie, — de la vie du corps et de celle de l'esprit. Car toute matière se renouvelle sur ta cime, tes neiges succèdent aux neiges et font place à d'autres neiges, mais ta forme persiste et tu es toujours toi. Ainsi, quand la vie consume la chair de nos muscles et que changent nos pensées, notre âme se reconnaît encore et l'idéal nous reste!

Ne tombe pas, montagne du matin! Puisque rien ne dure ici-bas, que le temps change ou nous ravit toute chose, et les lieux où se plaisait notre enfance et les êtres que nous chérissions, — toi seule, vierge radieuse, pour nous et pour ceux qui nous suivront, reste dans le ciel toujours telle qu'on t'a vue, inaltérable, — éternel témoin de ce qui passe et consolation des cœurs qui n'oublient pas!

FIN

EXPLICATION DES GRAVURES

I. — Vue du Mont-Blanc prise de Sallanches, d'après une photographie de M. Joseph Tairraz. (Frontispice).
Ouest-nord-ouest. — Altitude du point de vue : 550 mètres. — Distance du point de vue à la cime (à vol d'oiseau) : 23 kilomètres.

La ligne d'horizon est formée de gauche à droite par les Aiguilles de Chamonix, les Monts-Maudits, le Mont-Blanc, l'Aiguille de Bionnassay et le Dôme de Miage ou Mont-Blanc de Saint-Gervais. Au-dessous du Mont-Blanc, l'Aiguille du Goûter figure un cintre surbaissé. Au second plan, la Tête de Montfort et le Prarion, séparés par le col de la Forclaz, semblent fermer la vallée de Sallanches.

I. — Vue du Mont-Blanc prise du sommet du Brévent, d'après une photographie de M. Joseph Tairraz.............................. 175
Nord. — Altitude du point de vue : 2 525 mètres. — Distance du point de vue à la cime : 12 kilomètres.

Col de l'Aiguille du Plan, Aiguille du Midi, col du Midi, Mont-Blanc du Tacul (Aiguille de Saussure), Mont-Maudit, Corridor (col de la Brenva), Mur de la Côte, Mont-Blanc, Bosses du Dromadaire, Dôme du Goûter, Aiguille du Goûter, Aiguille de Bionnassay. Vers le milieu de la gravure et suivant une ligne ascendante, la Montagne de la Côte (entre les glaciers des Bossons et de Taconnay), les Grands-Mulets et les Rochers-Rouges (le long du Corridor).

III. — Vue du Mont-Blanc prise du pied de l'Aiguille de la Croix de fer, d'après une photographie de M. Joseph Tairraz.... 215
Nord-nord-est. — Altitude du point de vue : 2 340 mètres. — Distance du point de vue à la cime : 25 kilomètres.

Développement de l'arête du Goûter. Au premier plan, le col de Balme.

IV. — Vue du Mont-Blanc prise du Jardin du Talèfre, d'après une photographie de M. Léon Lemuet................. 263
Nord-est. — Altitude du point de vue : 2 787 mètres. — Distance du point de vue à la cime : 14 kilomètres.

Le plan du glacier de Talèfre, remarquable par les larges bandes de ses moraines médianes, s'arrête brusquement au-dessus d'un précipice dont le fond est occupé par le glacier de Leschaux (qu'on n'aperçoit pas). En face, le glacier du Géant, séparé de la Vallée Blanche par les Rognons et dominé par le Mont-Blanc du Tacul et le Mont-Blanc. A gauche, on distingue les Grandes-Jorasses, l'Aiguille de Rochefort, le Mont-Mallet, les Périades, le Pic du Tacul; à droite, le revers des Aiguilles de Chamonix depuis Trélaporte jusqu'à l'Aiguille du Midi. Entre cette dernière et le Mont-Blanc du Tacul, la brèche du col du Midi laisse apercevoir le sommet arrondi du Dôme du Goûter, tandis que l'obélisque fortement incliné du Géant se montre par-dessus le massif des Périades.

V. — Vue du Mont-Blanc prise du Val Ferrex, d'après une photographie de M. Léon Lemuet.. 305
Est — Altitude du point de vue : 1 350 mètres. — Distance du point de vue à la cime : 9 kilomètres.

Développement de l'arête de Peuteret, dominée vers la base par le Mont-Rouge. Le piton de rocher le plus élevé est l'Aiguille de Peuteret. L'arête retombe ensuite vers les Dames Anglaises, pour se redresser avec l'Aiguille Blanche de Peuteret. En avant de la chaîne de Peuteret, le Mont-Fréty, par où passe le chemin du col du Géant.

VI. — Vue du Mont-Blanc prise du sommet du Cramont, d'après une photographie de M. Léon Lemuet... 343
Sud-est — Altitude du point de vue : 2 731 mètres. — Distance du point de vue à la cime : 11 kilomètres.

Face méridionale de la pyramide du Mont-Blanc, limitée à gauche par l'arête du Brouillard, à droite par l'arête de Peuteret, qui se découpe sur le glacier de la Brenva. Le point culminant est formé par le Mont-Blanc de Courmayeur qui cache la cime proprement dite. A gauche, la brèche du Miage ; à droite, le Mont-Maudit, la Tour-Ronde, les Flambeaux, et le glacier de Fréty vers le col du Géant.

VII. — Vue du Mont-Blanc prise du col de la Seigne, d'après une photographie de M. Léon Lemuet... 423
Sud-sud-ouest. — Altitude du point de vue : 2 532 mètres. — Distance du point de vue à la cime : 11 kilomètres.

A gauche, l'Aiguille de Trélatête qui, par suite du rapprochement, semble dominer le Mont-Blanc. Le même effet de perspective est cause que l'extrémité droite (Mont-Blanc de Courmayeur) de la ligne courbe figurée par le sommet de la montagne, paraît plus haute que l'extrémité gauche qui est pourtant la vraie cime, et explique, à plus forte raison, pourquoi on n'aperçoit pas celle-ci du Cramont. C'est le haut névé contenu entre ces deux extrémités qui alimente les ouragans de neige poudreuse si fréquents au Mont-Blanc. En avant des contre-forts du Mont-Blanc, les deux Pyramides calcaires. Dans le prolongement de l'Allée Blanche, le lac Combal arrêté par la moraine du Miage et, à l'horizon, les montagnes du Grand Saint-Bernard (Vélan et Combin).

VIII. — Vue du Mont-Blanc prise du Mont-Joly, d'après une photographie de M. Auguste Bisson... 459
Ouest. — Altitude du point de vue : 2 527 mètres. — Distance du point de vue à la cime : 14 kilomètres.

Développement de l'arête du Goûter vers l'ouest, depuis la base de l'Aiguille jusqu'à la seconde Bosse, qui cache la cime du Mont-Blanc. On remarque les couloirs de l'Aiguille du Midi, l'apparence plane de son sommet, les champs de neige du Dôme, la rapidité de l'arête des Bosses. Au premier plan, l'Aiguille de Bionnassay et le Dôme de Miage séparés par le col de Miage, de part et d'autre duquel sont les deux glaciers du même nom.

IX. — Portrait de Horace Bénédict de Saussure, d'après le tableau de Saint-Ours 143
X. — Portrait de Jacques Balmat, d'après Michel Carrier................ 107
XI. — Inscription romaine de la Forclaz du Prarion, d'après M. Louis Revon (*Inscriptions antiques de la Haute-Savoie*, Annecy, 1870)....... 35
Réduction au dixième.

« Ex auctoritate imperatoris Cæsaris Vespasiani Augusti, pontificis maximi, tribunitiâ potestate V, consulis V, designati VI, patris patriæ, Cneius Pinarius Cornelius Clemens, legatus ejus, propraetor exercitus germanici superioris, inter Viimuenses (Viinnenses, Viminenses, Viennenses?) et Ceutronas terminavit. »

En 1870, le propriétaire du champ du Larioz dans lequel cette pierre a été trouvée l'a fait transporter aux Plagnes, près de Saint-Gervais, où il tient une auberge. Elle y offre certainement moins d'intérêt que sur le lieu même de sa découverte, mais on paie pour la voir, ce qui est une compensation pour son possesseur. Il serait à désirer que cette précieuse inscription fut classée parmi les monuments historiques.

XII. — Acte de donation du Prieuré de Chamonix..................... 41

Reproduit par Guichenon (*Bibliotheca Sebusiana*, Lyon, 1660, première centurie, ch. XLIX), par Besson (*Mémoires pour l'histoire ecclésiastique des diocèses de Genève, Tarantaise, Aoste et Maurienne, et du décanat de Savoie*, Nancy (Annecy), 1759, preuves page 346), et enfin par Markham Sherwill (*A brief historical sketch of the valley of Chamouni*, Paris, 1832). Toutes ces reproductions sont incorrectes. Markham Sherwill, notamment, omet la fin de l'acte après avoir annoncé qu'il le transcrivait tout au long (*in full*). Le fac-simile que nous donnons ici a été obtenu au moyen de la photogravure sur calque d'une photographie communiquée par M. Bonnefoy.

XIII. — Première carte de la région du Mont-Blanc (duché de Savoie) par Ægidius Bulionius (Gilles Bouillon)..... 15
Extraite du *Theatrum orbis terrarum* d'Abraham Œrtel et reproduite par la photogravure.

On remarquera qu'une ligne de points traverse le massif montagneux qui tient la place du Mont-Blanc : elle se retrouve sur les cartes de date postérieure (*Mercator*, etc.). Or, si étrange que cela paraisse, cette ligne, qui se continue jusque par le milieu du lac de Genève et n'est qu'une limite de pays grossièrement tracée, a été prise par de graves auteurs pour l'indication d'un chemin et citée en preuve de l'existence d'un passage par le col du Géant! On paraît disposé à admettre aujourd'hui que pendant le moyen âge les glaciers étaient moins étendus qu'aujourd'hui, et cette théorie se produit sans contestation en pleine Académie des sciences. (Voir une communication de M. L. Gruner, *Comptes rendus*, 1876, 1er semestre, n° 11.) L'idée, du reste, n'est pas nouvelle : le célèbre Haller affirmait en 1777 (Préface de la *Collection des vues de la Suisse*, de Wagner) que, « dans sa première jeunesse, il avait vu de Berne des montagnes dépouillées de neige pendant la meilleure partie de l'année qui, actuellement, en étaient constamment couvertes. » Dans les cartes perspectives de Mérian, les Alpes sont désignées sous le nom de « Hohe-Blauen » (Hautes-Bleues) et Ramond en tire la conséquence qu'elles n'étaient point alors chargées de neige, puisque au lieu de paraître bleues à l'horizon elles auraient offert « des masses d'un éclat blanc nettement tranché avec l'azur du ciel (*Obs. sur les glacières et les glaciers*, dans sa traduction des Lettres de Coxe, 1781). » Il faut convenir que voilà des raisons bien persuasives! Les glaciers subissent des oscillations périodiques fort accentuées. Depuis cinquante ans ceux du Mont-Blanc en particulier (les Miages, la Brenva, le Bionnassay, les Pèlerins) ont prodigieusement reculé. Le glacier des Bois n'est plus qu'une ruine déplorable, encaissée par les parois rocheuses que dominaient autrefois ses aiguilles transparentes. Seul, peut-être, le glacier des Bossons fait passable contenance : *il a une bonne mère*, comme on dit à Chamonix. Qu'un des minimums d'extension des glaciers se soit rencontré pendant la longue durée du moyen âge, cela est infiniment probable, mais sans qu'on en puisse conclure à un régime général différent de celui que nous avons eu sous les yeux de 1820 à 1875. Pour soutenir que ce retrait ait été jusqu'à mettre à nu les hauts bassins glaciaires, il faudrait avoir autre chose à alléguer que les on-dit des voyageurs, quelques indices de végétation arborescente rencontrés sur les bords de la partie terminale d'un glacier, des traditions comme celles du col du Géant et les prétendues indications des anciennes cartes.

XIV et XV. — Profils des routes du Mont-Blanc au départ de Chamonix, de Saint-Gervais et de Courmayeur avec leurs variantes............... 383

ROUTES DU MONT-BLANC

Librairie Sandoz et Fischbacher à Paris — le Mont-Blanc par Ch. Durier

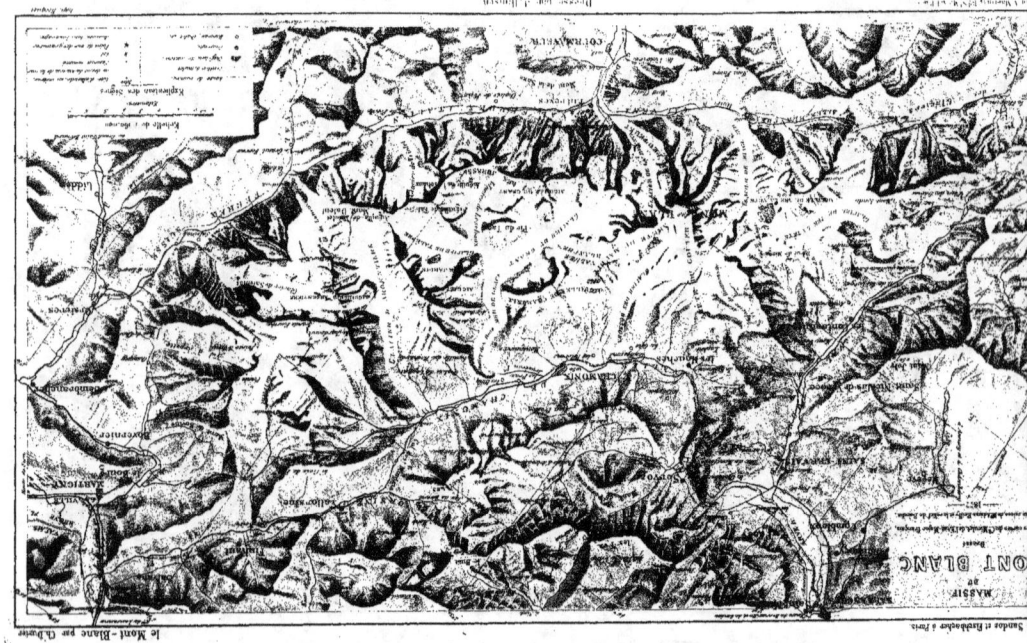

le Mont-Blanc par Ch.Durier

TABLE DES CHAPITRES

	Pages.
Préface	VII
I. La montagne symbole	1
II. Le Mont-Blanc et la géographie	11
III. Histoire primitive	31
IV. Windham et Pococke. — Martel et les Genévois	53
V. Bourrit et Saussure	69
VI. Premières tentatives	81
VII. Jacques Balmat	109
VIII. Ascension de Saussure et dernier échec de Bourrit	143
IX. L'invasion. — Le Montanvers	175
X. Les ascensions d'art et de fantaisie	195
XI. Une ascension involontaire. — Le mal de montagne	215
XII. La science au Mont-Blanc. — Séjours de Saussure au col du Géant, de MM. Martins, Bravais et Le Pileur, au Grand-Plateau	237
XIII. La science au Mont-Blanc (suite). — MM. Tyndall, Pitschner, Violle	263
XIV. La vie animale	291
XV. Les routes du Mont-Blanc et les cabanes. — Routes de Chamonix	305
§ 1er. — Ancien passage ou côte des Rochers-Rouges	307
§ 2. — Route du Corridor et du Mur de la côte. — Pavillons des *Grands-Mulets* et de *Pierre-Pointue*	312
§ 3. — Route des Bosses	331
XVI. Les routes (suite). — Routes de Saint-Gervais	343

	Pages.
XVII. Les routes (fin). — Routes de Courmayeur..............	361
XVIII. Les accidents. — Le docteur Hamel...................	391
XIX. Les accidents (suite). — L'année 1866.	
§ 1ᵉʳ. — Les frères Young........................	423
§ 2. — Le capitaine Arkwright.....................	432
XX. Les accidents (suite). — L'année 1870 : madame Marke ; MM. Randall, Bean et Mac-Corkendale................	441
XXI. Les accidents (fin). — La dernière route du Mont-Blanc. — M. Marshall..................................	459
La montagne du matin..............................	475
Explication des gravures............................	481

FIN DE LA TABLE DES CHAPITRES

ERRATUM.

Page 423, ligne 2, au lieu de *Chambéry*, lisez : *Champéry*.

PARIS. — IMPRIMERIE DE E. MARTINET, RUE MIGNON, 2.

www.ingramcontent.com/pod-product-compliance
Lightning Source LLC
Chambersburg PA
CBHW071702230426
43670CB00008B/888